JN4437101

사례중심

유통의 이해

오영애 | 김문정 | 김은희 공저

도서출판 두남

머리말

컴퓨터와 인터넷이 만난 정보통신기술의 발전은 세계를 하나의 망(Network) 속에 가상세계(Cyber)로 끌어들여 마치 하나의 세계로 만들듯 우리의 라이프 스타일을 변화시키고 있다. 이런 변화에 힘입어 기업들은 국경이 없는 세계화를 추구하고 있으며, 따라서 한 나라의 사회·경제적 변화는 세계 모든 나라에 영향을 미치고 있다.

유통시장 완전개방(1996년) 이후 외국의 다국적 유통기업들이 본격적으로 한국시장에 진출하면서 한국유통산업은 비약적으로 발전하였다. 그들이 10여년 동안의 경영에 실패하여 비록 철수했지만 한국유통산업의 발전에 대한 기여는 무시할 수 없을 정도이다. 이들의 선진경영기법과 막강한 자금력에 경쟁하려했던 한국 내 유통기업들은 자체의 성장은 물론 국민경제에서 차지하는 유통산업의 중요성을 높이고, 유통에 대한 실무 및 학계에 관심을 고조시켜 여러 대학에서 유통관련학과가 개설되었고, 여러 기업들이 중국을 비롯한 아시아의 여러 국가에 진출하여 성장·발전하고 있다.

이 책을 집필하게 된 동기는 급속도로 성장하고 있는 유통산업에서 자신을 성장시키고자 하는 실무자들과 미래의 사회생활을 유통기업에서 시작하려는 학생들에게 조금이나마 도움이 되었으면 하는 바람에서 시작되었다. 본서는 저자들이 대학에서 강의한 경험과 여러 가지 자료를 이용하여 이론을 간단히 설명하고, 실무에의 적용사례를 통하여 유통을 좀 더 쉽게 이해할 수 있도록 기업에서의 적용사례를 싣는데 상당한 지면을 할애하였다.

이 책은 전체 5부 12장으로 구성되어 있다.

제1부는 유통에 관한 기본이해로 1장에서는 마케팅에 있어서 유통의 역할을 이해할 수 있도록 유통과 마케팅에 대해 살펴보았으며, 2장에서는 유통업의 대표적 형태인 소매업의 변화와 발전에 관한 이론과 한국 소매업의 발전에 대하여, 3장은 소매업태의 유형과 특징, 4장에서는 도매업의 특징과 유형에 관해 살펴보았다.

제2부에서는 마케팅 시스템으로서의 유통으로 5장 유통마케팅전략과, 6장 소매입지전략에 관해 서술하였다.

제3부에서는 사회적 시스템으로서의 유통으로 7장에 유통기업의 경영활동에 영향을 미치는 기업외부(거시적)환경과 내부(미시적)환경, 8장에서는 유통경로의 관리에 관해 살펴보았다.

제4부는 정보시스템으로서의 유통으로 9장에 유통정보시스템, 10장에 물적유통관리에 대해 서술하였다.

제5부에서 글로벌 시스템으로서의 유통으로 11장은 세계로 뻗어나가고 있는 한국유통산업의 세계화에 관한 것이며, 12장에서는 외국유통기업의 세계진출 전략과 변화를 국가별로 살펴보았다.

이 책의 집필을 시작하면서 처음 유통을 접한 학생들이나 실무자들에게 좀 더 쉽게 유통을 이해할 수 있는 유통입문서가 되는 데 초점을 두고 노력하였으나, 구성과 내용면에서 부족한 점이 많다. 특히 시장의 변화에 가장 민감한 유통이다 보니, 가장 현실적 사례와 최근의 조사에 의한 전문기관의 연구보고서 및 기사를 편집하여 인용하였음을 밝혀 둔다.

유통이 학문으로서의 깊은 연구보다는 사회과학으로서 사회변화 현상을 읽힘으로써 사회구성원으로서의 자질을 높힐 수 있다는 데 의의를 두고 싶다.

미진한 부분에 대해서는 독자 여러분의 깊은 이해와 지적을 부탁드리며, 지속적인 연구로 보완할 것을 약속드린다.

끝으로 이 책이 나오기까지 촉박한 일정에도 깔끔하게 편집해 주신 도서출판 두남 전두표 사장님을 비롯한 여러 직원들께 진심으로 감사드린다.

2014. 2.

저자일동

차례

Part I 유통에 관한 기본이해

Part III 사회적 시스템으로서의 유통

Part IV 정보시스템으로서의 유통

Part V 글로벌 시스템으로서의 유통

Part I

유통에 관한 기본이해

Chapter 1

유통과 마케팅

유통이 생산자가 만들어낸 제품을 소비자에게 이전시키는 과정에 필요한 활동이라면 마케팅은 유통활동이 일어나도록 만드는 활동이라 할 수 있다. 자신이 필요한 물건을 자신이 직접 만들어 사용하였던 자급자족사회에서 마케팅(교환)이란 없었으므로 유통활동의 필요성은 느끼지 못했다.

유통이라는 활동이 생겨난 것은 산업혁명 이후 기술이 발전하고 대량생산이 이루어지면서 지리적으로 떨어져 있는 소비자에게 판매해야 할 필요성 때문이었다. 생산자에 의해 대량생산된 제품이 소비자에게 전달되어 대량소비가 이루어지기 위해서는 생산과 소비를 연결시켜줄 수 있는 효율적 활동이 필요하게 되었다. 즉, 생산자와 소비자의 교환활동에서 서로에게 만족을 가져오기 위한 활동이 마케팅이며, 이 활동을 효율적으로 수행하기 위해 중간에 개입하여 활동의 일부분을 수행하는 것이 유통활동이다. 이러한 관점에서 유통과 마케팅은 분리될 수 없는 것이나, 사회가 발전하면서 소비자 욕구가 다양해지고, 기업들의 경쟁이 심화되면서 생산자는 생산기능을, 유통업체는 유통기능을 전문적으로 수행함으로써 기업의 장기적인 성장에 영향을 가져올 수 있을 만큼 유통활동이 광범위하게 되었다. 먼저 마케팅의 정의와 개념에 대해 살펴보고, 유통의 필요성 및 기능, 유통활동을 수행하는 유통경로에 대해 살펴보기로 한다.

제1절 마케팅과 마케팅관리

1. 마케팅의 정의

마케팅은 조직이나 개인이 자신의 목표를 충족시키기 위한 교환이 일어날 수 있도록 하기 위해 상품, 서비스 및 아이디어의 설계, 가격결정, 촉진 그리고 유통을 계획하고 실행하는 과정(American Marketing Association, 1985)이라고 한 정의는 수 년 간 적용되었으나, 2007년 '마케팅은 고객들(customers and clients), 협력자들 (partners), 그리고 더 나아가 사회 전반에게 가치 있는 것을 만들고, 알리며, 전달하고, 교환하기 위한 활동과 일련의 제도 및 과정들'로 좀 더 광범위한 활동으로 정의하였다. 이 두 정의를 요약하면 '조직과 개인이 서로의 필요와 욕구를 충족시키기 위해 시장에서 교환이 일어나도록 하는 일련의 활동' 즉, 시장에서의 계속적 활동(Market+ing)으로 <그림 1-1>과 같이 나타낼 수 있다.

〈그림 1-1〉 마케팅의 정의

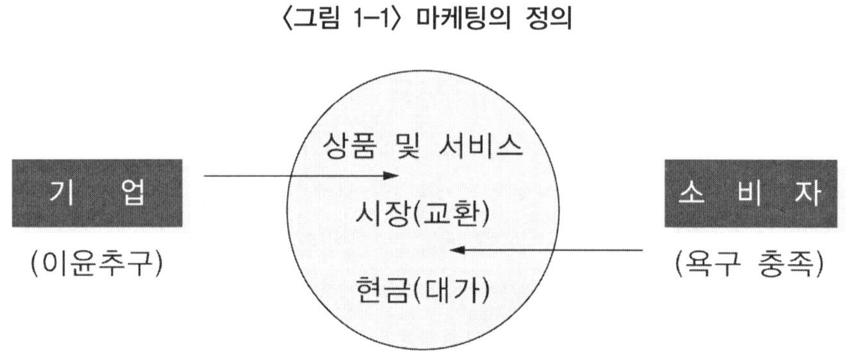

이러한 정의를 바탕으로 마케팅활동이 이루어지는 과정에서 기업의 마케팅 목표 및 전략에 따라 마케팅 관리의 개념(관리철학)이 도입된 것은 생산과 소비를 연결시켜주는 시장 상황에 따라 형성되었다.

사례 1-1

마케팅의 주인공은 바로 소비자…

기업마다 브랜드의 마케팅에 소비자를 직접 참여시키는 인터렉티브 마케팅(Interactive Marketing)의 바람이 거세다. 고객들을 대상으로 단순히 제품을 소개하거나 체험하게 하는 방식보다 직접 마케팅에 참여시켜 자연스럽게 브랜드와 친숙해지게 하고 이를 통해 자발적으로 빅 마우스(Big mouth) 역할을 하는 것이 브랜드 홍보에 있어 더 효과가 있다고 판단했기 때문이다.

이태리 감성의 패션 브랜드 브루노말리는 지난달 '쿠보 리버스 블록' 핸드백 출시를 기념해 '스타일 리버스 프로젝트'(Style Re-birth Project)라는 고객 참여형 이벤트를 실시했다. 제품 구매 고객 중 2명을 선정해 한혜연 스타일리스트가 제안하는 의상, 슈즈, 메이크업 등 200만원 상당의 스타일링과 매거진 화보 촬영 기회를 제공하는 행사로 200여명의 지원자가 몰려 100대 1이라는 높은 경쟁률을 기록했다.

브루노말리는 최근 당첨자들과 매거진 화보 촬영을 마쳤으며 프로젝트의 모든 과정을 담은 화보를 매거진 1월호와 온라인을 통해 공개된다.

이처럼 소비자와 직접 소통하면서 즉각적인 반응도 확인 할 수 있고 브랜드에 대한 관심도 자연스레 상승하는 일석이조의 효과에 최근 각 기업마다 인터렉티브 마케팅을 더욱 확대하는 추세다.

현대자동차는 '브릴리언트 이즈(brilliant is)' 뮤직비디오를 공개하고 고객들이 노래의 음원에 맞춰 직접 제작한 UCC를 공모하는 이벤트를 진행하고 있다. '브릴리언트 이즈'는 전세계 고객들이 '차에 탔을 때 느껴지는 감정' 등 자신과 자동차가 관련된 생생한 이야기를 응모한 내용을 바탕으로 만들어졌으며 리쌍, 긱스, 스윙스, 정인 뮤지션들이 참여하였다. UCC 이벤트에 응모한 모든 고객들의 이름은 뮤지션들과 함께 뮤직비디오 엔딩 크레딧에 기재된다.

업계 관계자는 "브랜드의 메시지를 일방적으로 전달하기만 하는 마케팅은 고객들의 참여를 유도하기 어렵고 단발성으로 끝날 수 밖에 없다는 점에서 한계를 드러냈다"며 "소비자가 직접 마케팅 활동에 참여하여 브랜드 가치를 함께 체험할 수 있다는 점에서 앞으로 인터렉티브 마케팅은 더욱 활발하게 이루어 질 것을 보인다"고 말했다.

자료원: 머니위크, 2013.12.29 기사편집

사례 1-2

내 이름 불러주는 카페부터 SNS드라마까지… 스토리텔링 마케팅 시대 열려

마케팅 활동을 통해 다양한 스토리를 만들어가는 '스토리텔링 마케팅'이 2014년 유통업계의 가장 큰 화두로 떠오르고 있다. 그리고 그 중심에는 '스토리슈머'가 있다.

스토리슈머는 이야기를 뜻하는 스토리(Story)와 소비자를 뜻하는 컨슈머(Consumer)가 합쳐진 말로 '이야기를 찾는 소비자'를 지칭하는 말이다. 소비자들이 이야기를 찾게 되는 배경에는 장기적인 경기 불황과 치열한 경쟁 속에서 불안해하고 있는 심리가 반영되어 있다. 즉, 요즘 소비자들은 자신들이 공감할 수 있고 재미가 있으며 감성을 자극하는 이야기를 통해 위로받기를 원하는 것이다.

소비자들의 이런 심리를 파고들어 차별화된 감성 서비스를 제공해 자신들의 브랜드 메시지가 담겨있는 다양한 스토리를 만들거나, 소셜미디어의 특성을 활용한 바이럴 컨텐츠나 SNS드라마 · 앱소설 등의 컨텐츠를 개발하는 등 다양한 스토리텔링 마케팅을 전개하고 있다.

브랜드 메시지가 담긴 스토리를 창출해라

스토리텔링 마케팅은 단순히 이벤트나 제품에 이야기를 입히는 것에서 나아가 소비자들이 직접 다양한 스토리를 만들어가도록 유도하고 있다. 즉, 스토리슈머를 타겟으로 한 마케팅 활동으로 소비자들이 이야기를 직접 만들게 하고, 퍼뜨리도록 유도하는 것이다.

스타벅스커피 코리아는 지난 5일부터 매장 직원이 음료 전달시 고객 닉네임을 직접 불러주는 '콜 마이 네임 서비스'를 진행했다.

코카-콜라는 '함께 나누는 행복함'이라는 자신들의 브랜드 메시지를 전달하기 위해 패키지 라벨에 새로운 시도를 했다. 코카-콜라를 통해 서로 메시지를 주고 받을 수 있도록 하는 스토리텔링형 패키지인 '마음을 전해요'를 출시한 것. '마음을 전해요'는 상대에게 하고 싶은 말을 전할 수 있도록 제품 라벨에 '닉네임'과 '메시지'를 표시한 패키지다. '친구야' '잘될거야', '우리가족' '사랑해', '자기야' '웃어요' 등 닉네임과 메시지 조합에 따라 친구나 연인에게 자신의 마음을 다양하게 표현할 수 있으며, 주고 받는 과정에서 다양한 스토리가 창출되는 신개념 스토리텔링 패키지이다.

스낵 컬쳐의 시대, 소셜미디어 활용한 스토리텔링 마케팅 다변화

스토리텔링 마케팅에서 빠지기 힘든 것이 바로 영상 콘텐츠이다. 최근에는 출퇴근이나 휴식 시간에 짧은 동영상 등을 즐기는 이른바 '스낵컬쳐(Snack Culture)' 현상을 반영, 소셜미디어와 연계하여 스토리슈머들의 눈길을 사로잡는 다양한 형태의 컨텐츠를 공개하고 있다.

스마트폰으로 드라마를 시청하는 소비자를 타겟으로 한 웹드라마도 최근 인기있는 스토리텔링 컨텐츠이다. 웹드라마는 온라인상에서만 볼 수 있는 드라마로 비교적 짧은 길이로 구성되며 유튜브나 네이버 TV캐스트, 다음의 TV팟, 각 기업들의 SNS채널 등을 통해 공개된다.

드라마뿐만 아니라 소셜미디어를 활용한 앱소설과 웹툰(온라인 만화) 등 다양한 형태로 스토리텔링 마케팅이 진행되고 있다.

업계 관계자는 "스토리슈머와 같이 이야기를 추구하는 소비자들이 늘어남에 따라 공감할 수 있는 이야기를 발굴하고 전달하는 것이 기업들의 마케팅 활동에 있어서 가장 중요한 요소로 떠오르고 있다"며 "소비자들 사이에서 자연스럽게 이야기가 만들어지도록 감성적인 서비스를 제공하거나 타 브랜드와는 차별화된 컨셉의 컨텐츠를 제공하는 등 자신들의 브랜드 가치를 제고하고자 하는 기업들의 이색적인 시도는 계속될 것으로 보인다"고 밝혔다.

지료원: 미니위키, 2014.02.03. 기사편집

2. 마케팅관리

1) 마케팅관리의 정의

마케팅관리(Marketing Management)란 기업이 표적시장을 선정하여, 고객가치를 창출하고, 전달함으로써 신규고객 확보 및 기존고객유지를 위해 마케팅활동을 관리하는 것이라 할 수 있다.

2) 마케팅관리의 개념(관리철학)

생산개념은 소비자들이 편리하고 싸게 구매할 수 있는 상품을 선호한다는 믿음으로 원가를 낮추어 생산의 효율성과 광범위한 유통망의 확보에 마케팅 활동의 목표를 둔다.

제품개념은 소비자들이 최고의 품질과 성능을 가진 제품을 선호한다는 믿음에서 기술적으로 우수한 혁신적 제품을 만들고 이를 지속적으로 개선하는데 주력하며,

판매개념은 고객들이 자발적으로 제품이나 서비스를 충분히 구입하지 않기 때문에 공격적인 영업 및 촉진활동을 전개함으로써 소비자가 원하는 상품을 구매하도록 만드는 것이다.

마케팅 개념은 고객의 입장에서 기업경영활동을 전개하는 고객중심적 마케팅 관리철학으로 표적시장에 속한 고객들의 필요와 욕구를 찾아내어 경쟁자들 보다 더 효과적이고 효율적으로 충족시키고자 하는 것을 기업목표로 함으로써 고객이 가진 문제를 해결하여 만족을 얻을 수 있도록 하는 것이다.

사회지향적 개념은 최근 비영리 기업에 까지 마케팅 활동의 중요성이 강조되면서 일반화 되고 있다. 즉, 이윤을 창출할 수 있는 범위 내에서 효과적, 효율적으로 소비자의 욕구를 충족시킬 수 있도록 노력함으로써 사회전체의 이익도 고려함과 동시에 기업이윤 간에 조화와 균형을 이룰 수 있는 의사결정이 요구되고 있는 것이다.

따라서 기업의 마케팅관리자는 마케팅개념에 따른 소비자행동을 이해하고 세분화된 시장에서 표적시장을 선정한 후 표적소비자의 마음속에서 경쟁우위를

제공하는 위치에 자사 상표를 구축하는 포지셔닝에 따른 마케팅 믹스 전략을 수립하고 이에 따른 마케팅관리 과정을 수행해야 한다.

3) 마케팅관리의 과정

(1) 상황분석

기업의 목적을 달성시켜 주면서 파악된 소비자의 욕구를 경쟁사보다 우월하게 충족시키기 위해 환경분석, 자사분석, 경쟁사분석 등의 상황분석에 기초하여 마케팅 전략을 수립한다.

(2) 세분시장의 마케팅전략 수립

전체 시장에서 동질적인 욕구를 가진 소비자를 몇 개의 집단으로 나누고 각 시장들을 평가하여 경쟁사보다 우위를 달성할 수 있는 시장을 표적시장으로 선정(Targeting)하고, 선정된 시장에서 자사상품의 특성을 소비자의 마음속에 어떻게 자리 잡을 것인가를 결정한다.

(3) 마케팅믹스의 수립

마케팅믹스란 맥카시 교수가 마케팅관리자의 의사결정 변수를 4P'S 라고 주장한 데서 출발한 것으로 하나의 기업이 목표소비자에게 가장 효율적으로 상품을 전달하기 위한 계획과 관련되는 것이다. 가장 적절한 제품(Product Mix)을 가장 적절한 가격(Price Mix)에 가장 적절한 장소(Place Mix)에서 가장 적절한 방법으로 전달(Promotion Mix)하기 위한 모든 요소들에 대한 마케팅 관리자의 의사결정 변수의 혼합인 것이다. 구체적인 요소를 살펴보면, 첫째, 제품믹스(Product Mix)는 상품, 상품의 구색, 이미지, 상표, 포장 등에 관한 의사결정으로 세분화된 시장에서 고객의 욕구를 경쟁사보다 잘 만족시켜줄 수 있는 상품 개발과 관련된 계획을 수립한다.

둘째, 가격믹스(Price Mix)는 상품가격의 수준 및 범위, 가격결정기법, 판매조건 등에 관한 의 결정으로 기업의 이윤과 고객구매력을 고려한 적정가격을 결정하는 것이다.

셋째, 촉진믹스(Promotion Mix)는 현재고객 및 잠재고객에게 효과적인 의사소통을 위한 광고, 인적판매, 홍보, 판매촉진 방법과 관련된 의사결정이다.

넷째, 유통믹스(Place Mix)는 유통경로의 설계, 물류 및 재고관리, 도・소매상 관리에 관한 의사결정으로 표적시장에서 고객이 자사상품을 쉽게 선택할 수 있도록 적절한 유통업체 선택과 관련되는 것이다.

(4) 마케팅전략의 조정 및 통제

마케팅전략은 계속적으로 반복되는 순환체계로, 예측하기 어려운 환경변화에 적절하게 대응하여 기업이 성장. 발전하기위해 계획-실행-통제과정을 통해 수정하고 보완되어야 한다.

사례 1-3

불황 속 소비자 유혹하는 숨은 마케팅

백화점 1층에 화장실이 없는 이유는 알고 있었지만 이번 취재하면서 생각보다 훨씬 더 다양하고 꼼꼼한 장치들이 숨겨져 있다는 것을 알게 됐습니다.

쇼핑 카트나 탈의실 등 쉽게 볼 수 있는 것들에도 사람의 심리를 감안한 교묘한 마케팅의 비밀이 숨어져 있었는데요.

나도 모르는 사이 자연스럽게 지갑을 열게 만드는 마케팅의 비밀 취재했습니다.

〈리포트〉

경기 불황 속 매년 파격적인 마케팅 전략을 펼치고 있는 대형마트들.

그런데 여기에는 우리가 몰랐던 비밀들이 잔뜩 숨어있습니다.

여러분들은 얼마나 알고 계신가요?

먼저 쇼핑 카트에 숨어있는 비밀!

대형마트에 있는 카트는 모두 안이 훤히 보이는 철망으로 되어있는데요

〈녹취〉 "(마트에 있는 카트가 왜 투명으로 되어있는지 아세요?) 잘 모르겠는데요"

비로 매출을 높이려는 마케팅 전략!

물건으로 가득 찬 남들의 카트를 보면 왠지 모를 구매욕이 생겨나서 나도 물건을 더 채우고 싶어진다는데요.

실제로 다른 사람이 산 물건을 보고 따라 구매하는 경우가 많다고 합니다.

〈인터뷰〉 유미자(서울시 방배동) : "다른 사람 카트 보면 잊어버렸던 (물건이 생각나거나) 새로 사고 싶은 충동이 생기고 그래요"

〈인터뷰〉 이천민(서울시 세곡동) : "깜박하고 있다가 다른 사람이 물건 산 거 보면 따라서 산 적이 있죠"

치솟는 물가 속 소비자들의 눈길을 사로잡은 저가 마케팅!

그 중 990원, 9900원 등 9자로 가격을 매긴 가격표가 부쩍 눈에 많이 띄는데요.

가격표 숫자의 자릿수가 하나 줄면서 실제로는 10원, 100원 차이에 불과하지만 심리적으로는 아주 큰 차이로 느껴지기 때문이라는데요.

〈인터뷰〉 유숙자(서울시 둔촌동) : "10원, 20원은 큰 차이가 없는데도 느낌은 크게 와 닿죠"

〈인터뷰〉 김복희(경기도 수원시) : "10원 차이여도 되게 싸 보여요"

〈녹취〉 "정상가 1만 3천9백 원짜리 세일에 세일을 한 번 더 7천9백 원!"

저렴한 가격으로 유혹하는 깜짝 세일에도 비밀이 있습니다!

깜짝 세일이 열리면 여기저기 선착순이 시작됩니다.

정해진 시간, 정해진 인원에게만 주어지는 초특가 할인행사!

소비자들의 경쟁심리 자극해 굳게 닫힌 지갑 열게 만드는데요.

언뜻 보면 밑지는 장사 같지만 여기에도 고도의 판매 전략이 숨어있습니다.

〈인터뷰〉 이원일(대형마트 마케팅부 홍보팀장) : "깜짝 세일을 하게 되면 고객들이 제품을 사고 그 제품과 관련된 다른 제품을 구매를 하는 경우가 있어요. 그래서 하나의 미끼 상품이라고 보시면 되고요. 깜짝 세일이라서 그것만 사는 분도 많겠지만 그것과 관련된 연관 상품도 구매를 많이 하고 계십니다."

다양한 상품을 판매하는 대형백화점.

이곳에는 고객이 오랫동안 머물며 쇼핑을 하게 만드는 여러 전략들이 있는데요.

의류 매장마다 있는 이 작은 탈의실 안에도 비밀이 숨어있습니다

눈치 채셨나요?

바로 거울이 없다는 사실!

마음에 드는 옷을 미리 입어보고 구매를 할 수 있도록 마련해 논 피팅룸.

그런데 이 안에는 눈을 씻고 찾아봐도 거울이 없는데요.

그 이유는 손님이 거울을 보고 물건을 살지 말지 혼자 판단하지 못하도록 하기 위한 것입니다.

밖에서 거울을 봐야 직원이 칭찬도 하고 코디 제안도 해줘 구매 확률이 높아진다는데요.

〈인터뷰〉 추미경(서울시 송파동) : "혼자서 봤을 때는 헷갈리는데 직원이 옆에서 잘 어울린다고 해주니까 혹하고 구매 충동이 많이 생겨서 구매를 하는 것 같아요"

매출상승을 위한 전략 중에는 효과적인 상품 디스플레이도 빼놓을 수 없습니다.

특히 눈으로 보면서 다니는 고객들을 붙잡기 위해 가장 신경 쓰는 것이 조명인데요.

상품을 더욱 예쁘게 보이게 해 구매율을 높이는 조명 마케팅!

그런데 요즘 색다른 조명 마케팅이 눈길을 끌고 있습니다.

백화점에 위치한 식품관.

식사 대신 사진찍기 바쁜 여성고객들이 곳곳에 있습니다.

이곳은 일명 조명발로 여성 고객의 마음을 사로잡았는데요.

〈인터뷰〉 조연지(서울시 압구정동) : "여기 (사진이) 되게 잘 나와요. 그래서 sns에다가 올리면 친구들이 다들 물어보더라고요. 어디서 찍었느냐고"

식품관과 여자 화장실 파우더룸까지!

여성들의 심리를 이용한 조명 마케팅은 매출 상승으로 이어졌습니다.

〈인터뷰〉 정다워(서울시 번동) : "여자들은 아무래도 화장을 고치러 화장실에 자주 오는데 조명이 조금 더 예쁘고 고급스러우면 아무래도 제가 조금 더 예뻐 보이는 느낌 때문에 백화점을 더 자주 찾게 되는 것 같아요."

〈인터뷰〉 신태림(백화점 홍보팀 매니저) : "일명 셀프카메라 조도라고 해서 셀프카메라를 찍었을 때 가장 잘 나오는 조도를 설정해놨습니다. 고객이 셀프카메라 사진을 포스팅 함으로써 자연스럽게 고객이 자발적으로 입소문을 내주는 효과를 거둘 수 있었습니다."

한 푼이라도 허튼 돈을 쓰지 않으려는 소비자들과 소비자들의 지갑을 열기 위한 기업들의 치열한 머리 싸움이 기상 천외한 마케팅 기법으로 이어지고 있습니다.

자료원: kbs뉴스, 2013.11.26. 기사편집

사례 1-4

신라면 390원에 판매…최저가 200% 보상제, 소셜커머스 '튀는 마케팅' 진격

지난 23일 소셜커머스 업체 위메프에서 라면 15만개가 하루 만에 동났다. 신라면을 편의점 가격의 절반 수준인 봉지 당 390원에 판매하자 주문이 폭주했다. 최저가보상제 등 획기적 이벤트로 주목받고 있는 위메프의 또 다른 이색 마케팅에 소비자들이 호응한 것이다.

위메프 뿐 만 아니라 소셜커머스들의 '튀는 행보'는 온라인 쇼핑업계를 달구고 있다. 각 업체가 파격적 가격, 기발한 마케팅, 새로운 상품을 경쟁적으로 내보이며 치열한 경쟁을 벌이고 있는 것.

파격 할인과 문화 상품

위메프에서는 9일 모든 상품을 반값에 제공하는 파격적 할인행사를 실시했다. '블랙프라이스'라고 이름 지은 이날 행사는 구매액의 50%를 적립해주는 형식으로 진행됐다. 이날 하루 동안 220억 원의 거래액을 올렸다.

티켓몬스터(티몬)는 2일부터 100원짜리 제품이라도 할인받을 수 있는 '장바구니 할인(카트 세일)'을 실시해 인기를 얻고 있다. 장바구니에 담은 물건의 합산 금액에 따라 최대 6만원을 깎아주는 행사다. 위메프는 이에 앞서 최저가 200% 보상제를 실시하고 있다. 가장 싼값에 공급하지 못하면 구입 가격의 200%를 돌려주겠다는 것이다. 또 무료배송 서비스로 고객을 끌어모았다.

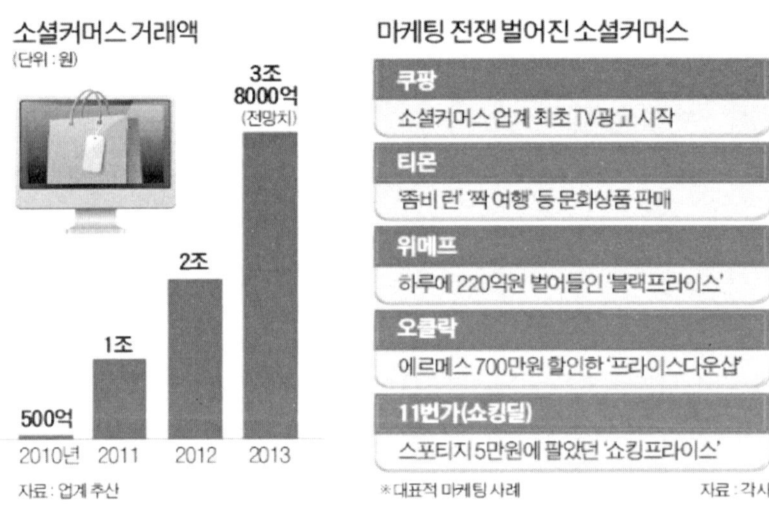

CJ오쇼핑의 오클락은 '프라이스다운샵'을 통해 명품가방 등을 하루에 1%씩 할인 판매하는 '로스리더 마케팅'으로 고객을 모았다. 11번가는 쇼킹딜 코너에서 진행한 '쇼킹프라이스'에서 스포티지 차량을 5만 원대에 판매하는 등 파격 마케팅으로 이목을 끌었다.

상품 구색도 다양해졌다. 티몬은 지난달 2일 서울랜드에서 '좀비 런' 행사를 열었다. 달리기 대회에 좀비와의 추격전을 가미한 프로그램이다. 참가비는 4만원이었지만 티켓 판매 8분 만에 1400장이 모두 판매됐다.

인기 예능 프로그램의 콘셉트를 차용해 지난해 2월부터 국내와 일본에서 진행하는 '짝 여행'도 인기다. 누적 참가자 수가 1만명을 넘었다. 이인복 티몬

멀티비즈그룹장은 "국내 문화 콘텐츠 시장이 성장하면서 함께 즐길 수 있는 체험형 문화 콘텐츠 상품의 인기가 높아지고 있다"고 설명했다.

자료원: 한국경제, 2013.12.25 기사편집

제2절 유통의 의의와 기능

1. 유통의 의의

유통(distribution)이란 생산물이 만들어져서 소비자에게 전달되기까지 사회적 · 경제적 이전에 의해 생산물이 움직여가는 과정을 말한다. 즉, 제품 및 서비스를 생산하는 기업이 소비자에게 자사의 제품을 보다 효율적으로 공급하기 위한 기능이나 활동을 의미한다. 생산과 소비를 연결시켜 줌으로서 경제 순환을 원활하게 해 주는 기능으로 거시마케팅 혹은 유통마케팅(distribution marketing)이라고 하는데, 이러한 관점에서 유통활동은 상적 유통과 물적 유통으로 나누어진다. 상적 유통(commercial distribution)이란 상품에 내한 소유권이 이전되는 상거래와 관련된 활동으로 생산자, 중간상, 소비자 간에 계약이 성립되어 대금을 지불하고, 소유권이 이전되도록 하는 기능을 수행하는 것으로 도매상과 소매상이 수행하는 활동이다. 물적 유통(physical distribution)은 상거래 성립 후 상품의 물리적 이동과정에서 시간 및 장소 효용을 창출하는 활동으로 수송, 보관 및 하역 등의 기능을 수행하는 것으로 운송 및 보관업자 등이 수행하는 활동을 말한다.

유통활동의 전문화는 기업경영활동의 분업화를 가져와 경제발전 척도의 하나로 인식되면서 생산부문에서는 연구개발, 기획 및 마케팅 등의 세부 활동으로, 유통부문에서는 도매, 소매, 물류 등의 활동으로 세분화되었다. 특히 최근에는 생산, 유통, 소비로 이루어지는 수직적 유통경로 상에서 힘의 중심이 생산자에서 유통업자로 이전되면서 유통업체의 대형화및 다점포화를 가져와 유통의 중요성이 더해지고 있다.

이와 같이 전문화 되어가고 있는 유통활동은 생산자 및 소비자에게 금전적, 시간적, 심리적, 육체적 비용을 발생시키기도 하지만 사회 전체적으로 볼 때 유통비용을 최소화함으로써 유통의 효율화를 가져올 수 있다는데 유통의 의의가 있다.

2. 유통의 기능

생산물의 흐름을 효율적으로 이루어질 수 있도록 하기 위해 유통활동이 수행하는 기능은 크게 3가지로 소유권 이전기능, 물적 유통기능, 조성 기능으로 나눌 수 있으며 <그림1-2>와 같다.

〈그림 1–2〉 유통의 기능

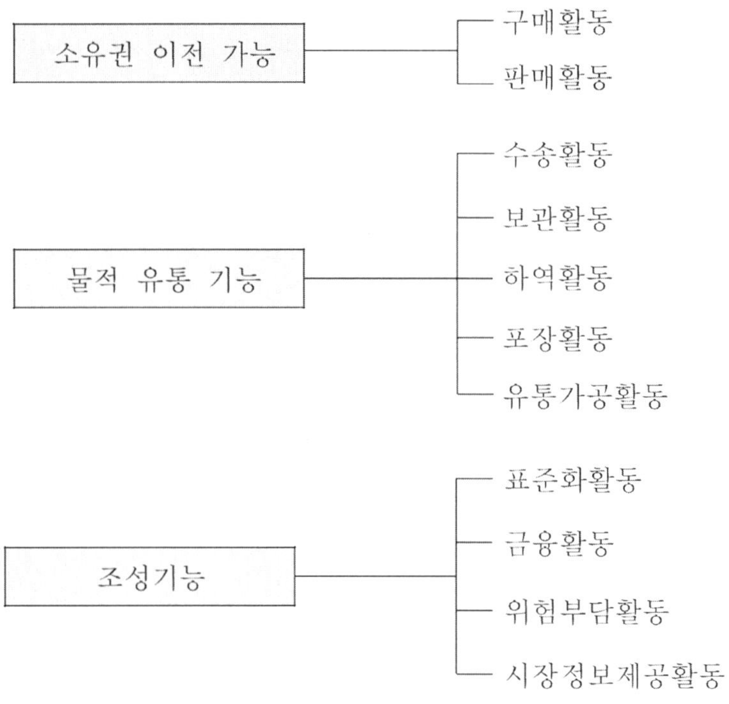

- 소유권 이전 가능
  - 구매활동
  - 판매활동
- 물적 유통 기능
  - 수송활동
  - 보관활동
  - 하역활동
  - 포장활동
  - 유통가공활동
- 조성기능
  - 표준화활동
  - 금융활동
  - 위험부담활동
  - 시장정보제공활동

자료원 : 윤명숙, 21세기 유통관리, 도서출판 대경, 2009, p.18.

1) 소유권 이전기능

소유권 이전 기능은 주로 도매상이나 소매상의 활동으로 상품의 매매과정을 통해 이루어지는 기능으로서 교환기능 또는 상거래 기능이라고도 하며 구매 및 판매활동을 통해 수행된다.

① 구매활동은 상품을 구매하기위해 상품의 종류, 수량, 가격, 지불조건, 공급업자 등에 관한 의사결정과 관련된 활동이다.

② 판매활동은 잠재고객의 발견, 구매유발, 판매를 위한 상담 등 판매기능이 수행되기 위해서 판매촉진 활동이 선행 되어야 한다.

2) 물적유통기능

물적유통기능은 운송업자나 창고업자 등에 의해 수행되는 활동으로 생산과 소비사이의 장소적, 시간적 격리를 조절하는 기능으로 수송, 보관, 하역, 포장, 유통가공활동 등을 말한다.

(1) 수송활동

수송활동은 생산과 소비간의 장소적 내지는 지리적인 격리현상을 극복 할 수 있는 기능을 수행한다. 그러므로 수송활동은 상품의 효율적인 수송을 위해 수송 수단 결정을 위한 계획 및 관리 감독 활동 등을 하며, 대체로 전문화한 운송업자에게 위탁수행되나 경우에 따라 중간상이 직접 수행하기도 한다. 수송은 상품의 성질, 형태, 수송거리의 장단 및 지리적 조건 등을 고려해서 수행되어야 한다.

(2) 보관활동

보관활동은 생산과 소비사이의 시간적 격리를 극복하여 수요와 공급을 조절하는 활동이다. 상품을 특정의 장소에서 저장하고 그것을 실질적으로 통제함으로써 상품의 시간적인 가치를 조정하는 작용을 한다. 보관활동은 농산물이나 수산물 등과 같이 부패되기 쉬운 경우 생산시기로부터 판매시기까지 보관하는 것이 매우 중요함으로 전문화한 창고업자에 위탁 수행되는 것이 효과적일 수 있다.

(3) 하역활동

하역활동은 각종 운반수단에 화물을 싣고 부리는 것과 보관화물의 창고 내에서의 쌓기와 내리기 또는 이에 부수되는 작업을 총칭한다. 따라서 운송과 보관능력의 향상을 지원하는 역할을 하는 등 상품의 이동거리가 짧은 경우 이루어지는 기능이다.

(4) 포장활동

포장활동은 유통과정 즉, 수송, 보관, 거래, 사용 등에 있어 상품의 내용물을 보호하거나 유지하고, 하역 및 보관을 편리하게 하기위해 이루어지는 활동이다.

(5) 유통가공활동

유통가공활동은 상품의 본래 기능은 유지되면서 형태 등을 변화시켜 보존을 편리하게 하여 물류 가동률을 높이려는 활동을 말한다.

3) 조성 기능

조성 기능은 소유권 이전기능과 물적 유통기능이 원활하게 수행될 수있도록 지원해 주는 활동으로 표준화, 금융, 위험부담, 시장정보제공활동 등을 말한다.

(1) 표준화 활동

표준화활동은 상품의 질적 차이를 조절하여 거래 과정에서 거래단위, 가격, 지불조건 등을 표준화 시키는 활동으로 상품으로서 가치를 높이고 거래를 원활하게 해준다. 표준화를 위해서는 분류, 재분류, 등급 등의 선별과정을 통해 이루어지는데, 분류(sorting)란 상품을 크기별, 중량별 등으로 구분하는 것이고, 재분류(assorting)란 도매상이나 소매상이 재판매를 목적으로 소매상이나 소비자들에게 유용한 양이나 크기로 나누고, 등급(grading)은 분류된 상품을 대, 중, 소 등으로 구분하는 것이다.

(2) 금융활동

금융활동은 유통기관이 자본 및 신용을 조달하고 관리하는 것을 말한다. 자본이란 원료구입이나 인건비 등과 같이 경상적 용도에 투입되어 단기간 회수가 가능한 운전자본을 의미한다. 신용이란 은행신용, 상업신용, 외상신용, 할부신용 등으로 유통기관이 금융기관에서 차입하거나 자체에서 할부 및 외상거래 등을 통해 생산자와 소비자 사이의 자금의 흐름을 원활하게 해주는 기능을 말한다.

(3) 위험부담활동

위험부담활동은 유통과정에서 발생되는 물리적, 경제적 위험을 유통기관이 부담하는 것으로 사고에 의한 파손, 도난, 화재에 의한 소실, 상품의 진부화, 경기변동 등에 의한 금전적인 손실을 유통기관이 부담하는 것을 말한다. 위험부담을 감소시키거나 회피하기 위하여 대손충당금을 설정하거나 보험 가입, 신용조사과 설치 등의 방법으로 대처하기도 한다.

(4) 시장정보제공활동

시장정보제공활동은 기업이 필요로 하는 소비자 정보와 소비자가 필요로 하는 상품정보를 수집, 제공하는 활동으로 종업원, 경쟁업자, 고객, 거래처 등으로부터 산업동향, 소비자행동, 경쟁기업의 활동 등에 대한 정보를 수집하고 제공하는 것을 말한다. 이 정보기능이 유효하고 효율적으로 수행됨으로써 거래가 원활하게 이루어질 수가 있는 것이다.

사례 1-5

장바구니를 제품 아닌 '오락'으로 채워라

일본 여행객에게 잡화점 도큐핸즈는 꼭 들러야 할 명소다.

미끌미끌한 우유팩을 잡을 때 요긴한 '우유팩 홀더', 젓가락질을 못하는 어린이를 위한 젓가락 보조기, 냄비뚜껑을 뒤집어 놨을 때 팽이처럼 도는 것을 방지하는 냄비뚜껑 단추…. 생활의 작은 불편을 획기적인 아이디어로 메워주는 기발한 상품이 넘쳐난다. 천편일률적인 편의점, 슈퍼마켓, 백화점에서는 만날 수 없는 상품이 가득하다.

개성을 내세운 도큐핸즈는 일본 전역에 27개 점포에서 연 853억엔(2012년 기준)을 벌어들이고 있다. 30만개 아이템을 200만명 이상 고객들이 사용한다. 웬만한 백화점을 능가하는 규모다. 작은 잡화점은 지난 20년간 일본에 불어닥친 경기 침체 속에서도 굳건히 성장했다. 공룡기업도 도산하는 불황의 파고에 주눅 들지 않고 소비자의 지갑을 열게 한 도큐핸즈의 비밀은 무엇일까.

바로 고객이 스스로 만족하는 '자기만족형 가치 소비'에 집중했다는 점이다.

도큐핸즈는 판매가 아닌 고객에게 방점을 찍어야 함을 일찍이 간파했다. 파는 사람 입장에서는 번거로운 제품, 자리만 차지하는 작은 제품, 매출이 안 나가는 제품은 쓸모없다. 그래서 매출이 잘 나가는 제품군 위주로 진열을 하고 대부분 가게가 비슷한 구조를 취하게 된다. 그러나 도큐핸즈는 개별 고객에 초점을 맞춘다. 베스트셀러만이 아니라 가능한 한 다양한 상품을 구비한다. 30만개라는 방대한 아이템은 이 같은 정신이 바탕이 되지 않으면 불가능한 규모다. 예를 들어 도큐핸즈 시부야점은 오픈 당시 1000여 종 전구, 350색 이상의 자수용 실, 3000개 조각칼을 구비했다.

도큐핸즈 진열대는 매상을 중시하는 기존 가게들과는 정반대다. 도구・공구 코너에는 100엔 이하 나사와 못부터 5만 엔이 넘는 전동공구까지 진열돼 있다. 일반 철물가게는 가격이 비싼 전동공구를 중심에 진열하고 나사나 못은 대표적인 몇 종류만 비치한다. 그러나 도큐핸즈는 나사나 전동공구 모두 동등하게 취급한다.

고객중심 사고방식은 샤프펜슬의 리필용 지우개 판매에서도 드러난다. 소액에 아주 작은 리필용 지우개는 판매액에 비해 손이 많이 가는 제품이다. 그러나 리필용 지우개는 샤프를 이용하는 사람에게는 꼭 필요한 아이템이다. '지우개를 다 썼다고 샤프를 버리기는 아깝다'는 생각은 샤프를 이용한 사람이라면 한 번쯤 해봤을 터. 저자는 소비자 감각을 토대로 오히려 소비자 욕구를 파악하고 미리 조치를 취하는 것이 도큐핸즈의 성공법칙이라고 주장한다.

경기 불황이 국내 경제를 덮치고 있다. 많은 자영업자가 부진한 매출로 고통받고 있다. 고객중심의 사고로 새로운 시장을 개척한 도큐핸즈의 사례는 성장 돌파구를 찾고 있는 내수업종 종사자에게 큰 울림을 준다. 무엇보다 소비라는 개념이 필요한 것을 구비하는 것에서 하나의 엔터테인먼트로 변한 요즘, 개성과 즐거움을 추구한 도큐핸즈의 판매전략은 시대를 내다보는 혜안을 담고 있다.

자료원: 매일경제, 2014.01.03. 기사편집

사례 1-6

아직도 점원이 일일이 가격표 바꿔 붙이세요? …삼성전기, 전자 가격표시기 미국시장 '공습'

슈퍼마켓 직원이 카운터에서 바나나 값을 3.99달러에서 3.59달러로 바꾸자 매장 선반에 진열된 바나나 값이 순식간에 바뀐다. 이후 10분간 100여개의 포장된 바나나 묶음이 팔려나가자 판매 및 재고상황이 일목요연하게 집계된다. 직원들은 창고에서 상품을 꺼내 매장에 추가 진열하면서 도매상에 새로운 바나나를 주문한다.

삼성전기가 13~14일(현지시간) 미국 뉴욕에서 열린 북미 최대의 유통업 전시회인 '리테일 빅쇼'에서 신보인 전자가격표시기(ESL)를 도입한 슈퍼마켓 매장 모습이다. 삼성전기가 대형 유통매장의 종이 가격표를 대체할 ESL을 앞세워 북미 시장의 문을 두드린다.

ESL로 슈퍼마켓 혁명을 이끈다

올해 103번째 열리는 리테일 빅쇼엔 북미 지역의 수많은 소매 유통회사들이 참가했다. 삼성전기가 이 전시회를 찾은 건 ESL을 본격적으로 판매하기 위해서다. 월마트와 같은 대형 유통업체가 ESL을 활용하면 넓은 매장에 표시된 가격 정보를 실시간으로 바꿀 수 있어 인건비를 절감할 수 있다.

이뿐만 아니다. 아마존 등 온라인 유통업체의 가격 책정에 곧바로 대응할 수 있어 이른바 '쇼루밍(showrooming)' 문제도 해결할 수 있다. 쇼루밍이란 소비자들이 오프라인 매장에서 제품을 살펴본 후 실제 구입은 온라인사이트를 통하는 쇼핑 행태를 말한다. 미국의 오프라인 유통업체들은 쇼루밍으로 매출이 줄어 어려움을 겪고 있다.

삼성전기는 현재 5억2000만 달러 규모인 ESL 시장에 2009년 진출했다. 스웨덴의 프라이서, 프랑스의 SES 등 기존 업체들과 경쟁하며 유럽 내 100개 매장에 ESL을 팔았다. 한국에도 홈플러스 5개, 롯데마트 1개 등 총 6개 매장이 삼성전기의 ESL시스템을 도입했다.

*ESL(electro shelf label) : 전자가격표시기로 유통 매장에서 과거 종이에 표시했던 상품명과 가격, 로고 등의 정보를 디지털 표시로 바꾼 장치다. 저전력 무선통신기술과 전자종이 디스플레이 기술을 활용했다.

자료원: 한국경제, 2014.01.15. 기사편집

제3절 유통경로의 개념과 필요성

1. 유통경로의 개념

유통경로(distribution channel)란 특정제품이나 서비스가 제조업자로부터 소비자나 산업재 사용자로 옮겨가 그들이 사용하거나 소비하도록 하는 과정에 관련된 상호 의존하는 조직들의 집합을 의미한다.

유통경로란 생산물이 이전하는 과정에서의 이전통로로서 여러 가지 유통기능을 수행하는 독립적이면서 상호의존적인 다양한 조직체의 집합이라고 정의 할 수 있으나, 유통경로에 대한 정의는 제조업자, 중간상, 소비자, 유통관련 연구자들에 따라 다르게 정의된다. 제조업자는 유통경로를 여러 중간상을 통해 소비자에게 상품을 이전시키는 활동으로 보는 반면에 중간상은 상품에 대한 소유권의 흐름으로, 소비자는 제조업자와 소비자 사이에 있는 중간상으로, 유통관련 연구자들은 유통구조와 운영상의 효율적 측면에서 필요한 조직으로 본다.

일반적인 유통경로에 대한 정의를 살펴보면, Stern과 El-Ansary등은 유통경로란 "제품이나 서비스가 사용 또는 소비될 수 있도록 하는 과정과 관련된 일체의 상호의존적이고 독립된 조직의 집합[1]"이라 하였고, Bowersox와 Cooper는 "상품과 서비스의 구매 및 판매과정에 참여하는 기업들 간의 관계시스템[2]"이라 하였다.

이상의 정의를 정리하면, 유통경로는 상품이나 서비스를 생산자로부터 소비자에게 이전하는 것과 관련되는 상호의존적인 조직들의 집합으로 생산자, 도매상, 소매상, 소비자로 구성된 경로구성원을 의미하는 것으로 경제생활의 발달에 따라 생산자와 소비자 사이의 격차를 해소해 주는데 기본 역할이 있다.

유통경로는 기업이 제품이나 서비스를 목표시장에 효율적으로 도달하게 하여 고객만족과 경쟁우위를 확보하게 할 수 있는 전략적 마케팅 수단으로 유통경로의 선택은 마케팅관리자가 직면하는 가장 중요한 의사결정 중의 하나인 마케팅 믹스 전략요소이다. 특히 범세계적 경쟁 개방체계에서 유통경로는 다른 마케팅 믹스요소들에 비해 쉽게 변화시킬 수 없고, 다른 경쟁기업이 쉽게 모방할 수 없으므로 유통경로에 대한 의사결정은 기업의 성공에 영향을 미치게 된다.

2. 유통경로의 효용

효용(utility)이란 소비자가 특정 제품이나 서비스에 대해 주관적으로 평가하는 가치이다. 즉, 특정 제품이 소비자가 이상적으로 바라는 모양을 가졌거나, 자신이 필요한 시간 및 장소에서 구매할 수 있도록 욕구를 일으키도록 하는 것으로 형태, 시간, 장소, 소유 효용의 4가지가 있다.

1) 형태효용

형태효용(type utility)은 특정제품의 형태를 소비자가 원하는 경제적 혹은 실용적

1) Anne T. Coughlin, Erin Anderson, Louis W. Stern and Adel El-Ansary, Marketing Channels, 6th ed.(Upper Saddle River, NJ: Prentice Hall, 2001), pp.2-3.

2) Bowersox, Donald J. and M. Bixby Cooper, Strategic Marketing Channel Management, Mcgraw-Hill, Inc., NY. 1992, p.4.

형태로 바꾸어 제공함으로써 소비자가 가치를 인식할 수 있도록 하는 것이다. 생산자가 대량 포장으로 공급한 상품을 유통업체가 소량포장하거나 상품 등급을 다르게 포장하여 형태가 다르게 보이도록 하는 것이다. 예를 들면, 대형마트에서 독신 가구의 증가에 맞춰 소량 포장 식품으로 성공한 사례나 신선식품 등의 신선도를 높게 보이도록 랩을 씌우거나 진열장의 온도 상태를 소비자가 볼 수 있도록 진열하는 것 등에서 형태효용의 창출을 볼 수 있다.

2) 시간효용

시간효용(time utility)이란 생산자나 유통업체에서 소비자가 필요로 하는 제품이나 서비스를 구매하기 원하는 시간에 공급함으로써 발생되는 효용을 의미한다. 예를 들어 편의점은 슈퍼마켓보다 상품 가격이 비싸지만 24시간 연중무휴라는 영업 전략으로 시간의 압박을 받고 있는 현대인에게 더 많은 시간효용을 창출하기 때문에 고가의 판매가 가능하다. 또 다른 예로 생산시기가 아닌 채소나 과일 등이 고가로 팔릴 수 있는 것, 아침에 배달되어야 신선하게 인식되는 우유 등에서 시간효용의 창출이 가능한 것이다.

3) 장소효용

소비자가 원하는 장소에서 제품이나 서비스를 구매할 수 있을 때 발생되는 효용을 장소효용(place utility)이라 한다. 소비자가 제품구입을 위해 직접 제조업자의 공장으로 찾아갈 필요 없이 원하는 소매상에서 구입할 수 있게 함으로써 유통경로는 장소효용을 제공한다. 시간효용의 창출하는 편의점은 주거지나 유동인구가 많은 지역에 위치하여 장소효용도 동시에 창출한다.

4) 소유효용

소유효용(possession utility)이란 소비자에게 상품을 소유하게 함으로써 창출되는 효용을 의미한다. 즉, 제품이나 서비스가 제조업자에서 소비자로 이전되어 소비자가 제품이나 서비스를 사용하고 소비할 수 있는 권한을 갖는 것을 유통업자가 도와줌으로써 발생되는 효용이다. 유통업체는 신용판매나 할부판매로 소비자에게 소유효용을 더해주며, 최근에는 정수기나 자동차 등 렌탈 사업이 붐을 이루어 아주 적은 대가의 지불로 소유효용을 높이고 있다.

사례 1-7

렌털 전성시대, "이젠 목돈 들이지 않고 누리자"

'소유하는 것보다 사용하는 게 중요하다'는 신풍속 소비 패턴이 생겨나고 있다. 경기침체가 장기화되면서 제한된 금액 내에서 최대의 만족을 얻으려는 소비자들이 늘고 있기 때문. 이에 가계에는 부담을 주지 않으면서 당장 필요한 부분을 누릴 수 있는 렌털 서비스가 주목 받고 있다. 개인의 경제 능력이 제품의 유행주기를 따라가기 버거운 것도 렌털 서비스 증가에 영향을 미친 것으로 보인다. 이에 기업들도 앞 다투어 관련 상품들을 선보이고 있다.

렌털의 네 가지 매력

소비자들이 렌탈서비스를 선호하는 이유는 크게 네 가지다. 일단 정수기나 침구, 공기청정기같이 위생에 민감한 제품은 구매 후 개인이 관리하기가 어렵다. 렌털 서비스를 이용하면 지속적인 관리를 받을 수 있다는 장점이 있다.

다음으로는 부담 없는 초기구입비용을 들 수 있다. 최근에는 일정 기간을 채우면 소유권이 이전되는 상품들도 많아 이를 효과적으로 활용하면 부담을 줄이고 원하는 제품을 얻을 수 있다. 이밖에 다양한 신세품을 사유롭게 사용해볼 수 있다는 것도 렌털 서비스의 강점이다.

한국렌탈협회는 렌탈시장이 6년 만에 세 배 넘게 증가했다고 밝혔다. 시장규모는 2006년 약 3조원, 2008년 약 4조5천억 원에 이어 작년은 약 10조2천억 원대로 추산된다. 주로 인터넷 쇼핑몰과 홈쇼핑을 중심으로 수요가 크게 늘고 있는 상황이다.

G마켓은 안마의자 매출이 전년 동기보다 125%뛰었고, 안마 의자와 정수기 부분에서도 꾸준한 성장세를 보였다. 롯데 닷컴은 카메라 렌탈 사업에 십승

투자한 결과, 관련 매출이 91,5% 늘기도 했다. AK 플라자는 지난 4월 백화점 업계 최초로 분당점에서 캠핑 용품 렌탈 서비스를 시작해 여름휴가 특수를 톡톡히 누리기도 했다.

실제로 시장조사전문기관 엠브레인트렌드모니터가 전국 만 19세 이상의 렌털서비스 인지자 1,000명을 대상으로 설문조사를 실시한 결과 '렌털서비스'하면 정수기(인지율 84.9%, 중복응답)를 가장 많이 떠올리는 것으로 나타났다. 그 다음으로는 냉온수기(73.8%)와 비데(72.3%), 장난감(48.9%)과 연수기(46.3%) 순이었다.

그러나 국내 '렌털 서비스'가 위에서 언급한 제한된 폭에 머물러있다고 생각하면 오산이다. 최근에는 침대, 악기, 수입차, 스마트 기기까지 그 종류가 매우 다양해져 빌리지 못하는 물건을 찾기가 더 어려울 정도다.

SK 브로드밴드는 3일 초고속 인터넷 이용 고객을 대상으로 최신 PC와 노트북, TV를 빌려주는 '스마트렌털' 상품을 출시했다고 밝혔다. 매월 1만~2만 원대의 임대료만 내고 3년의 약정 기간 동안 사용하면 된다. 3년이 지난 뒤에 기기를 계속 쓰려면 5만~8만원의 양도가를 추가로 내면 된다.

부동의 1위를 지켜온 에이스 침대를 넘어서기 위해 가구업계도 렌털 카드를 꺼내들었다. 리바트는 국내 가구사 중에 가장 발 빠르게 매트리스 렌털 서비스를 시행했다. 침대 대여뿐만 아니라 관리사가 정기적으로 방문해 위생 관리까지 책임지고 있다. 유독 국내 시장에서 고전하고 있는 씰리도 코웨이와 손을 잡고 렌털 서비스 시장에 안착했다.

종합악기업체 다이나톤은 지난 1월 디지털피아노 렌털 서비스를 실시했다. 고객들은 지난해 출시된 디지털피아노(DPR-2160, DPR-2110S)를 매달 3만 4900원에 빌려 쓸 수 있다. 3년 동안 무상으로 AS도 받을 수 있으며 약정기간이 지나면 소비자에게 소유권이 이전된다. 자녀에게 피아노를 선물하고 싶었지만 가격이 부담스러웠던 이들에게 유용하다.

자료원: 전자신문, 2013.10.07. 기사편집

3. 유통경로의 필요성

1) 총 거래 수 최소의 원리

생산자와 소비자 간의 거래에는 생산자와 소비자 간의 직접거래와 중간상이 개입되는 거래가 있다. 예를 들어 네 사람의 소비자가 네 개 기업의 제품을 구매할 경우 생산자와 소비자 간의 직접 거래(16회)에 비해 생산자와 소비자 사이에 중간상이 개입한 거래 수(8회)가 줄어들게 되는 것을 알 수 있다.

이와 같이 중간상이 개입함으로써 전체 거래횟수 및 이로 인한 거래비용을 낮출 수 있다는 원리를 총 거래 수 최소의 원리라고 한다. 다시 말하면, 만약 생산자가 소비자에게 직접 판매하는 경우, 생산자는 지리적으로 분산되어 있는 수많은 소비자에게 제품을 알리고, 주문처리 및 배달 업무 등으로 인하여 많은 인력이 필요하게 되며, 시간적으로나 금전적으로 상당한 비용이 발생하게 된다.

반면에 소비자가 필요한 제품을 생산자에게서 직접 구매하고자 하는 경우에 따르면, 소비자는 생산자를 찾아가는데 소요되는 시간적 비용, 교통비 등의 금전적 비용, 구매하기 전 제품 정보를 수집하여 비교 평가해야 하는 심리적 비용 등을 감수해야 함으로 소비자가 생산자와 직접 거래하는데서 발생한 비용은 중간상을 통해서 자신이 원하는 시간에 원하는 장소에서 구매 하는 것이 비용을 낮추게 된다. 그러므로 중간상의 개입으로 생산자와 소비자 양자에게 실질적인 비용감소와 보다 효율적인 거래활성화를 기할 수 있다는 것이다.

2) 분업의 원리

중간상이 생산자와 소비자 사이의 거래에 개입하게 되면, 매매, 수송, 보관 등의 기능을 수행하여 제조업체가 수행할 수급조절, 보관, 위험부담, 정보수집 등에 대한 업무수행에 있어서 전문성을 갖춘 유통업체가 수행함으로써, 제조업자는 생산에 전념하고, 유통업자는 유통에 전념하는 전문화로 인해 보다 경제적이고 효율적으로 유통기능을 수행할 수 있다는 원리이다.

3) 변동비우위의 원리

비용에는 고정비(일정기간 일정액이 지출되는 비용))와 변동비(경영활동에 따라 상시 변하는 비용)가 있다. 제조분야에서는 고정비가 차지하는 비중이 변동비보다 커서 생산량이 증가할수록 단위당 생산비용이 감소함으로써 규모의 경제 효과가 적용되어 유리하다. 반면에 유통분야는 제조분야에 비해 고정비보다는 변동비의 비중이 크므로 제조업체에서는 제조와 유통기구 통합하여 모두 떠안기 보다는 유통활동에 참가한 각각의 중간상들과 유통비용을 분담하여 변동비 부담을 줄이면 비용측면에서 경쟁우위를 차지할 수 있게 된다는 원리이다.

4) 집중저장의 원리

생산자와 소비자사이에 중간상이 개입함으로써 사회전체 보관(storage)의총량을 감소시킬 수 있다는 원리이다. 여기에서 중간상은 도매상을 의미하는데, 도매상이 없다면 많은 소매상들이 잦은 구매로 인해 발생하는 비용을 줄이기 위해 여러 가지 상품을 대량으로 구입하여 보관하게 되므로 사회전체적 측면에서 재고비용이 증가하여 유통효율성이 떨어지게 된다. 그러므로 도매상은 상품을 집중적으로 대량보관하고 소매상은 필요한 최소량만을 보관함으로써 사회 전체적으로 보관해야할 총량의 감소로 재고비용의 절감효과를 가져와 유통의 효율화를 가져올 수 있다는 원리이다.

사례 1-8

유럽 농산물 70% 첨단저장庫로 가격 급등락 봉쇄 …선도도 유지

피렌체에서 2시간 넘게 기차를 달려 도착한 트렌토는 알프스 산맥과 인접해 연중 서늘한 기후가 특징인 소규모 농업도시다. 특히 이곳은 이탈리아를 대표하는 사과 브랜드 '라 트렌티나'를 탄생시킨 곳으로 유명하다.

이 브랜드의 명성을 높인 일등공신은 지역 영농조합인 트렌티나사(社)가 보유한 사과저장시설 CA(Controlled Atmosphere)센터다. 4만㎡ 대지 위에 펼쳐진 센터에는 가로·세로·높이 각각 10m의 정사각형 형태로 만들어진 최첨단 사과보관창고 70동이 늘어서 있다. 창고 하나에는 사과로 가득 찬 플라스틱 바구니가 천장에 닿을 듯 빼곡히 자리 잡고 있었다. 한 동에 1만여 개 바구니가 있는 것을 감안하면 센터 전체에 총 2만2400 t 규모의 사과가 보관돼 있는 것이다.

시설의 핵심은 공기 조성비를 원하는 농도로 조절해 사과의 노화를 막는 CA설비다. 사과는 수확 후 2주~한 달가량 뒤에 일시적으로 당도가 상승하는 '후숙단계'를 겪는데, 그 이후부터는 당도가 점차 하락한다. CA설비는 바로 이 후숙단계의 맛이 유지될 수 있도록 산소량을 낮춰주는 기능을 한다. 산소가 줄어들면 저장물이 숨을 적게 쉬면서 신진대사량이 줄어 노화를 늦출 수 있다.

아르만도 파올리 트렌티나사 영업관리자는 "산소 농도를 최저 1%, 이산화탄소는 0.03%까지 낮추는 대신 질소는 97%까지 높이는 설비를 갖췄다"며 "이를 통해 사과 수확기의 맛을 그대로 유지한 채 1년 내내 보관할 수 있는 것"이라고 설명했다.

실제로 작년 8월에 수확해 그간 보관해온 이곳의 사과를 한입 베어 무니 아삭한 식감에 과즙까지 풍부해 딴 지 4개월이 지났다고 믿기 힘들 정도였다.

저장물의 종류와 상태에 따라 적절한 공기 구성비를 지키는 것도 맛을 유지하는 비결 중 하나다. 후지 품종 사과의 경우 섭씨 0도에 질소 95%, 산소 농도는 1.5~2%를 맞추는 반면 유럽에서 주로 먹는 골든 딜리셔스는 섭씨 1~2도에 질소 농도 87~92%, 산소와 이산화탄소는 각각 2%대를 유지하는 식이다.

'1년 내내 사과 맛을 그대로 유지한다'는 CA센터의 장점은 곧 상품성 있는 사과 물량을 연중 확보해 사과시세를 안정시키는 데 핵심적인 역할을 한다. 수확기인 10월에는 값이 떨어졌다가 이듬해 3월에는 품귀현상을 빚으며 사과 값이 배 이상 치솟는 국내와 달리 이탈리아에서는 비수기에도 고품질 사과를 시장에 내놓을 수 있어 사과 값이 1년 내내 큰 변동 없이 유지된다.

피에르루이지 매트 트렌티나사 대표는 "사과의 평년 가격이 100이라고 하면 가장 비쌀 때와 저렴할 때도 가격은 매년 80~120 범위에서만 움직인다"며 "1년 중 언제라도 가장 품질이 좋은 사과와 비슷한 가격에 팔 수 있는 것"이라고 전했다.

이처럼 최첨단 기술을 이용해 신선식품을 저장하는 전략은 유럽에서 이미 보편화됐다. CA저장고 전문업체 아르네코리아의 이성규 대표는 "오래전부터 소시지, 치즈, 와인을 숙성시키고 저온 저장했던 노하우를 쌓아온 만큼 유럽 국가들은 이미 1970년대부터 CA저장기술을 활용해 왔다"며 "매년 유럽 전역에서 생산되는 농산물 가운데 70%는 CA저장시설을 거쳐 유통되고 저장품목도 사과부터 키위, 자두 등 다양하다"고 설명했다.

이런 노력은 최근 전 세계적으로 확산되는 추세다. 뉴질랜드는 키위와 아보카도 등 대표 수출품을 보관하는 데 CA저장기술을 활용하고 있다. 중국도 이미 1990년대에 주요 유통업체를 중심으로 CA저장설비를 도입했을 뿐 아니라 특수 필름으로 농산물을 포장·저장하는 기술까지 갖추고 있다.

자료원: 매일경제, 2014.01.22 기사편집

사례 1-9

총성없는 로컬푸드 전쟁… 대형마트 로컬푸드를 늘려라

롯데마트 목포점에선 목포 인근 뻘바다에서 잡히는 '목포 먹갈치'를 판매한다. 목포 먹갈치는 전국 롯데마트 점포 중 유일하게 목포점에서만 판매하고 있는 품목이다. 이마트 경남지역 매장 역시 포항 구룡포에서 직송한 소라·낙지·아귀를 비롯해 대구 달성군과 반야월 인근의 양파와 상추·깻잎 등을 취급한다.

로컬푸드 바람이 대형마트에서도 거세게 불고 있다. 태생적으로 '규모의 경제'를 통한 가격 하락에 의존하고 있는 대형마트에서도 해당 지역에서 생산한 농산물을 그 지역에서 직접 소비하는 소규모의 로컬푸드 거래가 이뤄지고 있는 것이다. 특히 대형마트의 로컬푸드는 지역 활성화뿐 아니라 유통구조의 개선에도 큰 몫을 하고 있다.

최소 6단계에 이르는 유통구조를 3단계로 줄여 가격경쟁력까지 확보하게 되면서 대형마트엔 '총성 없는 로컬푸드 전쟁'이 펼쳐지고 있다.

이마트는 로컬푸드 운영 지역을 기존 경북·경남·전북·전남 등 4개 권역에서 지난해부터는 서울을 제외한 전국 8개 권역으로 늘렸다. 로컬푸드 매입 금액도 2012년 100억 원 규모에서 지난해엔 250억 원으로 늘렸다. 특히 올해엔 현재 60~80개(시즌에 따라 탄력적으로 운영)에 그치고 있는 로컬푸드 시행 점포를 100개 수준까지 확대할 계획이다.

상품 카테고리도 기존에는 채소 중심으로 운영을 하던 것을 지난해 하반기 들어선 모든 신선식품 전체로 확대, 운영했다. 호남 병어, 경남 전갱이 등 지역 수산물을 비롯해 함평지역 한우, 안동지역 한우·청과로까지 로컬푸드 범위도 확대했다.

롯데마트 역시 2012년 한 해에만 전국 39개 점포에서 딸기·수박·바지락·가자미 등 농수축산물 100여개 품목에 걸쳐 120억 원가량의 로컬푸드를 판매했다. 지난해엔 이를 45개 점포에서 120여개 품목으로 200억 원가량을 팔았다. 올해도 점포 수를 80개까지 확대하고, 품목도 150여개로 늘려 로컬푸드 판매규모를 300억원 이상으로 끌어올린다는 방침이다.

롯데마트의 대표적 로컬푸드는 2001년 8월부터 농협중앙회 전북지역본부와 전라북도가 연계해 인근 지역에서 생산하고 있는 삼례 딸기, 익산 방울토마토, 백구 포도 등이 대표적이다. 이들 3개 품목은 전북지역 5개 점포에서만 판매하고 있다.

자료원: 헤럴드경제, 2014.01.17. 기사편집

Chapter 2

소매업의 변화와 발전

제1절 소매업의 개념과 기능

1. 소매업의 개념과 특징

소매업(retailing)이란 구매한 상품과 서비스에 필요한 가치를 부가하여 소비자에게 판매하는 활동을 말하며, 소매상(retailer)이란 사용 및 소비를 목적으로 상품이나 서비스를 구매하는 최종소비자에게 상품 및 서비스를 판매하는 것에 관련된 활동을 수행하는 상인을 말한다. 즉, 소비자가 생활에 필요한 물건을 구매하기 위해 백화점, 할인점, 재래시장 등을 찾아가 자신이 사용 및 소비하기 위해 구입하는 소비자를 최종소비자라 하며 최종소비를 목적으로 구매하는 소비자에게 상품이나 서비스를 판매하는 활동을 소매라 하며 이 활동을 수행하는 상인을 소매상이라 한다.

소매상은 생산자 및 도매상과 소비자사이의 괴리를 좁혀주는 매개역할을 수행하며, 소매상의 경쟁력은 제조업체나 도매상이 충족시키기 어려운 소비자의 욕구를 효율적으로 충족시킬 수 있어야 하므로 소비자의 욕구를 파악하여 소비자가 원하는 시간 및 방식으로 구매할 수 있도록 상품구색이나 관련서비스를 제공할 수 있어야 한다.

최종소비자를 대상으로 상품 및 서비스를 판매하고 관련서비스를 제공하는 소매상은 다음과 같은 구체적 특징을 가진다.

첫째, 입지의 중요성이다. 최종소비자는 지리적으로 분산되어 있으므로 점포소매상의 경우 입지선정이 장기적 사업성공의 핵심요소가 된다. 즉, 한번 정해진 입지는 변경하기 어려우므로 입지선정은 소매업 전략에 큰 영향을 미치게 된다. 점포입지는 머천다이징, 상품가격, 촉진 등과 일관성을 가져야 하며, 입지선정 시 상권특성, 주변점포, 교통의 편리성, 가시성 등의 다양한 기준 등에 의해 평가가 이루어져야한다.

둘째, 반응의 즉시성이다. 소매상은 유통경로구성원 중 최종소비자와 가장 쉽게 자주 접촉할 수 있으므로 광고, 가격할인, 판매촉진 등의 마케팅활동에 대한 소비자 반응에 대한 효율성을 즉각적으로 평가하기 쉽다.

셋째, 충동구매의 비중이 높다. 충동구매는 소비자가 구매계획 없이 점포 내에서 즉흥적으로 이루어지는 비계획적 구매이므로 조명, 진열 및 구매시점광고 등에 의해 감정적으로 동화되도록 함으로써 소비자의 구매욕구가 활성화될 수 있도록 하는 것이다.

사례 2-1

백화점 매대에 과학 있다!

백화점 매대에도 과학이 숨어 있다. 매대 높이는 몇 년 전까지만 해도 78㎝가 표준이었지만, 한국인 평균 체형이 커지면서 80㎝로 높아졌다. 허리와 팔을 구부리지 않고 자연스럽게 쇼핑할 수 있도록 과학적 측정과 테스트를 거친 결과이다. 이에 반해 보석이나 시계를 진열하는 쇼케이스의 높이는 150㎝ 또는 1m이다. 쇼케이스 진열 상품은 눈으로 보고 구매를 결정하는 경우가 많기 때문에 사람들이 편하게 상품을 볼 수 있도록 높게 제작하고 있다.

백화점들은 샤워, 분수 효과를 위해 최고층과 지하 식품관 개선에도 노력을 기울이고 있다. 샤워 효과는 위층의 고객 유치 파급력이 아래층에 미쳐 매출 상승을 이끄는 효과다. 분수 효과는 이와는 반대 개념이다.

롯데 · 신세계 백화점은 고객들이 자연스럽게 모든 층을 방문할 수 있도록 각종 고객 편의 시설을 가장 높은 층에 배치했다. 식품관 개선에 노력을 기울이는 것 역시 분수 효과를 기대하기 때문이다. 식품 · 잡화 매장이 1층이나 지하에 위치하는 이유는 충동구매 효과를 노린 것이다. 실제 A백화점에서 델리 식품과 화장품의 연관 구매 효과는 40% 수준이다. 화장품 · 델리 매장 고객 10명 가운데 4명이 다른 상품을 꼭 구매하는 셈이다.

백화점을 이용하다 보면 에스컬레이터가 연이어 위층까지 이어지지 않고 중간에 반 바퀴를 돌아 맞은편 에스컬레이터를 타야 하는 경우가 있는데, 이는 반대편 매장에도 관심을 갖도록 유도하기 위한 것이다. 에스컬레이터로 이동하는 통로 주변에는 벨트나 모자 등 구매 욕구를 자극할 만한 적당한 가격 제품의 매대나 이벤트 행사장이 늘어서 있다.

매장 구석에도 과학적인 소비 분석이 뒤따른다. 청과매장은 저렴함을 강조하고 풍성하게 보이기 위해 과일을 쌓아두고 판매한다. 이때 귤, 오렌지 등 식욕을 자극하는 주황색 계열을 매장 전면에 배치한다. 비슷한 색상 과일을 연이어 진열하지는 않는다. 같은 과일로 인식해 한 종류만 구입하기 쉽기 때문이다.

가전 · 인테리어 · 가구 매장은 주로 높은 층에 위치한다. 다른 품목에 비해 목적 구매 성향이 강해 고객 빈도수가 낮아서다.

자료원: 세계일보, 2014.01.02 기사편집

2. 소매상의 기능

소매상은 제조업자 → 도매상 → 소매상 → 소비자로 구성되는 유통경로상의 마지막 단계로서 제조업자와 도매상의 판매성과에 큰 영향을 미친다. 소매상은 제조업자나 도매상과 소비자를 위해 여러 가지 기능을 수행한다. 제조업자 및 도매상에게는 상품을 판매해주는 기능을 하며, 소비자에게는 상품구매를 쉽게 할 수 있도록 여러 가지 기능을 수행한다. 소매상이 제조업자를 위해 수행하는 기능은 도매상이 제조업자에게 수행하는 기능과 동일하다. 이는 도매상이 없는 경우에는 소매상이 도매상의 기능을 동시에 수행하여야 하기 때문이다.

소매상이 제공하는 기능은 다음과 같다.

1) 소매상이 제조업자를 위해 수행하는 기능

첫째, 시장확대기능으로 새로운 고객을 창출한다.

둘째, 재고유지기능으로 고객의 욕구를 충족시키기 위하여 일정량의 재고를 유지한다.

셋째, 주문처리기능으로 점포 내 POS시스템 및 RFID를 활용하여 주문처리가 가능 하도록 한다.

넷째, 시장정보제공기능으로 상품에 대한 소비자들의 의견을 제조업자에게 제공하여 품질, 가격, 디자인 등을 소비자 욕구에 맞도록 상품을 개발하게 한다.

다섯째, 고객서비스 대행기능으로 제조업자가 제공할 상품배달 및 설치 등과 같은 고객서비스를 대행한다.

2) 소매상이 소비자에게 제공하는 기능

첫째, 소매상은 소비자가 원하는 상품구색을 제공한다. 소매상은 수많은 상품 중에서 적절한 가격 및 품질의 상품을 소비자가 믿고 선택할 수 있도록 해준다. 유사한 상품이라도 스타일, 색상, 크기, 상표 등이 다르므로 표적소비자의 요구에 맞도록 상품구색을 갖추고, 여러 가지 상품을 구입하려는 소비자들의 시간과 노력을 절약할 수 있도록 기능을 수행한다.

둘째, 소매상은 소비자에게 필요한 정보를 제공한다. 소매상은 POP(구매시점)광고, 판매촉진, 판매원 서비스, 점포 디스플레이 등을 통해 고객에게 상품관련정 보를 제공하여 상품구매를 도와주는 기능을 수행한다.

셋째, 소매상은 구매비용부담을 덜어주는 금융기능을 제공한다. 소매상은 신용제공 이나 할부판매 등의 금융서비스를 제공하여 구매를 쉽게 해준다.

넷째, 소매상은 소비자에게 배달, 설치, 사용방법의 교육과 판매 후의 애프터서비스 등과 같은 고객서비스를 제공한다.

사례 2-2

라면업체, 이색 POP광고로 소비자 제품 구매 유도

팔도 '일품짜장면', 짜장소스 POP로 전년대비 25% 신장

소비자와 제품이 만나는 마지막 순간, 라면업체는 소비자들이 제품을 사고 싶은 욕구를 높이기 위해 색다른 POP(Point Of Purchase, 구매시점)광고로 매장을 물들이고 있다. POP광고는 '말없는 세일즈맨'으로 통하며, 매장 주변에서 소비자들이 제품을 구매할 때 직접 보게 되는 광고물을 뜻한다. 무빙워크 광고, LCD광고, 바닥광고, 포스터광고 등이 대표적이다. 즉, POP광고는 구매 계획을 미리 세우는 고가제품 보다는 즉석에서 결정하는 저가제품에 주로 쓰인다.

팔도 '일품짜장면'은 제품의 장점인 '짜장 소스'를 매장에 부착해 홍보효과를 톡톡히 봤다. 일반적인 포스터 형태의 POP광고와는 달리 제품의 장점인 짜장 소스를 진열되어 있는 제품 앞에 실제로 부착해 소비자가 직접 눈으로 확인하고 만져 볼 수 있게 했다. 이를 통해 액상으로 만든 짜장 소스가 들어 있는지를 몰랐던 소비자들에게 좋은 반응을 얻고 있다.

올해 1~9월까지 '일품짜장면'의 판매량이 지난 동기 대비 25% 신장했으며, 출시 이후 처음으로 연간 1000만개 이상을 판매할 것으로 보인다.

'일품짜장면'은 일반 분말스프로 만들어진 짜장 라면과는 달리, 진짜 춘장과 감자, 돼지고기, 양파 등 큰 건더기를 직접 불로 볶아 만든 짜장 소스가 들어 있어, 집에서도 고급 짜장면을 먹는 느낌을 받을 수 있는 프리미엄 제품이다.

농심은 '짜파구리' 등 짜파게티를 이용한 여러 가지 레시피를 제공하는 짜파게티 요리사 등급표를 개발해 유통매장을 통해 선보이고 있다. 짜파게티 요리사 등급표는 △입문 짜파구리(올리브짜파게티 + 얼큰한 너구리), △중수 사천짜파구리(사천짜파게티+순한 너구리), △고수 짜계밥(짜파게티 + 계란프라이+밥) 등이 있다.

오뚜기도 LCD모니터를 활용한 제품 광고와 단독 매대를 마련해 제품의 특징을 잘 알릴 수 있는 POP광고를 지속적으로 실시하고 있다.

윤인균 팔도 마케팅 담당자는 "최근 소비자들은 매장에 들어가기 전 보다 들어간 후에 구매품목을 결정하는 경우가 많다"며, "'일품짜장면'은 큰 마케팅 비용을 들이지 않고 POP광고와 입소문만으로 판매 증대 효과를 톡톡히 보고 있다"고 말했다.

자료원: 환경일보, 2013.09.27 기사편집

사례 2-3

多채널·多상품 시대 맞아 빅데이터로 '콕 집어' 추천

'물건'이 아닌 '체험'을 사는 시대, 고객이 원하는 것 그 이상을 찾아라. 똑똑해진 소비자 행태가 갈수록 다양화·고도화하면서 이제 단순히 필요에 부합하는 상품만으로는 소비자 마음을 잡을 수 없는 세상이 됐다. 소비자 니즈를 넘어 경험을 공유하는 감성쇼핑 시대가 본격화하고 있다.

대표적인 사례가 바로 '영감(Inspiration)' 구매다. 신상품 홍수 속에 같은 상품도 유통채널에 따라 가격이 천차만별이다 보니 인터넷 검색과 가격 비교 후 멀티 채널을 통해서 구매하는 것이 이제는 상식이다. 하지만 그 많은 상품 중 자신에게 맞는 상품을 콕 집어 골라내기란 쉽지 않은 일이다.

그런데 이제 단순히 소비자가 찾는 아이템뿐만 아니라 과거 소비 경험을 바탕으로 소비자 관심사에서 취향까지 고려해 상품을 추천해 주고 이를 바탕으로 소비자가 구매에 나서는 영감 구매가 확산되고 있다.

이 같은 '큐레이션 커머스'는 모바일 시대에는 더욱 각광받을 것으로 전망된다. 김태수 옥션 상무는 "좁은 모바일 화면에서 물건을 적절하게 전시·추천하는 기능은 필수"라며 "풍부한 상품 데이터를 일종의 '사이버 점원'으로 활용해 소비자 취향까지 고려하고 추천해 주는 방식이 갈수록 확산될 것"이라고 말했다.

오픈마켓 옥션은 회원 2000만 명에 대한 구매 데이터에 기반해 오픈마켓 모바일 중에서는 최초로 카탈로그 검색 기능과 개인 맞춤상품 추천 기능을 새롭게 도입했다. 특히 아웃도어, 카메라, 패션 등 취미나 라이프스타일에 따라 관심사를 설정하면 그에 맞는 인기 상품을 자동 추천하는 '마이 스타일'과 다른 사람 구매 상품을 추천해주는 '남들은 뭘 살까?', 늘 필요한 상품을 보여주는 '반복구매상품' 탭을 통해 영감 구매가 가능하도록 했다.

특히 회원 데이터를 분석해 쌀, 기저귀, 라면, 생수, 커피 등 반복 구매 상품군에 대한 반복 구매 주기를 추출하고, 그 주기별로 DM을 발송한다.

자료원: 매일경제, 2014.01.06 기사편집

제2절 소매업의 발전과정 이론

1. 소매수레바퀴가설

소매수레바퀴가설(Wheel of Retailing Hypothesis)은 M. D. McNair와 S. C. Hollander가 미국과 영국에서의 소매상 발전과정에 근거하여 주장한 이론이다. 소매상이 처음에는 저비용·저가격·저서비스에 기초한 혁신적 업태로 시장에 진입한 후 시장을 주도하다가, 사회·경제적 환경에 따라 변화되어 고가격 및 다양한 서비스로 시장을 주도하면서 고가격, 고품질로 변화하여 가격경쟁력을 상실하게 되면, 다시 새로운 업체가 나타나게 된다는 것이다. 수레바퀴가설은 미국의 소매상 변천과정인 전문점-백화점-할인점 순으로 성장한 것은 부분적으로 설명할 수 있으나 모든 유형 및 국가의 소매상 발전과정에는 적용될 수 없다는 문제점이 있다. 우리나라의 경우도 선진국에서 개발된 다양한 업태의 소매점이 동시에 또는 순서가 뒤바뀌어 도입되었기 때문에 가설에 의하여 설명되기는 무리가 있으나, 소매상발전에 관한 대표적

이론으로 인식되고 있다. 그 특징은 <표 2-1>과 같다.

〈표 2-1〉 소매수레바퀴가설의 특징

구분	진입단계	성장단계	쇠퇴단계
성격	혁신적 소매상	전통적 소매상	기존 소매상
영업특성	저가격 최소한의 고서비스 제한적인 제품구색	고가격 차별적 서비스 다양한 제품구색	고가격 고품질, 고서비스 투자수익률감소

2. 소매수명주기 이론

소매수명주기이론(Retail Life Cycle Theory)은 소매상이 발전하는 과정을 제품수명주기(PLC; product life cycle; 제품이 시장에 나와서 없어질 때까지의 단계)이론에 적용하여 도입기-성장기-성숙기-쇠퇴기를 거친다는 것으로 각 단계별 특징은 <표 2-2>과 같다. 일반적으로 소매기관의 발전에 관한 다른 이론들은 어떤 특별한 변화에 대한 예측과 대처가 불가능하지만, 소매수명주기이론은 소매 관리자가 각 수명주기단계를 세부적으로 분석하여 수명주기의 각 단계로의 변화를 예측하고, 이러한 환경변화에 대해 효과적으로 소매조직을 적응시킬 수 있다. 그러나 소매수명주기상에서 소매점의 정확한 위치와 각 단계의 지속기간을 예측하기 어려운 점도 있다. 또한 소매수명주기이론은 최근 소매환경이 급격히 변화하면서 다양한 형태의 소매상이 나타나 기존 소매상의 수명주기가 단축되고 있다.

〈표 2-2〉 소매수명주기이론의 특징

구분	도입기	성장기	성숙기	쇠퇴기
마케팅 목표	제품인지도 증가 제품사용의 확대	시장의 확대 제품계열의 확대	가격인하 서비스의 증가 유통경로의 확대	촉진비용 축소 서비스의 감소
마케팅 비용	매우 크다	크다	보통	매우 작다
경쟁 강도	매우 낮다	높다	높다	약화

3. 소매아코디언 이론

소매아코디언 이론(Retail Accordion Theory)은 소매상의 변천과정을 가격이 아니라 상품구색의 변화에 기초하여 S. C. Hollander가 설명한 이론으로 초기에는 다양한 상품을 취급하다가 일정시간이 지나면 전문화된 한정 상품만을 취급하고. 좀 더 기간이 지나면 다양한 제품을 다시금 취급하는 과정을 반복하여 조화를 이루면서 발전하는 것이 아코디언과 비슷하다고 하여 붙여진 이론이다.

소매아코디언 이론은 상품구색이외의 변화요인을 설명하지 못하는 한계가 있으나 미국의 소매업 변천과정을 설명하자면, 초기에는 잡화점과 백화점 같은 종합소매상이 발전하였고, 이후 1950년대에는 상품구색이 좁은 전문점이 발전하였으며, 1960년대에는 제품구색이 넓은 양판점, 1970년대에는 부티크 등과 같은 전문점, 1980년대 이후에는 창고형 도·소매점과 같은 종합할인점이 주로 발전하고 있다.

4. 변증법과정 이론

변증법과정(Dialectic Process) 이론은 정반합의 원리로 소매점의 진화를 설명하는 것으로 두 개의 경쟁적인 소매상이 하나의 새로운 형태로 합하면서 혁신적인 형태로 발전한다는 것이다. 기존업체(정: thesis)와 경쟁하려는 새로운 업체(반: antithesis)가 서로의 경쟁우위 요인을 수용하면서 서로의 특성이 혼합된 새로운 형태(합: synthesis)를 만들어 간다는 것이다. 즉, 고가격, 고마진, 고서비스 저회전율 등의 백화점이 등장하면 이에 대응하여 저가격, 저마진, 저서비스, 고회전율의 할인점이 나타나고, 백화점(정)과 할인점(반)의 장점을 취합한 새로운 할인백화점(합)이 등장하여 발전해간다는 이론이다.

이 이론은 전문점과 할인점이 혼합된 전문할인점(category killer)으로 성장·발전한 것과 90년대 중반 월마트(Wal-Mart)가 주도하여 슈퍼마켓과 할인점을 결합하여 슈퍼센터로 발전한 미국의 소매상에서 그 적용을 찾아 볼 수 있다.

5. 자연도태설

자연도태설(Natural selection) 또는 적자생존이론은 소매업의 변천과정을 환경적응 과정으로 설명하는 이론이다. 다윈이 진화론에서 주장한 자연도태설과 같이 환경에 적응하는 소매상은 생존·발전하게 되고 환경변화에 적응하지 못한 소매상은 자연적으로 도태된다는 이론이다. 즉, 소매 유통업을 둘러싸고 빠르게 변하는 시장의 사회·문화적, 정치적·법적, 기술적, 경쟁적 구조 및 다양한 소비자의 욕구를 충족시킬 수 있는 유연하고 적응력 강한 소매업체는 성장·발전하고, 변화에 대처하지 못하거나 대처할 능력이 없다면 도태되거나 경쟁력을 크게 잃게 되는 것이다. 환경요인 전체를 포괄하여 설명하고 있기 때문에 설득력은 높으나 소매업태가 어떤 환경요인에 의해 어떻게 변화하는 지를 설명하지 못하는데 문제가 있으며, 이는 1940-50년대 미국 도심 백화점이 급속하게 쇠퇴하고, 반면에 교외 백화점이 성장·발전한 사례에서 이론의 적용을 찾을 수 있다.

사례 2-4

쇼핑채널 1인당 평균4.5개 "이젠 無트렌드가 트렌드"

유통업체들이 온·오프라인 컨버전스를 이뤄가고 있는 건 사실 소비자들의 변화하는 쇼핑 트렌드와 관련이 깊다. 요즘은 쇼핑 트렌드가 워낙 짧은 주기로 변하기 때문에 '무(無)트렌드가 트렌드'라는 말까지 나온다. 쇼핑에 고정관념이 사라지고 있는 것이다. 2~3년 전부터 늘기 시작한 PC·모바일 쇼핑으로 한때 쇼루밍(showrooming)이 대세로 자리 잡았다. 백화점이나 마트 등 오프라인 매장에서 상품을 '윈도 쇼핑'한 뒤 집으로 돌아와 온라인으로 주문하는 것이다. 이로써 오프라인 매장은 말 그대로 '쇼룸'에 불과했다.

하지만 지난해 하버드비즈니스리뷰는 '역쇼루밍(reverse showrooming)'을 조심스럽게 예상했고 이는 현실화하고 있다.

화장품이나 옷의 경우 온라인에서 최대한 상품 정보를 비교·분석한 뒤 오프라인 매장에서 직접 체험한 후 구입하는 소비자가 늘고 있기 때문이다.

이는 소비자들의 쇼핑채널이 다양해졌다는 것을 의미한다. 백화점이나 마트, 온라인몰 가운데 하나만 정해놓고 물건을 사는 소비자는 많지 않다. 유통 전문가들은 현재 소비자들의 평균 쇼핑채널이 4.5개에 이른다고 분석한다.

자료원: 매일경제, 2014.01.03 기사편집

제3절 한국 소매업의 발전

1. 한국 소매업의 역사

한국에서의 소매업이라 말 할 수 있는 것은 1967년 이전에는 재래식 시장과 소형 점포들을 중심으로 한 상업 형태가 주종을 이루었다.

1968년 이후 1980년까지를 성장기라 할 수 있는데, 정부의 적극적인 후원 아래 제조업과 더불어 근대적인 유통업이 비로소 본격적인 성장을 한 시기라 할 수 있다.

1980년~1989년까지는 유통산업에 대한 체계적 지원체제의 구축으로 인한 성장기로 이 시기에는 특히 수많은 백화점이 생겨나면서 성장기를 맞았으나 지나친 경쟁격화로 여러 업체들이 문을 닫게 되었으며, 1980년대 후반 이후에는 외국 업체와의 제휴 또는 독자기술의 편의점이 도입되었다.

1990년 이후는 확대성장기로 가격파괴형의 신업태 등 다양한 유형의 소매업체들이 생겨나면서 다점포화, 대형화 추세로 발전을 하고 있다.

1996년은 외국인 투자 시 종합 소매업 투자에 대한 매장면적 및 점포 수 제한이 폐지되면서 유통시장이 전면 개방되었다. 마크로, 까르푸, 코스트코, 월마트, 테스코 등 세계적인 글로벌 유통기업이 우리나라에 진출하기 시작했으며, 최근에는 국내유통산업이 유통망을 해외로 활발히 확대시키고 있다.

2000년 이후 인터넷과 IT산업의 급성장과 더불어 스마트폰의 보급으로 인해 인터넷 쇼핑몰과 소셜커머스 등 끊임없이 진화하고 있다.

〈표 2-3〉 한국유통시장 개방 단계

년도	개방단계	주 요 내 용
1989	유통시장1단계 개방	• 의약품 도매업에 대한 외국인 투자허용 • 외국지사 수입판매 업종 확대
1991	유통시장2단계 개방	• 소매업에 대한 외국인 투자의 선별적 허용 - 점포수 10개 이하, 점포당 매장면적 1,000m²미만까지 허용
1993	유통시장3단계 개방	• 도·소매업에 대한 외국인 투자의 선별적 허용 - 네거티브 리스트 허용 - 점포수 20개 이하, 점포당 매장면적 3000m²미만까지 허용
1996	유통시장 완전개방	• 점포수 및 점포당 매장면적 제한 완전 철폐 • 업종별 외국인 투자개발 5개년 계획에 의거 추진 - 백화점, 쇼핑센터에 대한 외국업체 직접진출 금지 - 총포, 도검, 화약류 유통업, 골동품 및 예술품 유통업 지방정부가 지정한 농수축산물 공공 도매시장의 개설·운영 및 그 안에서의 유통서비스는 개방에서 제외됨 - 3,000m²이상의 도매시장과 대형 도매점 개설시 정부 심사 필요
1998	외국인 투자촉진	• 외환위기 극복을 위한 외국인 투자촉진 정책 채택 - IMF극복을 위한 외국인 투자촉진법 제정 - 백화점, 쇼핑센터의 경제성 평가 검토 삭제 • 외국인 토지소유 허용

자료: 윤명숙, 21세기 유통관리, 도서출판 대경, 2009, p.64, 수정 재인용

2. 소매업태별 발전

1) 백화점의 발전

화신백화점은 1931년에 설립되었던 백화점으로 민족자본으로 설립되어 우리 민족에 의하여 경영되었던 최초의 백화점이다. 1931년 선일지물(鮮一紙物) 사장 박홍식(朴興植)이 자본금 100만원의 화신상회를 설립한 뒤 종래 목조 2층 건물을 3층 콘크리트 건물로 증개축하고, 기구도 영업과 · 서무과 · 사입과(仕入課) 등을 두고, 백화점의 판매 · 제조와 그 부대사업을 시작하였다.

1932년 7월 16일 옆 건물의 동아백화점을 인수, 합병하였고 1934년 2월 27일 주식회사 화신으로 상호를 변경, 6월에는 연쇄점과를 신설하여 상품의 복잡한 유통과정을 단순화시켜 생산공장에서 직접 다량구입하여 직접 소매상에 공급하는 연쇄점사업에 투자하였다. 전국 5개 대도시에 배급소를 설치하고 전국 350개 소의 연쇄점을 모집, 개점시켰다. 1935년 1월 27일 화재로 50만 원의 손실이 발생하였으나 임시로 건물을 임대하여 계속 백화점을 운영하였고, 그 해 12월 평양백화점을 인수하여 화신평양지점을 개점하였으며, 1938년 진남포지점까지 개점하였다. 1937년 11월 11일 화재로 소실되어 신축한 전관이 준공되었는데, 종로 소재 지하 1층, 지상 6층, 총건평 3,011평으로, 이는 당시 한국인에 의하여 건립된 최대의 건물로 엘리베이터 · 에스컬레이터 시설까지 구비되었다. 1941년 9월 25일 선일지물 · 화신연쇄점 · 화신무역 등 계열회사가 통합, 화신상사주식회사로 되었다가 1944년 11월 30일 화신에 흡수, 합병되어 총자본금이 800만 원이 되었지만 일본강점으로부터 8 · 15광복 때까지 물자부족 · 품귀현상으로 화신백화점은 운영의 곤란을 받았다.

1946년 12월 1일 화신주식회사에서 독립하여 자본금 2,000만 원의 화신백화점이 설립되어 물품판매업 · 제조가공업 · 위탁판매 내지 대리업 등 백화점업무를 독자적으로 운영해오다가 1950년 1월 1일 다시 화신주식회사와 통합되어 자본금 3억 원의 화신산업주식회사로 운영되었으나 6 · 25전쟁으로 백화점 내부의 화재와 물자부족으로 백화점 직영이 곤란하여 1950년 10월부터는 일반에게 임대운영하기 시작하였다. 1955년 11월 15일 종로 1가에 신신백화점을 준공, 개점하였으며, 1970년대 화신전기 · 화신전자 · 화신레나운 · 화신타이거리싱 등을 설립하는 등 사업을 확장하였으나 과도한 투자로 인하여 1980년대 화신백화점운영의 화신산업과 계열회사 모두가 해체되었다. 화신백화점 건물도 서울특별시의 종로도로확장계획에 따라 모두 헐리게 되었다. 이 백화점은 근대적인 규모・시설・조직을 갖추고 합리적으로 경영하여 일제강점기에 한국상업계의 선도적인 구실을 하였으며, 전국적인 연쇄점을 개설하고 값싸게 물건을 공급함으로써 중간상의 폭리를 배제하고 유통질서를 세웠으며, 다양하고 풍부한 물건을 확보하기 위하여 해외에도 지사를 두는 등 백화점운영의 근대화에 기여하였다.

사례 2-5

한산한 종로거리 … 최초 근대식 화신백화점

1966년 4월 서울 종로2가 거리 모습입니다. 오른쪽 건물이 우리나라 최초의 근대식 백화점인 화신백화점(현 종로타워)입니다. 1931년 2층 목조건물로

지어진 이 건물은 미곡상으로 자본을 축적한 박흥식 씨가 당시 36만 원에 화신상회를 인수한 후 1932년 3층 콘크리트 건물로 재건축해 백화점을 설립했다고 합니다.

자료원: 문화일보, 2013.12.03 기사편집

2) 대형마트의 발전

1993년 11월 12일 이마트 창동점을 시작으로 1998년에는 마그넷(현 롯데마트)이, 1999년에는 테스코(현 홈플러스)가 영업을 시작했다.

대형마트는 유통 단계 단순화와 물류 개선 등 혁신적 유통으로 상품 판매 가격을 낮추었으며, 백화점이나 전통시장에서 주로 여성을 중심으로 이뤄지던 쇼핑을 가족 중심의 활동으로 바뀌게 하였다.

한국 경제에 미친 영향도 상당하다. 한국체인스토어협회에 따르면 대형마트는 2013년 기준 전국 470곳이며 해외진출까지 합쳐서 627개에 이르고, 시장규모는 38조 8000억 원, 직접 고용 인원은 6만9000명에 이른다.

대형마트가 이렇게 성장하기까지는 유통 시장 개방도 한몫을 했다고 할 수 있는데, 프랑스 까르푸(1996년)와 미국 월마트(1998년)가 대형마트 붐을 타고 잇달아 한국에 진출하였다. 하지만 이들은 한국시장에서 예상 밖으로 고전하다가 2006년 월마트는 점포 16곳을 이마트에, 까르푸는 같은 해 이랜드에 점포를 넘기고 한국에서 철수했다.

국내 대형마트들은 창고형이 아닌 백화점식으로 진열대의 높이를 낮추고, 대형 포장 대신 낱개 포장을 늘리는 '한국형 할인점'으로 승부수를 띄웠고, 결과는 토종들의 판정승이 된 것이다.

대형마트들은 2000년대 중반부터 학원이나 문화시설까지 갖춘 3만 m^2(약 9075평) 이상의 복합시설로 변모하는 등 확장기를 맞이했다. 대형마트들은 당시 매년 10개 이상의 점포를 추가로 열었다. 또 기존 제품보다 가격이 20~30% 싼 자체브랜드(PB) 상품을 식품과 생활용품 등으로 확대하고 있으나 공격적인 사업 확장에 따른 그늘도 적지 않았다. 특히 대형마트 출점에 대한 영세 상인들의 반발로 2012년 4월부터 대형마트 의무휴업 제도가 시행되는 등 각종 규제가 만들어졌다. 대형마트는 각종 규제 외에도 시장 포화와 소비경기 침체 등으로 인한 어려움도 있지만 해외시장 진출도 활발히 진행 중이다.

한국 대형마트 발달사

자료: 각 업체

발달단계	주요 일지	특징
1세대(1993년~) **창고형 매장 출현**	• 1993년 한국 최초 대형마트인 이마트 1호점(창동점) 개점 • 1996년 유통시장 개방, 월마트·까르푸 1호점 오픈	• 초저가 생필품 위주의 판매 • 소비자의 합리적 구매 패턴 형성
2세대(1997년~) **한국형 마트 발현기**	• 1998년 롯데마트 1호점 오픈 • 1999년 홈플러스 테스코 합작 1호점 오픈 • 2003년 백화점 매출 추월	• 수도권 위성도시를 비롯해 공항, 축구장 등으로 출점지 다변화 • 한국형 자체브랜드(PB)로 구색 차별화
3세대(2004년~) **대형마트 확장기**	• 2006년 월마트·까르푸 한국시장 철수 이마트 월마트 16개점 인수 • 2010년 이마트의 '이마트 피자', 롯데마트의 '통큰 치킨' 출시 등으로 영세상인과의 갈등 고조	• 지방 대도시 인근까지 출점 확대 • 중소상공인 보호 위한 대형마트 출점 규제 논란 본격화
4세대(2011년~) **성장 정체기**	• 2011년 영업시간 제한 • 첫 반값 TV 출시 • 2012년 의무 휴업 실시 • 2013년 중소도시 대형마트 출점 규제안 등 담은 유통산업발전법 개정안 통과	• 점포 내에서 완구, 애완용품 등 카테고리킬러(전문매장)형 매장 확대 • 중국, 베트남 등 해외시장 진출 노력

3) 88올림픽 계기로 편의점 사업 급성장

국내 프랜차이즈 업계는 1988년 서울올림픽을 계기로 전환점을 맞이한다. 1960~70년대 압축성장 정책의 결과로 1980년대부터 국민소득이 크게 향상되었는데 그 중에서도 중산층의 확대가 결정적이었다. 소매업 황금기를 맞아 프랜차이즈 산업의 성장 기반도 조성된 것이다. 현재 국내 프랜차이즈 시장을 주도하고 있는 편의점과 제과점, 피자전문점, 치킨점 등이 모두 1980년대 후반과 1990년대 초반을 지나면서 기반을 닦았다.

24시간 전천후로 영업을 하는 편의점의 성장이 특히 괄목할 만 했다. 1980년대 초부터 국내에 편의점이 새로 선보였으나 대부분 실패하고 말았다. 이후 해외 유명브랜드와의 제휴를 통해 선진적인 경영기법으로 무장한 새로운 편의점들이 등장했는데

1989년 5월 세븐일레븐 1호점(올림픽선수촌점)을 시작으로 1991년까지 훼미리마트, LG25(현 GS25), 바이더웨이, 미니스톱 등의 브랜드가 서울을 비롯한 수도권에 300여 개의 매장을 오픈했다.

유통업계의 선두주자인 롯데는 1994년에 세븐일레븐을 인수해서 코리아세븐으로 상호를 변경하고 편의점사업을 총괄케 했다. 코리아세븐은 2010년 1월에 업계 4위인 바이더웨이를 2740억 원에 인수해서 전국에 무려 5400개의 매장을 확장한 결과, 연 매출액이 무려 2조 원대에 이르는 국내 최고의 편의점 업체로 성장했다.

1970년대 수출드라이브 정책과 경제개발 추진에 힘입어 1980년대부터 국민소득은 급격하게 높아졌다. 특히 1986년 아시안게임과 서울올림픽은 구매력을 지닌 중산층이 등장하는 계기가 됐다. 소매업이 황금기를 맞고 프랜차이즈 산업의 성장 발판도 이 시기에 마련됐다. 지금까지 국내 프랜차이즈 시장을 주도하고 있는 편의점과 제과점, 피자전문점, 치킨 등이 모두 1980년대 후반과 1990년대 초반을 지나면서 기반을 닦았다. 편의점의 성장은 그중에서도 눈부셨다.

외국의 연구 결과에 따르면 편의점은 1인당 국민소득이 3000달러일 때 도입되고, 7000달러 이상일 때 빠르게 성장하는 산업으로 알려져 있다. 한국의 편의점은 미국보다 60년, 일본보다 20년 늦게 도입됐다. 1980년대 초반에도 자생적인 편의점 설립을 위한 움직임이 있었지만 대부분 실패했고, 해외 브랜드와 제휴를 통해 선진적인 경영기법을 받아들이면서 비로소 정착됐다.

편의점은 주먹구구식으로 운영되던 구멍가게에 현대적인 장비인 POS를 설치해 일대 혁명을 가져왔다. 고객 구매 패턴을 분석해 과학적인 마케팅과 물류 머천다이징 전략을 펼칠 수 있도록 만든 것이다. 도입 이후로도 공격적인 시장 확장을 거듭한 편의점은 현재 단일 업종으로 가장 큰 규모를 자랑하는 국내 프랜차이즈의 대표 업종으로 성장했다. 하지만 편의점 사업은 운영 면에선 쉽지 않은 사업이었다. 브랜드 인수・합병(M&A) 등이 유난히 많았으며, 진로베스토아 등 대기업이 직접 진출했다가 실패한 사례도 적지 않다.

Chapter 3

소매업태의 유형과 특징

소매업태의 유형은 점포유무, 소유형태, 운영상의 특징 등에 따라 분류할 수 있으나 가장 일반적인 분류는 점포의 유무에 따라 점포소매상과 무점포 소매상으로 분류하는 것이다. 소매상은 유통경로 상에서 소비자와 가장 가까이 있는 경로구성원으로서 소비자와 직접 접촉하므로 변화하는 소비자욕구에 맞추어 계속 변화되어왔으며 다양한 형태의 소매점들이 나타나 경쟁이 치열해지고 있다. 더욱이 컴퓨터와 IT기술의 발전으로 새로운 업태가 생겨나고 기존의 점포소매상이 인터넷 몰을 개점하는 등 소비자들의 다양한 욕구를 충족시키기 위해 다양한 형태의 소매 업태들이 등장하고 있는 추세이다, 본서에서는 점포 유무에 따라 분류하면서 주로 한국에서 볼 수 있는 소매업태를 운영상의 특징과 함께 살펴보도록 한다.

제1절 점포소매상

1. 백화점(Department Store)

백화점은 하나의 매장 내에 일괄 구매와 비교 구매가 가능하도록 상품 부문별로 구색을 갖추어 진열, 판매하는 대규모 소매업태를 뜻한다. 대개 의류나 생활용품 등 매우 다양한 상품계열을 취급하는 여러 부문으로 이루어져 있다.

세계 최초의 백화점은 1852년 프랑스 파리에 개점한 봉 마르쉐(Bon Marche)이다. 주로 대도시의 도심에 입지하여 가격 정찰제와 같은 방법을 도입함으로써 그 당시 혁신적인 유형으로 등장하였다. 미국에는 1858년에 개설된 메이시(Macy)가 있고, 영국에는 1863년에 개설된 휘틀리(W.Whiteley), 독일에는 1870년에 개설된 베르트하임(A.Wertheim), 일본에는 1904년 일본 전통 옷인 기모노 판매점이었던 오복점인 미쓰코시[三越]가 백화점으로 전환을 선언하면서 처음 탄생하였다.

미국의 백화점들은 1960년대에 이르러 성숙기 단계에 들어서게 되면서, 급성장한 할인점, 양판점 등과의 치열한 경쟁으로 대다수의 백화점들이 도산하거나 합병되면서, 경쟁력이 없는 잡화, 가구, 가전 부문을 축소하고 의류부문을 강화하는 패션지향 백화점으로 바꾸어 고급화 및 특성별 머천다이징 등의 차별화전략을 하고 있다.

한국에 백화점이 생겨난 것은 일본의 미쓰코시가 1906년 서울 명동에 지점을 설립하면서부터다. 1927년 현재의 신세계 백화점 본점자리에 현대식 건물을 착공하여 1934년 10월에 이전하였다. 미스코시 경성점은 해방 이후 동화백화점으로 영업하다가, 1963년 삼성그룹으로 흡수되어 상호를 신세계백화점으로 바꾸었다. 신세계백화점은 1967년 대한민국 최초로 바겐세일을 실시하고, 1969년 최초로 신용카드를 발급하는 등 한국의 유통 시장을 선도하고 있다.

한국인이 설립한 최초의 현대식 백화점은 박흥식(朴興植)이 1929년 9월 종로 2가에 설립한 화신상회(和信商會)로 후에 화신백화점이라 불리며 백화점으로서 역할을 하였으나 1980년대 무리한 사업확장과 도시개발 등의 원인으로 문을 닫았다.

1979년 고객제일이라는 경영이념을 바탕으로 설립된 롯데백화점은 한국쇼핑문화를 재정립시킨 현대 한국 백화점의 상징으로, 줄곧 국내 유통업계의 정상을 지키며 매년 경이적인 성장과 발전을 거듭하여 왔으며, 1980년대 한국의 백화점은 황금알을 낳는 거위로 불리며 수많은 백화점이 생겨났으나 치열한 경쟁으로 대부분이 폐업하였으며, 1985년 압구정 본점으로 시작한 현대백화점이 매년 20% 가까운 성장을 기록하면서 소매유통 시장의 주도적 역할을 하면서 대표적 소매기관으로 자리 잡게 되었다.

일반적으로 인식된 백화점의 특징을 보면, 의류, 화장품, 잡화 등의 각종 상품을 부문별로 다양한 제품구색을 제공하여 소비자들이 일괄구매 할 수 있도록 하고 주로 직영으로 운영하며, 편리한 입지, 쾌적한 쇼핑 공간, 사회적 지위관련 만족을 추구하는 고급화된 대규모 소매점이라 할 수 있다.

사례 3-1

백화점 리뉴얼 바람… '고급화', '대형화', '다양화'

불황을 가장 많이 타는 백화점들이 생존을 위해 잇따라 매장을 재단장하고 있다.

신세계백화점은 본점을 개관한 지 8년 만에 전면적인 재단장 작업에 착수했다. 지난 7월부터 여성관 재단장을 시작해 6일 신관과 구관에 걸친 메머드급 컨템퍼로리 패션 전문관 4N5의 문을 열었다.

"신세계 4N5는 백화점 내 다른 층들과는 차별화된 컨셉트의 인테리어로 개성과 스타일을 추구하는 젊은 고객들을 위한 독자적인 쇼핑 공간을 지향한다"고 신세계 관계자는 밝혔다.

매장 인테리어는 뉴욕의 백화점 바니스의 매장을 디자인한 제프리 허치슨이 맡았다. 뉴욕의 소호와 파리 마레지구의 분위기와 감성을 반영한 업타운과 다운타운이라는 두 개의 컨셉트를 축으로 매장 중앙에는 유리 파빌리온을 구성했다. 불규칙하게 설치된 조명 아래 스트리트처럼 보도 블록을 형상화했다.

신세계백화점 관계자는 "백화점이 유통체널 중 가장 불리한 채널이기 때문에 변신으로 차별화하지 않으면 그나마 살아남지 못한다"며 "신관을 오픈하고 8년 만에 리뉴얼하는데 올해 7월부터 내년 말까지 여성, 남성, 식품관까지 신관을 전체적으로 리뉴얼 할 것"이라고 말했다.

현대백화점은 4년에 걸친 공사 끝에 강남의 랜드마크 백화점인 무역센터점을 초대형 점포로 리뉴얼 8월 22일 오픈했다. 영업면적이 기존 면적보다 56% 약 10,250평 가량 증가했으며 1~3층(4,500평)을 통틀어 해외패션관으로 꾸몄다. 개장 후 한 달 만에 매출이 50%이상 증가했다는 것이 현대백화점의 설명이다.

롯데백화점은 지난해 연말(10월 5일) '젊고 패션이 강한 백화점'이란 모토 아래 소공동 영플라자 매장을 전면 리뉴얼 오픈했다. 젊은 층이 주로 찾는 매장인만큼 젊은 감각을 가미해 인테리어 디자인을 바꿨고 매장내 브랜드 수를 대폭 늘렸다.

롯대백화점 관계자는 "젊은 고객들을 끌어들이기 위해서 브랜드 선택의 폭을 넓히고 구매 채널을 다각화한 것이 지난번 리뉴얼의 특징이었다"고 설명했다.

자료원: 노컷뉴스, 2013.12.09. 기사편집

2. 대형마트(할인점: Discount Store)

대형마트는 저가의 대량판매 영업방식을 토대로 유명제조업체의 상표를 항상 저렴한 가격으로 판매하는 대규모 소매업태를 말한다. 즉, 생산자로부터 물품을 대량으로 구매해 판매하는 방식으로 시중가격보다 최소 10%에서 최대 30%까지 낮은 가격으로 판매하는 유통업체를 말한다. 외국의 경우, 창고형 방식/회원제를 도입하여 운영하고 있으며, 우리나라에서는 할인점이라기 보단 대형마트(Super Store)방식으로 운영하고 있으며, 백화점이나 일반 소매점보다 판매관리비, 광고비, 건물 인테리어 비용을 줄이고 셀프서비스를 통한 인건비의 절감, 대량매입으로 매입단가를 낮추면서 낱개판매보다는 박스단위의 판매를 유도하여 낮은 가격으로 제품을 판매하고 있다.

미국에서 시작된 최초 할인점은 1948년 뉴욕 맨하탄에서 개점한 콜벳(Korvette)이며, 1957년 K-Mart가 1년에 1백개 이상의 점포를 개점하면서 본격적으로 시작되었다. 할인점의 등장배경은 제 2차 세계대전이후 경기가 악화되면서 저가 상품에 대한 소비자욕구의 증가와 1930년대 이후에 정착된 슈퍼마켓의 셀프서비스 방식에 익숙해진 소비자들이 비식품계 일상생활용품을 판매한 할인점에도 적응되어 성공을 거두게 됨으로써 치열한 경쟁을 하게 되었다.

미국의 할인점이 저렴한 가격, 유명브랜드 판매, 셀프서비스, 건물임대료가 저렴한 지역 위치, 평범한 내부시설 등의 특징이 있는 반면에, 한국에서의 대형마트는 미국이나 유럽의 할인점과 다른 특징이 있다. 즉, 미국의 슈퍼마켓, 유럽의 하이퍼마켓, 일본의 슈퍼스토어 등을 토대로 한국소비자의 쇼핑정서와 구매 관습에 맞도록 변형되면서 대형마트로서 발전하고 있다.

한국에서의 최초 대형마트는 1993년 11월 신세계백화점이 서울 도봉구 창동에 E-Mart를 출점한 것이다. 이마트는 점포시설 투자와 고객서비스를 대폭 축소하고, 식료품과 생활용품을 중심으로 보통의 소매가격보다 20~30% 정도 저렴한 가격으로 항상 할인하는 정책으로 가격파괴의 기폭제가 되었다.

1996년 유통시장 전면개방이후 한국의 유통시장에 진출했던 프랑스 유통업체인 까루푸와 미국의 유통업체인 월마트는 10년을 견디지 못하고 모두 철수하였으며, 삼성물산과 공동으로 출점한 영국의 테스코(홈플러스)만이 자리를 잡아가고 있다.

한국의 대형마트 업계는 다점포화 전략 추구로 각 지방에 점포를 개설하고 있으며, 이마트, 홈플러스, 롯데마트의 3개 업체가 고객편의를 향상시키기 위한 다양한 전략으로 은행, 약국, 여행사, 안경점, 음식점 등과 같은 생활편의시설의 제공을 통해 원스톱쇼핑이 가능하도록 차별화를추구하면서 성장하고 있다.

특히 중국이나 동남아 국가들이 월마트나 까루푸 등과 같은 외국계 유통업계에 시장을 점령당하고 있는 상황에서, 한국유통업체들도 한국적 할인점의 독특한 운영방식으로 중국(이마트), 인도네시아(롯데마트) 등에 진출하여 성장 · 발전해감에 따라 한국의 유통업 발전가능성을 밝게 해주고 있다

유럽이나 미국의 경우 취급품목 및 운영방식의 차별화로 하이퍼마켓(Hyper-market), 슈퍼센터(Super Center), 회원제 창고형 도 · 소매 클럽(Membership Warehouse Club), 양판점(GMS: General Merchandising Store) 등의 형태를 달리하고 있으나 한국에서

는 대형마트가 이들의 운영방식을 통합한 형태이므로 본서에서는 따로 분류하지 않기로 한다.

사례 3-2

'삶의 질' 확 바꾼 대형마트 20년
주부 단순 장보기→가족단위 토털 문화공간

1993년 10월 말. 신세계는 당시 이마트를 "'Everyday low Price'를 모토로 하는 새로운 형태의 점포"라고 소개하며 "최대의 고객 만족은 가격 만족이라는 소매업의 기본을 실천할 때가 됐다"고 강조했다. 한국의 첫 대형 할인점인 이마트 창동점이 오는 12일 개점 20주년을 맞으면서 국내 대형마트 역사도 20년을 맞는다. 대형마트는 짧은 시간이지만, 급성장을 거듭하면서 한국 유통업과 쇼핑문화를 송두리째 바꿔 놓았다. 현재 대형마트가 국내 유통 시장에서 차지하는 비중은 매우 크다. 시장 규모가 38조8000억 원으로 백화점(29조1000억 원)을 뛰어넘었다. 점포수도 470개, 해외까지 합치면 627개에 이른다.

대형마트의 가장 큰 영향은 백화점 · 재래시장에서 여성을 중심으로 이뤄지던 쇼핑을 '가족 단위'로 바꿔놓았다는 점이다. 평일 오전이 주요 타깃이던 기존 쇼핑 시간도 주말 오후로 바꿔 놓았다.

하지만 대형마트는 최근 변화를 요구받고 있다.

속 성장에 따른 후유증으로 전통시장 소상인과의 충돌이 끊임없이 지적됐고, 홈쇼핑 · 온라인쇼핑몰 · 기업형슈퍼마켓(SSM) 등 다양한 유통 채널이 등장하면서 본격적인 성장 정체기를 맞게 됐다.

이에 따라 국내 대형마트들은 출점 위주의 '규모 확대 전략'에서 △자체 브랜드(PB · PL) 확대 △해외 소싱 확대 △신선식품 경쟁력 강화 등 '제품 효율화 전략'으로 경영 패러다임을 바꾸고 있다. 또 창고형 매장, 카테고리킬러(전문 매장), 복합쇼핑몰 등 새로운 업태에 대한 실험도 적극 추진되는 모습이다.

자료원: 매일경제, 2013.11.08 기사편집

사례 3-3

토종에 '쫓기는' 코스트코
'국내 창고형 할인점' 트레이더스 · 빅마켓 고성장에 발목

국내 창고형 할인점을 독점하던 미국계 코스트코의 성장세가 주춤하고 있다. 이마트 계열의 트레이더스와 롯데마트의 빅마켓 등 토종 창고형 할인점의 맹렬한 추격 때문이다. 이들은 '코스트코보다 10원이라도 싸게'를 내세우며 공격적인 가격경쟁을 벌이고 있다. 인테리어를 최소화하고 병행수입을 늘려 가격을 낮추면서 최저가격을 표방하고 나서자 코스트코의 경쟁우위가 사라지고 있다는 지적이다.

뜨거운 '10원 전쟁'

트레이더스와 빅마켓은 각각 2010년과 2012년 문을 열었다. 1994년 개점한 코스트코에 비해 한참 늦었지만 후발주자의 이점을 살려 코스트코의 전략을 모방하고 나섰다. 취급상품 수를 일반 대형마트의 10분의 1 수준인 3700개로 줄이되 품목별 구매량을 늘려 구매단가와 소비자가격을 낮추는 코스트코의 전략을 그대로 따라한 것. 트레이더스와 빅마켓은 각각 4300가지와 3000가지 상품을 취급하며 구매원가를 낮추는 전략을 채택해 코스트코의 경쟁 우위가 약해졌다.

병행수입을 통해 해외 브랜드를 공식 수입 업체보다 싸게 판매하는 것도 중요한 가격인하 전략이다. 트레이더스는 100여개 브랜드의 600여 가지 상품, 빅마켓은 50여개 브랜드의 200여 가지 상품을 병행수입해 판매하고 있다. 신선식품과 문화센터 등 부대시설에서는 트레이더스와 빅마켓이 코스트코를 앞선다는 평가가 나오고 있다.

토종 창고형 할인점의 '최저가 정책'은 코스트코의 수익성에 악영향을 미쳤다. 트레이더스는 같은 상품을 코스트코보다 10원이라도 싸게 판다는 것을 원칙으로 하고 있다.

코스트코 영업이익률은 2010년 6.3%에서 2011년 6.0%, 2012년 5.4%로 낮아졌다. 인접한 트레이더스 빅마켓 점포와 가격 경쟁을 벌인 탓이다. 경쟁 상권에 트레이더스와 빅마켓이 들어서면서 코스트코 일부 점포의 회원 재가입률은 70% 아래로 떨어진 것으로 알려졌다.

실제 코스트코코리아는 2009년 29.7%, 2010년 32.1% 등 매년 매출이 20~30%씩 늘었다. 글로벌 금융위기 때인 2008년에도 이 회사 매출은 19.9% 늘었다.

영업이익 증가세도 멈췄다. 코스트코코리아의 영업이익은 2008년부터 2010년 까지 50~60%씩 늘었다. 그러나 트레이더스가 문을 연 다음해인 2011년 영업이익 증가율이 4.4%로 낮아졌고 2012년엔 0.4% 증가에 그쳤다.

반면 트레이더스 빅마켓 등 토종 창고형 할인점은 급성장세다. 이마트는 트레이더스 올 들어 새로 개장한 점포 없이 기존 점포만으로 매출을 30% 가까이 늘렸다. 빅마켓은 올해 2개 점포를 새로 개장한 데 힘입어 매출이 지난해보다 5배가량 늘어날 것으로 업계에서는 추정하고 있다.

자료원: 한국경제, 2013.13.02 기사편집

3. 카테고리 킬러(Category Killer)

전문할인점이라고도 하는 카테고리 킬러는 한 가지 (또는 한정된) 상품군을 깊게 취급하며 대형마트보다 저렴한 가격으로 판매하는 할인형 대규모 전문점이다. 이는 깊이 있는 제품구색, 우수한 고객서비스, 고가격의 점포특성을 가지는 전문점과 차별되며, 어느 정도의 깊이를 가진 다양한 상품군들을 취급하는 할인점 및 양판점과도 차별화되는 점포형태로 1970년대 후반 미국에서 시작되어 1980년대 전 세계적으로 발전되었고, 1990년대 그 성장이 가속화되어 미국에서 가장 각광받고 있는 소매업태 중의 하나이다.

Toys R'Us(완구), Circuit City(가전), Office Depot(사무용품), Home Depot(건축자재) 등이 미국의 대표적인 카테고리 킬러이다.

전문할인점의 경쟁우위는 전문점과 할인점의 장점을 모두 가지고 있다는 것이다. 전문점의 특징인 다양하고 풍부한 상품구색과 서비스, 할인점의 최대장점인 가격경쟁력을 가지고 고객을 공략한다. 또한 매장의 대형화, 체인화에 의한 광범위한 구매력, 창고형식의 매장과 셀프서비스 판매 등 할인점 운영방식을 도입함으로써 저가격을 실현할 수 있었다. 전문할인점이 출점하면 근처의 백화점이나 할인점의 해당 카테고리 상품 매출이 급격히 떨어지기 때문에 카테고리 킬러로 부를 만큼 경쟁력을 갖추고 미국에서 급성장하고 있으며, 미래에 성장가능 할 소매업태로 예측할 수 있다.

한국에서의 전문할인점으로는 전자제품 취급점인 하이마트와 전자 랜드 21, 장난감 을 취급하는 토이 월드, 신발 멀티숍 ABC마트, E-마트가 운영하는 스포츠 데포, 유아용품 취급하는 맘스 맘 등이 있으며, 다양한 품목으로 증가하고 있다.

사례 3-4

유명 브랜드 한곳에 '카테고리 킬러'… 할인행사 많아 인터넷보다 싸다

경기 불황으로 지갑이 얇아지면서 '카테고리 킬러(Category Killer)'로 눈을 돌리는 소비자들이 늘고 있다. 카테고리 킬러란 백화점이나 할인점과 달리 상품 분야별로 전문매장을 특화해 판매하는 소매점을 말한다.

분야별 카테고리 킬러 매장

분야	매장명(홈페이지)	행사
신발	ABC(abcmart.co.kr)	아동용 부츠 60% 할인
	슈마커(shoemarker.co.kr)	OK캐쉬백 1000포인트 2만원권 교환
등산의류·용품	오케이아웃도어(okoutdoor.com)	상품 3개 구입 시 1개 무료
	아웃도어파크(outdoorpark.co.kr)	트레킹스틱 2개 9만9900원
유아용품	맘스맘(momsmom.com)	유모차 최대 45% 세일
	베이비파크(babycap.co.kr)	공동구매·벼룩시장·365일 세일
건강·생활용품	올리브영(oliveyoung.co.kr)	설맞이 선물 15~60% 할인
	다이소(daiso.co.kr)	매달 1000원짜리 신상품 600~700개
모자	햇츠온(hatson.co.kr)	일부 제품 30~40% 세일
	뉴에라(neweracapkorea.com)	페이스북 통한 음악인 후원

(자료 : 각 업체)

유명 브랜드를 한곳에서 직접 구입할 수 있고 실시간으로 신상품 디자인도 비교할 수 있다. 온라인 업체와의 가격 경쟁이 치열해지면서 할인행사까지 펼치고 있어, 인터넷보다 싼 곳도 많다. 사회관계망서비스(SNS)인 '페이스북'이나 '트위터'를 통해 실시간 할인정보를 제공하기도 한다.

- **신발** : 'ABC마트'나 '슈마커'가 대표적인 신발 카테고리 킬러다. 나이키, 아디다스, 뉴발란스 등 운동화 브랜드 40~50개, 부츠 등을 한데 모아놓았다. 모두 정상가보다 싼 데다 매달 특가행사를 열어 최대 70%까지 싸게 살 수 있다. 신발 밑창이나 천이 닳았을 때, 운동화 끈을 교체할 때도 무료로 애프터서비스(AS)를 받을 수 있다.
- **아웃도어** : '오케이아웃도어닷컴'은 2000년 영업을 시작해 국내외 800여개 브랜드, 10만 여종의 제품을 취급하고 있다. 다른 곳보다 비싼 상품이 있으면 제품 가격의 130%를, 위조 상품은 300%를 보상해준다. 5년간 AS를 보장한다.
- **모자** : 연예인들이 쓰고 나오는 독특한 캐릭터 모자는 '햇츠온'에서 만날 수 있다. 2008년 1호점을 낸 뒤 전국에 90개 매장을 운영 중이다. 도깨비 모양의 알록달록한 모자를 비롯해 자전거 캡 등 다양한 상품들이 즐비하다. '뉴에라'는 미국 프로야구(MLB)와 프로농구(NBA) 등 경기용 모자를 전문으로 다룬다.
- **건강 · 생활용품**: '다이소'는 문구류, 플라스틱류, 도자기, 화장품, 물티슈 등 3만 여개의 상품을 갖추고 있다. 평균 38만명이 전국 940개 매장을 찾고 있다. 한 달에 15만개 이상 팔리는 1000원짜리 인기상품은 고무장갑, A4용지, 백셀 건전지(4개 · 6개) 등이다. 수세미는 한 달에 30만장씩 팔려 나간다. 건강 · 미용 전문점인 '올리브영'은 설 명절을 맞아 미용 · 건강용품을 15~65%까지 싸게 팔고 있다.
- **유아용품** : 전국에 53개 매장을 갖춘 '맘스맘'은 국내외 150여개 브랜드 1000여종 제품을 할인 가격으로 팔고 있다. 유모차, 카시트, 장난감은 물론 수유용품 등 상품 수도 6만 여개나 된다.

  '베이비파크'는 매일 깜짝 세일 이벤트를 여는가 하면 알뜰 주부를 위한 공동구매, 중고 상품을 서로 살 수 있는 벼룩시장을 열고 있다.

자료원: 경향신문 2014.01.16. 기사편집

4. 전문점(Specialty store)

전문점은 취급하는 제품계열이 한정되어 있으나 제품계열 내에서는 깊이 있는 여러 가지 품목을 취급하는 고급화되고 전문화된 서비스를 제공하는 소매상이다. 특정 제품계열에 대해 다양한 상표, 크기, 색상, 스타일 등을 갖추고 소비자들이 최대한의 선택기회를 제공 받을 수 있도록 고도의 전문적인 서비스를 제공하려는 것이다.

전문점의 가장 큰 특징은 깊이 있는 제품구색과 전문화된 서비스의 제공에 있다. 가전, 의류, 운동용품, 가구, 보석, 서적 등 취급하는 제품계열의 폭의 정도에 따라 세분화하기도 한다. 성공한 전문점의 예로는 스포츠화만 판매하는 미국의 Athlete's Foot, 진의류 만을 취급하는 Gap 등 여러 가지가 있으며, 최근에는 기존의 의류, 가전, 서적, 컴퓨터 전문점 이외에 스포츠의류 전문점, 액세서리 전문점, 커피전문점 등으로 확산되고 있는 추세다.

전문점의 형태를 분류하면 용도별전문점, 품목별 전문점, 고객층별 전문점, 브랜드별 전문점 등 크게 네 가지로 나눌 수 있다.

용도별 전문점에는 혼수, 침구, 스포츠 용품 전문점 등이 있으며, 품목별전문점에는 서점, 가구, 보석 전문점 등으로 점차 다양화 되고 있다.

고객층별 전문점은 아동복, 신사복, 캐주얼 의류 등과 같이 특정고객을 대상으로 하는 전문점을 말한다.

브랜드별 전문점은 주로 체인점 형태로 단일회사 제품에 다양한 브랜드를 사용하거나, 단일 브랜드로 다양한 품목을 취급하면서 전문화된 서비스를 제공하는 전문점이다. 커피, 빵 아이스크림 등 주로 외식산업에서 소비자들의 욕구가 다양화 및 세분화되고 있는 최근의 추세에 부합시키면서 특정고객층을 겨냥한 전문점들이 크게 증가하면서 꾸준히 성장하고 있다.

사례 3-5

'실속형 소비상품' 반찬&홈푸드 전문점 오레시피 인기

2012년 현재 전체 가구에서 1인 가구 비중은 25.3%인 454만 가구로, 네 가구 중 한 가구가 1인 가구다. 1~2인 가구가 급증하면서 작고 간편하지만 저렴하고 알찬 실속형 소비상품 서비스가 각광받고 있다.

이와 관련 신개념 반찬&홈푸드 전문점 '오레시피'는 소량 포장과 알뜰 가격으로 1인 및 2인 가구에 적합한 제품을 제공하고 있다.

오레시피는 HMR(Home Meal Replacement; 간편 가정식) 형태의 반찬&홈푸드 전문점이다. 홈푸드는 '집으로 가져가서 먹는 모든 먹거리'를 상징적으로 표현한 개념으로 원래 집에서 만든 음식을 의미하는 개념을 오레시피가 새롭게 정의한 것이다.

바로 먹을 수 있는 제품, 간단히 열만 가해서 먹는 제품, 간단히 조리해서 먹는 제품 등 특별한 요리 솜씨와 시간을 들이지 않아도 간편하게 먹을 수 있는 제품을 제공한다. 김치류, 조림 · 볶음류, 절임류, 나물류, 젓갈류, 무침류, 양념류, 국 · 찌게 · 탕류 등 100여 가지 반찬과 치킨, 돈가스류, 잡채, 카레, 짜장, 탕수육 등 50여 가지 홈푸드를 저렴하게 제공하고 있어 1인 가구 소비자에게 인기다.

업체 관계자는 "바쁜 맞벌이 부부나 아이를 키우는 가정 역시 간편하게 건강한 식탁을 차릴 수 있어 반응이 뜨겁다"며 "1만원 초반 대에 3~4가지 반찬과 국을 장만해 제대로 된 집밥, 즉 홈푸드를 즐길 수 있기 때문"이라고 설명했다.

자료원: 경제투데이, 2013.11.15. 기사편집

5. 편의점(CVS: Convenience Store)

편의점은 인구밀집지역에 위치해서 24시간 영업을 하며 재고회전이 빠른 식료품과 편의품등의 한정된 제품계열을 취급하는 소규모 매장(대체적으로 60㎡이상 230

㎡이하)으로 대형 소매상이 제공할 수 없는 편의성에 초점을 맞춘 작은 규모의 소매상이다. 최초의 편의점은 1927년 미국의 한 제빙공장(South Land)에서 시작되어 전세계에서 성공적으로 운영되고 있는 세븐일레븐(7-Eleven) 으로 다른 점포들보다 문을 여닫는 시간이 오전 7시부터 오후 11시까지 주로 영업한다는 의미로 붙여진 이름이다. 현재와 같이 연중무휴 24시간 영업은 1951년 메인 주의 프리포트 점에서 시작되었으며,

미국 전역에 실시된 것은 1991년으로 영업시간의 편의성은 가장 강력한 전략적 특징의 하나가 되었다.

편의점의 천국이라 불리는 일본에는 1969년 마이 숍 이라는 편의점이 처음 등장하였으며, 1974년 이토요카도가 미국의 사우스랜드사와 제휴하여 세븐일레븐 1호점을 개점한 이후 지속적으로 성장하여 7-Eleven Japan 이라는 독립 편의점으로 발전하였다.

한국의 편의점은 1989년 5월에 세븐일레븐이 서울 방이동 올림픽 선수촌 아파트 상가에 개점을 시작으로 꾸준히 성장하면서 여러 기업이 편의점 사업에 합류하였다. 패밀리마트, 미니스톱 GS25, 바이더웨이 등 2001~2003년 3년간 연평균 38.7% 의 최고 성장률 이후 2004년 안정 성장 기조를 유지하였다가 2004년~2007년에는 출점은 증가하였으나 폐점이 많아 전체적으로 성장은 둔화되었다.

편의점의 경쟁우위는 편의성에 있다. 연중무휴 24시간 영업으로 시간적 편리성, 학교, 주택가, 사무실 등 쉽게 접근할 수 있는 지역에 위치하는 공간 편의성(아파트 단지 등 주택밀집지역이나 유동 인구 및 야간활동인구가 많은 지역 등), 일용잡화를 위주로 다품종 소량의 일류상표를 주로 취급하므로 상품선택의 편의성이 있다.

편의점의 주 고객층은 시간이나 장소의 편의성을 추구하는 10대에서 30대의 젊은 층이다. 한 조사에 의하면 편의점 고객은 21-30세가 46.6%를 차지하였는데, 이들은 가격이 비싸더라도 시간 및 장소의 편의성 때문에 기꺼이 편의점을 이용하는 것으로 나타났다. 또한 최근의 경제 불황으로 소량을 구매하려는 소비자 증가로 편의점은 오히려 성장하고 있으며, 취급품목의 다양화 및 체인화 경영에 의해 더욱 성장할 것으로 예상되고 있다.

사례 3-6

일본, 대형 슈퍼 · 편의점, '이동판매차' 운영

최근 슈퍼마켓이나 편의점이 식료품 구매가 어려운 지역을 트럭으로 이동하며 제품을 판매하는 '이동 판매'를 확대하고 있다.

이토요카도는 2011년 나가노에서 이동판매를 시작해 올해 6월에는 삿포로, 도쿄도의 타마 뉴타운 등으로 영역을 넓혔다. '타마 뉴타운'은 베드타운으로 1970년대는 번화한 지역이었지만 젊은이들이 나가고 고령화되며 인구가 감소해 지난 몇 년간 슈퍼마켓 3개가 폐점했다.

지자체의 요청도 있어 근처에 점포를 신설 중인 이토요카도가 주3회, 6개 지역을 이동차로 영업하기 시작했다. 이동 판매차는 4톤 트럭으로 상품은 점포와 동일한 가격으로 판매된다. 판매차는 고기나 생선, 빵, 샴푸 등 생필품 500개 품목을 갖췄으며 냉장 · 냉동 케이스와 계산대까지 있다.

편의점 세븐일레븐도 2011년 5월부터 16개 도 35개 지역에서 판매차를 운영 중이다. 소형 트럭을 판매차량으로 사용하며 하루 1만엔 정도의 매출을 올리고 있다. 이는 일반 세븐일레븐 편의점 1개 점포의 하루 평균 매출 67만엔의 10% 전후에 해당한다. 세븐일레븐의 모기업 세븐&아이 그룹은 '손님을 기다리게 하지 않고 먼저 다가가는 전략'의 일환으로 이동 판매차 운영지역을 늘릴 계획이라고 밝혔다.

훼미리마트도 동일본대지진의 재해지원 등을 계기로 이동판매를 시작해 지금은 전국에 11대를 운영하고 있으며 로손은 히로시마 현에서 지자체와 협의해 주민 안부확인을 포함한 이동 판매를 전개 중이다.

이러한 추세는 '쇼핑약자' 증가에 따른 것으로 분석된다. 일본 농림수산정책연구소는 최근 지역 인구의 고령화와 식료품점 감소로 식료품 구입이 어려운 쇼핑약자가 늘어나고 있다고 발표했다. 일본 유통업체가 대형화되며 점포 자체가 교외로 이동하는 경향이 크다.

일본 농림수산성 통계에 따르면 신선식품을 판매하는 점포가 500m 이내에 없으며 차량을 보유하지 않은 65세 이상의 인구를 '쇼핑약자'로 규정하고 있다. 이러한 쇼핑약자는 전국에 380만 명이 분포돼 있다.

자료원 : 더바이어(TheBuyer), 2013.09.17. 기사편집

사례 3-7

편의점의 진화… 이케아 가구 · 코치 핸드백까지 판다

편의점 판매제품이 진화하고 있다. 기존 대표 품목인 주류 · 음료 · 생활용품 외에도 DIY 가구, 피규어 등 트렌드를 반영한 '잇(It) 아이템'을 비롯해 핸드백과 향수 등 뷰티 제품도 강화한 것이 특징이다.

CU는 다가오는 설을 앞두고 명절 선물 아이템을 식품 · 일용잡화 등에 국한하지 않고, 프라모델 · DIY 가구까지 확장했다. 키덜트족에게 사랑받는 건담 프라모델 시리즈는 올해 처음으로 준비한 상품이다.

'나홀로족'에게 맞춘 아이템도 나왔다. 스웨덴 가구 브랜드 이케아(IKEA)의 '6단 서랍장' '팔걸이 의자' '사이드 테이블' 등으로 가까운 CU 매장에서 주문서만 작성하면 집으로 배달된다.

나홀로족을 위한 제품으로 미니스톱에서는 '졸리쿡 1인용 전기밥솥'과 1.2ℓ 라면포트' 등의 소형가전을 판매한다. 김성환 BGF리테일 마케팅팀장은 "최근 주요 소비층으로 자리 잡은 '나홀로족'과 '알뜰족'의 라이프스타일에 맞춘 제품들을 대거 마련했다"고 설명했다.

GS25는 올해 들어 친환경 한우, 바닷가재 · 연어, 코치 핸드백, 향수 등 프리미엄 상품을 추가해 판매한다.

세븐일레븐도 스마트폰을 이용해 음악 · 영화 · 게임 등 문화생활을 즐기는 청소년 · 대학생들을 위해 선자제품 선문 브랜드 소니의 블루두스 헤드셋 3종과 블루투스 스피커 2종 등 총 8종의 상품을 출시했다. 또 해외 여행족을 위해 여행 가방 전문 브랜드인 미국 '올림피아'사의 대표 상품들을 7만~23만 원대에 판매한다.

오재용 세븐일레븐 비식품팀장은 "2011년 수입 가방을 시작으로 소비자의 생활과 밀접한 다양한 이색 상품을 선보여 매년 목표치 이상의 실적을 올리는 등 좋은 결과를 이끌어 냈다"고 설명했다.

자료원: 아시아경제, 2014.01.07 기사편집

6. 슈퍼마켓(Supermarket)

슈퍼마켓은 1929년에 시작된 경제대공황으로 절약소비패턴이 확산되던 1930년 미국 뉴욕에 킹 커렌(King Kullen) 을 개점한 것이 시작이다. 식료품, 세탁용품, 가정용품 등을 중점적으로 취급하는 소매점으로 편의점이나 동네가게에 비해 규모가 크고, 마진이 낮으며, 셀프서비스를 특징으로 하는 소매점을 말한다.

미국은 슈퍼마켓이 출점한 이후 30년이 지난 1960년대 중반에 성숙기에 도달 했으나 2000년에도 소매업에서 차지하는 비율은 상당히 크다.

일본은 1950년대에 출점하여 1970년대 소매업태 중 매출 1위의 호황을 누렸다.

한국의 슈퍼마켓은 1968년 뉴서울 슈퍼마켓 이 최초이나 본격적인 체인형 슈퍼마켓의 출점은 1971년 8개의 독립점포를 기업으로 설립하여 새마을 슈퍼체인으로 체인 본부의 관리하에 운영되는 슈퍼마켓이 전국적으로 확산되기 시작하여 1975년에는 정부지원 11개, 지방장관지정 9개 회사의 점포가 484개 점포로 증가하는 등 급속한 성장으로 1996년에는 3조 6000억 원의 거대시장으로 성장하였다. 그러나 1997년 경제 위기로 인한 경기침체의 영향과 대형마트의 성장으로 대형 슈퍼마켓 체인점들은 부도와 폐점이 가속화 되었다. 대규모 체인화는 거의 사라지고 소규모로 주로 식료품만을 취급하는 슈퍼마켓으로 유지되거나, 백화점 식품부문으로 변화하고 있다.

대형마트들의 공격적인 경영과 다점포화로 대규모 슈퍼마켓은 설자리를 잃어가고 있는 상황에서, 대형마트 업체들이 기업형 슈퍼마켓(SSM: Super Super Market)을 출점하고 있다.

"기업형 슈퍼마켓(SSM)"이라 부르는 슈퍼 슈퍼마켓은 매장 면적 500~800평 규모이며, 대형마트와 동네 슈퍼마켓의 중간 크기의 식료품 중심 매장으로 대형마트가 흡수하지 못하는 소규모 틈새시장을 공략 대상으로 삼는다.

대형마트에 비해 점포 면적이 작고 출점 비용이 적게 들며 소규모 상권에도 입지가 가능해 차세대 유통 업태로 각광받고 있다. 기존 동네슈퍼마켓과는 달리 정육점/빵집/수산물코너/즉석식품코너가 있다. 과거에는 대형슈퍼마켓업체인 GS슈퍼마켓과 해태슈퍼마켓(현, 킴스클럽 마트)만 있었으나, 대기업 유통업체들이 대형마트 부지 확보 및 출점이 점차 어렵게 되자 이를 극복하고자, 홈플러스부터 기업형 슈퍼마켓(홈플러스 익스프레스) 시장에 뛰어 들어, 현재는 대형마트업체들이 전부 기업형 슈퍼마켓 시장에 진출하였다.

대형마트가 1주일에 한번 대량 구매하는 형식으로 주말쇼핑 개념이라면 슈퍼 슈퍼마켓은 바로 그날 식사를 위한 식품을 사기위해 걸어서 갈 수 있는 거리로 매일쇼핑 개념인 셈이다.

사례 3-8

롯데슈퍼, 유통과정 확 줄여 신선식품 싼 가격에 공급

롯데슈퍼(대표 소진세)는 국내 기업형슈퍼마켓(SSM) 최초로 스마트폰으로 장을 볼 수 있는 앱을 출시하고 '근교산지형' 점포를 확대하는 등 유통과정을 혁신함으로써 소비자 만족도를 높인 점을 평가받아 고객만족경영대상을 수상하게 됐다.

롯데슈퍼는 산지와 매장이 가까울수록 신선하고 저렴한 상품을 공급할 수 있다는 점에 착안해 '근교산지형' 점포를 확대하고 있다. 근교산지형 점포는 각 점포 인근에서 생산되는 농산물을 별도의 유통과정을 거치지 않고 곧바로 매장에서 판매하는 방식이다. 유통과정이 대폭 간소화돼 가격이 싼 것은 물론 새벽에 수확하고 당일 오전에 판매하기 때문에 최소 하루 이상의 물류 시간이 걸리는 일반 제품보다 훨씬 신선한 상태로 농산물을 판매할 수 있다. 여타 유통업체에 비해 발전이 더딘 국내 슈퍼마켓 산업을 한 단계 높은 수준으로 끌어올리는 데 일조한 것으로 평가받고 있는 롯데슈퍼는 고객을 최우선에 두고 모든 정책과 제도를 만들고 있다.

대형마트와는 달리 슈퍼마켓은 걸어서 방문하는 고객이 많다는 점을 감안해 롯데슈퍼는 구매 금액에 상관없는 무료 배달 서비스를 8년째 유통업계에서 유일하게 시행하고 있다. 슈퍼마켓 이용 고객은 여성, 노인, 어린이 등 육체적 약자가 많은데 무거운 짐을 직접 들고 가지 않아도 되도록 서비스를 시행하고 있는 것이다.

롯데슈퍼는 국내 SSM 최초로 스마트폰으로 장을 볼 수 있는 '롯데슈퍼 앱'을 올해 출시했나. 시간과 장소에 구애받지 않고 장을 볼 수 있어 심지이 퇴근길에 주문하면 집에 도착할 즈음에 구매한 물건을 받을 수도 있다. 인터넷 슈퍼마켓인 롯데e슈퍼와 더불어 장 볼 시간이 부족한 소비자에게 큰 도움을 주고 있다.

최근 1~2인 가구가 전체 가구의 절반에 육박할 만큼 증가하고 있음을 감안해 신선식품 전 품목에 걸쳐 소포장, 소량 상품을 판매하고 있으며 한걸음 더 나아가 신선 균일가 매장인 마켓999를 2009년부터 도입해 소비자의 니즈에 부합하는 슈퍼마켓을 운영하고 있다.

자료원: 한국경제, 2013.10.30. 기사편집

7. 아웃렛(Factory Outlet)과 드럭스토어(Drug Store)

아웃렛은 미국에서 팩토리 아웃렛이라고 하여 제조업체가 자사제품의 재고품을 할인하여 판매하는 직영점 형식으로 운영되는데, 한국의 아웃렛은 1980년대 중반 의류업체들이 상설할인매장으로 하나의 거리를 형성하면서 많이 생겼다. 1994년 이랜드에서 '2001 아웃렛'을 당산동에 출점하면서 이랜드의 재고의류를 60~80%까지 할인된 가격으로 판매하여서 의류업계 가격파괴를 선도하였다. 2000년대 중반이후 신세계가 명품을 중심으로 한 아웃렛을 시작으로 백화점업계에서 아웃렛 점포를 개설하고 있다.

드럭스토어는 일상용품을 주로 판매하고 간단한 의약품과 건강기능식품, 화장품 등을 취급한다. 식품위주인 슈퍼마켓, 할인점과는 달리 화장품, 샴푸 등 뷰티 케어 상품군이 전체 60$를 차지하고 있는 비식품점포라는 특징이다. CJ에서 운영하는 올리브 영을 들 수 있다.

사례 3-9

80년역사 백화점, 이젠 '아웃렛 · 복합쇼핑몰' 大戰
'신성장 동력' 잇딴 출점 예고…
신규고객 잡을 키워드로 급부상

1929년 우리나라 최초의 백화점이 등장했다.

그 후로도 80여 년 간 백화점은 교통의 요지를 차지하며 쇼핑의 메카(mecca)이자 만남의 장소로 각광받았다. 백화점의 고급스런 이미지는 '부(富)'의 상징이었고 화려한 외관은 야경을 수 놓았다. 롯데쇼핑 · 신세계 · 현대백화점 3강 구도의 백화점 업계는 가파른 성장세를 구가하며 소비문화를 이끌었다.

그러나 2013년 백화점 업계는 요동치고 있다. 2011년 11.36%, 2012년 5.53%, 2013년 2.77%로 매년 가파르게 쪼그라들고 있는 백화점 성장률은 변화를 요구했다. 2013년이 되자 유행가처럼 '아웃렛'의 출점 소식이 울려 퍼졌다. 백화점 업계는 기존의 고급 이미지를 놓칠세라 '프리미엄 · 교외형 · 도심형'이란 단어로 기존 아웃렛과 차별화를 꾀했다.

롯데쇼핑은 2013년 한 해 이천 프리미엄 아웃렛을 비롯 총 3개의 아웃렛을 출점했으며, 신세계는 부산 프리미엄 아웃렛을 오픈했다. 현대백화점 역시 내년 김포에 프리미엄 아웃렛 개점을 앞두고 있는 상황이다. 이처럼 아웃렛은 올 한해 백화점 업계의 떠오르는 성장동력으로 주목 받았다.

아웃렛은 대도시나 도시 중심에서 벗어난 위치에 대규모로 지어진다. 현재 포화된 백화점의 자리 싸움에서 벗어나 독자적인 영역을 구사할 수 있다는 의미다. 파주와 이천, 여주 등지에 자리 잡은 롯데와 신세계의 프리미엄 아웃렛이 그 단적인 예다.

또 다른 유통 업계 관계자는 "불황이 깊어질 수록 백화점보다 최소 30~70%까지 저렴하게 상품을 제공하는 아웃렛이 각광받을 수 밖에 없는 상황"이라며 "경기의 사이클 마다 주력 유통채널이 존재하게 마련인데 우리나라의 경우 저성장 국면에 접어들었다"고 밝혔다. 저성장국면에서는 아웃렛이나 드러그스토어, 복합쇼핑몰 등이 부상한다는 설명이다.

아웃렛은 상대적으로 '가격' 친화적인 업태다. 고가 브랜드를 합리적인 가격에 제공한다는 이미지를 구축하고 있기 때문이다. 특히 과시 지향적 소비가 늘어나면서 명품 · 의류 · 화장품 등에 대한 소비 욕구도 대폭 증가했다. 그러나 2000년 대 후반 불어닥친 경기 침체와 맞물리며 '저렴한 가격'에 대한 욕구도 함께 커졌다. 아웃렛은 이처럼 백화점이 경쟁력을 상실한 고객을 흡수할 수 있는 업태인 셈이다.

롯데쇼핑은 내년 상반기 고양과 구리에 도심형 아울렛 출점을 앞두고 있으며, 현대백화점 역시 김포에 프리미엄 아웃렛을 개점할 예정이다. 신세계는 여주 프리미엄 아울렛의 규모를 2배 가까이 확장하고 시흥과 대전지역에 추가로 아웃렛을 개장할 전망이다.

백화점 업계의 생존전략은 아웃렛 출점에 그치지 않는다. 2014년 아웃렛의 출점만으로는 백화점 전체의 성장을 견인하기엔 제한적이라는 지적이다. 규모나 입지 측면의 한계는 물론 백화점의 패션 고객을 아웃렛이라는 낮은 마진의 새로운 유통 채널로 이전하는 효과만 낳을 수 있기 때문이다.

정연우 대신증권 연구원은 "아웃렛의 경우 성공적으로 시장에 안착하고 있지만 진입장벽이 낮은 특성상 경쟁강도가 강해질 수밖에 없고 본업과의 카니발리제이션(Cannibalization, 기업의 자기잠식 또는 제살깎기를 표현하는 경제용어)에 대한 우려도 생겨날 수 있다"고 지적했다.

이런 이유로 주목받는 것이 '복합쇼핑몰'이다. 최적화된 입지를 갖춘 기존 점포의 활용도를 극대화하는 동시에 신규 고객도 유치할 수 있다는 장점을 갖췄다. 단순히 상품만 판매하는 형태가 아니라 여가와 엔터테인먼트 기능이 보강된 대규모의 쇼핑몰은 이미 소비자로부터 검증을 끝낸 유통 채널이기도 하다.

도심형 복합쇼핑몰로 개발된 신세계 강남점 · 롯데 잠실점 · 현대 무역센터점뿐만 아니라 도심형 쇼핑센터 기능을 갖춘 코엑스몰이나 센트럴시티, 도심형 쇼핑몰의 형태로 만들어진 여의도 IFC 등은 이미 쇼핑과 지역 명소로 이미 자리 잡았다.

복합쇼핑몰은 기존의 백화점과 역사 등 출점지를 활용, 여가 기능은 물론 다양한 형태의 유통 채널을 접목시켜 규모의 경제화를 이뤄야 한다. 기존 점포들의 리뉴얼은 물론 향후 출점 점포들은 현재까지와는 전혀 다른 규모와 콘텐츠의 보강이 요구되는 이유다.

복합쇼핑몰 및 주요 유통채널 경쟁력 비교

구분	단독백화점	도심형 쇼핑센터	도심형 쇼핑몰	프리미엄 아울렛	교외형 복합쇼핑몰
주요점포	롯데본점 현대본점	코엑스몰 센트럴시티	여의도IFC 디큐브시티	신세계 여주점 롯데 파주점	롯데몰 김포공항점 신세계 하남 유니온스퀘어
규모	○	◎	△	○	◎
입지선호도	◎	○	○	△	△
컨텐츠종류	○	◎	△	△	◎
가격경쟁력	△	△	○	◎	△
엔터테인먼트	○	○	△	△	◎

주: ◎ = 우위, ○ = 양호, △ = 열위

[출처 : 대신증권 리서치센터]

백화점 업계의 관계자는 “이미 백화점 업계는 복합쇼핑몰을 새로운 성장 동력으로 선정했다”며 “경쟁사 대비 차별화를 이루기 위한 ‘랜드마크’ 구축 전략은 향후에도 계속될 것”이라고 설명했다.

롯데쇼핑은 송도와 파주, 수원, 동부산 등지에 복합쇼핑몰을 2017년까지 순차적으로 완성해갈 예정이며, 신세계 역시 경기 하남, 의왕, 고양 삼송, 인천 청라에 2016년까지 차례로 복합쇼핑몰을 열 예정이다. 현대백화점 또한 2015년 판교점을 여가기능이 집목된 복합쇼핑몰 형태로 개점할 예정이다.

자료원: thebell, 2014.01.06. 기사편집

사례 3-10

드럭스토어 시장이 뜬다…전용 제품 출시 '붐'

대학생 김민영(25)씨는 요즘 드럭스토어를 자주 이용한다. 국내외 다양한 뷰티 브랜드들이 한 곳에 모여 있어 쇼핑하기 편리할 뿐 아니라, 할인 이벤트 등 다양한 프로모션으로 양질의 제품을 저렴한 가격에 구입할 수 있기 때문이다.

김씨 처럼 드럭스토어(헬스앤뷰티 스토어)를 이용하는 젊은 여성들이 증가함에 따라 이들이 몰리는 곳을 중심으로 드럭스토어 개점과 전용 제품 출시가 활발히 진행되고 있다.

LG경제연구원의 조사 결과에 따르면 지난 2007년까지 1000억 원을 밑돌던 국내 드럭스토어 시장규모는 2008년 1136억 원, 2011년 3260억 원에 이어 지난 해 5000억 원에 달할 정도로 폭발적인 성장을 했다.

2007년 이후 5년 동안 연평균 47%의 성장세를 보이며, 유통업계의 신흥강자로 자리매김 하고 있다. 이 같은 성장세는 포화상태에 직면한 유통 대기업들이 새로운 판로 개척을 위해 경쟁에 뛰어들면서 가속화되고 있다.

12일 업계에 따르면 현재 업계 1위인 CJ올리브영을 비롯해 코오롱의 W스토어, GS 왓슨스 등이 이 시장을 주도하고 있다.

또 농심, 신세계, 삼양 등의 대형자본들 역시 그 뒤를 적극적으로 시장 선점에 나서고 있으며, 지난 24일에는 유통 공룡인 롯데가 홍대에 '롭스'1호점을 오픈하면서 드럭스토어 시장에 공식 진출, 새로운 국면을 맞이하고 있다.

드럭스토어의 시장이 확대되자 아예 전용 제품 라인을 론칭하는 등 앞다투어 시장 공략에 나섰다. 데일리 솔루션 및 트리트먼트 스킨케어 브랜드 FAB는 지난 1월 13일 GS홈쇼핑을 통해 국내에 런칭했다.

주력 상품인 '울트라 리페어 크림'이 미국 세포라에서 평점 5점 만점에 4.7점을 받은 베스트셀러이자 할리우드 스타들의 머스트해브 아이템으로 국내에 알려지면서 소비자들의 관심이 집중된 가운데 홈쇼핑을 통해 소비자들을 만나게 된 것이다.

1, 2회 홈쇼핑 방송을 통해 7600개 제품 완판을 기록하고, 분당 1000만원 이상의 순간 판매 기록을 세우는 등 홈쇼핑을 통해 성공적으로 안착한 후 CJ 올리브 영 입점을 통해 드럭스토어로 유통 채널을 확대했다.

현재 홍대 올리브영 대형매장을 포함해 전국 올리브영 150여 개 매장에 입점해 있으며, 매주 4~5곳씩 빠른 속도로 입점 매장을 확대해가고 있다.

최종적으로는 올해 안 올리브영 대부분의 매장에 입점해 보다 확장된 유통 채널을 통해 소비자들을 찾아가는 것을 목표로 하고 있다.

FAB 관계자는 "홈쇼핑 완판으로 제품에 대한 소비자들의 열화와 같은 반응을 확인한 후 드럭스토어 입점을 통해 본격적으로 유통 채널을 확대하게 됐다"며 "이후 홈쇼핑과 드럭 스토어 등 다양한 채널을 활용해 적극적으로 소비자들에게 다가갈 예정"이라고 말했다.

아모레퍼시픽의 '베리떼'는 1994년 론칭돼 큰 인기를 누리다가 직판 화장품 시장이 어려워지면서 매출 감소 현상을 보였던 브랜드다.

홈쇼핑 시장 진출을 통해 지난해 하반기를 기점으로 매출이 급상승 해 올해 500억원대의 매출을 목표로 잡는 등 큰 성장세를 보이고 있다.

베리떼는 이에 그치지 않고 GS 왓슨스에 론칭하며, 드럭스토어 시장에 진출했다. 기초 제품 2~3만원 대, 집중케어 에센스,크림 3만원 대 등 고급스러운 이미지의 중저가 브랜드로 변신을 꾀하며 적극적으로 시장 공략에 나서고 있다.

(1) 백화점 브랜드, 드럭스토어 진출…소비자 접점 확대

백화점만을 고집하던 해외 화장품 브랜드들도 극심한 불황 탓에 중저가 드럭스토어로 유통채널을 하향 확대 하고 있다. 소비자들의 지갑 열기가 어려워지면서 특히 백화점에서만 판매하는 고가, 수입 화장품의 판매가 부진하기 때문이다.

지난해 백화점 화장품의 평균 매출 신장률은 4%선으로 2011년에 14%였던 것에 비해 큰 폭 감소했다.

최근 롯데 등의 대형 유통 기업의 시장 진출로 고급화가 이루어지면서, 소비자와의 접점은 늘리되 브랜드의 고급 이미지는 하락시키지 않는 드럭스토어는 백화점 브랜드의 위기 상황을 타계하기에 가장 적합한 유통 채널이라는 평가를 받고 있다.

백화점 브랜드인 미국 색조브랜드 스틸라와 프랑스 부르주아 등은 지난 24일 롯데 롭스에 입점했다.

스틸라와 부르주아의 경우 해외에서는 드럭스토어에서도 판매하고 있으나 국내에서는 백화점 화장품으로 진출해 고급스러운 이미지를 가지고 있었다.

그러나 드럭스토어 진출로 유통경로를 넓혀 소비자와의 접점을 늘리고 실적을 만회하려는 목적으로 롯데 롭스 입점을 결정한 것이다.

두 브랜드는 가격 또한 드럭스토어에 맞게 하향 조정했다. 스틸라의 경우 베스트셀러인 원스텝 코렉트를 기존 6만2000원에서 5만8000원으로, 컨버터블 컬러를 4만2000원에서 3만8000원으로 인하했다.

그 밖에도 립 글레이즈를 3만5000원에서 3만2000원으로 내리는 등 총 120개 품목을 최소 6.5%에서 최대 10% 인하했다. 부르주아도 240개 품목에 대한 가격을 최대 15% 인하했다.

(2) 젊은 층 타깃, 전용 제품 출시 '활발'

젊은 층을 타깃으로 하는 드럭스토어 전용 제품 라인을 출시하는 브랜드도 있다. 단순히 제품 패키지를 바꾸는 것이 아니라 전혀 새로운 제품 구성과 브랜드를 통해서 유통 판로를 개척하는 것이다. 드럭스토어의 경우 주 이용 고객층의 나이대가 낮은 편이다.

실제 CJ올리브영의 경우 10대 후반~30대 초반 고객 비중이 전체의 90%를 차지한다. 이러한 특성을 이용해 젊은 층을 대상으로 하는 드럭스토어 전용 제품을 출시하는 브랜드가 늘고 있다.

LG생활건강은 최근 20대를 타깃으로 드럭스토어 전용 메이크업 브랜드인 '보브 투웬티스 팩토리(VOV 20's Factory)'를 론칭했다.

드럭스토어의 주 소비층인 20대를 겨냥한 브랜드로 100여종의 색조 화장품을 1~2만 원대의 저렴한 가격에 판매한다.

비비드한 컬러감과 기존에 시도되지 않은 새로운 제형을 가진 제품, 최신 트렌드의 아이템 등을 출시해 화려하고 톡톡 튀는 제품을 선호하는 20대 초반 여성 소비자들을 적극 공략하고 있다.

아모레퍼시픽의 미장센은 작년 7월 드럭스토어 전용 헤어 제품 라인인 '스타일 키스'를 출시했다. 향과 스타일에 가장 민감한 젊은 소비자들을 타깃으로 출시됐다.

스타일 키스는 20대의 헤어 고민을 반영한 스트레이트 헤어, 웨이브 헤어, 지성 두피 등 세 가지 라인으로 구성됐으며 각각 플라워 퍼퓸, 프루츠 퍼퓸, 그린 퍼퓸 향을 적용했다.

(3) GS왓슨스, 국내 1호 홍대점 리뉴얼

한편, 2005년 당시 홍대에 국내 1호점으로 선보였던 GS왓슨스는 다음달 10일 홍대점을 리뉴얼하고 새로운 점포 컨셉으로 고객을 맞이한다.

GS왓슨스 홍대점은 홍대 상권의 주 고객층인 20~30대 여성들이 편안하고 즐겁게 쇼핑할 수 있도록 심플하면서도 모던한 분위기를 연출하고 최신형 LED라이팅으로 아늑함을 더해 기존 홍대점의 발랄함에 쾌적함와 시크함을 더했다.

특히 GS왓슨스는 홍대점 리뉴얼을 진행하며 '핫 존' 공간을 마련해 고객들에게 쇼핑의 즐거움과 만족감을 한층 끌어 올릴 계획이다.

손주연 GS왓슨스 마케팅팀 과장은 "홍대의 랜드마크인 GS왓슨스 홍대점을 사랑해 주신 고객들에게 쾌적한 쇼핑 환경과 다양한 상품을 제공하고자 이번 리뉴얼을 진행했다"며 "지속적인 리뉴얼과 상품 확대로 GS왓슨스 고객들에게 차별화 된 가치와 즐거움을 제공하겠다"고 말했다.

자료원: 뉴스토마토, 2013.08.12. 기사편집

8. 전통시장(Traditional Market)

전통시장이란 상업기반시설이 오래되고 낡아 개수, 보수, 또는 정비가 필요하거나 유통기능이 취약하여 경영 개선 및 상거래의 현대화 촉진이 필요한 장소 중 대규모 점포로 등록 및 인정된 시장을 의미한다.

전통시장은 1970년대까지만 해도 한국에서 가장 지배적인 소매업태였으나, 슈퍼마켓의 등장에서 시작하여 유통시장의 개방으로 대형 유통업체들이 출점하면서 전통시장은 쇠퇴기에 이르렀다. 영세한 규모, 전근대적인시설 및 환경, 비체계적 운영방식, 무질서한 상거래, 낮은 품질과 서비스 및 상인의식 등으로 80년대 이후 계속적으로 쇠퇴하기 시작하였다.

이러한 전통시장의 쇠퇴는 사회적 갈등과 실업 등 사회문제를 수반하고 있어서 최근 정부 및 지방자치단체에서 전통시장 활성화 방안으로 재개발 및 재건축 사업으로 노후시설을 개조하거나 또는 시장상인협회 등에서도 시설의 현대화 및 서비스 향상이나 저가격 전략 등을 통해 활성화에 노력을 기울이고 있다.

사례 3-11

전통시장의 변신은 무죄 인천신기시장, 체험관광 콘텐츠 만들고… 원스톱 장보기도 서비스

인천 신기시장이 첨단 정보기술(IT)을 접목한 '문화관광형' 시장으로 탈바꿈했다. 과거 아낙들이 푸성귀를 내다 팔던 전통 재래시장에서 외국인 관광객이 즐겨 찾는 지역의 명소가 된 것이다.

23일 오후 신기시장을 찾은 중국인 관광객 30여 명은 "셰셰~(감사합니다)"라며 연신 감탄사를 터뜨렸다. 중국에서도 흔히 볼 수 있는 재래시장인 줄 알았는데 백화점보다 싼 물건 값도 이유지만 스마트폰만 갖다 대면 편리하게 결제할 수 있는 시스템이 마냥 신기하고 놀라웠기 때문이다.

더욱이 이들은 중국어로 제작된 홍보영상도 보고 옛날 엽전 모양의 '신기통보'(1개당 500원) 10개를 제공받아 한국의 전통시장 체험도 무료로 할 수 있었다.

인천의 대표적인 전통시장 중 하나인 신기시장은 고객센터 및 주차빌딩 건립을 통해 시설을 현대화하고, 인천에 정박하는 크루즈선 승객과 인천국제공항 환승객을 위한 체험시장으로서 특화 전략을 추진해 왔다.

지난해 8월 관광형 시장으로 중소기업청이 지정한 신기시장은 '공항과 항만 환승객을 위한 여행코스 개발', '로봇 및 전통문화 체험관', '일반 시민을 위한 요가 · 경영학습 아카데미' 등 색다른 콘텐츠를 개발 · 운영하고 있다. 이날 방문한 중국인들은 한 여행사가 개발한 신기시장 경유 여행패키지 상품을 통해 온 관광객이다.

지난 14일에는 전남 구례군청 공무원들이 전통시장 활성화 사례로 신기시장을 견학하는 등 타 지자체 담당자들의 방문도 잇따르고 있다.

이곳에서 36년째 부침개 가게를 운영하고 있는 김영자(79 · 여)씨는 "시장에 30~40대 젊은 상인들이 늘면서 시장도 젊어진 것 같다"며 "예전보다 장사하는 재미가 더 쏠쏠하다"고 했다.

이곳 시장 상인회는 최근 젊은 고객층을 확보하기 위해 지역 연고 구단인 SK 와이번스 홍보관을 설치 · 운영하고, 남구푸드뱅크와 결연을 맺어 나눔실천운동도 벌이고 있다. 특히 최근 통신회사와 업무협약을 체결해 카드 결제와 고객 관리, 마일리지 적립 등 대형 마트 버금가는 멤버십 제도를 운영하고 있다. 시장 인근에는 놀이방을 겸한 ICT 체험관을 마련해 어린이를 동반한 주부들의 장보기를 수월하게 하고 있다.

김종린(59)상인회 회장은 "백화점이나 대형 마트에 익숙한 젊은 고객층의 눈높이에 맞게 시설을 현대화하고 '원스톱 장보기' 서비스도 시행할 계획"이라고 했다.

원스톱 장보기는 스마트폰이나 인터넷을 통해 시장에 물건을 주문하면 도우미가 대신 구매해 집까지 배송해 주는 시스템이다. 현재 전국 430개 시장 중 50여 곳의 전통시장에서 시범 운행되고 있다.

자료원: 기호일보, 2014.01.24 기사편집

사례 3-12

100년 전통으로 세계음식을 버무리다
美 보스턴 재래시장 '퀸시마켓' 성공비결은

유통시장의 규모가 커지고 대형유통업체의 활약이 두드러지면서 전통 재래시장의 설 자리는 점점 좁아지고 있다. 이는 비단 한국만의 현상은 아니다. 유통선진국 미국에서 대형 마트에 밀렸으나 과감한 변신에 성공한 재래시장이 있다. 미국 매사추세츠주 보스턴에 있는 100년 전통의 '퀸시마켓'(Quincy market)이 그 주인공.

19일(현지시간) 찾아간 퀸시마켓은 발 디딜 틈 없이 붐볐다. 때마침 점심시간이라 미국 가정식부터 한국 음식까지 다양한 나라의 음식을 판매하는 150여개의 매장마다 음식을 주문하려는 사람들로 장사진을 이뤘다.

지금은 연평균 100만명이 오가는 인기를 누리고 있지만 퀸시마켓도 불과 30년 전까지만 해도 생존을 고민해야 했었다. 188년 전에 세워져 보스턴의 역사 깊은 재래시장이었지만 1980년대 시장 인근에 대형 유통업체들이 대거 진입하면서 가격 및 상품 경쟁력에 밀려 소비자의 외면을 받았다. 벼랑 끝에 섰던 상인들은 과감하게 재래시장이라는 편안한 옷을 벗고, 푸드코트란 새 옷을 입으며 위기를 기회로 바꿨다.

5년 전부터 퀸시마켓에서 음식점을 운영 중인 스티브(65) 역시 퀸시마켓 부활의 비결로 '과감한 변화'를 꼽았다. 그는 "30년 전 시대의 변화를 읽은 상인들의 결정이 있었기에 현재 퀸시마켓이 보스턴의 관광명소로 자리 잡을 수 있었다"며 "이 지역의 웬만한 대형 마트보다 더 많은 방문객을 끌고 있다"고 말했다.

현지인들은 퀸시마켓 경쟁력으로 로마양식의 건축물을 꼽는다. 100년 넘은 시장만이 지닐 수 있는 고풍스러운 풍경은 대형 마트가 절대 따라올 수 없는 부분이다. 일주일에 3번 정도 이곳을 찾는다는 리처드 피엘러(40)는 "2층에 올라가면 100여 전에 존재했던 상점들의 간판 등도 전시돼 있어 보스턴의 역사를 볼 수 있다"며 "일반 대형 마트에서 절대 느낄 수 없는 퀸시마켓만의 매력"이라고 말했다.

자료원: 서울신문, 2013.10.21. 기사편집

제2절 무점포소매상

1. 통신판매

통신판매(Direct Mail)는 판매하고자 하는 상품 또는 서비스에 대해 카탈로그나 광고매체를 통하여 알리고 고객으로부터 통신수단을 통해 주문을 받은 상품을 택배회사 또는 우편 등으로 배달하는 방식으로 판매하는 소매 업태를 말한다.

통신판매는 19세기 후반 미국에서 최초로 등장하였으며, 대표적인 통신판매 업체는 1872년에 설립된 Montgomery Ward와 1886년 시계의 통신판매로 성장한 Sears이며 1989년 미국의 통신판매 규모는 1,830 억불이고 미국의 소매업에서 10%를 차지하였으나, 인터넷 판매와 홈쇼핑 등으로 점차 규모가 축소되고 있다.

한국에서는 1976년 신세계 백화점이 카드고객을 대상으로 주문엽서를 이용한 통신판매가 최초이다. 1980년대 후반에 백화점과 우체국에서 통신판매를 실시하였다. 1990년대 초반 롯데, 신세계, 현대 백화점, 개별기업 등이 신용카드 회사들과 제휴하여 본격적인 통신판매를 하였고, 우체국은 제조업체 및 농산물 생산단체 특히 각 지방의 특산물 판매로 괄목할만한 성장을 하고 있다.

사례 3-13

고맙다! 우체국 쇼핑… 제주 수산물 판매 활기
수수료 4% 불과… 직거래나 다름없어

일본 방사능 오염수 유출로 직격탄을 맞은 제주 수산물이 우체국 택배를 통해 되살아나고 있다. 탐라바당은 매출의 절반가량을 2002년 입점한 우체국쇼핑에서 올리고 있다. 우체국쇼핑은 판매 수수료가 4%에 불과해 35%인 홈쇼핑, 백화점보다 훨씬 낮아 사실상 소비자 직거래나 다름없다. 오 대표는 "우체국쇼핑에 10만원에 내놓는 물건이라면 백화점에서는 이런저런 비용을 더하다 보면 50만원에 팔아야 이익이 난다"며 "수금까지 45일 걸리는 백화점과 달리 우체국쇼핑은 12일 만에 현금 결제해주니 '인심'을 더 담을 수 있다"고 말했다.

탐라바당은 인터넷 사이트를 통해 직접 주문받는 것보다 싸게 우체국쇼핑에 내놓고 있다. 오 대표는 "전국 우체국 냉동차를 통해 신속 배달돼 반품요청이 한 번도 없었다"며 "생산자는 품질에만 신경을 쓰면 판로를 확보할 수 있고, 우리 농·수·축산물만 취급하기 때문에 원산지를 속이지 않을까 하는 걱정 없이 소비자는 안심하고 먹을 수 있다"고 말했다.

탐라바당은 혹시라도 외국산이 섞인 제품을 속아서 사면 리콜은 물론이고 현금으로 100배 보상해주고 있다. 하지만 이런 매력에도 우체국쇼핑은 최근 경쟁업체인 오픈마켓의 저가공세에 고전 중이다. 1986년 농수산물 개방으로 어려움을 겪는 농어촌을 돕기 위해 판매를 시작해 연간 1967억원의 매출을 올린 2011년까지 성장세를 구가하다 이후 1800억 원대에 머물고 있다.

자료원: 세계일보, 2014.01.20. 기사편집

2. TV홈쇼핑

TV홈쇼핑(Television home-shopping)은 TV를 통해 제품 구매를 유도하는 소매방식으로 TV 광고에서 직접 주문에 관한 정보를 제공하여 주문을 받는 TV 광고방식과 홈쇼핑채널을 이용한 주문방식이 있다.

직접반응광고(direct response advertising)방식은 30초에서 1분 정도의 짧은 TV 광고를 통해 간략한 제품소개와 주문전화번호를 제공하면 소비자가 무료전화를 이용하여 제품을 주문하는 방식으로 미국에서는 Informercial 혹은 Short-form 등으로 불린다.

TV 홈쇼핑의 이점은 소비자들이 점포에 직접 가지 않아도 어느 곳에서나 편리하게 주문 할 수 있으며, TV화면을 통해 직접 실연됨으로써 상품에 대한 정보와 사용법을 쉽게 알 수 있으며, 가격이 10~30%로 정도 저렴하다는 것이다.

한국의 TV홈쇼핑은 케이블TV 개국과 동시에 시작되었는데, 1995년 한국홈쇼핑(현재 GS홈쇼핑)과 39쇼핑(현재 CJ홈쇼핑)으로 시작된 초기에는 상품부족과 시청자들의 호응이 부족하여 부진한 실적을 보였으나, 본격적인 홈쇼핑 채널 방송이 시작된 1996년 이후부터 연평균 180%를 넘는 성장세를 지속하면서 전 세계적으로 이런 초고속 성장의 예가 없을 만큼 급성장하였다.

다른 나라와 달리 한국에서 홈쇼핑이 급성장하게 된 원인을 구체적으로 살펴보면,

첫째, 케이블 TV가입자의 지속적인 증가로 홈쇼핑만을 전담하는 채널에서 정규방송시간 내내 상품안내와 주문을 받는 홈쇼핑채널 방식으로 보다 많은 소비자들이 접근할 수 있게 되었다.

둘째, 전문적인 프로그램 진행자(일명 쇼핑호스트)들이 상품들을 소개하면, TV 시청자들이 전화로 주문하고, 신용카드로 결재하면 집까지 배달되는 판매 방식이 편의성을 추구하는 소비자 욕구와 부합되었다.

셋째, 신기술에 의해 신제품을 개발한 중소・벤처기업과 아이디어 상품을 찾던 홈쇼핑업체간의 이해관계가 일치되어 홈쇼핑 히트상품을 등장시켰다. 예를 들면, 원적외선 오븐 레인지, 자동차 코팅 세트, 녹즙기 등 생소한 중소기업 제품을 쇼핑호스트가 사용방법 등을 구체적으로 설명하면서 판매로 이어졌다. 특히 외환위기 이후 대기업 제품(전자제품-김치냉장고)도 대박 제품으로 매출을 올렸다.

넷째, 기존업체에 대기업 유통회사가 합류하면서 시장이 확대되었다.

2001년 현대, 우리(2006년 롯데가 인수), 농수산 홈쇼핑이 후발주자로 합류하면서 경쟁이 치열해졌고, 취급상품(보험, 여행, 공연티켓, 외식상품 등)이 넓어지면서 시장이 확대되어 최근에는 부동산(상가 분양) 매물까지 홈쇼핑 상품으로 등장하였다. 최근에는 동남아 국가에 한국의 홈쇼핑업체가 중소기업 제품으로 진출하여 동반성장을 이끌고 있다.

사례 3-14

카탈로그 홈쇼핑 한물 갔다고? "살아있네 "

홈쇼핑업계 카탈로그 쇼핑이 TV, 인터넷, 모바일 등 유통 채널 다변화에도 여전히 명맥을 유지 중이다. 인터넷 및 모바일 쇼핑이 주류를 이루면서 카탈로그 쇼핑이 주춤하는 듯 했지만 꾸준한 효자 채널 역할을 하고 있어 주목된다.
23일 관련업계에 따르면 홈쇼핑 카탈로그 쇼핑을 통한 판매가 여전히 꾸준한 것으로 확인됐다. 최근 한국온라인쇼핑협회가 발표한 매체별 시장규모 현황 및 전망에 따르면, 카탈로그 쇼핑은 취급고를 기준으로 지난해 8천200억원을 기록했다. 올해는 8천900억원, 2014년에는 9천800억원 규모로 시장이 성장할 것으로 내다봤다. 큰 폭의 성장은 기록하고 있지 않지만 꾸준히 성장세를 이어 나가고 있다.

카탈로그 홍보는 인쇄비, 운송비 외 별도 투자비용이 발생하지 않아 다른 유통 채널에 비해 부담이 적다. 비록 비중은 다른 유통 채널에 비해 적지만 각 업체마다 꾸준히 부수를 늘려나가며 상품 구성 차별화를 꾀하고 있다. 업계 후발자로 나선 중소기업 전용 홈쇼핑 홈앤쇼핑도 3분기 정도에 카탈로그 시장에 출사표를 던질 계획이다. 그러나 카탈로그 쇼핑은 다양한 유통 채널이 생겨나기 시작하면서 사람들의 관심으로부터 멀어지는 듯했다. TV홈쇼핑과 온라인 쇼핑이 주류로 자리 잡으면서 주목도가 떨어졌다.
최근 홈쇼핑업체들은 다시 카탈로그 쇼핑 영역에 힘을 싣고 있다. 다른 유통 채널에 비해 접근편의성이 높아 지속적인 매출이 발생하고 있기 때문이다. 이에 업체들도 TV나 인터넷 등을 통해 보여줄 수 없는 콘텐츠를 카탈로그에 담아 잡지 느낌을 살리고 이전보다 손쉽게 쇼핑을 즐길 수 있도록 QR코드도 탑재했다.

GS샵의 경우는 지난해 4월부터 카탈로그 크기를 이전보다 축소하고 유행에 따라 꾸준하게 구매가 발생하는 패션상품군을 강화했다. 또 고객들의 구매 빈도와 객단가를 고려해 총 지면수가 다른 4가지 종류의 카탈로그 책자를 발간하고 있다.

업계 한 관계자는 “기존에 카탈로그 쇼핑을 이용하던 고객들의 구매와 신규 고객들이 창출되면서 안정적인 시장 구도를 형성하고 있다”면서 “카탈로그에서도 따로 기획전을 마련하고 다양한 구매 혜택을 제공해 구입이 이어지고 있다”고 밝혔다.

또 다른 업계 관계자는 “유통업계 전 영역에서 모바일 쇼핑이 확대 추세에 있지만 여전히 중장년층들이 온라인이나 모바일을 사용해 쇼핑을 하는 것이 쉽지 않은 일”이라면서 “ 때문에 중장년층 여성들을 중심으로 꾸준히 고급 생활 정보지이자 유통채널로 각광받고 있다”고 말했다.

자료원: ZDNet Korea, 2013.05.23

3. 텔레마케팅

텔레마케팅(tele-marketing)이란 텔레커뮤니케이션(telecommunication)과 마케팅(marketing)의 합성어로 고객과 1대1 커뮤니케이션을 통하여 고객유지, 고객만족, 신규고객 확보를 위한 마케팅수단이다. 즉, 전화를 이용하여 목표 소비자층에 제품 정보를 제공한 후 제품 판매를 유도하거나, 소비자가 TV, 라디오 광고나 우편광고를 보고 수신자 부담 전화번호를 이용하여 주문을 받아 판매하는 방법이다.

미국에서는 1970년대부터 텔레마케팅이 시작되었으며, 1980년 후반부터 성장을 보였다. Fortune지 선정 500대 기업 중 텔레마케팅을 채택한 회사가 1986년 34%에서 1990년 66%로 증가할 정도로 증가하였다. 한 예로 J.C. Penney 사는 3,000만 명 고객의 성명, 주소, 지금까지의 거래명세 등을 자료로 가지고 있으며, 고객으로부터 주문이나 제품에 관한 문의가 오면 오퍼레이터는 고객에 대한 정보와 문의 제품에 관한 정보를 컴퓨터 단말기에 호출하여 컴퓨터 화면에 나타나는 대화 순서에 따라 고객과 대화를 할 수 있는 시스템을 도입하고 있다.

한국의 경우 미국계 시티은행이 1986년 최초로 이 기법을 도입하여 은행, 보험, 호텔, 백화점 등 여러 서비스 분야에서부터 전자, 통신, 제약 등으로 까지 거의 모든 산업분야에 급속히 확대되었다.

최근에는 전문 텔레마케터를 고용하여 광고, 판매촉진, 직접우편과 같은 마케팅매체를 보완하여 고객반응을 유도하고 고객관리 및 판매활동을 한다.

사례 3-15

홈앤쇼핑 급성장… NS홈쇼핑 '한숨'
(매출 변수는 판매품목? '중소기업상품>농수축산물')

홈쇼핑업계 판도가 미묘하게 변하고 있다. 올해 홈쇼핑업계는 GS샵과 CJ오쇼핑의 1위 경쟁양상, 농수축산물 전용 NS홈쇼핑과 중소기업상품 전용 홈앤쇼핑의 순위 다툼이 관전 포인트다. 1위 다툼은 10여 년 이상 계속돼 왔지만 NS홈쇼핑과 홈앤쇼핑의 경쟁은 전용상품의 시장가치를 한눈에 드러냈다는 점에서 관심이 고조되고 있다.

쇼핑 개국 2년차가 13년차를 따라잡다

홈앤쇼핑이 개국 2년 만에 매출 1조원 돌파를 눈앞에 두고 있다. 홈앤쇼핑은 중소기업상품 전용 홈쇼핑업체로 지난해 1월 개국, 첫해 취급고 7000억원을 기록했다. 흥미로운 것은 NS홈쇼핑이 지난해 취급고 목표를 1조로 잡았다가 9700억원에 머물며 목표달성에 실패했다는 점. 단순하게 비교하면 2년차 '중소기업 상품 중심 홈쇼핑 사'가 13년차 '농수축산물 중심 홈쇼핑 사'를 따라잡은 것이다.

특정 업계의 상품 활성화를 목표로 출범한 두 홈쇼핑 사의 성장곡선 이면에는 '먹거리' 상품의 고단한 시장가치가 숨어 있다. 한마디로 NS홈쇼핑은 농수축산물 등 1차 식품을 전문으로 하기 때문에 객단가가 낮고 타 홈쇼핑에 비해 성장률이 낮을 수밖에 없다. 반면, 홈앤쇼핑은 '중소기업 제품'이라는 광범위한 품목군을 취급하면서 객단가는 물론 홈쇼핑 고객들의 소비취향을 최대한 반영할 수 있었다는 분석이 가능하다.

NS홈쇼핑은 전체 취급상품 중 농수축산물을 60% 이상, 홈앤쇼핑은 전체 취급상품 중 중소기업제품을 80% 이상 편성해야 하는 규제를 받고 있다. 이런 의무사항 속에서도 온라인 및 홈쇼핑 시장 호황세의 큰 흐름을 타고 2011년까지 상승가도를 달려왔다.

방송 판매 효율성 떨어지는 식품… 어떻게 극복할까

하지만 지난해부터 NS홈쇼핑의 시청률과 시장점유율이 하락하기 시작했다. 지난해 시청률은 2011년보다 27% 하락했고 시장점유율은 2010년 9.9%에서 8.4%로 하락했다. 홈쇼핑 전체 시장의 호황으로 성장하던 상승곡선도 꺾이기 시작했다. 2011년 취급고 증가율 21%대에서 2012년 2%로 급하락했다. 이는 같은 기간 대기업 계열인 GS와 CJ가 해외진출까지 시도하는 등 지속적으로 사업확장을 이룬 것과 눈에 띄게 대비된다. NS홈쇼핑 관계자의 말이다.

"TV홈쇼핑은 채널과 상품 소싱 두 가지 경쟁으로 이루어집니다. NS홈쇼핑은 일단 채널 경쟁에서 공중파 채널과 이웃할 수 없는 한계를 갖고 있고 매주 식품편성 비중 60% 이상을 지켜야 합니다. 식품은 개발과정과 규격화의 문제로 상품화가 까다롭고 홈쇼핑 론칭까지 6개월~2년까지 걸리는 고난도 상품입니다. 이래저래 효율성이 떨어지지요."

NS홈쇼핑의 지난해 판매액과 상품편성 비율을 보면 일반 홈쇼핑사들과 크게 다르다.

◆ 홈쇼핑 상위 3개사의 상품편성 비율

상품군	편성비율
의류패션	29%
생활용품	23%
가전	14%
이미용	13%
식품	11%
기타	10%

◆ NS홈쇼핑의 상품 편성 비율

상품군	편성비율
식품	60.2%
생활용품	12.8%
이미용	9.4%
의류패션	2.7%
가전	0.5%
기타	14.4%

NS홈쇼핑은 농수축산물 유통 활성화를 목표로 설립된 홈쇼핑 사다. 60%의 의미 역시 농수축산물의 유통 활성화 때문에 생긴 규제다. 하지만 시장 환경이 바뀌면서 이 기준선도 재고해야 한다는 목소리가 적잖게 대누되고 있

다. 한 홈쇼핑 상품개발 협력사는 "채널의 전문성은 앞으로 중요한 무기가 될 수 있다"고 전제하며 "그렇다 하더라도 상품구성은 다양해져야 한다"고 강조했다.

한국갤럽에서 조사한 2013년 소비자 식품구매 선호도 조사에 따르면 1위는 대형마트(61.1%), 2위는 슈퍼마켓(22.7%), 3위 전통시장(13.9%), 4위 편의점(1.1%)에 이어 홈쇼핑은 0.5%에 불과했다. 이 저조한 수치를 극복하기 위한 대안은 무엇일까. NS홈쇼핑뿐만 아니라 업계 전반의 고민은 계속되고 있다. 카탈로그 판매, 모바일 커머스, 각종 프로모션 추진 등 다양한 시도가 진행중이지만 일단 소비자 방문횟수를 늘리는 것이 급선무라는 데 이견이 없다. 이를 통해 농식품의 판매율을 동반상승시키는 효과도 가능하다는 것이다.

NS홈쇼핑 관계자는 "편성 상품이 다양해질수록 소비자 방문이 많아지고 식품 전문성을 표방한 가운데 45% 정도의 편성비율일 때 식품판매도가 최고조에 달한다는 분석이 있다"고 밝혔다. 또는 농식품 홈쇼핑 판매의 또 다른 기준으로 '최저 판매액'이라는 금액 마지노선을 정하는 것도 방법이라고 말했다.

자료원: 더바이어, 2013.10.14 기사편집

사례 3-16

소비자, 자기정보선택권 가져야…

공정거래위원회는 올해 1월부터 상품 가입을 권유하는 등의 무차별적인 스팸전화를 원천 차단하기 위해 '전화권유판매 수신거부의사 등록제도'(두낫콜 · Do not call)를 시행하고 있다.

소비자가 자신의 휴대전화번호 또는 집 전화번호를 두낫콜 시스템에 접속해 수신거부의사를 등록하면 전화권유판매행위를 할 수 없게 만든 것이다.

전화권유판매업자는 매달 1회 이상 등록시스템을 통해 수신을 거부한 고객명단을 확인해야 한다. 만약 월 1회 이상 수신거부의사 대조이력이 없거나,

수신거부의사를 등록한 소비자를 상대로 영업행위를 하면 과태료 등의 처분을 받는다.

보험업계는 지난해 10월부터 자동차보험에 제한적으로 두낫콜 시스템을 운영 중이다. 극성스런 전화 영업행위로 소비자들의 원성이 커졌기 때문이다.

보험개발원 관계자는 "대형마트, 카드사 등 제휴업체들로부터 개인정보를 수집한 보험사들이 이를 기반으로 무분별한 전화권유판매행위에 나서자 소비자들의 민원이 지속돼 왔다"며 "특히 주유소 카드를 만들면서 동의했던 동의서를 근거로 보험가입 권유전화가 오는 사례도 발생하는 등 전화마케팅의 적법성에 대한 논란도 적지 않았다"고 말했다.

이에 따라 보험업계는 소비자의 자기정보통제권을 행사할 수 있는 두낫콜 시스템을 보험개발원에 구축했다. 수신거부의사를 등록한 소비자에게는 마케팅 목적의 전화를 할 수 없도록 강제했다. 결론적으로 보험사들이 개인정보를 활용할 수 없게 만든 셈이다.

미국 연방거래위원회(FTC)는 2003년 원하지 않는 전화권유판매행위를 차단하기 위해 두낫콜 제도를 도입했다.

이에 따라 텔레마케팅 사업자들은 수신거부의사 명단을 확인하고 등재된 번호를 자신의 고객명단에서 삭제해야 한다.

호주는 두낫콜 등록법을 마련했고, 캐나다의 전화권유판매업자는 두낫콜 등록 리스트를 관리, 보존하고 있다.

자료원: 헤럴드경제, 2014-01-23 기사편집

4. 자동판매기

세계최초의 자동판매기(vending machine)는 BC 215년 이집트에 등장한 성수(聖水) 자동판매기가 그 효시이나, 최초의 상업용 자동판매기는 18세기 영국에서 등장하여 담배를 판매하는 데 사용되었다. 영국, 유럽 대륙, 스칸디나비아 등에서는 1880년대 이래 주로 과자와 담배를 판매하는 데 이용되었다.

미국에서는 1888년 껌 판매소를 늘리기 위해 뉴욕 시의 고가철도 플랫폼에 처음 설치되었으며, 1926년까지 값싼 사탕을 판매하는 정도에 머물러 있다가 담배 자동판매기가 등장하면서부터 현대식 자동판매기의 기원이 되었다. 1937년 청량음료 자동판매기에 이어 1940년대 회사와 공장에서 인건비를 줄이기 위해 사용되었고, 1950년대 말에는 건물 내 식당을 대체하거나 보조하기 위해 가공식품 외에도 다양한 종류의 신선한 식품이 판매되었고, 병에 담긴 청량음료를 판매하기 위해 자동판매기에 냉동장치까지 부착되었다.

한국에 자동판매기가 처음 선보인 것은 1975년 대한가족협회가 미국으로부터 들여온 남성용 피임기구(콘돔) 자동판매기이다. 이후 여러 종류의 판매기가 꾸준히 개발되었고 1988년 서울올림픽을 전후하여 판매품목이 다양해지면서 급속히 확대되기 시작하여 유통업 중의 하나로 발전하게 되었다.

자동판매기는 장소와 시간에 제한되지 않고 24시간 구매할 수 있게 함으로써 소비자에게 편리함을 제공함으로 회사와 공장은 물론 학교・오락장소・병원・사무실 등에도 널리 보급되어 개인사업자나 판매망을 확보하려는 음료 혹은 식품회사가 설치하여 직접 운영 하고 있다. 이러한 현상은 편의성을 추구하려는 소비자 욕구의 증대와 점포임대료 상승, 치열한 시장경쟁에서 자체 판매망을 구축하려는 기업의 요구가 부합되었기 때문이라 할 수 있다.

자동판매기는 담배, 커피, 음료, 스낵, 화장지 등 다양한 생활용품에서 최근에는 모바일 자동판매기 (Mobile Vendor)라고 하여 휴대전화에서 통화하는 것만으로도 상품을 살 수 있는 자판기도 있으며, 술이나 담배를 판매하는 자동판매기의 경우, 성인 여부 확인을 위해서 주민등록증 등 적절한 신분증을 요구하기도 한다. 또한 지방자치단체의 특산물 판매(하동 녹차 자동판매기)에 이용되어 특산물 대중화를 위한 유통기구로서의 역할 수행까지 담당하게 되었으며, 자동판매기 제조업자, 설치사업자, 운영사업자를 위한 창업 상담이 필요할 만큼 성장 발전하고 있다.

사례 3-17

만물상이 된 자판기, IT를 만나다
취급 품목 갈수록 늘고 판매 기법도 좋아져

매리어트 호텔이 주최한 공모전에서 당선된 한 자판기 아이디어는 여행자들에게 건강식을 제공하는데 초점을 맞췄다. 상당수 여행자들이 식사를 제대로 챙기지 않는 경향에 대한 안타까움에서 출발한 이 아이디어는 건강식을 도시락 형태로 여행지 주변에서 판매해 여행자들이 건강식을 챙겨먹을 수 있도록 해준다.

자판기 천국이라는 일본은 그 이름에 걸맞게 다양한 자판기 세계의 보고임을 여실히 보여준다. 골드바, 라면 자판기가 등장한 일본에서 최근 주목받은 자판기는 속옷 제조업체 와코루 제품을 판매하는 이른바 '속옷 자판기'다. 도쿄 번화가인 시부야에 설치된 이 자판기는 와코루의 브랜드 중 하나인 '우네나나 쿨' 브랜드 제품 속옷을 판매한다.

미국에도 특별한 자판기가 있다. 매사추세츠 공과대학(MIT) 내 위치한 공공 자전거 주차장에는 '자전거용 헬멧 대여 자판기'가 있다. 대여를 원하는 학생은 대여료만 지불하고 대신 헬멧을 반납하기만 하면 된다. 추가 비용 부담을 통해 헬멧을 아예 구매할 수도 있다.

필라델피아주 소재 드렉슬대학교에는 '맥북 자판기'가 있다. 노트북이 필요한 학생들은 필요한 때에 노트북을 대여할 수 있어 이를 들고 다니는데 따른 비용 상의 부담은 물론 고가 제품을 들고 다니는데 따른 각종 위험으로부터 벗어날 수도 있게 된다.

마리화나를 판매하는 자판기도 있다. 워싱턴주와 콜로라도주, 두 곳에 설치된 이 자판기는 의료용으로 합법적인 사용이 일부 가능한 마리화나 제품을 판매한다. 의사의 처방 기록을 확인한 뒤 지문을 통한 본인 인증 절차를 거쳐 판매된다. 마리화나뿐 아니라 다른 의약품도 판매하며, 주로 약국이 없는 의료 소외지역에 배치됐다. 지난해 11월 등장한 이 자판기를 운영하는 메드박스(Medbox)라는 업체는 나스닥 상장에 성공하기도 했다. 메드박스가 운영하는 의약품 자판기는 의료용 마리화나를 비롯한 각종 의약품을 판매한다. 멤버십 가입자에 한해 지문인식 등 본인 인증 절차를 거쳐 판매되므로 오남용 위험성은 낮다는 것이 메드박사의 설명이다.

IT기술이 접목된 자판기도 눈길을 끈다. 소프트웨어 전문업체인 SAP하나(SAP Hana)가 개발한 클라우드 컴퓨팅 기반 자판기 솔루션은 스마트폰의 근거리무선통신(NFC) 기능과 연동해 사용자의 구매 패턴을 파악, 평소 성향에 맞는 제품을 추천해준다. 할인 쿠폰을 제공하며 추가 구매를 유도하거나 제품에 대한 피드백을 요청하는데도 활용될 수 있다.

UC버클리에는 3D프린팅 자판기도 있다. '드림박스'라는 이름의 이 자판기는 이용자가 USB메모리를 통해 제품 디자인 정보를 자판기에 입력하면 제작에 착수한다. 제품 제작이 완료되면 별도의 보관함에 저장되며 구매 당시 부여받은 비밀번호를 통해 물건을 찾을 수 있다.

구글은 일본에서 앱 자판기를 선보였다. 구글재팬은 구글 플레이스토어에서 판매 중인 각종 애플리케이션을 스마트폰의 NFC 기능을 활용해 자판기에서 골라 구매할 수 있는 '앱 자판기'를 도쿄 시부야 거리에 설치해 '과연 자판기 천국'이라는 일본 소비자들의 특이성을 확인시켜주기도 했다.

국내에서도 다양한 자판기가 시도되고 있다. 현재 과자와 음료수를 판매하는 편의점 형태의 자판기부터 화장품 자판기, 라면 자판기 등이 시장에 선보였다. 1990년대 한때 등장했던 담배 자판기가 미성년자들의 명의도용 문제로 사용이 금지되기도 했으며, 최근 한국전자통신연구원(ETRI)는 각종 센서를 판매하는 '센서 자판기'의 등장을 예고해 눈길을 끌었다.

자료원: ZDNet, 2013.11.07. 기사편집

5. 방문판매

방문판매는 소매점 형태를 벗어나 판매원과 소비자 간의 일대일 대면 방법을 통해 제품과 서비스를 판매하는 소매업태이다. 직접 대면을 통해 소비자가 원하는 상품을 실제로 보여주고 자세히 설명함으로써 소비자를 이해시켜 물건을 판매하는 것으로,

우리나라 방문판매는 1980년대 중반 화장품회사에서 시작하면서 발전하기 시작하였다. 이후 야쿠르트, 화장품, 약품, 서적, 보험, 정수기, 학습지 업체들이 주로 방문판매를 하고 있다.

방문판매의 이점으로는 유통업자의 마진을 지불하지 않게 되어 그 만큼 이익을 얻을 수 있고, 제조업자의 이미지가 판매원을 통해 올바르게 소비자에게 전해질 수 있으며, 유통단계에서의 불필요한 재고나 반품이 없게 되어 생산 계획을 세우기 쉽다는 점을 들 수 있다.

한 상품을 사용해보고 이에 만족한 소비자가 다시 판매자가 되어 소비자들에게 상품을 판매하는 다단계 판매회사도 있다.

사례 3-18

야쿠르트 · 건국우유…불황에 주목받는 방문판매… 웬만해선 그들을 끊을 수 없다

17일 식품업계에 따르면 한국야쿠르트는 '야쿠르트아줌마'로 구성된 탄탄한 방문판매 조직 덕에 올해 건강기능식품 시장에서 진출 초기보다 약 2.5배 더 많은 600억 원의 매출을 거둘 전망이다. CJ 등 다른 업체에 비해 뒤늦게 시장에 뛰어들었지만 기존에 구축한 대면(對面) 방식의 영업망을 앞세워 비교적 쉽게 시장에 안착한 셈이다.

현재 이 회사는 전체 건강식품 매출의 90%를 이들 야쿠르트아줌마를 통해 올리고 있다. 1만7000여 명에 달하는 야쿠르트아줌마는 전국 방방곡곡을 누비며 배달과 판매를 전담하는 국내 '방문판매' 시스템의 효시로 꼽힌다. 한국야쿠르트는 주력 제품 발효유 매출의 97%를 이들을 통해 거두고 있는데, 새롭게 시작한 건강기능식품 사업에서도 비슷한 전략을 앞세워 성공한 것이다. 야쿠르트아줌마들이 갖고 있는 카탈로그를 통해 제품을 주문하면 본사에서 택배로 집까지 배달해주는 식이다.

한국야쿠르트가 판매하는 V푸드와 홍삼 등 건강식품 가격은 개당 4만 원대로 일반 가정에서 발효유를 한 달간 주문해 먹는 비용과 맞먹는 고부가가치 상품이지만, 높은 가격 탓에 요즘 같은 불황에는 소비자들이 쉽게 구입하기 어려운 것이 사실이다.

하지만 수년간 가가호호를 방문하며 친분을 쌓은 야쿠르트아줌마들의 영업력은 불경기에도 고객들의 지갑을 열게 했다.

회사 관계자는 “한 지역에서만 20~30년을 근무하다 보니 고객들의 가정사까지 두루 알고 소소한 경조사까지 챙기는 아줌마들이 많다”며 “그만큼 친밀하다 보니 다소 고가의 제품도 스스럼없이 권유할 수 있고 실제 판매로 연결되는 비율도 높은 것”이라고 설명했다.

건국우유를 생산하는 건국유업&햄은 규모 면에서 다른 유업체보다 상대적으로 열세라는 단점을 방문판매 전략으로 보완하고 있다. 매일 새벽 배달원이 집집마다 방문해 유제품을 전달하는 가정배달이 이 회사 매출에서 차지하는 비중은 63%에 달한다. 대형 할인점이 전체 판매량의 20%를 책임지는 반면 배달 비중이 6%대에 그치는 업계 1위 서울우유와 비교하면 무려 10배나 높은 셈이다.

특히 이 비중은 불황이 기승을 부린 지난 3~4년간 별다른 변동 없이 그대로 유지돼 왔다는 게 회사 측 설명이다. 이수범 건국유업&햄 대표는 “대형마트 같은 일반 소매점은 할인행사 유무에 따라 매출이 크게 달라질 뿐 아니라 판로를 확대하는 것도 만만치 않다”며 “10년 이상의 장기 고객이 많은 가정배달은 급성장하진 않지만 꾸준한 매출을 낸다”고 전했다.

특히 불황에 일단 허리띠를 줄이고 보는 소비자들도 굳이 우유배달까지는 취소하지 않는다는 게 이 대표의 설명이다.

자료원: 매일경제, 2013.11.17. 기사편집

제3절 기타소매업

1. 인터넷 쇼핑몰

인터넷(Internet)의 등장은 전 세계 사람들을 하나의 거대한 망(network) 속에 연결되는 가상사회를 만들어냈다. 1990년대 중반 이후 인터넷의 이용이 급격히 증가하면서 수많은 인터넷쇼핑몰이 생겨나게 되었다.

인터넷(Internet)의 이용이 우리생활의 일부가 되면서 인터넷이라는 가상공간(cyber-market)에서 이루어지는 모든 경제적 교환행위 및 이를 지원하는 활동으로 정의할 수 있는데, 이를 통해 거래되는 상품은 유형의 상품뿐 아니라, 각종 소프트웨어, 서비스 등 무형의 상품도 포함되며, 컴퓨터를 이용한 인터넷상에서 주문부터 결재 및 배송, 촉진활동과 같은 마케팅까지 이루어진다.

인터넷을 통한 쇼핑은 활발한 상호작용, 집약된 정보, 전 세계와의 쉬운 접촉 등의 이점 때문에 급격한 성장세를 보이고 있다. 인터넷사용율 세계 1위인, 한국의 인터넷 쇼핑몰은 세계에서 가장 빠르고 다양하게 급성장하고 있다.

인터넷쇼핑몰은 기업과 소비자 간의 전자상거래(B2C: Business to Consumer)로 기업이 소비자에게 상품을 판매하는 가장 일반적 인터넷 비즈니스 형태로 생산자가 직접 사이트를 개설하거나 유통업체가 쇼핑몰의 형태로 운영하는 것이다.

인터넷 쇼핑몰은 전자상거래 중에서 가장 활발하게 진행되고 있으며, 많은 사람들이 찾아가는 곳으로서 유형의 소매점을 가상공간에 구현한 것이다.

인터넷 쇼핑몰은 가격경쟁력이 높아야 하며, 기존 시장에서 들어올 수없는 정보와 흥미를 제공할 수 있어야 한다. 일반적인 형태의 전자상거래 모델인 만큼 차별화가 매우 중요하며, 한번 접속했던 이용자가 다시 찾도록 웹사이트를 구성하여 최대한 편리하고 간편한 쇼핑, 구매 및 대금 지불절차를 지원할 수 있어야 한다. 또한 소비자 개개인에 맞는 맞춤형 판매방식과 안정적인 유통망을 확보해야하며, 구매절차 및 대금결제 방법이 쉽고 안전하게 이루어질 수 있도록 해야 한다.

인터넷쇼핑몰은 1995년 개점한 아마존(미국)의 성공과 더불어 수많은 인터넷 소매상이 등장하였는데, 아마존과 같이 자사가 직접 운영하는 전자상점과 인터파크(한국)와 같이 입주업체를 모집하여 유통을 대행해주는 전자쇼핑몰로 구분되나 대체적으로 인터넷쇼핑몰은 양자를 포함하는 개념으로 사용되고 있다.

1996년 6월1일 대한민국 최초로 인터넷쇼핑몰을 오픈한 인터파크는 1997년 10월 1일 데이콤에서 자회사로 분사하여 데이콤인터파크로 설립됐으며 1999년 코스닥등록을 앞둔 5월 데이콤에서 독립해 인터파크로 사명을 고치고 출범했다.

연간 100억 원에도 미치지 못하던 거래액은 20조에 이르러 인터넷쇼핑몰은 이제 대형마트, 백화점과 함께 3대 유통채널로 자리매김했다.

사례 3-19

"1등은 다르다" 워킹맘 1위 쇼핑몰의 차별화 전략 3 POINT

비가 온 뒤 죽순이 많이 자라나는 현상을 일컫는 '우후죽순(雨後竹筍)'말처럼 온라인 쇼핑몰 시장을 잘 표현하는 단어가 있을까.

온라인 쇼핑몰의 특성상 진입이 쉽고 초기 자본이 많이 필요하지 않기 때문에 시장규모만 보고 무조건 창업을 하고보는 사람들이 많다. 그러나 98%이상이 오픈 후 6개월을 버티지 못하고 문을 닫고, 살아남는다 하더라도 3년 이상 생존할 확률이 남은 쇼핑몰의 절반밖에 되지 않는 것이 쇼핑몰업계의 냉혹한 현실이다.

이같이 '생존' 자체가 어려운 온라인 쇼핑몰 시장에서 2007년 오픈 이후 6년의 긴 시간동안 꾸준히 사랑받으며 굳건히 자리매김에 성공한 쇼핑몰이 있다. 바로 워킹맘들 사이에서 부동의 1위를 지키고 있는 인기 여성 쇼핑몰 '도드리(DODRY)'다.

그렇다면 도드리가 다른 쇼핑몰들과 달랐던 점은 무엇일까. 도드리를 1위 쇼핑몰로 굳건히 자리매김 시킨 도드리만의 차별화 전략 포인트를 짚어봤다.

차별화 포인트 1 품질우선주의

온라인 쇼핑을 몇 번 해본 사람들이라면 한 쇼핑몰에서 본 의상과 동일한 옷이 다른 쇼핑몰에서 이름만 바뀐 채 버젓이 판매되고 있는 것을 본 적이 있을 것이다.

이 같은 현상은 대부분의 쇼핑몰들이 동대문과 같은 도매시장에서 옷을 저렴한 도매가로 사온 뒤 되파는 '사입' 방식을 취하고 있기 때문. 저가에 초점을 맞추다 보니 디자인이 흔해지는 것은 물론 품질도 기대할 수 없는 것이 사실이다.

그러나 도드리는 전체 상품 중 자체제작 상품이 60%에 달할 정도로 높은 자체제작율이 자랑한다. 고객과의 진정한 신뢰를 쌓기 위해서는 '품질'이 우선되어야 한다는 일념으로 자체제작을 고집하고 있는 것.

자체제작 시스템으로 유통비용을 줄이고 이를 고스라이 생산비용에 투입함으로써 고객이 같은 가격이라도 더 뛰어난 품질의 제품을 받아볼 수 있도록 했다. 여기에 더해진 도드리만의 감각적인 디자인은 고객에게 신뢰감을 주며 도드리를 1위 쇼핑몰로 확실히 자리매김 시켰다.

차별화 포인트 2 명품 가방 브랜드 드블랑쉬 론칭

도드리의 모든 차별화 포인트의 중심은 '품질'이다. 2013년 도드리는 자신들만의 품질 뚝심을 고스라이 응집시킨 가죽 가방 브랜드 '드블랑쉬(DEBLANSHE)'를 새롭게 론칭하며 멀티 패션 브랜드로서의 기반을 마련했다.

정말 제대로 된 기방을 만들어보고 싶다는 욕심 하나로 이태리와 프랑스에 가서 공수해 온 최고급 소가죽에 안감과 지퍼 등 디테일 하나까지 김성희 대표의 손을 거치며 '완벽'이라는 단어가 너무나도 잘 어울리는 명품 가방이 탄생한 것이다.

에르메스와 동일한 투스카니아의 명품 가죽을 사용한 드블랑쉬는 론칭이후 지금까지 제품이 입고되자마자 품절되는 높은 인기를 구사하고 있다. 최근에는 토트백에 이어 클러치 등 새로운 디자인의 제품들을 잇달아 발표하며 명품 가방 브랜드로 확고히 자리매김하고 있다.

우선 도드리는 2011년부터 '글로벌 도드리'를 목표로 해외진출을 준비해 왔다. 영어, 일본어, 중국어 온라인 몰을 운영하며 기반을 닦아온 도드리는 올해 중국 상해에 직영지점을 오픈하며 본격적인 해외 진출의 신호탄을 쏘아 올렸다.

도드리는 물론 드블랑쉬의 뜨거운 현지 인기에 힘입어 이후 상해를 포함해 무안, 항주, 북경까지 중국을 중심으로 직영 지점을 추가 오픈할 계획이다.

한편 도드리 관계자는 "쇼핑몰이 성장하기 위해 가장 중요한 것은 고객의 신뢰라고 생각한다"라며 "품질을 위한 도드리만의 자체제작 시스템을 기반으로 단순 쇼핑몰을 넘어 브랜드로 성장할 수 있도록 다양한 차별화를 기할 것"이라며 향후 포부를 전했다.

자료원: bnt뉴스, 2013.12.14. 기사편집

사례 3-20

온라인몰 구매 요일 · 시간따라 달라
주중 나홀로 주말엔 어울림

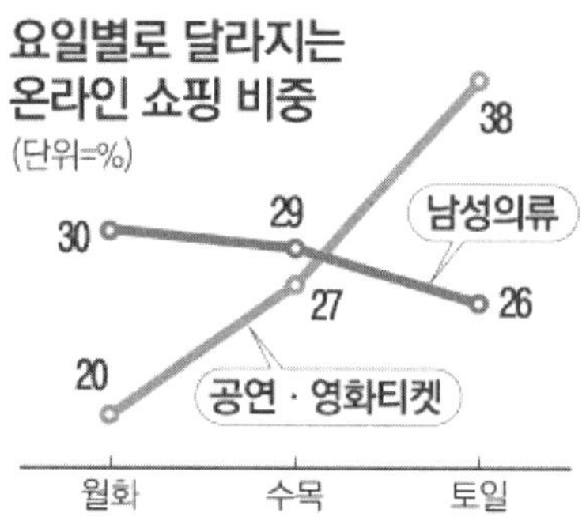

*최근 한 달 판매액 기준. 자료=G마켓

온라인 쇼핑족들은 새로운 한 주가 시작되는 주 초반엔 패션과 잡화 등 자신만을 위한 소비를 하지만 주말이 가까워지면 영화티켓, 여행상품같이 가족과 함께 즐길 수 있는 제품을 구입하는 것으로 나타났다.

오픈마켓 G마켓은 최근 한 달간의 판매 데이터를 요일과 시간에 따라 분석해보니 주중에는 나홀로형 소비, 주말에는 어울림형 소비를 하는 것으로 조사됐다고 1일 밝혔다. 이 기간 각 카테고리의 총판매액에서 주초와 주중, 주말

별로 차지하는 비중을 살펴본 결과 여성의류(29%)와 남성의류(30%), 패션잡화(29%) 등 패션제품 전체 매출에서 월요일과 화요일 이틀간의 비중이 일주일 중 가장 높았다.

대표적인 뷰티제품인 화장품과 편의점 이용권 등 모바일 상품권도 주초 비중이 각각 29%로 1위를 차지했다. 반면 주 중반인 수요일과 목요일에는 주방가전(32%)과 생활가전(31%), 대형가전(31%) 등 가전제품의 판매 비중이 최고치를 기록했다. 카메라(32%), 노트북 · 데스크톱PC(31%) 등 디지털제품도 이 기간에 판매가 집중됐다. 골프용품과 자동차용품, 수입 명품과 백화점 상품권의 판매 비중도 각각 32%로 가장 높았다.

흥미로운 것은 주초와 주중에는 개인적인 소비가 이어진다는 공통점은 있지만, 월 · 화요일에는 가벼운 마음으로 구입할 수 있는 패션의류 등 저가형 개인제품이 잘 나가는 반면 수입 명품이나 가전제품 같은 고가 제품은 주중에 주로 팔린다는 점이다. G마켓 관계자는 "주초 동안 비싼 물건을 사도 될지 고민한 소비자들이 주중이 돼서야 실제 구입에 나서기 때문"이라고 설명했다.

주말에는 가족 또는 친구와 함께 즐길 수 있는 상품이 인기를 모았다. 공연 · 스포츠 · 영화 티켓 판매는 토요일과 일요일의 비중이 38%, 여행상품과 호텔 · 항공권 판매 역시 30%로 진체 요일 중 1위였다.

G마켓 관계자는 "여가시간에 여럿이 같이 여가를 보낼 만한 '어울림형 소비'를 시앙하는 것이 주밀 소비자들의 특징"이라고 말했다.

시간대별 구매 트렌드를 살펴보니 오전에는 업무 관련 소비가, 저녁에는 개인 관련 소비가 몰렸다. 문구 · 사무용품, 모니터 · 프린터 및 잉크, 공구 · 산업용품은 업무시간인 오전 시간의 판매 비중이 각각 27%로 가장 높았지만, 저녁에는 가공식품과 신선식품을 포함해 남성의류(34%), 여성의류(33%), 언더웨어(32%), 화장품(30%) 등 패션제품의 소비가 두드러졌다.

자료원: 매일경제, 2014.01.01 기사편집

2. 소셜커머스(Social Commerce)

소셜커머스란 사회적 상호작용을 지원하는 소셜미디어와 온라인 미디어를 사용하여 온라인상에서 상품과 서비스를 구매하고 판매하는 전자상거래의 일종(위키디피아)으로 간단히 말하면, '소셜미디어를 활용하는 e-커머스'라고 정의할 수 있다. 이것은 B2B(Business to Business), B2C(Business to Consumer), C2C(Consumer to Consumer) 이후에 C2B(Consumer to Business)라는 새로운 모델의 전자상거래라 할 수 있으며, 이를 국제적으로 'B2T(Business To Team)'이라고도 부른다.

소셜커머스라는 용어는 2005년 11월 야후에 의해 처음 소개되었으며, 온라인 상에서의 제품정보나 충고, 선택항목, 사용자율과 다른 사용자에 의해 만들어진 컨텐츠를 공유하는 온라인 공동쇼핑도구의 집합이라고 설명하였다.

이전에도 블로그나 카페 등에서 인터넷 공동구매라는 형태의 소셜커머스와 최근 이슈가 되고 있는 소셜커머스와 차이점은 무엇인가? 최근 소셜커머스는 SNS와 결합함으로써 실시간성과 확산성을 띠면서 상거래가 이루어지는 공간이 e-커머스 사이트에 국한되지 않고 SNS를 연결고리로 하여 소셜웹으로 확장되고 있다는 점이다.

소셜커머스 시장은 스마트폰과 소셜네트워크 서비스 이용이 대중화되면서 새로운 소비시장으로 주목받고 있다.

소셜커머스에서 소비자의 인맥과 입소문을 활용하여 일정 규모 이상의 사람이 모이면 할인된 가격으로 상품을 구매할 수 있으며, 영향력 있는 소비자는 금전적인 비용 없이도 순전히 자신의 사회적 영향력을 바탕으로 상품을 구매할 수 있는 것이다. 따라서 소셜커머스에서 소비자는 할인된 가격 혹은 무상으로 상품을 구매하기 위하여 트위터, 페이스북 등 자신의 소셜 네트워크를 활용하여 더 많은 구매자를 끌어모으는 역할을 하기도 한다.

2008년 11월 미국의 시카코에서 Andrew Mason에 의해 시작된 "www. groupon.com"은 개시 1년 6개월 만에 800만 명 이상의 회원을 확보했으며, 매출 5억달러(6,000억원), 기업 가치는 13억 5천만 달러(1조 6200억 원)로 추정될 정도로 성장하면서 전 세계로 확산되고 있다.

대한민국에서는 2010년 3월 '위폰(Wipon)'을 시작으로 티켓몬스터, 쿠팡, we make price(위메프) 등 수 많은 소셜커머스가 생겨나 다양한 서비스를 제공하고 있다. 2011년 9월 기준으로 약 400~500개의 소셜커머스 사이트가 존재하고 있으며, 매출액은 2011년에는 3,000~5,000억 원, 2012년에는 8,000억 원에 이르렀다(특허청, 2012). 이러한 소셜 커머스의 성장은 온라인 시장 전반에 변화를 가져오고 있다.

온라인 시장조사 기업 랭키닷컴에서 발표한 보고서에 의하면, 티켓몬스터(5위), 쿠팡(8위), 그루폰 코리아(9위) 등 대표 소셜커머스 사이트가 롯데i몰, 신세계몰, Hmall 등 유통 대기업 쇼핑몰을 제치고 2013년 상반기 온라인 쇼핑몰 순위 10위 안에 포함되었다. 소셜커머스는 모바일기기에 가장 빠르게 대응한 산업군 답게 위치기반 상품안내, 모바일 결제 도입 등 모바일에 최적화된 서비스를 지속적으로 제공하면서 PC쇼핑의 강자로 불린 오픈마켓을 초반부터 압도하며 모바일 시장의 강자로 떠올랐으며, 이용자수가 가장 많은 쿠팡의 경우 최근 모바일 이용자가 1000만명을 넘어섰다(랭키닷컴). 또한 쿠팡은 티몬과 함께 모바일 이용자가 PC이용자를 월등히 뛰어넘는 수준까지 상승했다.

소셜커머스 3사는 모바일 거래가 전체 거래액의 50%를 차지할 만큼 높은 비중을 나타내고 있기 때문에, 모바일에서 소셜커머스의 강세는 지속되리라 예측된다. 2013년의 성장률을 보면 쿠팡(258%), 티몬(236%), 위메프(318%)로 높은 성장률을 보였다.

이와 같이 소셜커머스가 빠르게 성장하면서 다양한 소비자 피해가 증가되고 있다. 거래과정에서 환불의 어려움, 서비스질의 저하, 과대광고 등의 문제가 발생하고 있다. 소비자들의 반값추구 성향으로 인하여 가격할인에만 초점을 맞추다보니 사용자의 피해사례, 불만, 거래중단 등의 문제가 야기되고 있다. 예를 들어 문자 쿠폰의 변경, 핸드폰 쿠폰 재발송이나 환불을 거절하는데서 고객들의 불만이 발생하고, 서비스를 구매할 경우 소비자 모르게 차별대우하는 경우가 발생하고 있다. 또한 판매를 촉진하기 위해서 허위광고를 함으로써 소비자들을 현혹하기도 하는데, 한 예로 소셜커머스 업체가 호주산 저급 소갈비를 최상급 갈비로 허위. 과장광고로 판매하여 공정거래위원회에 의해 벌금을 물게 되는 사례도 있어 소셜커머스 사이트에서 발생한 문제가 사회적 문제로 발전할 수도 있을 것이다. 소셜 커머스가 계속해서 발전하기위해서는 사용자의 불만, 피해, 거래중단 등을 줄이고, 소비자가 만족하여 계속적인구매익도를 가지고 사이트에 접속할 수 있는 전략이 필요하다.

사례 3-21

3년새 시장규모 60배 성장 전망…
작년, 소비자 95% "이용해 봤다"

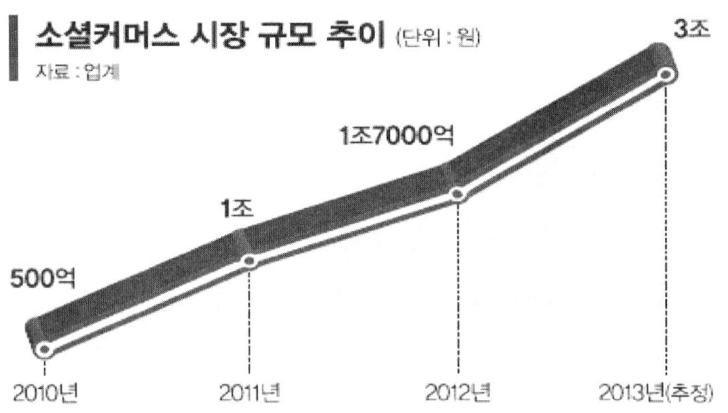

쇼핑의 패러다임이 바뀌고 있다.

굳이 백화점과 쇼핑매장을 찾아가지 않아도 집에서 전화 한 통으로 물건을 살 수 있는 TV홈쇼핑의 등장도 이젠 옛날 이야기다. PC보급이 활발해지면서 전자상거래 시장은 급속도로 성장했고, 이제는 모바일로 쇼핑의 패러다임이 옮겨가고 있다.

특히 PC와 모바일을 통해 언제 어디서나 쇼핑을 하는 전자상거래 환경을 만들며 혜성처럼 등장한 산업이 '소셜커머스'다. 소셜커머스란 50~90%의 할인가에 상품을 제공하는 전자상거래를 말한다. 단 할인된 상품을 구매하려면 정해진 수의 구매자가 몰렸을 때 가능하다. 일종의 공동구매방식인 셈이다.

소셜커머스가 처음 등장했을 때만 해도 업계에서는 성공여부에 대해 의심의 여지를 남겨두었다. 저렴한 가격 때문에 제품의 질이 떨어지고 공급자도 줄어들 것이란 이유에서였다. 하지만 지난 2010년 500억원에 불과했던 소셜커머스는 3년 만에 60배가량 증가한 3조원(2013년 추정치)에 이를 정도로 폭발적인 성장세를 보여주고 있다.

특히 이제 소셜커머스는 소비자들에게 특별한 쇼핑이 아닌 일상에서의 쇼핑으로 자리매김했다. 엠브레인트렌드모니터에 따르면 지난 2011년에 소셜커머스로 쇼핑 경험을 한 소비자는 61.8%였지만 지난해에는 그 비율이 94.9%에 달했다. 주목할 점은, 소셜커머스를 이용해 본 경험이 있는 소비자들 중 32.7%는 온라인 쇼핑과 TV홈쇼핑에서의 지출을 줄인다고 답했다는 점이다. 전자상거래 쇼핑의 대세가 어디로 가고 있는지를 보여주는 대목이다. 아울러 온라인 쇼핑몰에서 상품을 구매하기 전에 소셜커머스에서 제품을 팔고 있는지를 확인하는 소비자도 34.4%였다.

시장이 커지면서 업계 간 경쟁도 치열해지고 있다. 과열된 경쟁 속에서 살아남기 위해 업체들은 자사만의 특색을 내세우며 진화하는 과정을 겪고 있다. 초창기엔 단순히 공산품을 저렴한 가격에 구매할 수 있는 공간이었던 소셜커머스가 자사만의 특징을 내세운 서비스 판매를 위한 자체브랜드(PB)를 론칭하고, 빠르고 확실한 배송서비스를 위해 물류센터를 구축하는 등 서비스 강화에 힘쓰고 있다.

자료원: 파이낸셜뉴스, 2013.11.20, 기사편집

사례 3-22

쇼핑몰에 터치형 팝업스토어…
이베이, 의류상품 판매 늘려

이베이는 미국 뉴욕 오프라인 매장에 실제 제품을 눈으로 확인한 뒤 터치스크린을 통해 제품 주문이 가능한 팝업스토어 '쇼퍼블 윈도(shoppable windows)'를 선보였다. 현재 온라인몰과 오프라인 유통업체를 구분 짓는 가장 핵심적인 요소는 고객과 직접 소통할 수 있는 물리적 공간(점포)을 두고 있느냐는 점이다. 오픈마켓이나 홈쇼핑을 이용한 상거래가 '무점포 거래'로 분류되는 것도 이 때문이다.

하지만 앞으로는 이런 구분이 무의미해질 전망이다. 최근 다양한 방법으로 오프라인 유통시장에 진출하는 온라인 업체들이 속속 등장하고 있기 때문이다.

소매점 품은 이베이 · 아마존

세계 최대 온라인 커머스 기업 이베이는 대형마트 '타깃'과 전자제품 양판점 '베스트바이' 제품을 온라인에서 구입하면 이를 고객과 가까운 오프라인 매장에서 한 시간 안에 배달해주는 '이베이 나우' 서비스를 운영하고 있다.

전국 방방곡곡에 있는 이들 오프라인 업체 매장을 '배송 거점'으로 활용해 기존 온라인 쇼핑 단점인 느린 배송 문제를 해결한 것이다.

또 이베이는 지난해 미국 뉴욕에서 현지 유통업체인 피프스앤드퍼시픽과 공동으로 패션 브랜드 '케이트스페이드 새터데이' 제품을 판매하는 터치스크린형 팝업스토어 '쇼퍼블 윈도(shoppable windows)'를 선보였다. 실제 제품을 눈으로 확인한 뒤 설치된 터치스크린을 통해 제품을 주문할 수 있는 이 매장이 인기를 끌자 이베이는 작년 말 샌프란시스코 웨스트필드 쇼핑센터에 가전기업 소니와 패션업체 탐스, 레베카밍코프 가상스토어를 추가로 오픈했다.

이베이로서는 유명 패션 · 가전 브랜드를 앞세워 고객을 모을 수 있고 제조사도 굳이 별도 오프라인 매장을 내지 않아도 매출을 올리는 게 가능한 '윈윈' 모델인 셈이다.

글로벌 대표 온라인 서점인 아마존은 최근 미국 현지 동네서점과 제휴해 전자책 '킨들'을 판매하기로 했다. 아마존과 손잡은 동네서점은 킨들 기기와 액세서리를 기존 가격보다 최고 35% 낮은 가격에 공급받고 이를 정가에 판매해 마진을 챙길 수 있다.

또 향후 2년간 고객이 전자책 콘텐츠를 구입하면 이들 동네서점은 아마존에서 그 가격의 10%를 수수료로 받게 된다. 이를 통해 아마존은 그동안 절대적으로 부족했던 킨들의 오프라인 유통망을 대거 확충해 애플과 삼성 등 경쟁사 태블릿PC 판매량을 따라잡겠다는 목표를 세웠다.

이재현 이베이 아시아 · 태평양 총괄대표는 "세계적으로 유통시장에서 온라인과 오프라인 경계선이 완전히 사라지고 있다"며 "온 · 오프라인을 넘나드는 업체 간 협업이 강해질수록 이를 주도하는 온라인 커머스 기업의 영향력은 더 커질 것"이라고 내다봤다.

온라인 한계 벗어난 온라인몰

국내 온라인몰도 PC나 모바일이라는 틀을 벗어나 실제 거리로 뚜벅뚜벅 걸어나오고 있다. 온라인몰 G마켓은 전국적인 점포망을 갖춘 편의점과 전략적 제휴를 강화하고 있다. 이를 바탕으로 G마켓은 온라인에서 제공하는 각종 할인쿠폰을 오프라인 편의점에서 사용할 수 있게 한다.

이 때문에 편의점에서 모바일쿠폰이나 모바일상품권으로 결제하는 사례가 급증하고 있다. 세븐일레븐에 따르면 지난해 1~10월 모바일쿠폰・상품권으로 결제한 고객은 전년 1~10월보다 무려 168%나 증가했다.

특히 G마켓은 설・추석 명절 때마다 도심 상권이나 지하철에 QR코드가 부착된 가게를 세워 지나가는 시민이 이를 보고 휴대폰으로 QR코드를 찍어 올리면 곧장 G마켓 모바일 전용 페이지로 연결되도록 한다.

온라인몰 옥션도 명절 연휴 때마다 전국 고속도로 휴게소 식당 테이블에서 모바일로 세일 광고에 접속한 소비자들에게 선물세트를 나눠 주기도 했다.

유통업계 큰손으로 부상한 이들 온라인몰은 백화점을 위협할 정도다. 오픈마켓 11번가는 국내외 600개 백화점 브랜드 전문관인 '패션백화점'을 인터넷과 모바일 페이지에 개설해 백화점 고급의류를 온라인에서 판다. 이를 위해 11번가는 오픈마켓 최초로 빈폴을 보유한 제일모직과 제휴해 프리미엄 이미지를 강화하고 있다.

케이블채널 홈쇼핑은 TV 밖으로 뛰쳐나온다. CJ오쇼핑은 지난해 기울 배우 고소영 브랜드인 '고소영'을 백화점 매장에 진입시켰다.

현대홈쇼핑은 전국 200여 개 오프라인 매장과 함께 온・오프라인 통합 패션사업에 팔을 걷어붙였다. 독점 라이선스 계약을 체결한 글로벌 캐주얼 브랜드 상품을 TV는 물론 전국 베이직하우스 매장에서도 직접 판매한다. 현대홈쇼핑 관계자는 "온・오프라인 통합 판매를 통해 기존 홈쇼핑 방송이 안고 있던 한계였던 시・공간상 제약을 극복했다"고 말했다.

외국 매장에 진출하는 홈쇼핑까지 있다. CJ오쇼핑은 최근 직접 개발한 캐비어 화장품 '르페르'를 터키 고급 백화점인 하비니콜스 이스탄불점에 입점시켰다. 국내 홈쇼핑 가운데 처음 터키 시장에 진출한 CJ오쇼핑은 런던 파리 뉴욕에 위치한 하비니콜스 매장에도 진출할 계획이다.

자료원: 매일경제, 2014.01.05. 기사편집

도매업

제1절 도매업의 개념과 도매상의 기능

1. 도매업의 개념과 특징

도매업(wholesaling)이란 생산자와 소매상 사이에서 상품유통의 중간적 기능을 하는 상업경영을 말한다. 도매업의 취급상품은 생산재와 소비재의 양쪽 모두이며, 유통 난계 중에서 소매업을 제외한 모든 과정은 도매업의 분야이다.

도매상(wholesaler)은 재판매 또는 사업을 목적으로 구매하는 개인이나 조직에게 상품 및 서비스를 판매하고 이와 관련된 활동을 수행하는 상인을 말한다. 그러나 대부분의 도매상들이 최종소비자에게도 판매하는 소매기능을 병행하고 있으며, 일부 대형소매상들이 도매기능을 수행하기도 하기 때문에 도매상을 정확하게 규정하기가 쉽지 않을 정도로 다양한 형태를 갖는다. 그 분류 명칭에 있어서도 중개상, 중간상, 배급업자, 브로커, 대리인 등으로 불러지고 있다.

미국의 통계청 분류에 따르면, 도매상은 소매상이나 다른 도매상, 산업재구매자 등의 조직구매자에게 판매하는 활동을 주로하고, 최종소비자에 대한 판매비중은 낮은 유통기관 으로 정의하고 있으며, 한국의 도소매진흥법 에서는, 최종소비자에게 판매되는 비중이 50% 미만일 때 도매상으로 간주한다. 일반적으로 도매상은 소매상에 비해 점포수나 종업원 수는 적지만 점포당 규모는 커서 매출액면에서는 소매상보다 크나 한국의 도매상은 유통분야 중 가장 낙후된 분야이다. 국토가 협소하여 제조업자나 소매상이 최종소비자와 직접 접촉할 수 있고 또 제조업자의 수직적 계열화로 도매상이 발달할 수 있는 기반을 마련하지 못했고, 영세한 소매상을 대상으로 하는 활동이므로 영세할 수밖에 없었다. 게다가 유통시장의 개방과 대형 할인점의 성장으로 막강한 구매력을 갖게 된 대형 소매상들이 제조업자와 직접 거래하면서 도매시장을 축소시키고 있다.

반면에 미국의 도매상은 한때 유통분야를 장악할 정도로 발달하였는데, 미국은 국토가 넓어 제조업자와 소매상으로는 전국을 커버할 수 없기 때문에 도매상이 발달할 수밖에 없었다.

그러나 최근 들어 제조업자와 소매상의 규모가 커져서, 도매상을 경유하지 않고 제조업자와 소매상이 직접 거래하는 비중이 늘어나고 있으며, UPC와 Federal Express 등과 같은 운송업체가 저렴한 비용으로 배달을 해주기 때문에 도매상의 존립에 어려움을 겪고 있으며, 일본이나 유럽에서도 한 때 발달하고 성장했던 도매상들이 미국이나 한국과 같이 대규모 소매상의 출점으로 어려움을 겪고 있다.

유통경로 상 도매상은 제품의 생산시기와 장소, 소비시기와 장소의 불균형을 극복하는데 필요한 존재이다. 따라서 도매상은 전문화, 대규모화 및 집적화, 거래방법 개선, 전문 인력 양성 등을 통해 활성화할 필요가 있다.

사례 4-1

도매시장 30년 만에 손질… '경매' → '정가 · 수의매매'

경매 중심의 농산물 도매시장이 정가 · 수의매매 중심으로 전환된다. 정가 · 수의매매를 하는 도매시장법인은 직접 농산물을 사 판매할 수 있게 된다. 또 도매 물류센터 · 안심 축산 등 농협 중심의 유통 계열화로 최대 15% 내외의 유통 비용을 줄인다. 배추 · 양파 등 5개 품목은 가격안정대를 설정,

관리한다.

정부는 27일 오후 세종청사에서 현오석 부총리 겸 기획재정부장관 주재로 경제관계장관회의를 열어 이 같은 내용의 '농산물 유통구조 개선 종합대책'을 확정, 발표했다.

현 부총리는 "생산자는 제값으로 팔고 소비자는 더 싸게 사는 게 건강하고 지속가능한 유통 생태계를 조성하는 것"이라며 "유통비용을 10~15% 줄일 수 있을 것"이라고 말했다.

대책에 따르면 경매 위주인 도매시장 운영 체제가 정가·수의매매 체제로 재편된다. 1985년 도매시장이 개설된 후 29년만의 손질이다. 지난해 기준 8.9%에 불과한 정가·수의매매 비중을 2016년 20%까지 확대한다. 이를 위해 도매시장법인과 중도매인에게 정책자금 700억 원이 지원된다.

정가·수의매매에 참여하는 도매시장법인은 직접 농산물을 구매·판매하는 매수집하까지 허용된다. 가공·저장·물류 등의 부대사업도 할 수 있다. 중도매인의 경우 중도매인간 거래를 제한적으로 할 수 있다. 정가·수의매매에 따른 대금 정산의 투명성 확보를 위해선 대금정산법인을 별도로 설립하도록 했다.

또 전국 33개 도매시장을 입지와 환경에 따라 △거점형 △산지형 △소비지형 △위성형 등으로 기능을 재정립한 뒤 리모델링을 추진한다. 아울러 수박 배 등 주요 과일과 채소는 최소 시장 출하단위가 설정된다.

영세·소농 등의 농산물 유통 체계는 농협 중심으로 단순화된다. 농산물은 도매 물류센터 중심으로, 축산물은 안심축산 중심으로 유통 계열화되는 식이다. 축산물의 부위별 수급 불균형을 없애기 위해 정육점 등도 수제햄과 같은 식육 가공품을 제조·판매할 수 있도록 규제가 완화된다.

배추·무·마늘·고추·양파 등 5개 품목은 집중, 관리한다. 전월 대비 가격 변동폭을 2017년까지 10%까지 낮춘다. 이를 위해 배추 등의 계약 재배 물량이 확대된다. 주산지엔 대규모 출하조정 시설을 설치해 출하를 조절한다. '수급조절 매뉴얼'에 따라 '안정대'와 '위기단계(주의-경계-심각)'를 설정, 단계별 대책이 추진된다.

아울러 농산물 공정거래 정책을 위해 대형유통업체의 수익 보전 수단이 된 판매 장려금 제도를 정비하는 불공정거래 감시를 강화할 방침이다.

자료원: 머니투데이, 2013.05.27

2. 도매상의 기능

도매상은 중간 마진만 취하는 불필요한 유통기관으로 도매상의 배제를 주장하기도 하지만 도매상이 수행하는 그 기능은 없앨 수 없다. 그러므로 도매상이 기능을 효율적으로 수행함으로써 창출하게 되는 부가가치를 찾아야 한다. 도매상이 부가가치를 창출하기 위해 수행하는 기능은 제조업자를 위한 기능과 소매상을 위한 기능으로 나누어 살펴보기로 한다.

〈그림 4-1〉 도매상의 기능

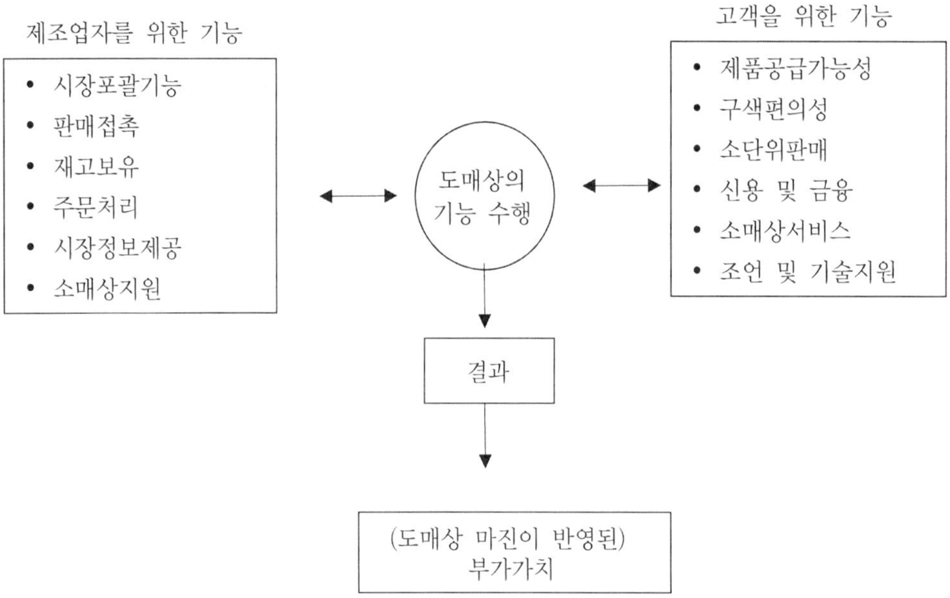

자료원: Louis W. Stern, Adel I. El-Ansary, and Anne T. Coughlan, Marketing Channels, Prentice Hall, Upper Saddle River, NJ, 1996, p.109.

1) 제조업자를 위해 도매상이 수행하는 기능

(1) 시장포괄기능

시장포괄기능을 통해 도매상은 지리적으로 넓게 분포되어 있는 수많은 소매상들을 제조업자를 대신해 포괄한다. 제조업자는 도매상을 이용하여 보다 넓은 지역에 상품을 공급하는 것이다. 즉, 제조업자는 도매상을 활용하여 적은 비용으로 보다 쉽게 시장을 확대할 수 있다.

(2) 판매접촉기능

만약 도매상이 없다면, 제조업자는 전국적으로 판매지점이나 사무소를 개점하거나 직접 소매상에게 제품을 가져다주어야 함으로 많은 비용을 부담하게 될 것이다. 그러나 도매상이 제조업자를 대신해서 소매상과 직접 거래하므로 제조업자는 외부판매접촉 비용부담과 위험을 감소시키는 효과를 얻을 수 있다.

(3) 재고보유기능

도매상은 제조업자의 상품을 상당부분 재고로 보유한다. 따라서 제조업자의 재고보유로 인한 재무적 부담과 위험을 감소시켜준다.

(4) 주문처리 기능

여러 회사의 제품을 구비한 도매상들이 다수의 소매상들의 소량 주문을 보다 효율적으로 처리한다. 즉, 소량구매를 원하는 소매상에게 제조업자가 직접 주문을 받을 때마다 발생할 비용을 감소시켜주는 역할을 한다.

(5) 시장정보제공기능

도매상들은 제조업자들보다 고객들과 가까이 할 수 있으므로 제품이나 서비스에 대한 소매상이나 소비자의 욕구를 쉽게 파악하여 제조업자에게 제공함으로써 제조업자의 마케팅전략수립에 도움을 준다.

(6) 소매상지원기능

도매상을 통해 제품을 구매한 소매상들은 제품구매 이외에 제품의 교환, 반환, 설치, 보수, 기술적 조언 등을 필요로 한다. 이러한 서비스를 제조업자를 대행하여 소매상에게 제공함으로써 이에 따르는 비용절감을 통해 제조업자이 생산성향상에 도움을 준다.

2) 소매상을 위해 도매상이 수행하는 기능

(1) 제품공급가능성기능

도매상이 소매상에게 제공하는 가장 기본적인 기능으로 소매상이 제품을 필요로 할 때 공급해 줄 수 있는 역할이다. 도매상은 제품의 완제품뿐만 아니라 부품, 조립, 설치 등에 필요한 충분한 재고유지 등으로 소매상에게 제품이용 가능성을 높여준다.

(2) 구색편의기능

다수의 제조회사로부터 제품을 구입하여 소매상이 편리하게 구매할 수 있도록 구색을 맞춘다. 따라서 소매상은 여러 번 주문하지 않고 전문화된 도매상으로부터 한 번에 구매할 수 있도록 거래를 단순화 해준다.

(3) 소단위판매기능

소량판매가 어려운 제조업자들로부터 제품을 대량으로 주문하여 소량으로 분할하여 판매함으로써 소매상들의 소량주문이 가능하게 해준다.

(4) 신용 및 금융기능

소매상에게 외상판매를 통해 소매상들이 신용으로 제품을 구매할 수 있는 기능을 제공하며, 소매상이 필요로 하는 상품을 보관함으로써 소매상의 재고비용을 절감시키는 역할을 해준다.

(5) 소매상서비스기능

도매상은 소매상들이 요구하는 배달, 수리, 보증 등에 관한 서비스를 제조업자 대신 제공함으로써 소매상들에게 효율적인 판매활동을 할 수 있도록 지원하여 소매상들의 판매노력과 비용을 감소시켜준다.

(6) 조언 및 기술지원

도매상은 소매상이 갖추지 못한 부분에 대한 기술제공과 경영 및 상품에 대한 조언 및 자문을 통하여 마케팅 전략(상품에 대한 가격결정, 광고 촉진물, 숙련된 판매원의 지원, 점포 레이아웃 등)과 시장변화에 대한 적응방법, 소비자 관리 등에 관한 조언 및 기술적 지원을 제공한다.

사례 4-2

도매상 규모 키워야, 물가 잡는다
4인 이하 도매상 17만개 … 물가안정 걸림돌

종업원이 5명에도 미치지 못하는 영세 도매기업 17만개 때문에 물가가 오른다는 보고서가 나왔다.

대한상공회의소(회장 손경식)가 7일 발표한 '국내 도매업 현황과 시사점' 보고서에 따르면 "국내 유통시장 개방 이후 소매업은 빠르게 성장한 반면 도매업은 상대적으로 낙후돼 물가안정의 걸림돌로 작용하고 있다"며 "다단계적이고 비효율적인 도매업을 조직화, 대형화해 가격 경쟁력을 높여야 한다"고 주장했다.

실제로 21만7507개 도매사업자 중 80.3%인 17만4658개의 종업원이 5명을 넘지 못하고 있으며, 20인을 넘는 기업도 2.2%에 불과했다. 반면 유통 신진국인 미국은 5명 미만 영세사업자가 44.2%, 20인 이상 사업자는 32.1%에 이르는 것으로 나타났으며, 일본 역시 영세사업자는 46.0% 수준이다.

<표1> 韓·美·日 도매기업 종사자 규모

구분	1~4人	5~19人	20人 이상
한국	80.3%	17.5%	2.2%
미국	44.2%	23.8%	32.1%
일본	46.0%	43.3%	10.7%

※ 통계청(2008년), US Economic Census Bureau, 일본 경제산업성(2007년)의 자료를 재가공함.

한편 보고서는"지난해 배추파동은 이상기후가 주요인 이지만 수급조절과 불확실성을 줄여주는 도매기능의 취약성도 한 몫 했다"며 "영세하고 다단계적 도매기능을 방치할 경우 영세 소매유통의 경쟁력 저하는 물론 물가안정의 걸림돌로 작용할 것"이라고 지적했다.

이에 따라 대한상의는 도매기능 혁신을 위한 대안으로 규모의 경제를 제시했다. 다단계로 얽혀있는 영세 도매업자들을 조직화, 대형화 해 '대형 도매업체'를 육성해야 한다는 것이다. 보고서는 "유통비용을 감소시켜 영세 소매상들의 가격 경쟁력을 확보해 줄 수 있다"며 "특히 공동도매물류센터 건립만으로도 도매업자의 구매, 물류, 재고비용을 쉽게 줄여나갈 것"이라고 조언했다.

이어"소매기업의 매출상승은 도매기업의 수익 향상으로 이어지는 만큼 도매기업은 단순 상품 공급에 그칠 것이 아니라, 교육, 경영컨설팅 지원을 통해 중소 소매업체의 수익상승과 안정적 경영을 확보해 줘야 한다"고 말했다.

인터넷을 자주 이용하는 한 소비자는 "농어촌 특산물의 경우 질 좋은 상품이 많음에도 불구하고, 직거래 장터에서 구입해도 가격차가 크지 않아 의아하다"며 "정부와 지자체, 농협 등이 도매상들의 경쟁력 확보를 위해 검증이 가능한 대단위 직거래 장터를 개설할 경우 가격은 내려가고, 이용자도 크게 늘 것"이라고 지적했다.

따라서 일부 유통업체들과 중간 상인들이 독점하고 있는 전 근대적인 유통시장을 근본적으로 해결하기 위해서는 보다 세밀한 정책적 접근과 관심이 필요할 것으로 보인다.

자료원: 이코노미세계, 2011.03.07. 기사편집

사례 4-3

일본의 농산물 유통현장: 도매시장의 변화

농산물 산지 직거래와 대형 할인점 등의 역할이 크게 확대되자 일본의 도매시장들도 유통환경 변화에 대응하기 위해 안간힘을 쏟고 있다. 우리나라의 정가·수의매매에 해당하는 상대매매를 더욱 확대하고, 수요처를 직접 찾아

나서는 등의 자구노력을 강화하고 있는 것이다.

10월22일 아침 6시 일본 구마모토시에 위치한 구마모토지방도매시장. 중도매인 30여명이 참여한 가운데 팽이버섯 경매가 한창이었다. 중도매인들은 경매사가 물건을 호창할 때마다 손바닥만 한 크기의 동그란 판에 희망가격을 표시하며 경매에 열을 올렸다. 하지만 경매는 20분이 채 안되어 끝나고 시장은 다시 조용해졌다. 대부분의 농산물이 산지와 직접거래 형태인 상대매매를 통해 처리되기 때문이다. 구마모토지방도매시장의 경우 전체 유통물량의 절반 이상인 60% 정도가 상대매매를 통해 처리된다. 우리나라의 정가・수의매매 비율이 10% 내외인 점과 비교하면 매우 높은 것이다.

켄지 타니구치 구마모토지방도매시장 총무부장은 "일본에서도 대형 할인점이나 슈퍼 등이 너무 많이 생겨 농산물 가격할인 경쟁이 심하다"면서 "그 영향으로 가격 진폭이 심한 경매보다는 가격이 안정되고 예측가능한 상대매매 비율이 높아져 지방은 50~60%, 수도권은 80~90%에 달한다"고 말했다. 그는 이어 "농가들도 연중 일정한 가격을 원하고, 대형 할인점 등에서도 납품물량 등에 대해 안정된 거래를 원해 상대매매가 자연스럽게 정착하고 있다"고 설명했다.

10월24일 방문한 오사카중앙도매시장. 이곳 도매시장의 2개 청과도매법인 중 한곳인 동과_도 최근 유통환경 변화에 따른 사업 다각화에 온 힘을 쏟고 있었다. 전체 농산물 유통에서 도매시장 점유율이 청과의 경우 1989년 82.7%에서 2009년 63.6%로 낮아지는 등 시장의 역할이 갈수록 축소되고 있기 때문이다. 더구나 최근 대형 할인점들간의 특판 할인가격이 정상가로 굳어지는 일이 심심찮게 발생해 우려를 더하고 있었다.

야마나카 타카시 동과_ 전무는 "파프리카의 경우 몇년 전만 해도 정상가가 1개에 200엔이었는데, 할인점 등이 100엔에 특판행사를 대대적으로 벌여 현재는 정상가가 100엔대로 굳어졌다"며 "더욱이 내년 4월부터 소비세가 현재 5%에서 8%로 올라 소비자들이 저가 농산물을 더욱 선호할 것 같아 걱정이다"고 말했다. 야마나카 전무는 "농가들도 규모가 큰 경우 도매시장보다는 대형 유통회사에 물건을 직접 납품해 도매시장의 매력이 갈수록 떨어지고 있다"면서 "도매법인들도 역할 강화를 위해 중도매인들과 합세해 특이채소 등을 중심으로 대형 유통회사 등 대량 수요처 개발에 적극 나서고 있다"고 말했다.

일본에서는 앞으로도 저가 판매 경쟁이 더욱 심화될 것으로 전망돼 국내 농산물 유통에도 시사하는 바가 컸다.

일본 교토대 대학원 농학연구과 오다 시게테루 교수는 aT(한국농수산식품유통공사) 연수단을 위한 특강에서 "일본의 최근 농산물 소비는 장기적인 경기침체와 교육비 · 통신비 등의 증가로 해마다 감소하고 있다"며 "실제 과일의 경우 1인당 소비액이 2002년 3만6532엔에서 2012년 3만1816엔으로 13%가량 감소했는데, 이는 최근 공무원 임금 삭감과 내년 소비세 인상 등으로 앞으로 더욱 심화될 것"이라고 전망했다. 오다 교수는 이어 "일본에서 농산물 직거래가 전체 유통물량의 10%를 차지하는 등 활성화되고 있지만, 이는 농산물만이 갖는 수집 · 분산 등의 한계 때문에 그 비중이 현재보다 획기적으로 늘지는 않을 것"이라면서 "직거래는 해당 농산물의 특성 등을 감안해 다른 유통 수단들과 병행해 운용해야지 모든 유통구조개선의 해결책으로 오인해서는 안된다"고 강조했다.

자료원: 농민신문, 2013.11.08

제2절 도매상의 유형

도매상의 유형은 제품에 대한 소유권의 여부, 제공하는 서비스의 유무 및 역할 등에 따라 분류할 수 있다. 일반적으로 분류되는 도매상의 유형은 <그림 4-2>와 같다.

〈그림 4-2〉 도매상의 유형

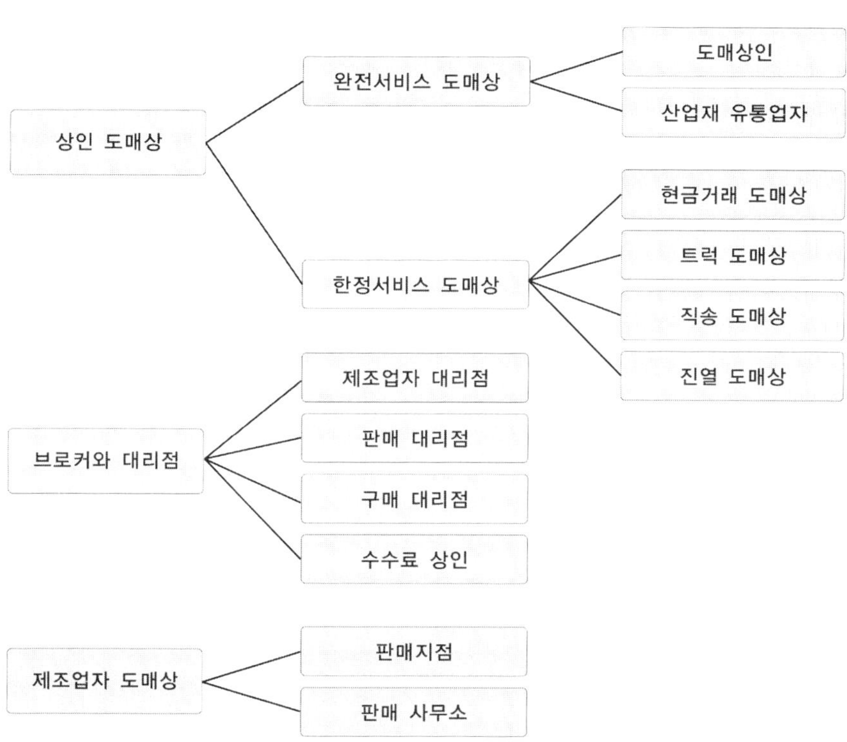

1. 상인 도매상

상인 도매상은 자신이 취급하는 상품에 대한 소유권을 보유하며 제조업자 또는 소매상과는 관련 없는 독립된 사업자로서 재판매를 주로 하는 도매상이다.

다양한 도매기능을 대부분 수행하는 완전서비스도매상과 도매기능 중 일부 기능만 특화하여 수행하는 한정서비스도매상으로 구분된다.

1) 완전서비스 도매상

도매상으로서 할 수 있는 모든 서비스를 제공한다. 즉, 물적 소유권, 재고유지, 촉진, 협상, 위험부담, 주문, 지불, 판매원의 이용, 신용제공, 배달, 등 거의 모든 유통활동을 수행하며 경영지도와 같은 종합적인 서비스를 소매상에게 제공한다. 이는 다시

도매상인(wholesale merchant)과 산업재 유통업자(industrial distributor)로 나눌 수 있다.

(1) 도매상인

일반상품도매상(general merchandise wholesaler)은 서로 관련이 없는 다양한 상품들을 취급하며, 중소슈퍼마켓과 같은 중소소매상들과 주로 거래한다.

한정상품도매상(limited line wholesaler)은 서로 관련된 몇 개의 상품계열만을 집중적으로 취급하며, 의약품도매상, 의류도매상, 가구도매상, 철물도매상 등이 그 예이다.

전문품도매상(specialty wholesaler)은 소수 혹은 하나의 제품계열 내에서 소수의 특정 제품만을 깊이 있게 취급하는 도매상으로 건강식품도매상, 청과물도매상, 자동차부품도매상이 있다.

(2) 산업재 유통업자

산업도매상인이라고도 하는데 이들은 일반 소매상을 대상으로 거래하지 않고 제조업자에게 원료나 부품을 판매하는 도매상을 말하며, 주로 제조업자에게 필요한 제조공장의 유지・보수를 위한 제품이나 주문생산(OEM: original equipment manufacturing) 품목 및 장비 등과 같은 제품계열을 취급한다.

2) 한정서비스 도매상

도매상의 기능 중 소수의 기능에 전문화 되어 있고 소매상 고객에게 제한된 서비스만을 제공하는 도매상으로, 현금거래 도매상, 트럭도매상, 직송도매상, 진열도매상 등이 있다.

(1) 현금거래 도매상

외상거래 없이 현금만으로 거래하며 배달서비스는 하지 않는다. 주로 소규모 소매상들이 재고회전이 빠른 한정된 상품을 보충하려할 때 도매상을 찾아가 현금을 지불하고 상품을 구매하여 직접가지고 오는 창고 형 도매상을 말한다. 1990년 선경유통이 창동에 개점했던 MSC(membership service center)가 대표적 사례다. 선경유통은 회원으로 가입한 소매상에게 현금으로 거래하며 일반도매상보다 저렴한 가격에 상품을 공급하였으나 거래 자료의 노출을 꺼리는 소매상들의 무자료 거래관행 때문에 결국 1년 만에 문을 닫았다. 좋은 예로 코스트코홀세일클럽과 하나로클럽은 도매와 소매를 병행하고 있는데, 소매상 고객에게 비즈니스회원자격을 주고, 도매가격으로 제품을 판매하고 있다.

(2) 트럭도매상

트럭중개상(truck jobber)이라고도 하며 소매상고객에게 직접 제품을 운송한다.

식료품을 중심으로 부패성이 강한 한정된 상품계열을 취급하며, 트럭을 이용하여 병원, 호텔, 음식점, 소규모 채소가게나 슈퍼마켓 등을 돌아다니면서 현금으로 판매한다.

(3) 직송도매상

직송도매상은 상품을 구매하고자 하는 소매상과 접촉하여 계약을 체결하고 운반은 제조업자가 직접 하도록 하므로 창고시설을 갖추고 있지 않는 도매상이다. 주로 석탄, 석유, 목재, 알루미늄, 건축자재 등과 같이 부피나 무게가 커서 보관・운송에 비용이 많이 드는 제품을 취급하므로 제조업자가 소매상에게 직접 운송하는 비용이 더 저렴하다. 직송도매상은 상품에 대한 소유권은 갖지만 직접 재고를 유지하지는 않는다. 보관기능을 제외하고 완전서비스 도매상이 수행하는 거의 모든 도매상 기능을 수행한다.

(4) 진열도매상

진열도매상은 식료잡화 또는 의약품을 주로 취급하는 소매상을 대상으로 비식품 품목(캔디, 껌, 건강・미용기구 등)을 공급한다. 이러한 상품들은 회전율은 높으나 매출비중이 낮아 소매상들이 직접 관리하는 것을 귀찮게 여기므로 진열도매상이 상품에 대한 소유권을 가지고 소매상에게 일종의 위탁판매와 같은 방법으로 배달, 선반진열, 재고유지, 금융(판매된 제품에 대해 소매상의 마진을 제하고 대금을 수령하는 방법) 등의 서비스를 제공한다.

사례 4-4

탄탄한 도매업체 (주)골든오렌지 … 연매출 50억~60억

성공비결 : 1) 온라인–오프라인 마케팅
2) 낮은가격–고품질 실현
3) 끊임없는 탐구

(1) (주)골든오렌지는 온-오프라인 마케팅과 '낮은 가격-고품질' 실현으로 성공을 거둔 케이스다. 대전시 대덕구 송촌동에 위치한 (주)골든오렌지의 건물 바깥쪽 면에는 큼지막한 현수막이 달려있다. 현수막에 적혀있는 내용은 대략 이렇다. '선물, 혼수, 생활, 주방, 커피, 제빵제과용품, … ' 그리고 '안보고 가면 섭섭합니다'라고 적혔다. '골든오렌지'는 창고형 대형 매장을 갖추고 일상 생활용품을 도매로 판매하는 업체다. 1, 2층에 걸쳐 연면적 1,000㎡에 가까운 매장에 온갖 용품들을 제품 판매대에 가지런하고도 촘촘히 진열해놓았다.

이 매장에 들어가 보면 없는 것 빼놓고는 다 있다. 주방식기류, 냄비, 후라이팬, 압력솥, 컵, 물병, 찻잔, 보관 밀폐용기, 주방보조기구, 주방수납용품, 주방잡화 등 용품들이 품목별로 정리돼있다. 또 있다. 일회용품, 생활잡화, 욕실용품, 청소용품, 보관 정리용품, 주방가전, 보온 보냉용품, 수족관 어항 관상용품 등 이루 헤아릴 수 없는 품목의 용품들이 쌓여있다.

이처럼 다양하고 오밀조밀한 품목의 상품들을 일일이 분류해 제품판매대에 진열하기란 보통 힘든 게 아니다. 그러나 '골든오렌지' 박근하 사장은 "상품 진열 및 정리가 그리 어렵지 않다"고 말한다. 이 업종에 뛰어든 지 15년이 지난 박 사장에겐 그동안 이일을 해오며 쌓은 노하우가 적지 않기 때문이다.

'골든오렌지'는 현재 기업의 성장기를 달리고 있다. 연간 매출액이 50억~60

억원에 달할 정도의 탄탄한 성장세를 이어가고 있다. '골든오렌지'의 이 같은 성장은 거저주워지지 않았다. 창고형 매장의 특성인 오프라인 판매는 물론 시대흐름인 온라인 판매에도 전력을 다했다.

"창고판매만 고집했다면 지금과 같은 실적을 내기 힘들었을 것입니다. 온라인 판매가 저에겐 낯선 분야이긴 했지만 과감히 시도한 게 주효했던 것 같습니다."

이 곳 매출의 40~50%는 온라인 판매를 통해 이뤄진다고 박 사장은 말한다. 그래서 박 사장은 일찌감치 이 회사에 '인터넷사업부'를 두었다. 온라인 판매의 비중이 적지 않은 만큼 '인터넷사업부'를 통해 이 분야 마케팅 전략을 고민하도록 한다고 설명했다. 이 회사의 '유통사업부'와 함께 온라인-오프라인 시스템의 양 날개 마케팅 전략을 구사하고 있는 셈이다.

박 사장은 마케팅의 기본법칙인 '낮은 가격-고품질'의 실현을 위해 쉴틈 없이 뛴다. 낮은 가격-고품질에 해당하는 제품을 찾기 위해서는 고도의 노하우를 필요로 한다. 수많은 제조업체와 생산품 중에서 고객의 인기를 끌고, 가격과 품질조건이 맞는 제품을 고르는 데는 박 사장만의 비밀이 있다. 오랜 업무경험과 유통 대상 제품을 찾아나서는 열정이 비밀의 한 부분이다.

"국내 생산품의 경우는 업체들을 직접 찾아나서는 방법과 도매를 원하는 업체와의 수시 상담을 통해 취급상품을 정하고 있습니다. 또한 외국제품에 대해서는 전문 수입업체와의 직거래를 통해 취급 물품을 고르고 있습니다."

(?) 골든오렌지에는 먼 곳에서 제품구입을 위해 찾는 '목적성 구매'가 활발하다고 박근하 사장은 말한다. 박 사장이 상대하는 물품제공업체는 100여 곳에 달한다. 경쟁력이 높은 제품을 고르기 위해서는 각종 제품 전시회나 박람회 등을 찾아나서야 한다. 찾아가는 곳은 국내외를 가리지 않는다. 소비자들의 트렌드나 미래 유행 스타일 등을 파악하는 데 큰 도움이 된다고 박 사장은 말한다.

'골든오렌지'는 현재 왠만한 고급 브랜드 제품은 다 갖추고 있다. 보온 보냉 밀폐용기로는 락앤락, 글라스락, 스탠락, 코끼리, 써모스, 아폴로, 애니타임 등이 대표적이다. 또한 고급 주방용품 브랜드는 Tefal, 루미락, 키친아트, 헹켈 등이 있고, 식기 명품으로는 한국도자기, 광주요, 포트메리온, 레녹스, 로얄스탠포드 등이 눈에 띈다.

'골든오렌지'의 향후 히든 카드는 '수족관 어항 관상용품' 분야 개발이다. 이 분야의 시장이 생각 이상으로 커지고 있다는 판단에서다. 이미 상당한 진전을 보여 수족관 정수장치와 관련된 특허 5가지를 획득했다. 정부의 '산학연 자금'을 지원받기도 했다. 이 분야 공략을 위해 회사에 '관상어사업부'를 따로 두었다.

'골든오렌지'의 비전은 혼수 전문 타운을 건립하는 것이다. 결혼 용품 구입은 물론 예식장 대여 및 알선, 신혼여행 예약 등 결혼에 필요한 토탈 서비스를 제공하는 전문 업체를 세워보겠다는 것이다.

"이 업종에 처음 뛰어든 90년대 중반만 해도 식기류 등 한두 품목만 취급해 보잘 것이 없었습니다. 그러나 지금은 먼 곳에서 직접 차를 몰고 오거나 시내버스를 이용해 이곳을 찾는 목적성 구매고객들이 많을 정도로 널리 알려져 기쁩니다."

박 사장은 고객의 인기가 높은 데 만족하지 않고 '낮은 가격-고품질'의 원칙을 충실하게 지키며, 대고객 서비스 향상에 최선을 다하겠다고 다짐했다.

자료원: 세종이코노미, 2013.11.08. 기사편집

2. 브로커와 대리점

취급하는 상품에 대한 소유권을 보유하지 않고 단지 제조업자나 구매자로부터 수수료를 받고 거래를 촉진시키는 역할을 수행한다는 점에서 상인도매상과 다르지만, 취급하는 제품계열이나 고객의 유형에 따라 전문화된 분야에서 활동을 한다. 즉, 브로커와 대리점은 구매자와 판매자를 대신해서 고객들을 접촉하고 협상하여 거래를 성사시키는 역할을 수행한다.

브로커는 구매자와 판매자 사이에서 거래협상을 도와주며 재고를 유지하지 않고 금융에 관여하지도 않는 단기적인 관계로 부동산업자, 보험 및 증권업자 등이 이에 속한다. 반면에 대리점은 구매자와 판매자 한쪽을 대리하여 장기적인 관계를 유지하며 대리점 역할을 한다. 대리점에는 제조업자 대리점, 판매 대리점, 구매 대리점, 수수료 상인으로 구분되는데 구체적으로 그 역할을 살펴보기로 한다.

1) 제조업자 대리점

자체 판매망을 확보하기 어려운 중소기업과 자사 판매원이 접근하기 어려운 지역으로 진출하려는 대기업이 주로 활용한다. 생산되는 제품이 서로 경쟁하지 않고 상호보완 할 수 있는 두 개 이상의 제조업체를 대표하며, 이들로부터 특정지역의 영업권을 보장받아 활동한다. 담당지역, 판매가격, 주문 처리절차, 배달서비스, 품질보증 및 수수료 등에 관하여 거래당사자 간의 공식적으로 협의하며, 마케팅조사나 머천다이징 및 촉진지원 등을 한다.

주로 의류, 가구, 전기제품 같은 제품계열에서 자주 이용된다.

2) 판매 대리점

제조업자 대리점과 달리 하나의 제조업자에 대해 전 품목을 판매하는데 있어 권한과 책임을 가지며 판매조건에 대한 권한도 자기책임 하에 진행하므로 해당 제조업체의 마케팅부서와 같은 역할을 수행하며 그 결과에 대해서도 책임을 져야한다. 이는 제조업체가 판매에 관심이 없거나 판매 능력이 없는 경우 주로 활용되며 석탄, 화학제품 및 금속분야, 산업용기계설비 등과 같은 분야에서 이용된다.

3) 구매 대리점

통상적으로 구매자와 장기적인 관계를 유지하면서 구매자를 대신하여 상품을 구입, 인수, 검사하여 창고에 보관이나 선적하는 역할을 수행한다. 이들은 제품에 대한 충분한 지식과 시장상황의 정확한 분석으로 가장 좋은 상품을 적절한 시기에 구매하여 소도시 소매상의 영업활동에 도움을 준다.

소규모 의류 소매업자들에게 필요한 의류의 탐색과 구입을 대행한다.

4) 수수료 상인

제조업자와 단기계약을 맺고 제품소유권을 보유하지 않은 상태에서 제조업자와 소매고객간의 판매협상을 대리하는 것으로 수수료와 비용을 제외한 상품 판매대금을 제조업자에게 지불한다. 주로 농산물 산업에서 이용한다.

3. 제조업자 도매상

제조업자 도매상은 독립된 소매상이 아니라 제조업자가 판매지점(sales branch)이나 사무소(sales office)를 개설하여 도매기능을 수행하는 것이다. 제조업자가 자금력이 있을 때, 고객서비스와 가격결정 등에 있어 완벽한 통제를 원할 때, 제품이 고도로 전문적일 때, 제품계열이 깊을 때 주로 이용된다. 판매지점과 사무소의 차이는 판매지점은 재고를 보유하며 취급이 어렵고 보증・수리가 중요한 제품인 목재와 자동차부품산업에서 볼 수 있다. 판매사무소는 재고를 보유하지 않고 제품을 받아 바로 공급하는 것으로 일상 생활용품이나 건조 상품 산업에서 볼 수 있다.

사례 4-5

한때 '갑'이었던 대리점은 어떻게 '을'이 됐나

대리점의 기원

1960년대 한국 유통시장은 남대문시장, 동대문시장, 방산시장, 청량리시장, 영등포시장 등에 자리 잡은 대형도매점이 장악하고 있었다. 주로 'ㅇㅇ상회'라는 이름을 단 이들이 서울은 물론 전국 각지의 중도매상, 소도매상, 소매상 네트워크를 거쳐 소비자들에게 상품을 전달했다.

1960년대부터 본격적인 대량생산체제에 들어간 식품 제조업체들도 초기에는 이들에 의존했다. 하지만 여러 제조업체와 동시에 거래하는 이들 대형도매점을 통해서는 대량생산에 걸맞은 판매를 기대할 수 없었다. 대형도매상들은 상품의 회전율보다는 마진율을 중시했다. 품질이 떨어지더라도 마진율이 높은 덤핑 상품이 상점에 진열되고, 품질이 우수하지만 제조원가가 높아 마진이 떨어지는 상품은 외면당했다. 이들을 통해 상품에 대한 소비자들의 반응 등을 파악하는 것은 기대조차 할 수 없었다. 심지어 제조업체들 간 경쟁을 이용해 무리한 리베이트를 요구하거나 대금을 제때 지불하지 않고 외상대출을 요구하는 등 '갑의 횡포'를 일삼는 경우도 있었다.

이에 제조업체들은 직접 시장공략에 나섰다. 기존 도매상을 거치지 않고 지역을 분할해 판매차량으로 전국을 돌며 직접 거래선을 방문하는 '루트세일(route sale) 방식'을 채택한 것이다.

이어서 제조업체들은 지금과 같은 형태의 대리점 또는 특약점을 구축하기 시작했다. 보통 유제품과 음료 등 유통기한이 짧고 냉장보관이 필요한 제품을 취급하는 곳을 대리점이라 부르고, 라면이나 과자 등 상온보관 제품을 취급하는 곳을 특약점이라고 부르게 됐다. 모두 한 개 업체의 제품만 취급하기로 계약을 맺은 자영업자다. 미원(현 대상)이 1968년부터 본격적으로 특약점 판매망을 구축하기 시작했고, 경쟁사인 제일제당도 1972년부터 종합대리점 체제로 유통망을 개편했다. 해태제과가 1972년 전속대리점인 '해태센터'를 설립하기 시작해 3년 만에 전국 150개점을 구축했고, 롯데제과도 1974년 40곳을 시작으로 직매소를 구축해나갔다.

이런 현상이 90년대까지 이어지면서 제조업체가 대형도매점을 제치고 유통에서 '갑'의 지위를 차지했다. 한국식품공업협회에 따르면 1994년 식품 제조업체의 도매상 의존도는 10% 미만으로 떨어졌고, 대부분의 제품이 대리점을 통해 소비자들에게 전달됐다. 통계청의 도소매업조사에 따르면 2011년 현재 전국의 가공식품·비알콜음료 도매업체 수는 1만9021개다. 이 가운데 대리점·특약점 형태의 도매업체에 대한 통계는 작성되지 않지만, 제조업체마다 200~300곳의 대리점이나 특약점을 두고 있는 것을 감안하면 우리나라 도매업체의 다수가 제조업체의 대리점이나 특약점인 것으로 추정된다.

손일선 도쿄대 특별연구원은 "1960년대 후반 이후 제조업체의 대량생산과 더불어 도매단계의 조직화 내지 계열화에 의해 유통지배력은 도매상에서 제조업체로 바뀌었다"며 "서울의 인구 집중, 미디어의 발달에 따른 광고 선전, 고속도로 개설에 따른 전국시장 형성 등 외부환경 요인도 제조업체의 유통조직화에 긍정적으로 작용했다"고 분석했다.

새로운 힘의 이동

1993년 11월 서울 도봉구에 국내 최초 할인점인 이마트 창동점이 문을 연 것은 한국 유통사에 한 획을 긋는 사건이었다. 이후 1996년 유통시장 전면개방으로 월마트 등 외국계 할인점까지 들어와 치열한 경쟁을 벌였다. 1997년 외환위기 이후 할인점은 빠른 속도로 성장해 2003년 백화점 매출규모를 추월, 국내 최대 소매업태의 지위를 차지했다. 2012년 말 현재 이마트, 홈플러스, 롯데마트 등 '빅3 업체'가 전국 381개 점포를 운영하고 있다.

할인점이 유통의 새로운 강자로 급부상하자 대리점을 통해 유통을 장악하고 있던 제조업체들과 힘겨루기가 시작됐다. 소비자 판매가격을 둘러싼 대결이 대표적이다. 이마트는 2010년 3월 라면시장 판매 1위 제품인 농심 신라면의 가격을 박스당 1050원 내려 판매했다. 그러자 농심은 이마트에 신라면 공급을 중단했다. 할인행사로 이마트의 신라면 판매가 7배 이상 늘어 그만큼 농심의 수익이 늘어났는데도 공급을 중단한 것은 농심이 자신의 특약점을 지키기 위한 조처였다. 농심으로부터 직접 제품을 들여와 곧바로 소비자에게 판매하는 이마트의 가격인하는 최소 2~3단계를 거쳐 소비자를 만나는 농심 특약점에게 치명적이다. 대리점과 특약점이 무너져 자체 유통망을 잃으면 농심 등 제조업체는 할인점에 끌려다닐 수밖에 없다는 위기감에 사로잡혔다.

이미 1999년 9월 유통업자가 상품판매가격을 자율적으로 정하는 '오픈프라이스 제도'가 시행됐다. 제조업체가 최종 판매가격에 간섭하지 않도록 그동안 제조업체의 권한이었던 권장소비자가격 기재를 폐지하도록 한 것이다. 하지만 농심과 이마트의 사례에서 보듯 제조업체들은 할인점의 가격인하에 저항하고 있다. 한 할인점 상품구매팀장은 "아직까지 제조업체의 동의 없이 할인점이 마음대로 판매가격을 메길 수 없는 게 현실"이라며 "특히 각 분야 1등 상품들은 여전히 제조업체가 가격을 철저하게 통제하고 있다"고 전했다.

할인점들은 대기업들의 독과점에 구멍을 내기도 한다. 두부시장은 풀무원, 씨제이, 대상 등 3개 대기업이 전체 시장의 82%를 점유하고 있다. 전국적 대리점망을 갖춘 이들 대기업의 틈바구니에서 한때 도산위기로까지 몰렸던 소형 두부 제조업체 자연촌은 2006년부터 이마트와 거래를 하면서 자체 유통망 없이 6년 동안 4억원에서 100억원으로 매출이 늘었다. 2010년 롯데마트가 출시한 롯데라면을 비롯해 여러 할인점들이 출시한 자체브랜드 상품(PB상품)도 할인점이 중소기업과 손잡고 기존 대기업의 독과점에 도전하는 사례로 볼 수 있다.

힘겨루기는 할인점 쪽으로 승부가 기울고 있다. 식품 제조업체 매출 1위인 CJ제일제당의 2012년 사업보고서를 보면, 할인점과 편의점을 통한 판매가 39.4%로 대리점(31.2%)을 크게 앞질렀다. 매출 2위인 농심은 할인점과 편의점 등으로 직접 판매하는 비율이 62.6%로, 특약점 판매 비율(37.4%)의 2배에 근접했다. 한 대형마트의 임원은 "제조업체는 좋은 품질의 제품을 만들어 소비자들의 선택을 받는 본연의 역할에 충실해야 한다"며 "한국처럼 제조업체가 유통까지 맡는 것은 비정상적"이라고 말했다.

'총알받이' 을의 운명: 대형 할인점에 이어 첨단 물류 시스템으로 무장한 기업형 슈퍼마켓(SSM)과 편의점(CVS)이 빠르게 세력을 확장하고 있다. 드러그 스토어도 뒤를 잇고 있다. 모두 제조업체로부터 직접 제품을 공급받는 곳들이다. 이에 따라 대리점의 거래처인 동네슈퍼 등 이른바 '골목상권'이 타격을 받고 있다. 대리점의 영업환경이 갈수록 악화되고 있는 것이다.

'옛 갑'인 제조업체와 '새로운 갑'인 할인점 등 유통업체의 대결 속에서 대리점들이 피해를 입고 있지만, 단일 제조업체의 제품만 취급하는 대리점이 본사에 내항할 수 있는 방법은 없다. 대리점이 일방적으로 피해를 입지 않도록 하려면 다양한 업체의 제품을 취급하는 '벤더(vendor)' 형태로 전환해야 한다는 지적이 나온다. 양승룡 고려대 식품자원경제학과 교수는 "현재 대리점은 제조업체의 '최일선 총알받이'다. 제조업체에서 유통업체로 '힘의 역전' 현상이 일어나는 와중에 대리점들이 가장 큰 피해를 보고 있다. 대리점이 골목상권과 긴밀한 네트워크를 갖춘 '벤더(vender)' 형태로 전환해야 제조업체와 할인점에 대항할 수 있는 가능성이 생긴다"고 말했다.

실제로 대리점의 벤더화가 서서히 진행되고 있다는 증언도 나온다. 익명을 요청한 유제품 업체 관계자는 "3~4년 전부터 여러 업체의 상품을 취급하는 변종 대리점들이 조금씩 생겨나기 시작했다. 계약위반이지만 대리점들의 상황이 워낙 안 좋은 상황이라 본사 영업사원들도 모른 척 하고 있다"고 전했다.

자료원: 한겨레신문, 2013.05.20 기사편집

Part Ⅱ

마케팅 시스템으로서의 유통

유통마케팅전략

세계화의 물결 속에서 소비자 가처분소득의 증가와 욕구의 다양화로 고객만족을 추구하는 기업의 경영활동을 더욱 어렵게 하고 있다. 컴퓨터와 인터넷 사용의 확산으로 새롭게 나타나고 있는 소매업체들은 다양한 방법으로 소비자 욕구를 충족시키면서 기존 소매업의 성장을 어렵게 하고 있다.

따라서 기존 소매상이 고객을 끌어들이고 유지하기 위해서는 항상 새로운 마케팅 전략을 추구해야 한다.

제1절 마케팅믹스전략

1. 제품믹스 전략

제품믹스란 특정 기업이 판매하는 모든 제품계열 및 품목을 말하며, 제품믹스전략이란 소매점이 표적 고객의 욕구를 충족시킬 수 있는 제품을 선정하는 것과 관련된 마케팅관리자의 의사결정이다. 따라서 제품, 제품의 구색, 이미지, 상표, 포장, 디자인 등에 관한 의사결정이 이루어져야 한다.

1) 제품 및 제품구색

최적의 제품믹스전략을 수립하기 위해서는 취급제품의 폭, 길이, 깊이 등에 대한 결정이 중요하다. 제품믹스의 폭은 소매점이 가지고 있는 제품라인의 수를 말하며, 제품믹스의 길이는 제품라인 내에 들어 있는 브랜드의 수를 말하고, 제품 깊이는 어떤 브랜드가 얼마나 많은 품목을 거느리고 있는가를 의미한다.

사례 5-1

한섬, 잡화브랜드 '덱케' 론칭…핸드백계의 '타임' 될까

현대백화점그룹 계열 한섬이 독자적인 잡화 브랜드인 '덱케(DECKE)'를 론칭한다.

한섬은 1876년 창립 이후 처음으로 선보이는 잡화 브랜드 덱케를 향후 5년 안에 매출 1000억원대 브랜드로 키운다는 계획이다. 덱케가 핸드백 업계에서도 여성복 '타임(TIME)'과 같이 성공할 수 있을지 주목된다.

9일 한섬은 다음달 초 핸드백 및 주얼리 브랜드인 덱케를 론칭한다고 밝혔다. 국내 플래그십 스토어 오픈을 시작으로 본격적으로 사업을 확대해 나갈 예정이다.

2012년 현대백화점 그룹 편입 이후 추가적인 신사업 진출을 통해 여성복 중심의 사업 포트폴리오에 변화를 주고 안정적인 성장 포트폴리오를 구축한다는 전략이다.

브랜드명 덱케는 독일어로 '피부' 또는 '가죽'을 뜻한다. 가죽 본연의 아름다움을 구현하는 브랜드 철학과 가치를 담고 있다는 설명이다. 브랜드 엠블럼은 연결과 인연의 아이콘인 무당벌레를 모티브로 만들었다. 주요 공략 층은 30대 전후의 수입 컨템퍼러리 의류를 즐겨 입는 여성 고객으로 설정했다.

제품군은 가격과 소재에 따라 '프레스티지(Prestige)-빈티지(Vintage)-레이디버그(Ladybug)' 등 세 단계로 구성했다.

프리스티지 라인은 스페인 카이만 악어가죽과 이탈리아 파이톤 가죽으로 제작된 제품들로 가격대가 100만~300만원 수준이다. 빈티지 라인의 경우 가격대가 50만~100만원대로 태슬, 컷팅레더 등 장식적 요소가 특징이다. 레이디버그 라인은 덱케가 자체 개발한 무늬 가죽과 그래픽 아트를 이용한다.

특히 제품 아이템별 비중에서 전체의 4분의 1을 클러치백에 배정한 점이 특징이다. 클러치백에 대한 시장의 관심이 높아진 점을 감안해 비중이 10%에 불과한 다른 잡화브랜드와 차별화를 꾀한 것이다. 가죽 주얼리 제품을 갖췄다는 점도 특징이다.

한섬은 조기 시장 안착을 위해 온·오프라인을 동시에 공략하는 '투 트랙(Two track)' 전략을 취한다. 올해 백화점과 자체 편집숍인 무이, 탐그레이하운드를 통해 10곳 이상의 덱케 매장을 열고, 오는 4월엔 자체 온라인몰(thedecke.com)도 오픈한다.

이와 함께 덱케를 글로벌 잡화브랜드로도 키우기 위해 모기업 현대홈쇼핑과의 협업을 통한 중국, 베트남 등 해외시장 진출도 모색 중이다. 온라인몰의 경우 한국어 외에 영어도 지원, 해외 소비자들의 상품구매를 유도한다는 방침이다.

자료원: 한국경제, 2014.02.09. 기사편집

2) 상표

기술의 발전과 경쟁의 심화로 인해 상표의 중요성과 역할이 증가하고 있다. 상표란 제조업자와 유통업자의 상품 및 서비스에 관하여 명시함으로써 경쟁자의 상품과 구별하기 위하여 사용되는 명칭, 용어, 기호, 상징, 디자인 또는 그것들의 결합체라고 할 수 있다.

상표는 자사제품을 타사제품과 구별할 수 있게 해주며, 소비자의 구매의사결정에

도움을 줄 수 있으며, 제조업체브랜드와 유통업체브랜드로 나누어진다.

(1) 제조업체브랜드(NB: National Brand)

제조업체가 모든 유통업체에 동일하게 유통시키는 상표이다. 소비자는 전국의 어떤 유통업체에서도 동일한 상표를 구매할 수 있는 상품으로, 강력한 제조업체상표는 소비자의 상표애호도를 높여 자사상표에 대한 가격 민감도를 낮게 하고 중간상의 협조를 쉽게 얻을 수 있어 경쟁사보다 좋은 위치에 진열공간을 확보할 수 있으나, 상표력이 약한 제조업체상표는 진열 공간의 확보를 위해 중간상들에게 더 많은 가격할인과 촉진활동에 비용을 투입해야하므로 높은 이익을 기대하기 어렵다.

폭넓게 많은 소비자에게 판매되는 것을 목적으로 하기 때문에 대규모 생산과 대중매체를 통한 대대적인 광고, 충실한 사후서비스를 하는 것이 일반적이다,

(2) 유통업체브랜드(PB: Private Brand)

유통업체브랜드(PB: Private Brand 또는 PL: Private Label)란 유통업체가 직접 개발하여 판매하는 브랜드로 유통업체가 브랜드의 소유권을 갖고 관리하는 것이다.

소매업체들은 유통업체브랜드를 통해서 상대적으로 낮은 가격으로 높은 마진을 얻을 수 있으며, 다른 유통업체와의 직접적인 가격경쟁을 피할 수도 있고, 유통업체브랜드가 소비자들로부터 인정받을 경우, 소비자들의 점포충성도를 증가시킬 수 있다.

일반적으로 유통업체브랜드 개발 초기에는 주로 저가격으로 공급한다는 측면이 강했으나 오늘날은 소비자의 니즈에 적응, 상품의 질 중시, 적정한 가격정책 등을 고려하여 개발하고 있다.

사례 5-2

PB의 질주…레고 추월한 롯데 '통큰블록'
대형마트 · 편의점, 품질관리 강화…매출 비중 급속 증가

PB에 무너지는 전통 강자

PB상품은 유통업체가 제조업체에 생산을 위탁한 뒤 자체 브랜드를 붙여 판매하는 상품이다. 잘나가는 제품을 본떠 만드는 대신 싸게 파는 '미투(me too) 제품'의 성격이 강하다. 그러나 유통업체들이 품질 관리에 나서면서 '원조 제품'을 밀어내고 시장점유율 1위에 오르는 PB상품이 증가하고 있다.

올 들어 지난달까지 통큰 블록의 매출은 작년 같은 기간보다 46.9% 늘었다. 롯데마트가 2011년 11월 국내 완구 업체 옥스포드와 제휴해 선보인 이 제품은 레고의 듀플로에 비해 품질은 비슷하면서 가격은 60% 가까이 싼 게 특징이다. 롯데마트는 지난 17일 '통큰 블록 무적함대'를 출시, 6세 이상 아동용 블록 완구 시장에서도 PB 바람을 일으킨다는 계획이다.

편의점 CU에선 '콘소메맛 팝콘'이 스낵 부문 매출 1위 품목이다. PB상품인 이 제품이 CU의 스낵 매출에서 차지하는 비중은 7.9%다. 전통의 강호인 농심 새우깡 3.6%보다 두 배 이상 높다. 홈플러스에서는 '홈플러스 좋은 상품 우유(1L)'가 같은 용량의 서울우유보다 많이 팔리고 있다. 이마트가 지난 10월24일 PB상품으로 내놓은 '반값 홍삼'은 이틀 만에 준비한 물량 2000개가 다 필리기도 했다.

유통업체 매출에서 PB상품이 차지하는 비중도 높아지고 있다. 이마트 매출 중 PB상품 비중은 2007년 9%에 불과했지만 올해는 23%로 높아졌다.

중소 제조사, 유통업체에 종속 우려도

PB상품의 최대 강점은 가격 경쟁력이다. PB상품은 유통업체와 제조업체가 원가 등을 협의해 생산한다. 박유미 미래에셋증권 애널리스트는 "PB상품은 일반 상품에 비해 원가를 30% 이상 낮출 수 있다" 고 말했다.

'통큰 블록 무적함대'는 4만 9000원으로 레고의 비슷한 상품보다 50% 이상 저렴하다. '홈플러스 좋은 상품 우유(1L)'는 1700원으로 서울우유보다 32% 싸다.

PB상품이 확대되면서 유통업체가 제조업체에 미치는 영향력이 지나치게 커졌다는 우려도 있다. 한 식품업체 관계자는 "PB상품은 대부분 중소 제조사가 대형 유통업체의 위탁을 받아 생산 한다."며 "유통업체의 요구에 못 이겨 무리하게 원가를 낮춰 만드는 경우가 있다"고 말했다. 비슷한 상품을 브랜드만 바꿔 PB상품으로 출시, 인기에 편승하는 것도 문제점으로 지적된다.

자료원: 한국경제, 2013.12.19. 기사편집

사례 5-3

일본 편의점, 믿을 만한 건 프리미엄 'PB'

유통업계에서 자체브랜드(PB)의 영향력이 갈수록 높아지고 있는 가운데 편의점업체들을 중심으로 프리미엄 PB개발이 잇따르고 있다.

세븐일레븐은 올해 프리미엄급 PB로 '세븐골드 금식빵'과 '세븐카페'를 선보였다.

특히 세븐골드 금식빵은 6개 포장에 250엔, 4개 포장에 125엔에 판매된다. 고품질이라면 고가라도 빵을 구매할 수 있다는 소비자들에 힘입어 히트상품으로 떠올랐다.

로손은 칼로리나 당질을 줄인 제빵류를 특화상품으로 밀고 있다. 현재는 8종류의 빵을 판매 중인데 11월부터 샌드위치, 베이글, 케이크 등 신상품을 내놓을 예정이다.

관련해서 건강을 테마로 핵심 상품을 육성, PB제품의 매출목표를 2013년 60억엔, 2014년 100억엔으로 잡았다.

지난해에는 120kcal에 당분이 적은 '프란빵'을 개발, 다이어트에 관심이 많은 여성과 중장년층 남성들에게 호응을 얻었다. 웰빙제품을 다수 취급하는 '내추럴 로손'에서는 프란빵의 판매수가 일반 점포의 5배에 달했다.

훼미리마트는 2900여개 점포가 있는 대만에서 현지기업과 합작, 해외 PB를 적극 활용 중이다. 태국 사업체에서는 필리핀 등 주변국 수출도 계획하고 있다. 이에 지난 10월부터 과자, 음료 등 PB제품을 시범적으로 판매했다. 과즙이 들어간 주스는 약 120엔으로 일반제품보다 비싸지만 특수 고압처리기술을 가진 현지 업체에 위탁 생산해 신선한 맛을 유지하고 있다. 훼미리마트는 2014년 중 캔음료, 컵라면, 세제까지 확대해 250개 품목으로 늘릴 예정이다.

이와 관련 제조업체들도 편의점 PB상품 제조에 속속 뛰어드는 양상이다. 기린음료는 2014년부터 PB제품을 발매할 예정이고 하겐다즈재팬도 세븐일레븐과 공동상품을 개발키로 했다.

자료원: 더바이어, 2013.12.02. 기사편집

3) 포장

포장의 기능에는 상품의 소비가 완료될 때까지 내용물을 보호하는 보호기능과 보관기능, 사용의 편리성을 높여주는 기능, 촉진기능, 상품폐기를 용이하게 하는 기능 등이 있다. 포장은 1차 포장, 2차 포장, 선적포장으로 분류된다. 1차 포장은 제품의 내용물을 담고 있는 용기이며, 2차 포장은 1차 포장을 싸고 있는 포장이며, 선적포장은 제품의 운송을 위해 사용되는 포장이다.

사례 5-4

일부 과자제품 포장, 최대 5배 뻥튀기

일부 과자제품의 포장상자가 내용물보다 최대 5배나 '뻥튀기' 되어 있는 것으로 나타났다.

소비자문제 연구소 컨슈머리서치(대표 최현숙)는 롯데제과, 오리온, 해태제과, 크라운제과 등 4개 제과업체의 과자 20개 제품을 대상으로 포장 비율을 조사한 결과, 17개 제품의 내용물 부피가 포장의 절반에도 못 미쳤다고 14일 밝혔다.

포장이 가장 크게 뻥튀기 된 제품은 오리온의 '마켓오 리얼 브라우니'로,

은박지 낱개 포장과 완충재를 걷어낸 실제 내용물의 부피(171.8㎤)는 박스 부피(1021.2㎤)의 16.8%에 불과했다. 포장 상자의 83.2%는 빈 공간으로, 포장이 내용물보다 5배나 큰 셈이다.

롯데제과의 '갸또 화이트' 역시 낱개 포장과 트레이 등을 제거할 경우 과자가 최종 포장에서 차지하는 비율은 19.3%에 그쳤다.

오리온 '리얼초콜릿 클래식 미니'는 빈 공간 비율이 77.6%, 크라운제과 '쿠크다스'는 77.1%, 해태제과 '계란과자'는 76.2%, 오리온 '참붕어빵'은 72.3%, 크라운 '초코하임'은 72%, '칙촉'은 70% 등에 달했다.

오리온 '고소미'(69.7%), 롯데제과 '엄마손파이'(69%), 크라운제과 '버터와플'(68.6%), 해태제과 '오예스'(65.2%), 크라운제과 '국희땅콩샌드'(63.9%), 해태제과 '버터링'(63%) 등도 빈 공간 비율이 60%를 넘었다.

컨슈머리서치는 과대포장을 막기 위해 제정된 환경부의 '제품의 포장 재질, 포장방법에 관한 기준 등에 관한 규칙'에 따른 비율로 계산하면, 빈 공간 비율이 20%를 넘어 규정을 위반한 제품은 크라운제과 '쿠크다스'(53.5%)와 '초코하임'(34.6%), '영양갱'(26.5%),'버터와플'(21.4%), 롯데제과 '칙촉'(33.7%) 등 5종에 불과했다고 밝혔다.

컨슈머리서치는 특히 트레이와 완충재가 들어가는 상자의 경우 측정 시 가로 세로 높이 모두 실제보다 10mm의 여유 공간을 더 부여토록 해 과대포장의 빌미가 되고 있다고 꼬집었다.

1차 포장을 크게 부풀리고 완충재, 트레이 등을 많이 넣을 경우 2차 포장과의 비율이 좁혀져 법적 규정을 피해갈 수 있다는 것이다.

최현숙 컨슈머리서치 대표는 "제조업체들이 내용물을 보호한다는 이유로 포장을 뻥튀기 해 소비자들을 눈속임하는 사례가 줄어들지 않고 있다"며 "포장 횟수와 포장 측정 방식에 대한 전면 재검토가 필요하다"고 주장했다.

디지털보사, 2014.01.14. 기사편집

4) 디자인

기술수준의 발달로 인한 제품수명주기의 단축과 경쟁제품의 등장으로 인해 소비자의 관심을 모으기 위해서는 디자인의 역할이 중요하다. 상품디자인은 상품의 스타일과 심미성 및 기능을 포괄하는 것으로 상품의 성능에 직접 관련이 있다. 디자인은 외관과 함께 사용의 편리성과 안전성 그리고 생산과 유통의 단순성과 경제성을 고려해야 한다.

사례 5-5

마조앤새디 캐릭터 접목한 마서방 김치 3종 출시

편의점 꼬마김치의 원조인 ㈜한울(대표 백창기)이 웹툰 마조앤새디 캐릭터와 콜라보레이션한 마서방 김치 3종(사진)을 출시했다고 밝혔다.

마서방 김치 3종은 기존의 한울 꼬마김치에 인기리에 연재 중인 생활 웹툰 '마조앤새디'의 캐릭터를 상품 포장에 접목한 제품이다. 종류로는 마서방 맛김치(80g, 200g), 마서방 볶음김치(100g, 200g), 마서방 열무김치(80g)가 있다. 이밖에 마서방 볶음김치 200g*5개, 마서방 맛김치 100g*10개 등으로 구성된 패키지 상품도 판매한다. 모두 200g 이하의 소포장된 형태로 소형 가구에게 유용하며, 캠핑이나 여행 시에 간편하게 즐길 수 있다는 장점이 있다.

마서방 김치는 평촌, 잠실 및 강남을 비롯한 전국의 롯데백화점 7곳에서 판매되며, 올해 안으로 롯데백화점 본점을 비롯 수도권 30여 곳에 추가 입점될 계획이다. 또한, 서울시 강남구 청담동에 위치한 마조앤새디 까페에서도 만나볼 수 있다.

㈜한울 담당 최성락 부장은 "마조앤새디 캐릭터와의 콜라보레이션을 시도, 상품 포장의 디자인을 강화한 마서방 김치 3종 출시를 통해 한울의 홍보를 강화할 것"이라며, "맛과 디자인 뿐만 아니라, 마서방 맛김치에 오메가3가 주성분인 아마씨유를 함유해 고객의 영양까지 고려했다"고 덧붙였다.

자료원: 세계일보, 2013.12.19. 기사편집

2. 가격믹스전략

가격에 관한 의사결정 변수는 상품가격의 수준 및 범위, 가격결정기법 등과 관련된다. 상품가격은 원가 뿐 만 아니라 수요요인, 경쟁요인, 상품요인 등의 제반 요인들을 모두 고려한 가격이어야 한다. 가격결정은 중요한 의사결정으로 가격을 경쟁우위로 채택하고 있는 유통업체에서는 더욱 중요한 의사결정이 되고 있다.

1) 가격수준 전략

(1) 시장수준에서의 가격설정

시장수준에서 가격을 설정하는 상품은 상관습에 의해 정착된 전형적인 이익이나 가격설정 목표를 가지고 있다. 잡화류나 의약품 등이 경쟁점포와 비슷한 수준의 이익선에서 판매가격을 결정하게 된다.

(2) 시장수준 이상의 가격설정

시장수준이상 즉, 상대적 고가전략은 시장에서 형성된 가격보다 오히려 높은 가격을 설정한다. 이러한 가격설정이 가능하게 하는 요인으로는 지역적 우위, 높은 서비스수준, 차별화된 제품, 매력적인 점포분위기, 유행창조능력, 상품라인의 독점을 갖고 있을 때에 가능하다.

(3) 시장수준 이하의 가격설정

시장수준이하의 가결설정에서 상대적 저가전략은 저가격 · 저서비스를 추구하는 대형마트와 같은 소매업체에서 볼 수 있다. 이는 고객서비스와 기타 점포환경 등에 드는 비용을 최소화함으로써 실현될 수 있다.

2) 가격 관리의 종류

(1) EDLP(Everyday Low Price)

EDLP는 상시저가를 의미하며 어떤 일시적인 가격할인을 취하지 않으면서 항상 낮은 가격을 유지하는 것이다. 이 가격은 정상적인 비세일 가격과 경쟁자의 세일가격의 중간선에서 변화하지 않고 가격을 유지하는 것을 의미한다. 그러므로 EDLP에서 저가격(low price)은 반드시 최저가격(lowest price)을 의미하는 것은 아니며, 특별한 변동이 없는 매일 안정된 가격(everyday stable price)을 의미한다고 할 수 있다. 이는 항상 최저가격을 유지하기 어렵기 때문에 저가격 보상제도를 채택하기도 한다. 일반적으로 저가격보상은 해당지역에서 경쟁점포보다도 저렴한 가격을 제공하겠다는 약속으로 가격차액에 대한 환불까지 포함하고 있다.

사례 5-6

소비자 중심 '유통 1위' 월마트

'매일 최저가(Everyday Low Pirce)'와 '고객만족보장'을 외치는 기업. 단순했지만 치밀했다. 지방 소도시의 작은 유통업체였던 월마트가 세계 최대 유통업체로 성장할 수 있던 비결은 철저한 소비자 중심의 유통전략에 있었다.

월마트의 2012 회계연도 매출은 전년보다 5.9% 증가한 약 4439억 날러(약

486조7000억원)로 정유업체 엑슨모빌을 제치고 매출 1위를 기록했다. 미국 경제전문지 포춘은 지난 5월'2013년 미국 500대 기업' 1위에 월마트를 선정하며 소비자 중심 경영전략에 주목했다.

벤 프랭클린이라는 잡화점을 운영했던 창립자 샘 월튼은 1962년 아칸소주의 로저스라는 지방 소도시에 첫 할인점을 열면서 월마트를 시작했다.

같은 해 K마트, 울코, 타깃 등 쟁쟁한 업체들이 한발 앞서 점포를 열었다. 후발주자인데다 당시 자본력이 부족했던 월마트는 한계를 극복하고자 경쟁업체들이 외면하는 인구 5만 이하의 소도시 고속도로 인근에 점포를 냈다. 경쟁업체의 손길이 미처 닿지 못한 소도시에서는 경쟁이 미미해 시장 선점이 쉽다는 판단에서였다.

월마트의 철저한 소비자 중심의 유통전략은 '매일 낮은 가격 · 고객만족보장'이라는 슬로건 아래 빛을 발하기 시작했다.

월튼은 "옆 가게보다 모든 물건을 조금씩만 싸게 팔아도 성공할 수 있다"며 상시 저가전략을 핵심 경영전략으로 삼았다.

그는 제품을 저가로 공급하려면 재고회전을 극대화할 수 있는 독자적 유통망을 구축하는 것이 필요하다고 판단해 1971년 아칸소주 벤턴빌에 월마트 최초의 물류센터를 세웠다. 1970년 중반에는 창고에 입고되는 상품을 보관하지 않고 곧바로 소매점포로 배송하는 물류시스템인 '크로스도킹'(cross-docking) 배송시스템을 구축했다. 1987년에는 위성통신 시스템을 구축해 당시 2500여 개에 이르던 월마트의 각 매장과 물류센터, 본사를 연결했다. 이를 통해 상품을 수송하는 모든 물류 시스템의 움직임을 추적하고 몇 시에 점포에 도착할 것인지까지 정확히 파악해 배송기간은 물론 물류비용 절감 효과를 거뒀다. 마케팅 비용도 최대한 줄여 최종 소비자 가격에서 거품을 줄이기 위해 총력을 기울였다.

비용 절감을 위한 노력과 함께 월마트는 소비자 분석을 통해 유통의 선두주자로 자리매김했다. 1985년 월마트는 소비자 행동분석을 위해 40억 달러를 들여 '리테일링크'라는 추적시스템을 유통업체 최초로 도입했다. 소비자의 소비패턴과 심리를 철저히 파악해 이를 유통 과정에 접목시켰다. 회사는 상품에 바코드를 부착해 팔리는 순간까지 과정을 추적, 소비자의 행동과 매장의 동선을 파악했다. 이를 통해 재고 관리는 물론 매장 내 물건 배치에도 신경을 기울였다.

'상시 저가 · 고객만족' 전략에 힘입어 후발주자였던 월마트는 1980년 업계 최초로 연 매출 10억 달러를 달성했으며 1990년대에는 미국 내 1위 유통체인으로 도약했다.

현재 월마트는 전 세계에서 1만891개의 점포를 운영하고 있으며 직원은 220만 명에 달한다.

자료원: 이투데이, 2013.07.10. 기사편집

(2) Hi-Lo(high-low)

Hi-Lo는 소매업자들이 평상시에 고가격을 유지하는데 기반을 두면서 일시적인 가격할인을 하는 것을 원칙으로 하고 있다. 이는 EDLP보다 높은 가격을 제공하면서 적극적으로 낮은 가격으로 할인하기도 하는 것을 의미한다. 유행상품을 취급하는 소매업체는 시즌의 마지막에 이르러서 저가격정책을 사용하였으며, 생활용품이나 편의품은 공급업체가 판매촉진을 할 때, 또는 과잉재고가 있을 때, 저가격정책을 사용하기도 한다.

(3) 기타 가격전략

① 관습가격

오랫동안 소비자의 마음속에 자리 잡아 온 특정 상품의 가격대로 가격을 결정하는 방법이다.

② 단수가격

가격에 끝자리 수를 9,900원, 199,000원과 같이 인위적으로 조정함으로써 소비자들은 실제가격보다 낮다고 인식하게 된다. 이는 실제가격보다 낮은 가격으로 인식되기 때문에 시장가격보다 낮은 가격전략을 구사하거나 시장가격대로 판매하는 소매상에 의해 자주 사용된다. 따라서 주로 할인하는 상품이나 충동구매를 유인하고자 할 때 효과적이다.

③ 유인가격

고객유인을 목적으로 유명브랜드를 중심으로 대폭적인 가격인하를 단행하여 다른 상품의 판매증진을 도모하는 것이다. 유인가격은 소매점포 내다른 상품의 판매를 증대시키거나, 전반적으로 가격이 저렴하다는 이미지를 심어 주기 위해 사용된다.

④ 묶음가격

묶음가격은 관련이 있는 2개 이상의 상품이나 서비스를 함께 묶어서 이들 상품을 구입하면 가격할인을 해주는 방법이다.

⑤ 변동가격

수요와 공급의 불균형으로 인해 발생하는 가격으로 성수기와 비성수기에 따라 달라지는 가격을 달리하는 방법이다.

⑥ 탄력가격

동일제품과 양을 다른 소비자에게 다른 가격으로 제공하는 것을 의미하는 것으로 소매상들은 소비자와 개별접촉을 통해 판매가 이루어질 경우 고객과의 협상에 따라 탄력적으로 가격을 설정한다.

사례 5-7

편한 상품 '최저가 쇼핑' 타깃
타깃 '재미있는' 쇼핑으로 중산층을 잡아라

111년의 역사를 가진 타깃은 미국 2위 유통업체로 월마트의 유일한 맞수로 부상했다. 타깃의 전신은 1902년 설립된 데이턴드라이굿즈로 미네소타의 미니애폴리스에서 시작했다. 타깃이라는 이름은 소비자들이 다른 할인매장으로 가지 않도록 정한 홍보 문구에서 나왔다.

월마트가 알뜰한 세제 · 육류 · 주방용품 등 필수품을 위한 곳이라면 타깃은 값싸고 색상과 디자인이 들어간 유행 제품인 침대보, 샤워 커튼, 의류 등을 적절히 배합해 월마트와 차별화하는 데 성공했다는 평가다.

타깃과 월마트의 경쟁은 지난 2008년 금융위기 이후 심화됐다. 월마트와 타깃뿐만 아니라 베스트바이, 코스트코, 토이저러스 등 유통업체들은 제품 가격을 낮추는 등 경쟁력 확보에 총력을 기울이고 있다.

타깃은 저렴하면서도 트렌디한 디자이너 의류 등 최신 유행 제품을 구입하면서 세제 등 일반 생활용품도 함께 살 수 있어 소비자들의 인기를 얻었다는 평가다.

버나드 소스닉 길포드시큐리티스 리테일산업 애널리스트는 "타깃은 분위기가 있다"면서 "쇼핑을 위해 멋진 곳일 뿐만 아니라 모두가 타깃을 사랑한다"고 말했다.

타깃의 최고 브랜딩 전략은 정면 승부보다는 차별화를 추구한다는 것이다.

데니스 리니 브랜드로직 선임 파트너는 "정면 승부는 하나의 전략일 뿐"이라면서 "기발하고 또한 디자인에 집중하며 저렴한 비용을 강조하고 있다"고 진단했다.

타깃은 저소득층 소비자보다는 중산층을 끌어모으기 위한 전략을 펼치고 있다. 타깃은 소비자들에게 신용카드인 '레드카드(RED Card)'로 제품을 구입할 경우 모든 제품에 5%의 할인을 실시했다. 레드카드는 일부 저소득층에게는 신용 기준으로 인해 지급될 수 없는 카드다. 레드카드를 이용한 제품 구입이 증가하면서 매출도 크게 성장했다.

타깃은 올 들어 월마트의 부진이 심화되자 경쟁력을 강화하고 있다. 타깃은 올초 월마트를 직접 겨냥해 '최저가격제'를 실시한다고 밝혔다. 일반적으로 최저가격제는 크리스마스 휴일 시즌에만 이뤄지지만 이를 '1년 내내' 확대 실시한 것이다.

타깃은 소비자가 매장에서 제품을 구입한 후 7일 안에 더 값싼 곳을 발견하면 자사의 매장에서 판매하는 제품의 가격도 이에 맞추겠다고 강조했다.

자료원: 이투데이, 2013.07.10. 기사편집

3. 촉진믹스전략

촉진믹스란 광고, 인적판매, PR, 판매촉진 등에 관한 의사결정 변수로 특정 소매업체나 상품을 소비자가 인지하고 구매할 수 있도록 하기위한 커뮤니케이션 방법에 관한 구체적 계획이다.

1) 광고(Advertising)

소매업체 광고는 소매상이 점포이미지를 높이거나 특정 상품에 대한 정보를 제공하기 위하여 이루어진다. 특히 광고는 TV, 라디오, 신문, 잡지 등과 같은 매스미디어를 통하여 전달되기 때문에 조기에 많은 소비자들에게 신제품을 알리는데 매우 적합하다. 소매상광고는 기업광고와 판촉광고로 나누는데, 기업광고는 점포의 차별화된 특징, 점포의 분위기, 구색의 다양성, 편리성, 고객서비스 등을 알림으로써 점포이미지를 제고시키는 것을 목적으로 하며, 판촉광고는 특정이벤트(명절, 세일행사 등)를 홍보하거나 특정상품의 낮은 가격을 알림으로써 단기간에 고객을 끌어들이기 위한 촉진방법으로 주로 인쇄매체(전단지)를 이용한다.

사례 5-8

英 유통점, 고객 얼굴인식 광고판 논란

영국의 대형 유통점이 고객이 바라보는 동안 얼굴을 인식하는 광고스크린을 설치키로 해 개인정보 침해 논란이 일고 있다.

4일(현지시간) 텔레그래프 등 현지 언론에 따르면 대형마트 체인점 테스코는 광고업체 암스크린과 제휴해 자사의 450개 매장에 이 같은 얼굴인식 스캐너 광고를 도입한다고 밝혔다.

'옵팀아이스'라는 이름의 얼굴인식 광고는 매장에 대형 스크린을 설치해 광고 화면을 보여주면서 응시하는 고객의 얼굴을 통해 정보를 수집하는 기술을 활용한다.

고객이 광고를 보는 동안 성별과 나이, 시선을 집중한 시간 등의 정보를 수집함으로써 광고 효과를 실시간 단위로 측정하고 지역이나 시간대별로 맞춤형 광고를 내보낼 수 있게 된다.

거리의 광고판이 보행자 신분을 인식해 맞춤형 광고를 내보내는 공상과학 영화 '마이너리티 리포트'에 등장했던 미래형 광고에서 착안한 기법이다. 개발 업체는 이 같은 광고기법이 유통매장 광고에 혁신을 불러올 것이라며 주요 유통체인을 대상으로 공급을 확대하겠다고 밝혔다. 하지만, 정보보호 단체들은 과도한 개인정보 수집으로 고객의 사생활 침해가 우려된다며 반발했다.

빅브라더워치의 닉 피클스 회장은 "고객의 얼굴 정보를 수집하면 페이스북 계정의 사진과 대조해 개인의 취미나 기호까지 파악하는 일도 가능해진다"며 "마케팅 정보 수집을 넘어 고객을 감시하는 도구로 악용될 수 있다"고 주장했다.

시스템 개발사인 암스크린은 이런 우려에 대해 얼굴인식 광고판은 고객의 성별과 연령대 정보만 활용할 뿐 촬영 이미지나 고객별 개인정보는 수집하지 않는다고 밝혔다.

자료원: 연합뉴스, 2013.11.04

2) 인적판매(Personal Selling)

인적판매는 판매원이 고객과 직접적인 대면을 통해 메시지가 전달되기 때문에 고객에게 브랜드의 우수성을 설득시키고 구매를 유도하는데 적절한 도구이다. 특히 판매원은 소비자와의 대면적 상호작용을 통해 소비자들의 추가적인 질문이나 불만에 융통성 있게 대처할 수 있기 때문에 대중매체가 갖는 일방적 커뮤니케이션이라는 한계점을 보완할 수 있는 장점을 갖는다.

소매업체에서의 인적판매는 상품과 점포에 대한 정보를 소비자에게 제공하는 판매원으로 점포의 성격에 따라 다르게 행해진다.

3) PR과 퍼블리시티(Publicity)

PR과 퍼블리시티는 청중들의 메시지 원천에 대한 높은 신뢰성으로 인해 소비자들이 제품속성에 대한 믿음을 형성하는데 상당한 기여를 할 수 있다.

PR은 효과 측정이 어렵고 결과가 장기에 걸쳐 나타나지만 광고보다 저렴하다는 특징이 있다.

또한 홍보는 매체를 통하여 기업에 대한 정보를 제공하는 무료의 커뮤니케이션으로 객관적이고 신뢰성을 부여할 수 있으나 기업에 의해 통제되기가 어렵고 적절한 시기를 조절하기도 어렵다.

4) 판매촉진(Sales Promotion)

판매촉진은 즉각적인 구매를 위해 단기적인 인센티브를 제공하는 촉진수단이다. 이는 소매상이 경쟁자들로부터 차별화하는데 도움이 되며 소비자들의 시험적 구매 및 재구매를 유도하는데 적합한 촉진도구이다. 판매촉진유형에는 다음과 같은 방법이 주로 행해진다.

(1) 샘플(Sample)과 디스플레이(Display)

판매원들은 샘플을 제시함으로써 제품판매를 효과적으로 할 수 있다. 실제 제품이나 사진 등 제품속성에 대한 객관적인 평가가 어렵고 품질이 중요한 경우에 효과적이다.

디스플레이는 점포 내에서 취급하고 있는 상품을 효과적으로 전시하여 고객의 구매를 유발할 수 있어야 하는데, 제조업자는 자사의 제품들을 가장 좋은 진열 공간에 배치하려고 노력하며, 소매상들은 수익성을 높일 수 있고 점포의 이미지에 부합되는 제품을 가장 좋은 위치에 배치하려고 한다.

(2) 쿠폰(Coupon), 경품(Sweepstakes)

쿠폰은 신문, 잡지, 우편물, 포장, 쇼핑백 등에 인쇄된 것으로 대체로 특정기간 동안 그것의 소지인에게 약속된 가격만큼 할인해주거나 부가적인 가치를 부여하는 것으로 소비자의 지각된 위험을 줄여 줄 수 있고 사용 후 재구매를 유도할 수 있다.

경품은 점포에 비치된 유효한 양식을 소비자에게 채우게 하거나 구매영수증 등에 특정번호 등을 부여하여 특정한 부상을 부여하는 방법으로 구매를 유도하는 촉진방법이다. 직접적이고 단기적인 매출증대 효과를 위한 판촉수단으로 이용되며, 장기적으로 소비자 관여도를 증가시켜 제품의 이미지 향상에 기여한다. 주로 백화점을 비롯한 유통업체에서 효과적인 마케팅수단으로 활용되고 있다.

(3) 프리미엄(Premium)

프리미엄은 소비자가 구매하도록 하기위해 무상 또는 할인된 가격으로 주어지는 사은형식의 보상제도로 제품의 이미지를 향상시키고, 호감 및 고객기반을 넓히고, 신속한 판매가 이루어지기 위해 시도된다. 포장지내에 쿠폰 또는 구매 증거물을 오려내도록 하여 소비자 충성을 유발하고, 저관여 제품의 판매에 효과가 있으며, 비용 지불 프리미엄, 직접 프리미엄, 우편 또는 우수고객 프리미엄 등 다양한 종류가 있다.

사례 5-9

덤 대신 제대로 할인… 마트 1+1이 사라진다

한때 대형마트나 슈퍼마켓, 심지어 동네 편의점까지 휩쓸었던 게 1+1 마케팅이다. 미국 소매점에서 시작돼 우리나라에서도 급속히 확산됐던 1+1이 순식간에 사라지고 있는 건 대체 무슨 연유일까.

1+1 축소를 시작한 건 이마트다. 올해 초 취임한 허인철 이마트 대표는 1+1이 더 이상 효율적 판촉방법이 될 수 없다고 판단, 다른 방법을 상구할 것을 실무진에 지시했다. 이마트 관계자는 "1+1행사를 진행하면 당장은 매출이 늘어나는 효과가 있을지 모르지만 대신 상품을 쓰는 기간도 그만큼 길어지고 재구매율도 낮아져 유통업체와 제조업체에 장기적으로는 손해"라고 말했다.

사실 마트 입장에서 1+1이나 덤 행사는 시간과 수고가 많이 들어간다. 예컨대 행사용품을 테이프로 묶는 작업에 상당한 시간과 노동력이 투입되는데, 차라리 1+1을 없애 직원들의 고객응대시간을 늘리는 게 훨씬 낫다는 게 현장 얘기다.

사실 1+1은 소비자들한테서도 더 이상 매력이 아니라는 게 업계 분석이다 처음엔 하나를 공짜로 얻는 기분에 1+1을 선호했지만, 점차 그 함정을 깨닫게 되었다는 것이다. 업계 관계자는 "1+1은 사실 충동구매심리를 부추기는 전략이다. 당장 필요하지 않더라도, 원하는 브랜드가 아니라도 하나를 덤으로 얻는 기분에 사도록 하는 마케팅기법인데 소비자들이 합리적 소비에 나서면서 그 한계가 나타나기 시작한 것"이라고 말했다. 또 다른 관계자는 "합리적 소비의 핵심은 꼭 필요한 것만, 저렴한 가격에, 원하는 만큼 구매하는 것"이라며 "이젠 소비자들이 1+1에 쏠리지 않는 분위기"라고 말했다. 1+1 행사를 없애고, 할인행사 쪽으로 방향을 바꾼 결과 실제 매출상승효과가 나타나고 있다. 고추장의 경우 1+1을 하지 않고, 9,000원짜리를 6,000원대로 할인했는데, 이마트 측은 "증정품을 제공할 경우 매출은 29% 늘어나지만 증정품 대신 가격을 할인하면 34%늘어나는 효과가 나타났다"고 말했다.

롯데마트에서도 5월부터 증정 행사를 할인 행사로 대체한 결과 매출 개선 추세를 보이고 있다. 냉동만두의 경우, 4월까진5.1% 역신장하다 덤 대신 할인행사를 시작한 5월 이후 매출이 0.6% 늘었다. 액체세제도 덤 행사 때 3.2% 신장하던 것이 할인행사로 변경한 이후11.6%로 두자릿수 신장하는 효과가 있었다. 김진국 롯데마트 세제 상품기획자는 "올 4월까지만 해도 증정, 기획팩을 구성해 진행했으나 비율을 점차 줄여 8월 중순부터는 주요 품목 중심의 할인행사로 바꿨다"고 설명했다.

정재우 롯데마트 마케팅전략팀장은 "1+1행사를 진행하는 상품의 경우 잘 팔리는 상품보다 시장점유율을 올리려는 제품들이 많아 전보다 소비자들의 선택을 받지 못하는 상황"이라며 "이제는 상품 본연의 가치와 가격 경쟁력이 판매를 좌우한다"고 말했다.

자료원: 한국일보, 2013.10.07. 기사편집

4. 유통믹스전략

유통믹스는 유통경로의 설계, 물류 및 재고관리, 도·소매상 관리에 관한 의사결정 계획과 관련되는 것으로 본서의 전체적인 구성이 유통믹스전략으로 이루어진다.

사례 5-10

옷값 일대기 알면 당신도 쇼핑고수
정기세일, 할인행사·이벤트, 이월상품전….

쇼핑을 그다지 즐기지 않는 김철중씨(45)는 백화점에서 할인을 뜻하는 다양한 문구에 담긴 속내가 궁금하기만 하다. 행사별 가격 차이는 얼마가 나는지, 아울렛에서 정품을 판매하는지 등등. 이에 파이낸셜뉴스는 백화점과 패션업계가 진행하는 각종 행사에 숨어 있는 연관성을 알아봤다.

25일 유통업체의 세일은 크게 정기세일, 브랜드세일, 시즌오프세일, 패밀리세일로 나뉜다. 먼저 각 브랜드에서 신상품을 생산하면 시즌 상품 성수기 1~2개월 전부터 백화점의 각 브랜드 매장에 신상품이 판매되기 시작한다. 일반적으로 정상가 로 표현되는 이 가격에는 출고된 물량의 10~30%가 판매된다.

정상가에 팔리지 않은 상품들은 바로 백화점 정기세일기간에 진열대에 전시돼 정상가 보다 10~30% 할인된 가격으로 판매된다. 이때 소진되는 물량은 전체 물량의 30~40%. 여기서도 팔리지 않은 상품은 3~4개월 후 각종 할인행사·이벤트라는 명목으로 10~20% 할인된 가격으로 소비자를 유혹한다. 할인행사·행사에 나가는 물량은 전체의 10~20%. 이쯤 되면 신상품으로 나온 제품의 시즌 판매가 끝나게 된다. 그래도 물량이 남으면 다음 시즌에 이월상품전 으로 넘어가 백화점을 비롯, 각종 아울렛 매장에 모습을 드러낸다.

1년이 지난 이월상품 중 명품은 여주 프리미엄 아울렛에, 일반 상품은 문정동 아울렛, 2001아울렛 등에서 판매된다. 이때 할인율은 브랜드마다 차이가 있지만 일반적으로 패션·잡화는 정상가에서 40~60% 정도, 시계 반지와 같은 보석류는 25% 정도 할인된다.

유통업계 관계자는 할인율은 보통 6개월 단위로 10%씩 더해진다. 예를 들어 봄에 백화점에서 판매되던 신상품은 8~9월이 되면 1차 할인율(40~60%)을 적용해 판매된다며 다음 해 봄이 되면 거기서 10%를, 입고된 지 1년이 지난 가을이 되면 다시 10% 정도를 추가 할인하게 된다고 설명했다.

특히 아울렛 자체 할인판매행사에서는 할인 적용가에 추가 할인을 하기도 한다. 여기서도 판매되지 않은 2~3년차 이월상품은 각 지역의 소규모 아울렛 등에서 80% 가까운 할인율로 판매되며 이후에도 팔리지 않은 제품은 고가의 브랜드의 경우 직원을 대상으로 패미리세일을 실시하거나 소각 처리한다. 일반 브랜드의 경우에는 출시된 지2~3년이 된 이월상품은 1만·2만원 균일가 등 균일가 라는 타이틀로 행사를 하는 경우도 빈번하다.

한편 기획상품 으로 불리는 제품의 경우 판매자나 패션업체들이 일정한 수량을 따로 제작해 물량이 소진될 때까지 판매하는 것을 말한다. 한 패션업체 관계자는 기획상품은 회사 홍보 등을 위해 제품을 따로 만든 것이기 때문에 소재가 다르다 면서 백화점 또는 마트의 기획행사는 판매자와 바이어가 제품소재 선택부터 제작 과정까지 모두 협의해서 제품을 시장에 내놓는다고 말했다.

자료원: 파이낸셜뉴스, 2010.01.25. 기사편집

 제2절 소매점 마케팅전략

소매점 마케팅전략은 소매점이 표적으로 하는 고객들의 특성에 따라 소매전략변수들을 조정·결합하는 과정이다.

소매점마케팅전략의 주요 구성요소는 첫째, 소매점에서 소비자가 무엇을 얻기를 바라는가에 대한 소비자기대, 둘째, 소매상이 전체시장에서 자사의 경쟁우위를 추구할 수 있는 소매점포 세분화전략, 셋째, 소매상이 전략적으로 사용할 수 있는 점포믹스요소가 있다. 구체적인 요소는 <그림 5-1>에서 볼 수 있다.

〈그림 5-1〉 소매점 마케팅전략의 구성요소

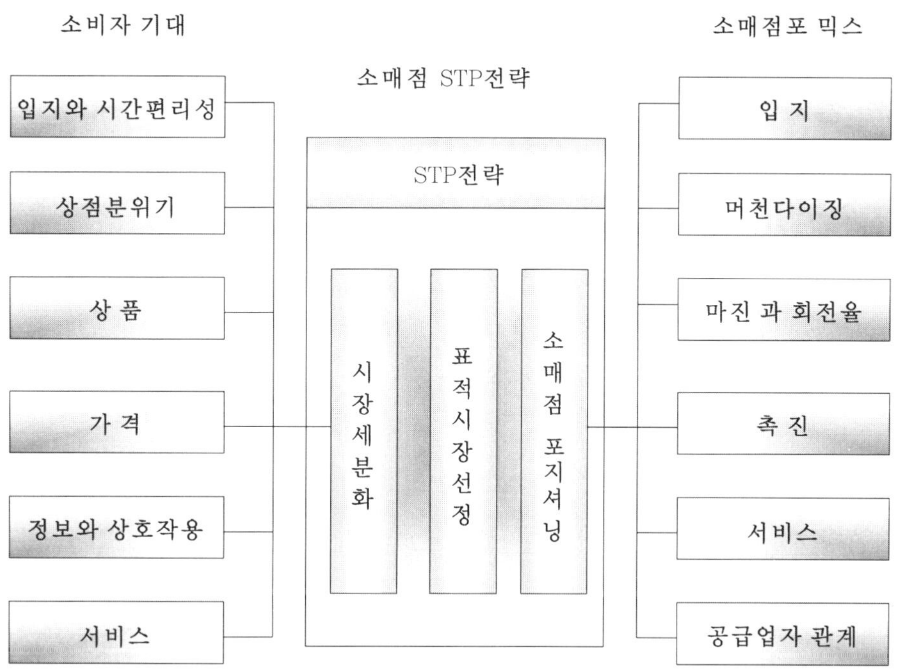

자료: 안광호, 한상린, 유통원론, 학현사, 2005. P.113

1. 소비자 기대

1) 입지와 시간의 편리성

시간의 압박 속에서 살아가는 현대인들에게는 무엇보다도 시간의 절약이 필요하다. 그러므로 가까운 곳에 위치한 점포, 편리한 시간대에 이용할 수 있는 점포를 원하게 된다. 특히 여성들의 사회활동이 급증하면서 시간절약은 더욱 중요한 요소가 되고 있으며, 물리적인 거리보다 실제 구매에 소요되는 시간(travel time)이 더 중요하게 고려된다. 입지는 소비자들의 특성에 의해서도 많은 영향을 받는다. 예를 들어 비교적 시간의 여유가 있는 은퇴자는 쇼핑시간 보다는 저렴한 가격을 선호하며, 시간적 제약을 많이 받는 직장여성들은 쇼핑시간을 줄일 수 있다면 가격이 비싸더라도 접근하기 편한 소매점을 선호할 것이다. 또한 주로 자동차를 이용하는 소비자에게는 주차시설의 유무와 편리성이 영향을 준다. 주차시설의 중요성 때문에 여성전용 주차장을 설치·운영하는 소매점이 늘고 있다.

2) 점포분위기

어떤 소매상이든 나름대로의 점포분위기를 가지고 있다. 점포분위기는 긍정적인 정서적 반응이 유발되도록 점포구매환경을 설계하려는 노력이며, 점포분위기는 주로 점포의 물리적 특성, 조명, 내부 인테리어, 칼라, 음악 등에 의해 형성된다. 따라서 점포분위기에 의해 야기되는 정서적 상태는 점포 내 쇼핑행동에 긍정적인 영향을 미친다. 조사에 의하면 빠른 템포의 음악과 느린 템포의 음악에서 매출액의 차이가 있었다.

최근 N세대를 표적으로 하는 패션전문점이나 커피전문점 등에서 조명이나 음악, 실내장식 등을 이용한 점포분위기 차별화로 소비자를 끌고 있다.

사례 5-11

백화점 매출, 음악이 좌우한다?

오후 3시 서울 소공동의 모 백화점 본점에는 인기가수 '버스커 버스커'의 '벚꽃엔딩'이 흘러나왔다. 하루 중 가장 나른한 시간대에 흥겨운 노래를 틀어주는 건 고객들에게 활기를 불어넣어 구매율을 높이기 위해서다. 백화점 측은 경쾌한 음악이 고객의 발걸음을 가볍게 하고 기분을 전환시켜주는 역할을 한다고 말한다. 특히 여름철이나 세일 기간에는 빠른 템포의 음악을 주로 편성한다.

백화점 매장에서 흘러나오는 음악이 매출에 한 몫한다는 것을 아는 소비자들은 거의 없다. 하지만 백화점 측은 고객의 소비 심리를 과학적으로 분석해 상황에 맞는 음악을 선곡하고 있다.

평상시에는 잔잔한 클래식 음악이나 가벼운 팝 음악이 주로 나오지만, 세일이 잦은 불경기에는 빠른 템포의 음악이 주로 흘러나온다. 평상시 고객들은 물건을 바로 구매하기보다 이른바 '아이쇼핑'에 집중하는 반면 세일기간에는 직접 구매에 나서는 경향이 강하기 때문이다. 절대 사용하지 않는 기피 음악도 있다. 바이올린 독주곡이나, 랩이 많은 댄스곡의 경우 고객의 신경을 거스를 우려가 있어 틀지 않는다. 가사가 두드러진 노래의 경우 소비자의 귀를 자극해 쇼핑 집중도를 떨어뜨리기 때문이다.

이 외에도 백화점은 소비자들의 지갑을 열기 위해 매장 곳곳에 전략을 숨겨 놓고 있다. 판매사원의 코디 제안이 가능토록 하기 위해 거울을 밖에 두는 경우도 있다. 신세계백화점 여성 캐주얼 매장 피팅룸에는 거울이 없다. 고객이 옷에 대해 혼자 판단을 내리지 않도록 하기 위해서다. 피팅룸 밖 거울을 이용하면 주변 사람들의 평가와 판매사원의 코디 제안이 가능해진다. 그만큼 구매 확률도 높아지기 때문이다. 또 고객을 오랫동안 백화점에 '잡아두기 위해' 시계를 안 걸고 창문을 없애는 것은 기본이다. 고객이 시간 가는 줄 모르고 쇼핑을 하라는 백화점의 전략이다.

상품 배치에도 비밀은 숨어 있다. 오른손잡이들은 대개 오른쪽으로 움직이게 되는데, 이런 심리를 이용해 매장 입구의 오른쪽에 주력 상품들을 배치해 놓는다.

사료원: 세계일보, 2013.12.20. 기사편집

3) 상품구색

소매점이 취급하는 소비재는 소비자의 쇼핑습관에 따라 편의품, 선매품, 전문품으로 구분된다. 이에 따라 소비자는 구매하려는 제품에 따라 소매상 선택을 다르게 하게 되므로 소매상은 취급하는 상품의 적절한 구색을 갖추어야 한다. 상품구색에 초점을 맞춘 소매상은 카테고리킬러나 소형전문점 등이 대표적 사례다.

4) 상품가격

소비자들은 점포의 포지션에 따라 취급상품에 대한 기대가격을 달리한다. 예를 들어 백화점의 명품관에서 판매하는 고가격 상품은 품질이 좋다는 인식을 가지며, 재래시장에서 판매하는 저가격 상품은 낮은 품질로 인식하고 있다.

점포선택에서 소비자의 기대가격도 중요하지만 기대가치(value expectation)도 중요한 요인으로 작용할 수 있다. 기대가치란 상품구매에 투입된 전체비용 중에서 지각된 제품 · 서비스의 질이 차지하는 비율이다. 최근의 재래시장의 활성화 정책으로 서비스 질을 높이는 전략에서 적용사례를 볼 수 있다.

5) 정보와 사회적 상호작용

많은 소비자들은 즉각적인 구매를 위해 혹은 미래의 구매를 위해 필요한 정보를 소매점에서 수집하기도 한다. 즉, 전문적 지식을 갖춘 판매원이 상품이나 서비스에 관한 보다 구체적인 정보를 제공한다면 소비자는 그 점포를 다시 찾게 될 것이다. 더불어 일부 소비자들은 다양한 사회적 욕구를 충족시키기 위해 쇼핑을 하는 경우도 있다.

6) 점포서비스

소비자는 소매상이 제공하는 서비스의 양과 질에 대한 기대를 가진다.

배달, 설치, 보증, 판매 후 서비스, 수리, 신용거래 등이 소비자의 점포선택을 다르게 한다. 경쟁점포들이 취급하는 상품과 가격에서 차별화가 어려운 경우 이러한 점포서비스에 대한 고객들의 기대는 점포선택에 상당한 영향을 줄 수 있다.

소비자들이 높은 가격을 지불하고 백화점을 이용하는 것이나 용산 전자상가에서 조립된 컴퓨터보다 상대적으로 고가인 대기업의 유명상표 컴퓨터를 취급하는 대리점을 선호하는 것은 이들이 보다 높은 서비스를 제공하기 때문이다.

사례 5-12

백화점 업계 "쇼핑 큰손, VIP 모셔라"
고객 비중 1% 불과 매출은 10~15% 차지

백화점 VIP 주요혜택 ※출처:업계 취합, 2013년 12월31일, 각 사 본점 기준

백화점	등급	기준(연간구매액)	주요 혜택
롯데	MVG 프레스티지	6000만원	·발레파킹 및 전일 무료주차, 상시 5% 할인, 전용 라운지 이용, 기념일 및 명절 선물, 문화센터 50% 할인, 잡지 정기구독
	에비뉴엘 LVVIP	1억원	
	에비뉴엘 VVIP	6000만원	
	에비뉴엘 VIP	5000만원	
신세계	트리니티	구매액 최상위 999명	·전점 발레파킹 및 전일 무료주차, 트리니티 라운지 및 VIP 라운지 이용, 상시 5% 할인, 식품관 상시 3% 할인, 기념일 및 명절 선물, 신규회원 선물
	퍼스트프라임	6000만원	·전점 발레파킹 및 3시간 무료주차, 퍼스트 라운지 및 멤버스 라운지 이용, 상시 5% 할인(세일품목 제외), 기념일 및 명절 선물
	퍼스트	4000만원	
현대	블랙자스민	9000만원(추정)	·퍼스널 쇼퍼 등 고객별 맞춤 혜택
	클럽자스민	3500만원	·전점 발레파킹 및 전일 무료주차, 상시 5% 할인, 클럽자스민 라운지 이용, 연 1회 기차여행, 정기 공연 VIP석 초대, 기념일 및 명절 선물
	플래티늄	1500만원	·발레파킹(월 1회) 및 3시간 무료주차, 상시 5% 할인, 플래티늄 데스크 음료 서비스, 연 1회 기차여행, 정기 공연 초대, 명절 선물

20-80 법칙은 백화점에서도 예외가 아니다. 주요 백화점들은 상위 20% 고객이 매출의 80%를 차지하는 것으로 집계하고 있다. 20% 중에서도 최상위급 고객, VIP들에게 백화점마다 특별한 혜택을 제공하는 이유다.

14일 업계에 따르면 롯데 · 신세계 · 현대백화점 등 국내 주요 백화점 한 곳에서 연간 구매액이 10억 원을 넘길 경우 연말에 9000만원 상당의 상품권을 사은품으로 받는다. 상품권을 원하지 않을 경우 세계여행 상품권 또는 전세기 이용권 등 원하는 상품으로 바꿔 받을 수도 있는 것으로 알려졌다.

'연말 선물뿐이 아니다. 백화점마다 운영하는 고객 등급 제도에 따라 365일 '특별한' 대접이 기다린다. 현대백화점은 VIP고객을 대상으로 TCP(Top Class Program)을 운영하고 있다. 특히 '블랙쟈스민' 혜택이 강력하다. 구체적인 내용은 공개되지 않으나, 최소 연 9000만원이상 구매하는 고객을 대상으로 맞춤 혜택을 제공하는 것으로 알려졌다. 현대백화점 블랙자스민 등급을 계속 유지하고 있다는 한 고객은 "현대백화점 상품은 물론 금괴 등 백화점이 판매하고 있지 않은 상품도 퍼스널 쇼퍼에게 요청할 수 있나"며 "혜택이 편리할 뿐

아니라 동호회 활동이 활성화돼 있어 만족스럽다"고 말했다.

현대백화점 쟈스민클럽에 가입하기 위해서는 구매금액 기준뿐 아니라 구매회수도 일정 수준을 넘어야 한다. 한 번에 대량 구입하는 경우 가입이 불가능하며, 하루에 1억 원 이상 구입하면 VIP 포인트도 50%만 인정되는 등 조건이 까다롭다.

롯데백화점 애비뉴엘에서 연 1억원이상을 쓰면 LVVIP(Limited Very Very Important Person)로 분류돼 발렛파킹과 전일 무료주차, 퍼스널 쇼퍼를 포함한 맞춤 서비스를 받는다. 한편 에비뉴엘과 백화점 고객을 각각 애비뉴엘 VIP와 MVG로 나눠 관리했던 롯데백화점은 올해부터 전국 롯데백화점, 에비뉴엘, 영플라자, 롯데아울렛, 엘롯데에서 구매한 금액을 모두 합산해 등급을 산정할 계획이다.

신세계백화점은 금액으로 분류하는 대신 연매출 상위 999명을 '트리니티'로 관리한다. 본점·강남점·센텀시티점 트리니티 라운지에서는 특급호텔 수준의 음료와 다과 서비스는 물론 최신 매거진과 해외 원서 등이 제공된다. 특히 신세계백화점은 백화점 밖에서도 받을 수 있는 VIP 혜택을 확대했다. 트리니티 고객은 인천호텔 출국장 VIP 라운지 패밀리룸을 이용할 수 있으며 조선호텔에서도 VIP 혜택을 받고, 대한항공 전 노선 비즈니스 및 이코노미항공권을 7% 할인 가격으로 구입할 수 있다.

백화점 관계자는 "VIP 고객의 매출 기여도가 매년 높아지고 있어, 이들을 잡기 위한 서비스 경쟁도 날로 치열해지고 있다"며 "다른 백화점과 차별화된 혜택을 마련하려 한다"고 말했다. 다른 관계자는 "백화점 VIP고객들은 카드·호텔 등 다른 업계에서도 VIP인 경우가 많지만 백화점 라운지에서 자연스럽게 인적 네트워크를 쌓는 등 혜택을 잘 활용한다"며 "타사와의 경쟁 등 여러 이유로 혜택을 모두 공개하지는 않지만, VVIP 고객의 요구는 가능하면 모두 응해주도록 하고 있다"고 말했다.

자료원: 이투데이, 2014.01.15

2. 소매점 STP전략

1) 시장세분화(Segmentation)

시장세분화란 어떤 제품에 대한 욕구가 유사한 소비자들을 몇 개의 소비자집단으로 군집화 하는 것을 말한다.

소매점은 고객들의 기대수준, 인구 통계적 변수, 심리적 변수, 사회경제적 특성 등에 따라 시장을 세분화할 수 있다. 소매점에 유용한 세분화 기준변수는 제조업체가 이용할 수 있는 기준보다 훨씬 광범위하고 다양한 변수들이 시장세분화를 가능하게 한다.

2) 표적시장선정(Targeting)

표적시장 선정은 세분시장가운데 자사가 가장 효율적으로 대응할 수 있는 시장, 즉 소매점은 자신의 능력에 적합한 세분시장을 표적시장으로 선정한다.

이때 사업범위, 자본능력, 경험 등을 고려하여야 한다. 표적시장이 결정되면 소매점은 입지, 머천다이징, 촉진, 서비스, 가격 등의 소매점포 믹스를 조합하여 표적시장에 적합한 포지셔닝을 결정하게 된다.

3) 포지셔닝(Positioning)

포지셔닝은 경쟁제품과 차별화 할 수 있는 속성을 발견하고 소비자의 인식(머리)에 자리잡는 작업을 의미한다. 여기서 소매점포지션은 표적시장 내고객들의 마음속에 경쟁점포와 비교하여 자사 점포가 상대적으로 차지하는 위치를 말한다. 고객들의 마음속에 차별화된 특성을 자리잡게 하는 것이다.

즉, N세대를 표적시장으로 정했다면, 그들이 많이 모여드는 곳에 입지를 선택하고, 취급상품이나 서비스도 차별화해야 한다. 차별화 방법에는 기능, 이미지를 강조하거나 표적고객과 유사한 모델을 내세우는 방법 등이 있다.

3. 소매점포 믹스

소매점의 시장세분화 전략이 결정되었다면, 구체적인 소매점포 믹스를 선택해야 한다. 소매점포 믹스 결정은 표적세분시장 내 소비자들의 욕구에 맞추어 소매점이 통제 가능한 소매믹스변수들(입지, 머천다이징, 마진과 회전율, 촉진, 고객서비스)의 최적조합을 찾아내는 과정이다.

1) 입지(Location)

소매점이 어디에 위치하고 있느냐에 대한 입지(Location : retailsite)는 소매점 성공의 가장 중요한 요소 중의 하나이다. 입지를 선정하려면 먼저 상권을 측정해야 한다. 상권이란 고객을 점포로 유인할 수 있는 잠재적인 지리적 영역을 뜻한다. 상권의 범위는 소매점이 취급하는 제품이나 서비스의 성격, 상품구색, 가격뿐 아니라 점포 내 특성, 상점의 밀집 정도에 의해서도 영향을 받음으로 장소의 선택은 소매상에게 성패를 좌우하는 것이다.

일반적으로 점포 입지 선택에서 고려해야할 요소는 접근가능성, 교통량, 상권 인구의 규모와 분포, 소득수준, 경제적 안정성, 경쟁상황 등이 있다.

2) 머천다이징(Merchandising)

머천다이징이란 표적고객의 욕구에 맞는 상품믹스를 개발, 관리하는 과정으로 점포가 갖추고 있는 상품구색을 의미한다. 머천다이징은 점포위치와 일관성을 가지면서 표적시장의 기호 및 선호도를 충족시킬 수 있도록 구성되어야 한다.

사례 5-13

불황 극복 비결은 날씨마케팅 적극 도입

날씨는 우리 모든 생활에 영향을 미치고 있다. 모든 업종과 분야에서 날씨를 경영기법에 활용하기 시작한 지가 어제 오늘 일이 아니다. 특히, 기업경영의 의사결정에 중요한 변수로 작용하고 있다. 날씨 마케팅(weather marketing)이다. 기상정보를 적극적으로 이용해 비즈니스를 유리하게 전개하는 기법이다. 기업주는 날씨를 경영전략의 한 결정요소로 인식하여 날씨 변화로 인한 위험을 최소한으로 막고, 그 위험을 반대로 이용하여 보다 많은 이윤을 확보하는 마케팅 기법인 셈이다.

심리학자들에 의해 날씨와 인간 기분에 대한 많은 연구가 이루어 졌는데, Howarth과 Hoffman은 강수량, 온도, 풍량, 풍속, 기압, 습도 등의 날씨 변수와 인간 심리에 관한 연구에서 습도, 온도, 일조량은 기분에 큰 영향을 미친다는 것을 발견하였다. 즉, 날씨효과이다. 그의 연구에 의하면 햇빛과 같은 상황에서 인간은 모험적인 상황에서 더 긍정적으로 생각하게 된다고 주장하였다. 또한 Beauchemin과 Hays은 미국에서 발생한 폭동들 대부분이 85도F 이상일 때라고 주장하였다. 이들의 연구에서 발견할 수 있는 흥미로운 사실은 온화한 날씨는 사람들의 마음을 안정화시켜 소비욕구를 활성화시키고, 악천후의 경우에는 불쾌지수를 상승시켜 소비심리가 위축될 수 있다는 것에 대한 반증이다.

이러한 경우는 최근 국내의 전통시장에서도 찾아볼 수 있다. 시장경영진흥원이 전통시장 상인들을 대상으로 조사한 결과에 따르면, 실제 상인들은 업황이 나빠진 이유로 경기 침체(36.4%)를 가장 많이 꼽았으며 날씨 · 기후(35.9%), 제품 특성상 비수기(27.2%), 대형마트 · SSM 영향(17.1%) 등이 뒤를 이었다. 업종별로는 가공식품 전망지수가 61.6으로 가장 낮았다. 가공식품은 본격적인 무더위로 식품이 상하거나 변질할 수 있어 고객이 꺼리기 때문이다. 더욱이 햇빛가리개가 없는 전통시장은 더욱 심했다는 사실을 올 여름 무더위에서 찾아볼 수 있다.

이처럼 소비자의 소비결정에 날씨가 미치는 영향력이 점차 커지고 있어 기업들의 날씨경영이 마케팅에 도입되고 있다. 특히 유통업체들을 대상으로 날씨를 활용한 마케팅 전략은 눈여겨 볼만하다. GS25와 훼미리 마트의 경우에는 날씨정보를 POS를 활용하여 제품의 수요공급량을 조절하여 매출을 극대화하였다. 신세계 및 현대백화점의 경우에는 주차장 이용고객에게 생수를 증정하고, 지상주차장 주차 시 이동식 에어컨으로 차량 온도를 낮춰주는 서비스를 제공해 주었으며, 매장 내에서는 쿨 서비스전담 직원을 배치해 고객에게 음료수, 아이스크림 등을 선착순으로 제공해주는 날씨 마케팅을 적극적으로 도입하였다. 찌는 더위와 기습적인 폭우 등이 백화점 매출에 부정적인 영향을 끼칠 수 있기 때문에 날씨에 포커스를 둔 마케팅을 펼쳤다.

더 나아가 가격 매커니즘에도 관련하고 있다. 올 여름 연일 지속되는 폭염으로 수박 소비가 큰 폭으로 증가하면서 수박 값이 때늦은 고공행진을 이어갔던 것은 대표적인 경우이다. 일반적으로 수박은 매년 말복(올해 8월 12일)이 지나고 8월 중순으로 접어들면 급격한 소비 감소와 함께 가격이 떨어지는 추세를 보이는 데 올해는 8월 중순에 접어들어서도 기록적인 무더위가 지속되면서 수박이 때 아닌 특수를 누리고 있었다. 수박을 재배하는 농가들 입장에서 출하시기를 조절하는 마케팅을 이용하기도 하였다.

이와 같은 사례는 날씨서비스 제공업체인 케이웨더의 자료에 따르면 여름철 온도가 1도 상승하면 음료수 판매량이 8.4% 증가, 아이스크림의 경우 기온이 섭씨 30도가 넘으면 겨울철에 비해 3.7배의 판매량을 보인다는 통계 데이터와 맥을 같이하고 있다. 날씨는 소비자의 소비 구매의사 결정의 종속변수, 매개변수가 아닌 독립변수로 영향력이 더욱 커질 것이다. 모든 기업들은 날씨가 새로운 경쟁력의 한 요소임을 간과하지 말아야 한다. 날씨경영을 적극적으로 마케팅으로 도입하여 불황을 극복해 보려는 노력이 필요할 때이다. 더 나아가 날씨에 따른 업종과 시장 특성에 맞는 올바른 포지셔닝이 이루어져야 할 때이다. 특히, 기업 마케팅 관계자들은 날씨변화가 매출증대의 중요한 변수라는 날씨마케팅에 대한 마인드가 절실히 필요하다. 기상 정보를 바탕으로 원재료 구입, 상품기획, 유행전망, 광고와 판매전략, AS 등 전 분야에 걸쳐 노력이 필요할 때이다.

자료원: 경인일보, 2013.10.02. 기사편집

3) 마진(Margin)과 회전율(Turnover)

마진이란 소매점이 상품을 판매함으로써 얻을 수 있는 이익의 크기를 의미하며, 회전율이란 일정기간 동안 평균재고가 판매되는 횟수를 의미하는 것으로 마진과 회전율은 소매점의 두 가지 중요한 재무적 목표이다.

일반적으로 소매점은 고 마진/저 회전율 소매상과 최소한의 서비스만을 제공하는 저 마진/고 회전율 소매점으로 분류할 수 있다.

최근의 지배적 추세는 저마진, 고회전율로 최소한의 고객서비스를 토대로 규모의 경제를 실현함으로써 점포효율성을 극대화하는 것으로 대형마트(할인점)의 성장이 두드러지고 있다.

4) 촉진(Promotion)

표적고객의 구매를 유발하기 위해 소매점은 제조업자와 마찬가지로 광고, 인적 판매, 판매촉진, PR 등의 촉진믹스를 이용한다.

소매점은 촉진목적에 따라 각각의 촉진수단을 이용해야 한다. 장기성과를 개선하기 위해서는 점포이미지와 점포 포지셔닝를 개선하거나 서비스를 확대해야 하므로 광고, 홍보에 주력하며, 단기적인 영업성과 개선을 위해서는 새로운 고객을 끌어 들이거나 기존고객의 충성도를 증가시킬 수 있는 판매촉진을 사용해야 한다.

5) 고객 서비스(Customer Service)

소매점은 각기 상이한 표적고객들의 기대에 상응한 서비스 수준을 제공한다. 저마진-고회전율을 추구하는 할인업태들의 부상에 따라 전통적 백화점이 수준 높은 고객서비스와 고품질·고가격의 디자이너브랜드 도입을 통한 차별화를 추구하는 것 등이 그 사례이다.

사례 5-14

편의점에서 겨울에 많이 팔리는 것들은…

프랜차이즈 편의점 세븐일레븐이 본격적인 겨울 시즌을 대비해 동절기 상품 구색을 대폭 강화한 가운데 연일 이어지는 영하의 날씨에 관련 상품들의 매출이 크게 증가하고 있는 것으로 나타났다.

세븐일레븐이 신규 출시한 소용량 염화칼슘(1kg)은 올해 유난히 잦은 눈으로 인해 소비자들에게 뜨거운 반응을 얻고 있다.

특히 많은 눈이 내렸던 지난해 12월 둘째 주(12월 9일~15일) 염화칼슘 매출은 전 주 대비 무려 20배나 증가했고 이 기간 동안에만 전체 매출의 약 80%가 집중됐다.

소비자들은 주로 자신의 집이나 가게 앞의 제설을 위해 편의점 소용량 염화칼슘을 많이 찾는 것으로 나타났다. 세븐일레븐의 상권별 매출 분석 결과를 보면 주택가가 32.1%로 가장 높았고 유흥가가 24.1%로 뒤를 이었다.

올 겨울 잇(it) 아이템으로 소비자들에게 많은 사랑을 받고 있는 단열시트 일명 '뽁뽁이'도 10월 신규 출시 이후 젊은 싱글족을 중심으로 편의점에서의 판매가 급증했다.

세븐일레븐에 따르면 20~30대의 구매 비중이 60.4%에 달하는 가운데 12월 1일~22일 '뽁뽁이' 매출은 전월 동기간 대비 무려 6배 이상 증가했다.

세븐일레븐은 여성 타이즈와 레깅스 위주의 겨울 상품 구색을 벗어나 남성 보온 의류 7종(상의 2종, 하의 5종)도 인기다.

전국적으로 내복 착용을 권장하는 온(溫)맵시 캠페인이 전개되고 있고 실내 체감온도 상승(3도), 피부건조증 예방 등 내복의 효과가 대두되면서 소비자의 반응도 뜨겁다. 12월 현재 세븐일레븐 내복 매출은 전월 대비 36.9% 상승세를 보이고 있다.

이 밖에 귀마개, 스마트폰 장갑 등 기존 방한 용품들도 2013년말 기준으로 전년 대비 44.5% 매출이 올랐고, 핫팩과 립케어도 각각 37.9%, 13.9% 증가했다. 동절기 차량용품(체인, 스프레이 등)도 드라이브인 매장을 중심으로 판매 호조를 보이며 전년 대비 17.0% 증가세를 보였다.

한편 세븐일레븐은 최근 영하의 날씨가 지속되는 가운데 눈이 오는 날도 많아지면서 눈길 안전 장비에 대한 고객 수요가 높아지자 편의점 최초로 도시형 아이젠(상품명 아이스워킹) 2종도 새롭게 출시됐다.

세븐일레븐에서 판매하는 도시형 아이젠 '아이스워킹'은 여성 하이힐을 포함해 모든 신발류에 적용이 가능하다. 뿐만 아니라 3초면 탈부착이 가능할 만큼 사용이 쉽고, 크기도 작아서 휴대가 편리한 특징을 가지고 있다.

그간 도시형 아이젠은 온라인몰이나 대형마트에서 주로 판매되어 왔다. 하지만 이제 가까운 편의점에서 필요시 바로 구매하여 착용할 수 있기 때문에 출퇴근길 직장인과 주말 야외활동 인구를 중심으로 판매가 많이 될 것으로 세븐일레븐은 내다봤다.

오재용 세븐일레븐 비식품팀장은 "최근엔 편의점에서도 기존 상품 구성을 벗어나 특색 있는 다양한 시즌 및 기획 상품들을 꾸준히 강화해 나가고 있는 추세다"라며 "앞으로도 소비자 생활과 밀접한 다양한 상품들을 지속적으로 발굴하여 선보일 계획이다"라고 말했다.

자료원: 머니위크, 2014.01.01. 기사편집

소매점입지 전략

제1절 소매점입지의 중요성과 선정

1. 소매점입지의 중요성

입지(Location)란 소매점포가 있는 지리적인 위치를 의미하는 것으로 소매점포에서 아주 중요하다.

입지는 점포가 소재하고 있는 지리적인 조건으로 일반적으로 상권의 크기, 교통망, 고객층, 점포의 지세 및 지형과 밀접한 관련을 가지고 있다.

입지선정은 지속적인 경쟁우위를 개발하기 위해 사용될 수 있어 전략적으로 매우 중요하며, 소매업을 입지산업이라고 부를 정도로 입지는 중요한 전략적 결정요인이다. 입지 위치에 따라 엄청난 매출과 이익이 보장되므로, 점포의 위치는 사업의 성공여부를 결정짓는 중요한 요인이 되고 있다.

소매입지는 한번 결정 되면 쉽게 변경하기가 어렵기 때문에 신중하게 결정하여야 한다. 입지선정에 있어서 접근성, 현재 및 미래의 수익성, 시장규모의 확장가능성, 매출액 성장가능성에 대한 예측이 중요하다.

점포를 어느 도시 또는 어느 상업 지구에 자리 잡을 것인가, 선정된 도시나 지구 내의 어느 특정지역에 위치할 것인가는 여러 가지 요인이 영향을 미친다. 따라서 도시나 상업지역 선정 시 사회경제적 요인이나 물리적 요인 즉, 상업지구의 인구통계적 사항, 주민의 구매력, 부의 분산, 소득수준, 잠재고객의 구매 관습, 경쟁의 본질과 강도, 제반 법령과 제도, 지반, 노면, 가로의 구조, 부지의 형상, 소음, 대기환경, 인접 건물의 형태 등 여러 가지 입지조건을 고려해야 한다.

2. 소매점입지선정

1) 입지선정과정

신규점포의 상권은 지역, 지구, 개별점포상권을 포함하는 포괄적인 개념이므로 대형점이 어떤 지역에 신규출점을 할 경우 점포입지의 매력도에 대한 평가는 단계별로 이루어져야 한다.

첫째, 광역시장후보지의 시장잠재력을 조사하기 위하여 시장후보지에 대한 고객수요, 업체 간 경쟁정도를 분석한다.

둘째, 특정지역이 선정되면 그 후보지내에서 최적지구선정을 위한 분석을 한다.

셋째, 구입가능한 부지들 중에서 최적의 부지(site)를 점포입지로 선정한다.

이와 같은 과정을 통해 최종 예상후보지의 상권분석에 앞서 광역시장들에 대한 매력도 분석이 행해져야 한다.

2) 매력도 분석

광역시장후보지의 시장매력도나 소매잠재력을 추정하는데 있어 수요요인과 공급요인을 함께 고려해야한다. 최적의 광역시장후보지가 되기 위해서는 먼저 충분한 수요가 존재해야 한다. 가구 수가 많고 소득수준이 높아야 하며, 인구통계적 · 사회경제적 특성이 점포의 표적고객과 부합되어야 한다. 그러나 수요측면에서 이러한 조건이 충족되더라도 너무 많은 기존점포들이 있다면 신규점포로서 매력도는 낮아진다. 그러므로 수요요인 및 공급요인과 함께 그 지역의 경제적 기반에 대해서도 평가가 이루어져야한다. 소매업체는 2차 자료를 활용함으로써 지역시장의 소매 잠재력을 분석할 수도 있다.

3) 넬슨(R.L. Nelson)의 소매입지이론

넬슨은 최대의 이익을 얻을 수 있는 매출고를 확보하기 위해 점포의 입지선정에 필요한 평가원칙을 제시하였다.

① **상권의 잠재력**: 진입한 상권에서 취급을 요하는 상품이 수익성 확보가 가능한가에 대한 검토가 이루어져야 한다.

② **접근가능성**: 고객들이 접근할 수 있는지 살펴보는 것이다.

③ **성장가능성**: 선택한 상권이 어느 정도로 성장 할 수 있는지를 평가한다.

④ **중간 저지성**: 기존 점포나 상권지역이 고객과 중간에 위치하여 경쟁점포나 기존의 상권으로 접근하려는 고객을 중간에서 저지할 수 있는 가를 평가한다.

⑤ **누적적 흡인력**: 동종의 업종끼리 모여 있을수록 고객을 끌어들이는 힘이 커진다. 고객의 흡수가 유리한 지를 평가한다.

⑥ **양립성**: 상품들이 상호보완관계에 있는 경우 점포들이 모여 있을수록 고객흡인력이 커진다. 고객 흡인력의 가능성을 검토한다.

⑦ **경쟁 회피**: 경쟁점포의 입지, 성격, 규모, 형태를 감안한 입지를 선택하여 매출액을 예측한다. 또한 장래 경쟁점이 들어설 여지도 검토한다.

⑧ **입지의 경제성**: 입지 비용으로 인한 수익성과 생산성의 정도를 분석한다.

사례 6-1

목 좋은 상권을 잡기 위한 원칙

창업을 준비하는 사람들이 가장 먼저 고민하는 것은 무엇을 할 것인가 이다. 최근에 유행하는 힐링 관련 아이템을 선택할 수도 있고 오랜 세월동안 끊임없이 인기를 누리고 있는 삼겹살 등 널리 알려진 아이템을 선택할 수도 있다.

그런데 좋은 아이템으로 창업을 해도 목이 좋지 않으면 성공적인 창업이 어려울 것이다. 또 목이 좋아도 그곳에 맞는 업종은 따로 있다. 그런데 창업 경험이 없는 예비 창업자가 이러한 것들을 일일이 조사하고 결정하기란 그리 쉽지 않다.

수어지교(水魚之交)란 말이 있다. 물고기가 물을 떠나서는 살수 없듯이 아주 친밀해 떨어질래야 떨어질 수 없는 아주 가까운 사이를 일컫는 말인데 목(立地)과 아이템도 이러한 관계라고 할 수 있다.

그럼 목 좋은 상권을 잡는 비결은 무엇일까?

우선 입점 예정 상권에 대한 예비조사를 철저히 해야 한다. 상권분석의 가장 기초단계로 지역 및 지구선정 단계라고도 한다. 실례로 청주 가경터미널지구에 가게를 낸다면 인구 수, 가구 수, 성별, 연령별로 소득 및 소비수준과 아파트 · 단독 등 주거형태를 조사해 지역상권의 특성을 파악해 보는 것이다. 이러한 자료를 바탕으로 상권과 아이템의 부합성 여부를 추정해 미래의 잠재 수요층까지 예측할 수 있다.

둘째로 직접 현장조사를 하는 것이다. 보통 2~3곳의 지점을 선정해 업체의 분포상태, 경쟁업체 수, 유사업체 수, 학교, 병원, 관공서, 시장, 쇼핑센터, 터미널의 숫자와 위치를 파악한다. 주의할 점은 고객 흡입 가능성 여부에 초점을 맞추고 조사해야 한다. 이러한 현장조사를 통해 사업성 및 투자가능성 여부를 판단할 수 있다.

셋째로 입지분석 및 점포선정이다. 지점 선정이 끝나면 지점 내 2~3곳의 점포를 물색하고 점포주변의 유동인구 상태를 파악해야 한다. 유동인구는 시간대별, 연령대별 그리고 평일과 주말로 구분해 조사한다. 또 도로 교통망과 경쟁점포 조사도 철저히 하는 등 벤치마킹을 병행하는 것이 좋다.

이는 유동인구의 동선이 어디로 돼 있고 주변상권은 어느 정도 활성화 돼 있는지, 개점 시 예상매출액은 어느 정도 될 것인가를 판단해 최적의 점포를 선정하는데 좋은 자료가 된다.

예비창업자들이 사업장을 선정할 때 고려해야 할 입지평가 방법으로 넬슨(R. L Nelson)은 판매상품에 대한 수익성 확보 가능성, 고객의 접근 가능성, 상권의 성장가능성, 경쟁점포나 기존의 상권지역으로 이동하는 고객을 중간에서 저지할 수 있는 중간저지성, 고객 흡입력, 인근 점포와의 상호보완성, 향후 신규 경쟁점의 입점 가능성, 입지의 가격 및 비용 등 투자대비 수익성과 생산성 등 8가지 원칙을 말하고 있다.

즉, 안정성, 균형성, 조화성을 고루 갖춘 곳이 창업을 위한 좋은 자리로 볼 수 있다.

자료원: 충청투데이, 2013.11.06

제2절 소매점 입지유형

1. 도심입지

도심입지는 대도시와 중·소도시의 전통적인 도심의 상업지역을 말하며, 다양한 상업 활동으로 인해 많은 사람들을 유인하는 지역이다. 상업입지의 대상은 도매업에서 소매업까지, 즉 백화점, 대형 슈퍼마켓에서 구멍가게까지 다양하다.

도심의 입지조건은 그 곳의 사회·경제적 성격, 상업 집적상태, 배후지의 인구와 경제력, 소비자의 생활상태, 교통편의, 자연적·기후적조건, 장래의 개발계획 등이다.

① **도심번화가** : 전통적인 상업 집적지로서 고급전문점이나 백화점 등이 입지하고 있어 다양한 분야에 걸쳐 고객흡인력을 지닌다.

② **도심터미널** : 철도 환승지점을 중심으로 발달한 상업 집적지로서 역사백화점(기차나 지하철 역) 또는 터미널빌딩 등이 중심점포역할을 담당한다.

③ **도심주택지** : 인구밀집지역으로서 원래부터 상점가가 있어 대규모 소매점이 출점하기 곤란한 지역이다.

2. 노면 독립입지

노면독립입지란 여러 업종의 점포가 한곳에 모여 있는 군집입지와 달리, 전혀 점포가 없는 곳에 독립하여 점포를 운영하는 형태를 말한다.

독립입지는 다른 소매업체들과 지리적으로 떨어진 지역에 위치함으로써, 경쟁이 없고 토지 및 건물의 가격이 싸고, 대형점포를 개설할 경우 소비자의 일괄구매를 가능하게 하며, 경영상의 신축성도 있고, 주차도 용이하며 영업비가 저렴하여 저가판매가 가능하다는 이점이 있다.

반면에 초기에는 고객을 유인하기가 어렵고, 쇼핑의 다양성을 원하거나 비교구매를 원하는 고객을 흡인하기 어려우며, 고객을 지속적으로 유인하기 위해서는 가격, 홍 보, 상품, 서비스 등을 차별화해야 하기 때문에 비용이 증가할 수 있다.

3. 복합용도개발지역

복합용도개발은 하나의 복합건물에 다양한 용도 즉, 쇼핑센터, 오피스타워, 호텔, 주상복합건물, 컨벤션센터 등을 복합적으로 결합시킨 것을 의미한다.

이는 주거와 상업, 업무, 문화 등 3가지 이상의 기능들을 상호 밀접하게 연관시켜 편리성과 쾌적성을 제고시킨 건물 또는 건물군의 개발을 말한다.

소매점들이 복합용도개발입지를 선호하는 이유는 통상적인 고객 외에 추가적인 구매고객의 유인에 있으며, 각 구성요소들 간의 견고한 물리적 기능의 통합에 의한 고도의 토지 이용을 창출하기 위해 수직적 · 수평적 동선 체계의 집중적인 연결로서 긴밀하게 통합되어야 한다.

복합용도 개발은 도시 내에서 살고자 하는 사람이나 살 필요가 있는 사람들에게 양질의 주택을 공급할 수 있으며, 도심공동화 현상을 방지 할 수 있다. 또한 기존시가지내 공공시설을 활용함으로써 신시가지 또는 신도시의 시기반시설과 공공서비스 시설 등에 소요되는 공공재정 등의 절약이 가능하며, 직장과 주거지의 거리가 단축되어 출퇴근 시 교통 혼잡이 완화될 수 있고, 이에 따르는 차량통행량의 감소로 대기오염요인 감소와 너지 절감의 효과를 얻을 수 있다.

4. 쇼핑센터

쇼핑센터는 도심지역의 소비자들이 교외로 이전하면서 전문적인 개발업자에 의한 지역 상황과 수요 분석을 통해 규모・레이아웃・점포구성・만족 등이 계획적으로 개발・관리・운영되는 집합형 소매점을 말한다.

쇼핑센터는 동일한 개발업자가 계획한 소매업, 음식업, 서비스업 등의 대규모 집단 판매시설로 제2차 세계대전 후 미국에서 발전한 집합형 소매상점가를 말한다. 또한 쇼핑센터는 도심 밖의 커뮤니티 시설로 계획되는 것이 일반적이며, 우리나라에서는 번화한 상점가를 의미하며, 대자본의 공세에 대항하기 위해 일반 독립소매상이 모여서 역 근처나 빌딩 및 지하도에 근대적인 거리를 만들거나 공동점포를 건설하는 것이다.

쇼핑센터의 분류는 입지에 따른 분류와 규모에 따른 분류가 있다.

1) 입지에 따른 분류

도심형쇼핑센터는 불특정다수의 사람들을 구매층으로 하며, 지가가 높은 지역에 입지하기 때문에 면적 효율 상 고층이 되는 경우가 많고 주차공간도 집약된다.

반면에 교외형 쇼핑센터는 특정상권의 사람들을 구매층으로 한다.

비교적 저층이고 대규모 주차장을 갖고 있으며, 백화점, 대형슈퍼마켓 등을 중심으로 하는 경우가 많다.

2) 규모에 따른 분류

첫째, 근린형 쇼핑센터는 도보권이 중심으로 슈퍼마켓, 드러그 스토어가 중심이다. 일용품 위주의 소규모 쇼핑센터이다.

둘째, 지역형 쇼핑센터는 백화점, 종합슈퍼, 대형버라이어티 스토어 등의 대형 상점 이 중심으로 여러 가지 서비스 기능이나 레저・스포츠 시설 등을 갖춘 대규모 쇼핑센터이다. 대표적 유형으로는 교외터미널로 외곽도시의 관문으로까지 발 전한 상업 집적지로서 양판점이나 백화점의 지점, 대규모 전문점 체인 등이 입지한다.

셋째, 커뮤니티형 쇼핑센터는 가장 다양한 유형의 소매점포 들로 구성되는 쇼핑센터로서 슈퍼마켓, 버라이어티 스토어(일용잡화점), 소형 백화점 등이 중심으 로 실용품 위주의 중규모 쇼핑센터이다.

사례 6-2

유통업계 '숟가락 얹기' 새마케팅 눈길

치열한 상권경쟁에도 집객효과 커 줄지어 경쟁사 덕보지만 과도한 프로모션에 진흙탕 싸움도 "OO촌은 그냥 만들어지는 게 아니에요." 명동 눈스퀘어의 자라와 H&M, 하이마트 옆 삼성디지털프라자, 신세계 파주 아울렛 옆에 들어서는 롯데 아울렛, 영등포 할인점 상권, 분당 백화점 상권 등이 의미하는 것은 무엇일까.

올해 3월 신세계 파주 아울렛이 오픈한데 이어 오는 12월 불과 10여분 떨어진 곳에 롯데 아울렛이 들어설 예정이다.

2009년 11월 대전 유성구에 문을 연 하이마트 테크노밸리점 옆에는 2개월이 채 지나지도 않아 100m 떨어진 곳에 삼성디지털프라자가 들어섰고 바로 옆건물에는 LG베스트샵이 영업을 시작했다.

대형가전숍이 3개나 들어서면서 이곳은 가전매장촌으로 다시 태어나게 됐고 파주는 아울렛 명소로 각광받게 됐다.

선발업체가 상권을 형성해놓으면 경쟁업체가 인근으로 따라 들어가는 이 현상은 유통업계에서는 이미 하나의 마케팅 수단, 미투전략(me-too)으로 떠오르고 있다. 이미 형성된 상권에서는 별다른 홍보에 힘을 들이지 않고도 선발업체가 닦아놓은 '상권효과'를 그대로 흡수할 수 있는 '무임승차'의 장점이 있기 때문이다.

명동 눈스퀘어 빌딩에 동시되어 있는 글로벌 SPA 브랜드 자라와 H&M이 대표적인 예다. 이미 한국에서 브랜드 로열티를 쌓은 자라가 입점되어 있는 눈스퀘어 빌딩을 H&M이 국내 첫 거취로 선택한 것도 이 때문이다.

초기 자라의 브랜드 덕을 본 H&M은 국내 시장에 빠르게 안착했고 현재 집객효과의 시너지가 더해져 두 브랜드 모두 엄청난 매출을 올리고 있다. 자라를 비롯한 경쟁브랜드와 이웃한 매장에서 시너지를 올리기 때문에 매출이 계속 늘고 있다는 게 H&M 코리아 측 설명이다.

자라도 H&M을 찾는 손님들을 흡수하면서 매출이 최대 30% 이상 증가했다. 업계 관계자는 "자라와 H&M은 월 평균 30~60억 원 이상의 매출을 달성하고 있다"며 "경쟁에 따른 고객분산보다 집객효과가 더 커 시너지가 나고 있다"고 설명했다.

치열한 상권경쟁에 진흙탕 싸움도 펼쳐진다. 국내 대형마트들이 가장 치열하게 영업전쟁을 벌이고 있는 영등포 상권과 백화점들이 기싸움을 펼치고 있는 분당이 대표적인 예다.

롯데마트가 영등포 상권을 가장 먼저 장악했고 뒤이어 홈플러스와 이마트가 가세, 영등포 일대는 국내 할인점의 가격경쟁이 가장 치열하게 펼쳐지는 곳 중의 하나로 꼽히고 있다.

분당 상권도 만만치 않다. 신세계백화점 경기점이 성장가도를 달리면서 상권의 터줏대감 AK플라자와의 신경전이 펼쳐지고 있다. 엎친데 덮친 격으로 현대백화점이 알파돔시티에 백화점과 할인점, 영화관, 쇼핑몰 등 복합쇼핑몰을 오픈할 계획이어서 분당은 국내 백화점 4곳이 밀집, 치열한 경쟁을 예고하고 있다.

한 업계 관계자는 "선발업체가 전단지 제작 등 많은 돈을 들여 상권을 닦아놓으면 후발업체가 뒤따라 들어와서 판촉홍보의 결과물을 쉽게 가져가는 셈"이라고 말했다.

반면에 한 업계 관계자는 "같은 업종이다 보니 상권을 분석하는 마케팅 툴(Tool)이 비슷해 인접한 지역에 매장을 오픈하는 것"이라며 "이미 형성된 상권효과를 그대로 누리기 위해 따라 들어가는 것은 아니다"고 못박았다.

※ **미투전략**이란 시장을 선도하는 1등 제품을 모방하는 영업방식으로 일명 따라하기 전략이다. 즉 타깃 소비층이 유사한 대형 브랜드를 따라하거나 전적으로 동종 업종이 모인 곳에 입점하기도 하고, 보완할 수 있는 업종이 있는 곳으로 들어가 매출 상승을 노리는 경우 등 다양하다.

자료원: 이투데이, 2011.05.23

제3절 상권의 개념과 분류

1. 상권의 개념

상권(trade area)이란 한 점포가 고객을 유인할 수 있는 지역적 범위(geographic area)를 의미한다. 따라서 소비자를 직접 상대하는 소매상은 자사점포가 판매하고자 하는 상권범위를 먼저 결정해야한다.

소매상은 적정한 가격에 상품이나 서비스를 판매 및 배달할 수 있는 지역범위를 결정해야 하는데, 이러한 상권은 계층적 구조에 따라 지역상권-지구상권-개별상권으로 분류하고, 고객포함정도에 따라 1차상권-2차상권-한계상권으로 분류하는 방법이 있다.

2. 상권의 분류

1) 계층적 구조에 따른 분류

(1) 지역상권

지역상권(general trading area)이란 도시의 행정구역이라 할 수 있으며, 한 도시 내에 형성된 모든 유통기관들의 총체적 경쟁구조로 신규점포 선정 시 지역상권의 특성파악을 파악해야 한다. 하나의 지역상권은 여러 지구상권을 포함한다.

(2) 지구상권

지구상권(district trading area)이란 한 상권내의 대형백화점이나 유명전문점 등의 존재여부, 관련점포들 간의 집적여부에 따라 상권의 크기를 구분(예: 서울상권은 도심, 강남, 신촌 등으로 나뉨)한다.

(3) 개별상권

개별상권(individual trading area)이란 지구상권 내의 특정 점포가 커버하게 되는 상권을 말한다. 각 점포의 규모에 따라 다를 수 있으며, 대형점포나 전문점의 경우 상대적으로 커질 수 있다.

2) 고객포함정도(개별점포)에 따른 분류

(1) 1차 상권

1차 상권(primary trading area)이란 전체 점포이용고객의 50~70%를 흡인하는 지역범위점포에서 가장 가까운 지역들을 포함하며, 고객 1인당 구매액이 가장 높은 지역범위이다.

(2) 2차 상권

2차 상권(second trading area)이란 1차 상권 외곽에 위치, 전체 점포이용고객의 20~25%를 흡인하는 지역범위 2차상권내의 고객은 1차 상권의 고객들에 비해 지역적으로 넓게 분산되어있다.

(3) 한계상권

한계상권(fringe trading area)은 2차 상권 외곽을 둘러싼 지역범위로 1차 상권과 2차 상권에 포함되지 않은 나머지 지역의 고객들을 흡인하는 지역으로 한계상권내의 고객은 매우 광범위하게 분산되며, 고객 1인당 구매액이 가장 낮다. 한계상권의 고객은 특정점포를 애고하여 멀리까지 이동하는 것을 즐기는 원거리 고객일 가능성이 많다.

사례 6-3

중구 · 강남구, 자영업체 가장 많다
'서울 자영업자 업종지도' 통해 밀집도 분석
창업 3년 후 절반은 폐업, PC방 가장 위험

전체 자영업체 중 가장 많은 자영업체가 있는 곳은 중구이며 생활밀접형 자영업종 43개 중 24개 업종이 강남구에 가장 많은 것으로 나타났다.

외식업에는 '한식음식점', 서비스업에는 '부동산중개업', 도 · 소매업에는 '의류점'이 생활밀접형 43개 선정 업종 중 가장 많이 분포된 것으로 조사됐다.

서울시와 서울신용보증재단은 서울시 소재 자영업 중 생활밀접형 업종 43개를 선정하고 업종별 · 자치구별 밀집도 등을 분석한 '2013년도 서울 자영업자 업종지도'를 발간했다.

이번 분석은 ▷외식업 10개 ▷서비스업 22개 ▷도 · 소매업 11개로 총 43개 업종(총 29만2750개 사업체, 전 산업 사업체 대비 38.9% 차지)에 대해 진행됐으며 업종별 사업체를 수로 나눠보면 서비스업이 40.8%(11만9543개)로 비중이 제일 높았고 외식업(36.1%, 10만5513개), 도 · 소매업(23.1%, 6만7694개) 순으로 나타났다.

구분						
외식업 (10개)	한식음식점	중국집	일식집	양식집	분식점	패스트푸드점
	치킨집	제과점	호프간이주점	커피음료		
서비스업 (22개)	입시보습학원	외국어학원	예체능학원	일반의원	치과의원	한의원
	부동산중개업	인테리어	노래방	PC방	보육시설	노인요양시설
	헬스클럽	당구장	골프연습장	미용실	피부관리실	네일숍
	여관업	세탁소	자동차수리	자동차미용		
도소매업 (11개)	슈퍼마켓	편의점	컴퓨터판매수리	휴대폰	정육점	과일채소
	의류점	패션잡화	약국	문구점	화장품	

도소매업 (23.1%)
외식업 (36.1%)
43개 업종
서비스업 (40.8%)

서울시 소재 자영업 중 생활밀접형 43개 업종<자료제공=서울시>

유동인구 '강남', 상주인구 '송파' 최다

특히 이번에 발표한 업종지도는 상주인구(해당자치구 내 주민등록 인구)와 유동인구(해당 자치구 위치 지하철역 일일평균 승·하차인원수 사용)를 구분해 자료를 분석, 더욱 실질적이고 객관적인 정보를 산출했다는 평가다.

또 과밀 여부에 대한 단순 분석에 그치지 않고 입지계수(자치구 특정업종에 대해 서울시 전 지역 동일 업종에 대한 상대적 밀집도 또는 특화도)를 추가하는 등 다각적인 분석을 시도해 예비창업자는 물론, 시민들도 쉽게 이해할 수 있도록 제작됐다.

먼저 모든 분석의 기초가 되는 자치구별 유동인구는 강남구가 110만 명으로 가장 많았으며 상주인구는 송파구가 69만 명으로 가장 많았다.

업종별 최고 입지계수(LQ) 자치구별 현황 <자료제공=서울시>

상업 · 업무지역인 중구 · 강남 · 영등포 · 종로 · 서초 · 마포 외에도 구로 · 광진 · 용산 · 동작을 포함 10개 자치구가 상주인구보다 유동인구가 많았고 나머지 15개 외곽 자치구들은 유동인구보다 상주인구가 더 많은 베드타운 역할을 하고 있는 것으로 나타났다.

조사자료에 따르면 서울 내 전체 자영업체수는 중구가 5만9600개, 강남구가 5만8000개, 송파구가 4만2800개로 상위권을 기록했다.

하지만 분석대상이 된 43개 생활밀접업종 최다보유 자치구는 강남구로 ▷한식 ▷양식 ▷일반의원 ▷부동산중개업 등 24개 업종이 밀집돼 있고 그 뒤를 송파구(5개: 치킨집, 호프 · 간의주점, 예체능학원, 노래방, 자동차수리), 영등포구(3개: 중국집, 여관업, 슈퍼마켓)가 이었다.

자치구별 특화도를 나타내는 업종별 입지계수(Location Quotient: LQ)분석결과 강남구에는 일식집 · 분식집 · 일반의원 · 치과 · 피부관리실 · 네일숍 · 편의점이 밀집돼 있었으며 강북구엔 한식 · 호프 · 노래방 · 여관업 · 슈퍼마켓, 양천구엔 입시보습학원 · 외국어학원 · 예체능학원 · 헬스클럽, 동대문구엔 자동차수리 · 한의원 · 과일채소 · 약국이 상대적으로 많은 것으로 나타났다.

반면 강서구, 구로구, 서대문구, 성북구, 중랑구, 강동구는 밀집된 업종이 없는 것으로 나타났다.

창업 시 가장 큰 영향을 주는 업종별, 자치구별 사업체 밀집 현황도 상세하게 분석했다. 세부업종을 분석한 결과 외식업 중 심화정도가 높은 업종을 가리기 위해 사업체당 유동인구 평균을 낸 결과 한식음식점(270명)이었으며 다음이 호프 · 간의주점(677명), 분식집(1350명), 커피음료(1377명), 치킨집(2950명)이었다.

중국집은 중구 · 종로 · 성동 · 강남구 등이 유동인구 대비 사업체 밀도가 낮았고 은평 · 노원 · 양천 · 도봉구 등은 상주인구 대비 사업체 밀도가 낮았다. 또한 창업 후 생존율은 강서 · 도봉 · 중랑구가 낮았다.

2008년도 창업 후 2011년도 기준(3차년도) 생존비율
〈43개 생활밀집형 주요업종〉

상위 10개 업종	비율	하위 10개 업종	비율
보육시설	89.5	한식음식점	51.5
치과의원	77.8	네일숍	49.3
일반의원	77.5	호프간이주점	49.3
약국	75.6	피부관리실	48.7
자동차수리	75.4	분식점	46.1
노인요양시설	74.4	부동산중개업	45.9
세탁소	73.8	당구장	43.9
편의점	72.6	휴대폰	43.8
헬스클럽	72.3	의류점	42.9
여관업	71.1	PC방	31.6

<자료제공=서울시>

이번에 발간한 업종지도에서는 창업 3년 후 생존율과 업종별/자치구별 창업 및 휴·폐업 사업체 수 현황에 대한 정보도 함께 제공해 예비창업자들이 전반적인 창업 트랜드와 상권정보를 입수 할 수 있도록 했다.

2011년 기준으로 창업 후 생존한 사업체의 생존율은 연차별로 1차년도 81%, 2차년도 67%, 3차년도 54%로 나타났다.

또 이번에 주요 분석업종인 43개 생활밀접형의 경우 13개 업종은 창업보다 폐업이 더 많은 업종이었다는 것이 밝혀졌다.

외식업(10개) 중에서는 '호프 · 간이주점'이, 서비스업(22개) 중에는 '부동산중개업', '노래방', 'PC방', '당구장', '여관업', '세탁소', '자동차수리 '등 7개 업종이 폐업(퇴장) 사업체 수가 더 많았다. 도 · 소매업(11개) 중에서도 '슈퍼마켓', '컴퓨터 판매수리', '과일채소', '약국', '분식점' 등 5개 업종이 창업보다 폐업 사업체 수가 더 많았다.

서울시 배현숙 소상공인지원과장은 "이번에 제작한 '2013년도 서울 자영업자 업종지도'가 서울시에서 창업하려는 예비창업자 뿐만 아니라 일반시민에게 유용한 정보를 제공함으로써 자영업자간 과다경쟁을 막고 多진출 · 多퇴출 구조의 자영업 생태의 개선을 통하여 자영업자의 골목상권이 살아날 수 있기를 바란다"라고 말했다.

자료원: 환경일보, 2014.02.03. 기사편집

3. 상권분석의 필요성과 고려사항

1) 상권분석의 필요성

① 상권분석을 통해 기업은 자사점포의 예상매출액에 대한 추정이 가능할 뿐 아니라 상권내의 소비자의 인구통계적 및 사회경제적 특성을 파악함으로써 이에 맞는 촉진전략을 수립할 수 있게 한다.

② 최적의 점포입지를 확보하는 문제는 경로구성원(즉 제조업체와 유통업체)들의 장기적 시장성공의 핵심요인으로 대두된다.

③ 상권분석은 자사점포의 수요예측과 마케팅전략의 수립을 위한 필수적인 단계이다.

2) 상권분석 시 고려사항

상권분석을 통한 입지선정의 의사결정 작업은 기업의 성패를 좌우하는 매우 중요한 사항이므로 신중하여야 한다. 상권분석에 따른 입지선정을 위해 고려해야 할 사항은 다음과 같다.

① **인구규모의 특징** : 총인구수 및 인구밀도, 연령분포, 주택소유자비율, 총가처분소득의 크기, 일인당 가처분소득, 직업분포, 변화추세.

② **경제적 기반** : 우월한 산업, 다양화정도, 성장 예측치, 경기변동/계절적 변동과의 관련성, 신용/금융기관 획득 가능성.

③ **노동력 획득가능성** : 고졸 및 대졸자 분석, 전국 평균 임금 대비한 지역임금 분석, 경영자, 예비경영자, 종업원

④ **경쟁상황** : 기존 경쟁자의 수와 규모, 모든 경쟁자의 장단점 평가, 단기 및 장기 예측, 포화수준.

⑤ **공급원천과의 근접성** : 수송비용, 적시성, 제조업자와 도매상의 수, 제품라인의 획득 가능성과 신뢰성.

⑥ **점포입지획득가능성** : 예정지의 수와 유형, 수송활용가능성, 소유 대 임대 기회, 입정제한규정, 비용.

⑦ **촉진** : 매체획득가능성과 노출빈도, 비용, 유실된 촉진.

⑧ **규제** : 세금, 면허, 생산, 최소임금, 입점.

4. 상권분석기법

신규점포를 개설하기위해 상권범위를 분석하는 방법에는 기술적 방법, 규범적 모형, 확률적 모형의 3가지가 있다.

1) 기술적 방법(descriptive method)

신규점포의 상권범위를 분석하기 위한 기술적 방법에는 체크리스트 방법과 유추법이 있다.

(1) Checklist방법

상권의 규모에 영향을 미치는 요인들을 수집하여 이들에 대한 평가를 통해 시장잠재력을 측정하는 방법으로 상권내의 제반 입지 특성, 상권고객 특성, 상권경쟁구조 등에 관해 분석하는 방법이다.

(2) 유추법(Analog Method)

Applebaum의 유추법은 자사의 신규점포와 특성이 비슷한 유사점포를 선정하여 그 점포의 상권범위를 추정한 결과를 신규점포의 상권규모를 측정하는 방법으로, 신규점포뿐 만 아니라 기존 점포의 상권분석에도 적용될 수 있다는 점에서 상권분석에 자주 활용되는 분석기법으로 상권규모의 측정은 CST(customer spotting)map의 기법을 이용한다. CTS 기법은 자사점포를 이용하는 고객들의 거주지를 지도상에 표시한 후 자사점포를 중심으로 서로 다른 거리의 동심원을 그림으로써 자사점포의 상권규모를 시각적으로 파악할 수 있는 방법이다.

2) 규범적 모형(Normative Model)

(1) 중심지이론(Central Place Theory)

1930년대 독일의 Christaller에 의해 제시되었으며, 중심지이론에 의하면 한 지역 내의 상업중심지가 포괄하는 상권의 규모는 그 도시의 인구규모에 비례하고, 상업중심지로부터 중심기능을 제공 받을 수 있는 가장 이상적인 배후상권의 모양은 정육각형이며, 정육각형의 형상을 가진 상권은 중심지기능의 최대도달거리(range)와 최소수요 충족거리(threshold size)가 일치하는 공간구조라고 하였다.

(2) Reilly의 소매중력법칙(Law of Retail Gravitation)

Reilly의 소매중력법칙은 두 경쟁도시가 그 중간에 위치한 소도시의 거주자들로부터 끌어들일 수 있는 상권규모는 그들의 인구에 비례하고, 각 도시와 중간도시간의 거리자승에 반비례한다.

Reilly는 소비자가 항상 가장 가까운 점포를 찾는다는 중심지이론이 적용되기 어려운 상황들이 있을 수 있다고 보고, 보다 많은 인구를 가진 도시가 더 많은 쇼핑기회를 제공할 가능성이 많으므로, 원거리에 위치한 고객들도 기꺼이 그곳으로 쇼핑여행을 갈 수 있음을 주장하였다. 즉 원거리에 위치한 점포의 상품가격과 교통비를 합한 총 가격이 다른 점포를 이용할 경우의 구입비용보다 싸다면, 소비자는 보다 싼 가격의 상품을 구매하기 위해 기꺼이 먼 거리까지 갈 수 있다는 것이다.

3) 확률적 모형

확률적 모형은 한 상권 내에서 특정점포가 끌어들일 수 있는 소비자 점유율은 점포까지의 방문거리에 반비례하고 해당점포의 매력도에 비례한다는 가정에서 출발한다. 즉 한 상권 내에서 특정점포가 끌어들일 수 있는 소비자 점유율은 해당점포의 상대적 매력도에 의해 결정된다는 것이다.

확률적 모형은 목표상권 내에서 구매를 하는 소비자의 공간이용(spatial behavior) 패턴을 실증분석 하는데 이용되며, 해당상권내의 경쟁점포들에 대한 소비자의 지출패턴이나 소비자의 쇼핑패턴을 반영함으로써 특정점포의 매출액과 상권규모의 보다 정확한 예측을 가능하게 한다. 대표적으로 Luce모형과 Huff모형이 있다.

(1) Luce모형

확률적 모형은 수리심리학에서 널리 알려진 Luce의 선택공리(Luce choice axiom)에 이론적 근거를 두고 개발되었다. 어떤 소비자가 어느 점포를 선택할 확률은 고려하는 점포대안들의 개별효용의 총합에 대한 점포 효용의 비율에 의해 결정된다는 것이다.

예를 들어 어떤 소비자가 A, B, C라는 세 개의 점포를 고려하고 있으며, 그 점포에 대한 효용이 각각 9, 7, 5라고 가정할 때 점포 A를 선택할 확률은 9/(9+7+5)=0.42가 된다.

(2) Huff모형

소비자들의 점포선택과 소매상권의 크기를 예측하는데 가장 널리 이용되어 온 공간적 상호작용모델 중 대표적 모형으로 Huff모형은 다음과 같은 두 가지 가정에 기초하고 있다.

첫째, 소비자의 특정점포에 대한 매력도는 점포의 크기와 점포까지의 거리에 좌우된다. 즉, 소비자의 점포에 대한 효용은 점포의 매장면적이 클수록 증가하고, 점포까지의 거리가 멀수록 감소한다.

둘째, Lucc의 모형에 따라 특정점포에 대한 선택확률은 상권 내에서 소비자가 방문을 고려하는 점포 대안들의 효용의 총합에 대한 해당점포의 효용의 비율로 표시된다.

사례 6-4

백화점 점포 한 곳을 세우려면 매점 반경 3~5km 내 배후 인구 60만~70만 있어야

백화점은 돈이 될 만한 곳에 들어서는 것을 기본으로 한다. 문제는 돈이 될 만하다 는 기준. 과거에는 점포 한 곳당 배후인구 60만~70만 명 이상 이 불문율이었다. 백화점 상권 범위는 점포 한 곳당 반경 3~5㎞를 기본으로 한다. 이 안에 적어도 60만~70만 명 이상의 인구가 거주해야 백화점 점포 한 곳이 들어설 만하단 얘기다. 이를 뒷받침하는 학설 중 하나에 허프(Huff) 이론 이 있다.

허프 이론은 고객이 소매업체(백화점)를 찾을 확률은 매장 면적이 넓고 위치가 가까울수록 커진다는 내용이 골자다.

최근에는 단순히 배후 인구와 백화점까지의 이동 거리만 가지고 입점 여부를 결정하지 않는다. 달라진 교통·사회 여건과 신도시 확산 방향 등도 검토 대상이다. 때문에 과거 기준으로는 백화점이 들어서기 어려운 곳으로 분류되던 지역에도 신규 백화점들이 대거 출점한다.

도로망 발달, 재건축 호재로 상권 만들어지기도

현대백화점 강찬석 기획담당상무는 백화점을 열기만 하면 매년 두 자릿수 이상 매출이 늘어나던 과거에는 인구 60만 명 이 절대적인 기준이었지만 사회 인프라가 급변하고 경쟁이 치열한 요즘은 고려할 변수가 더 많아졌다 고 말했다. 그는 반면 긍정적인 면도 생겼다 며 포화상태일 것 같은 지역에도 잘만 고르면 새로 점포를 낼 여력이 있는 곳도 있다 고 덧붙였다.

이런 변화를 이끄는 경우로 크게 도시계획·도로망 변화 등으로 새 상권이 형성되는 경우, 기존 상권을 공략해 상권의 규모를 키우는 경우, 주변 재건축으로 기존 상권이 재탄생하는 경우, 매트릭스(Matrix) 상권 등을 꼽을 수 있다.

① 도시계획·도로망 변화 등으로 새 상권 형성

신도시나 도로망이 새로 생기면서 해당 지역 주변으로 상권이 확산되는 경우다. 때문에 각 업체들은 신도시 계획 초기부터 시장성을 검토해 도시의 일부로 자리를 잡는다.

현대백화점은 2010년 일산 킨텍스점을 시작으로 2011년 청주점(대농지구 복합단)·대구점, 2012년 양재점, 2013년 광교점(광교신도시)·천안점(아산신도시)등 주요 신도시에 잇따라 대형 점포를 열 계획이다. 대부분 도시계획과 신규 도로계획 등을 고려해 입지를 골랐다.

교통축의 발달 상황을 꼼꼼히 따지는 것도 최근의 특징이다. 신도시 거주자들은 대부분 자가용 편으로 이동하기 때문에 이동 거리가 길다. 2010년 문을 여는 현대 일산점은 기존 고양시 상권(롯데일산점)에 파주교하신도시(자유로 이용 시 15분), 김포한강신도시, 검단신도시 등 배후 상권의 광역화를 감안해 출점했다.

올해 서울 강서구와 강남을 잇는 지하철 9호선이 개통되면서 신세계 강남점을 찾는 강서 지역의 고객들이 크게 늘었다. 2012년 분당선 연장선이 완공되면 왕십리와 도곡동 일대 백화점의 접근성이 크게 개선된다. 강남역과 수원을 잇는 신분당선을 겨냥해 현대백화점은 광교점 신축에 한창이다. 신축 예정인 현대 양재점은 용인~서울 고속도로 완공 효과를 기대하고 있고, 현대 천호점·롯데 잠실점·현대 압구정점 등은 서울~춘천 간 고속도로 개통의 효과를 각각 본 것으로 업계는 파악하고 있다.

② 기존 상권 공략해 상권의 규모 키우는 경우

유통업체 간·직접적 효과를 최대한 누리는 경우다. 경쟁업체가 이미 영업을 하고 있더라도 적극적으로 출점한다. 언뜻 생각하면 출혈 경쟁으로 이어질 것 같지만 경쟁이 이뤄지면서 고객의 발길을 잡는 집객 효과도 커진다.

1997년 문을 연 현대백화점 천호점도 이미 포화된 상권이라고 평가받던 지역이다.

백화점 두 곳과 대형 마트 등이 들어선 강북구 미아동도 마찬가지다. 2001년 현대백화점 미아점을 시작으로 롯데백화점도 이곳에 신규 점포를 냈다. 신세계백화점은 기존 백화점 점포를 대형 마트로 전환했다. 당초 우려와 달리 이 지역에선 백화점-마트, 백화점-백화점 간 보완관계가 생기면서 상권이 더 커졌다.

신세계 죽전점은 이 같은 집적 효과를 노리고 대형 마트인 이마트를 길 하나 사이에 두고 신축했다. 올해 문을 연 이마트 목동점도 현대백화점 목동점과 함께 서울 목동 상권을 확대시켰다는 평가를 받는다. 신세계 영등포점과 경방이 힘을 합친 복합쇼핑몰 타임스퀘어도 영등포 상권의 파이를 키웠다. 덕분에 현대백화점 목동점과 영등포 등 서울 서남부 상권 자체가 한 단계 업그레이드됐다는 평가를 받는다. 최근 문을 연 롯데백화점 부산 광복점은 침체에 빠진 부산 서부 상권에 활력을 불어넣는 역할을 하고 있다.

③ 주변 재건축으로 기존 상권 재탄생

백화점 매장은 그대로 있는데, 주변지역이 재개발을 하면서 갑작스레 배후 인구가 늘어 상권도 커지는 경우다. 백화점으로서는 가장 행복한 상황이다. 단, 해당 지역에 이미 점포를 가진 업체들로 수혜자가 제한된다.

일종의 선점효과다. 백화점은 늘어난 쇼핑 수요를 감당하기 위해 증·개축에 나선다. 롯데 잠실점과 현대 무역센터점은 잠실 재건축 덕을 톡톡히 본 경우다. 현대 무역센터점과 롯데강남점은 도곡동 렉슬 아파트 재건축으로 상권이 커지는 효과를 맛봤다.

압구정동 지역의 본격적인 재건축이 이뤄지면 현대 압구정 본점과 갤러리아 본점 등이 가장 큰 수혜자로 부상하게 된다.

④ 매트릭스(Matrix·복합) 상권

종전 상식을 완전히 뛰어넘는 복합 상권인매트릭스 상권도 생겨나고 있다. 신세계 센텀시티점은 전형적인 내수 산업인 백화점 산업의 속성을 넘어 해외 고객까지 잠재고객으로 한다. 일본·중국 등 동북아는 물론 동남아 관광객까지 타깃으로 하고 있다. 사회인프라가 개선되면서 단축된 물리적 거리가 전통적인 상권 개념을 뛰어넘는 새로운 형태의 마케팅을 낳기도 한다.

현대백화점이 자사 울산점의 명품 브랜드 루이뷔통 고객을 KTX열차 편에 태워 서울 루이뷔통 본사에서쇼핑하게 한 게 대표적인 예다. 백화점 업계에선 미래에 한~일 해저고속도로가 만들어지고 그 중간에 제주 나들목이 생긴다면 제주도에도 백화점들이 앞다퉈 점포를 낼 것 이라고 예측하기도 한다.

한곳 세우려면 면적 3만3300㎡ 이상, 기간은 최소 4년

물론 모든 백화점이 동일한 조건 속에서 입점 전략을 세우지 않는다. 업체마다 상황이 다르기 때문이다. 예를 들어 롯데백화점은 전국에 26개 매장을 운영한다. 웬만한 도시엔 모두 매장이 있다는 의미다. 때문에 롯데백화점은 새롭게 출점하기보다는 기존 점포를 리모델링(일산 · 영등포점)하거나 잠실 제2롯데월드 같은 초고층 건물을 신축하는 전략을 구사한다.

상대적으로 매장 수가 적은 현대백화점(11곳)이나 신세계백화점(8곳)은 출점지역을 비교적 여유롭게 고를 수 있다. 물론 신규 출점 지역에서 기존 업체들과 피 말리는 경쟁을 각오해야 하는 건 기본이다. 백화점 입지와 관련해 업계 공통의 고민도 있다. 바로 백화점이 들어설 만한 새 부지를 찾기가 점점 더 어려워진다는 점. 백화점이 입점하기 위해선 대지 면적이 최소 3만3300㎡(1만 평)는 돼야 한다. 건축 기간과 부지 선정 기간을 합쳐 최소 4년의 기간이 소요된다.

자료원: 중앙일보, 2010.01.06. 기사편집

사례 6-5

세계 최대 규모 중국 쇼핑몰은 '유령마을'
광둥성 둥관에 2005년 개점…
거품 붕괴로 직격탄

세계 최대 규모인 중국 광둥(廣東)성 둥관(東莞)의 '뉴 사우스 차이나 몰'은 부동산 시장 거품 붕괴로 인해 2005년 개장과 동시에 유령마을이 돼 버렸다고 CNN이 4일 보도했다.

부지가 46만㎡에 달하는 이 쇼핑몰은 입점 가능 상점 수가 무려 2천350개로 전 세계에서 가장 많고 야외 광장에 야자수 수백 그루와 개선문, 거대한 스핑크스 모형, 분수대, 곤돌라가 다니는 긴 운하 등을 갖추고 있다.

그러나 현재 이 쇼핑몰에 문을 연 상점은 겨우 몇몇 개에 불과하다.

세계 건물 데이터 회사인 엠포리스는 지난해 발간한 보고서에서 이 쇼핑몰의 상점이 대부분 비어 있고 소비자 왕래가 뜸한 '죽은 쇼핑몰'로 분류했다.

이 쇼핑몰은 복도에 먼지가 가득하고 에스컬레이터는 흙 묻은 천으로 덮여 있다. 한쪽에는 쓰레기가 높이 쌓여 있고 벽은 페인트칠이 벗겨지고 있으며 가게 간판과 광고들은 색이 바랬다.

쇼핑몰 내부의 놀이동산에는 553m 높이의 롤러코스터가 요란하게 움직이는 동안 직원 절반은 잠을 자거나 수다를 떨며 시간을 보내고 있다.

애초 쇼핑몰 개발업체는 하루에 10만 명이 찾을 것으로 예상했지만, 지금은 극소수가 입구 근처의 미국 패스트푸드 업체나 쇼핑몰 바깥의 아이맥스 영화관을 찾을 뿐이다. 쇼핑몰이 이 지경이 된 데는 위치 문제가 크다. 둥관은 공장 도시인데 주민 1천만 명은 대부분 하루 벌어 하루 먹고 사는 농민공 출신이어서 쇼핑몰에 와서 시간을 보내고 돈을 쓸 여력이 없다. 또 적절한 마케팅이나 사업성 조사 없이 마구잡이로 이루어진 '묻지마' 부동산 투자의 대표적인 예다.

중국 내에 이와 같은 유령마을은 이곳 말고도 많다.

둥관의 경우 가뜩이나 고객 기반이 약한 데 지금 있는 공장들마저도 임금이 낮은 다른 지역이나 해외로 옮겨가는 데 따른 문제를 안고 있다.

이런 가운데서도 쇼핑몰 측은 여전히 입점 업체 수를 늘린다는 계획을 세우고 있다.

쇼핑몰 관계자는 현재 입점률이 20%에 달하며 올해 80%까지 높일 것이라고 주장하고 있다. 그러나 구체적인 수치는 제공하지 않았다.

애초 쇼핑몰을 지은 것은 라면 사업으로 억만장자가 된 이 지역 출신의 알렉스 후 구이룽인데 이후에 파운더스 그룹으로 경영권이 넘어갔다.

파운더스 그룹은 쇼핑몰을 인수한 뒤 2007년에 이름을 현재 이름으로 바꾸며 부흥을 시도해봤지만 이후에도 달라진 것은 없어 보인다.

자료원: 연합뉴스, 2013.03.04 기사편집

Part Ⅲ

사회적 시스템으로서의 유통

유통환경

유통환경이란 유통업체의 내부 및 외부에서 기업 활동에 직접적 혹은 간접적으로 영향을 미치는 모든 요소를 말한다. 즉 상품 및 서비스의 유통을 효율적으로 이루기 위하여 유통활동을 수행하는 기업을 둘러싸고 있는 요소로서 유통업체의 활동에 영향을 미치는 여러 가지 요소를 환경이라 한다. 기업의 경영자 및 관리자는 환경의 변화양상을 명확히 인식하고 이들의 영향에 적절하게 대응할 수 있어야한다.

환경을 분류하는 방법은 영향력과 관리가능성에 따라 통제 가능한 요소와 통제 불가능한 요소, 기업외부환경과 기업내부환경, 거시적 환경과 미시적 환경, 일반 환경과 과업환경 등으로 분류할 수 있다.

제1절 기업외부(거시적) 환경

기업외부환경(거시적 환경: macro environment)이란 기업 경영자가 통제할 수 없는 환경으로 전반적 사회의 변화현상이 기업활동에 영향을 미치는 모든 요소로 매우 광범위하고 다양한 요인이다. 경영 관리자는 이러한 다양한 변화 요소를 예측하고 대응할 수 있는 능력을 갖추어야 기업을 성장시킬 수 있다.

외부 환경은 인구통계적 환경, 경제적 환경, 정치적 · 법적환경, 사회문화적 환경, 기술적 환경, 자연적 환경 등으로 구분 할 수 있다.

1. 인구통계적 환경

인구의 변화 현상이 기업 활동에 미치는 영향을 인구통계적 환경이라 한다.

인구변화를 나타내는 요소로는 인구의 증가와 감소, 인구밀도, 가족구조(가구 수와 가족규모), 결혼 상태, 연령, 성별, 인종 등이 있다.

인구 통계는 지속적이며 장기적이고 추세적인 성격을 갖는다. 현재 진행되는 인구 통계의 특징은 고령화, 가구 구성원의 축소와 가구 수 증가, 도시인구 확대 등이다.

유엔인구기금(UNFPA)에 따르면 2013년 세계 인구는 71억6200만 명으로 2012년에 비해 1.1% 증가하였으며, 우리나라는 2013년 12월 기준으로 5114만 명에 이르고 있다.

세계 평균 기대수명은 남자 68세, 여자 72세이지만 우리나라의 경우는 남자 78세, 여자 85세로 나타났다.

전 세계적으로 64세 이상 인구 비율은 2012년 기준 9%지만 2032년이면 15%까지 증가한다. 숫자로도 같은 기간 약 5억3000명에서 9억7000명까지 무려 81%나 늘어난 다. 통계청에 따르면 우리나라의 65세 이상 고령인구 비중도 2012년 18.3%에서 2032년 41.9%로 20년간 연평균 1.1%씩 증가한다고 한다.

기대수명은 늘어났지만, 출산율은 점점 하락하고 있다. 우리나라 여성 1인당 출산율은 2013년 기준 세계 여성 1인당 평균 출산율 2.5명에 비해 1.3명으로 세계에서 3번째로 낮은 출산율을 기록했다.

UN의 정의에 의하면 한 나라의 전체 인구 중 65세 이상의 노인 인구가 차지하는 비율이 7% 이상이면 고령화 사회(aging society), 14% 이상이면고령사회(aged society), 20%이상이면 초 고령사회(super-aged society)이다.

우리나라는 2002년 11월 노인 인구가 7.9%로 고령화 사회에 진입하였으며, 2018

년 14.4%로 고령사회로 도달할 것으로 전망하고 있다. 2000년부터 급속도로 낮아진 우리나라 출산율로 고령화 속도가 가장 빠르게 진행되었다. 이와 같은 노인인구의 증가는 새로운 의약품 개발이나 의료용품 및 기타 노인용품 시장으로서 실버산업이 성장할 것으로 예측하고 있다. 특히 베이비붐 세대로 표현되는 미래의 노인들은 정년 연장, 연금 보유 등의 측면에서 과거 그 어떤 시대 노인보다 높은 경제력을 보유하고 있으므로 노인에 대한 기업의 관심이 높아지고 있다.

가구의 변화도 소비 패턴에 영향을 미치는 주요 변수다. 보통 소득이 증가하고 도시화가 진척될수록 핵가족화 추세가 일반화된다. 핵가족화는 가구 구성원의 숫자가 2~3명으로 줄어드는 반면 총량으로서의 가구 수는 증가하는 것을 의미한다.

통계청 발표에 따르면 2012년에는 1인 가구의 비중이 25.3%로 3~4인 가구에서 1~2인 가구 중심으로 가족구성이 변화되고 있음을 알 수 있다.

사례 7-1

스키니에 하이힐 … '꽃노년' 쇼핑 나이는 40대
60~75세 'GG세대' 구매 패턴 분석해보니

한 달에 두 번 정도 백화점에 가는 박연희(68 · 서초구 양재동)씨는 백화점에서 바지를 살 때 딱 붙는 레깅스와 스키니진을 주로 산다. 40대 초반 딸과 옷을 바꿔 입을 정도다. 상의는 젊은 층에게 인기 있는 유니클로와 자라 옷을 애용한다. 박씨는 "내 동창들의 옷 입는 스타일도 나와 거의 비슷하다"며 "헐렁한 옷 입고 다녔다가는 친구들로부터 '촌티 난다'는 소리를 듣는다"고 말했다.

6일 서울 소공동 롯데백화점 본점 7층의 '크록스' 신발 매장. 반나절 동안 들른 고객의 약 30%는 '6075세대'다. 이 매장의 이하늘(23) 매니저는 "본점에 근무한 지 2년 됐는데 2년 전과 비교해 6075고객이 약 20% 이상 늘어났다"며 "백발 성성한 70대 여성분들이 종종 매장을 찾아 굽 5~7㎝에 알록달록한 색상의 신발을 사간다"고 말했다.

경기도 안양시 호계동의 롯데백화점 평촌점 1층 지오다노 매장도 상황은 비슷하다. 옷을 고르는 고객 중 20% 정도는 60대 이상이다. 송영범(25) 지오다노 부점장은 “젊은 고객층이 많은 점포 특성에도 불구하고 나이대가 지긋한 분들의 방문이 크게 늘었고, 실제로 구매로도 이어지고 있다”고 말했다. 송 부점장은 “전년과 비교해 지난해 60대 이상 고객이 15% 이상 증가한 것 같다”고 덧붙였다.

GG세대가 많이 사는 브랜드 ※구매율이 높을수록 자주 사는 품목군.

구분	1위	2위	3위	구매율(%)
화장품	설화수	헤라	에스티로더	79
농산품	올가	푸룸	정가원	76
디자이너·엘레강스	루치아노최	시스막스	부르다문	71
골프	울시	잭니클라우스	핑	68
패션잡화	닥스(양말)	비너스	캘빈클라인(양말)	68
구두	소다	탠디	바이네르	67
일반스포츠	나이키	휠라	아디다스	64
레저스포츠	코오롱스포츠	노스페이스	컬럼비아	62
홈패션	박홍근	나라데코	자미온	57
주방가전	필립스	쿠쿠	테팔	56
식기·홈데코	포트메리온	락앤락	기라로쉬	55
아동	무나무나	타티네쇼콜라	베네통	54
셔츠·넥타이	닥스	카운테스마라	레노마	53
커리어 캐주얼	크로커다일	후라밍고	쉬즈미스	53
피혁잡화	키플링	쌤소나이트	닥스	50
영트랜디	유니클로	자라	르샵	44
트래디셔널	폴로	헤지스	제일모직 빈폴	41
정장	닥스	갤럭시	빨질레리	36

쇼핑 나이, 실제 나이와 달랐다

구분	성향	쇼핑 나이
6075 (GG세대)	·젊어 보이는 외모 위해 고가 화장품 ·건강 위한 유기농 식품에 아낌없이 투자	43.8세
4050	·젊어 보이는 패션 브랜드 주로 구매 ·화장품 등 외모에 관심이 높은 중년	32.3세
2030	·기존 연령대보다 조숙한 브랜드 선호 ·신선식품 구매 비중 높아	48.1세

자료 : 롯데백화점

쇼핑 나이 실제 나이와는 달리 자주 사는 브랜드와 상품군을 바탕으로 롯데백화점이 계산한 것이다. 브랜드별로 구매 고객의 연령대를 뽑은 후(예를 들어 마크제이콥스는 38.2세, 트루릴리전은 37.8세 등) 주로 구매하는 브랜드를 종합해 평균 쇼핑 나이를 계산한다.

GG세대 롯데백화점이 60~75세 세대 중 구매 상위 20%에 붙인 명칭. 산업화와 민주화를 동시에 이루어낸 자랑스러운 세대란 의미다. 미국 언론인인 톰 브로커가 1910년대 태어난 미국인을 “대공황을 이겨내고 제2차 세계대전에서 승리한 가장 위대한 세대(Greatest Generation)”라고 한 데서 따왔다.

10번 중 8번은 화장품 · 유기농 구입

경제협력개발기구(OECD)와 기획재정부에 따르면 한국은 2018년에 65세 이상 노인인구 비중이 14% 이상인 ‘고령 사회’에 진입하게 된다. 이에 따라 기업들은 실버 계층에 대한 타깃마케팅을 실시하는 등 고령화 사회에 대비한 신시장 개척에 앞다퉈 뛰어들고 있다. 하지만 정작 6075들이 어떤 제품을 사고, 어떤 브랜드를 선호하는지에 대한 체계적인 조사는 별로 없는 실정이다.

이런 상황에서 롯데백화점 CRM (고객관계관리 · 빅데이터를 토대로 고객 구매 패턴을 분석하는 시스템)팀이 750만 명의 롯데 멤버스 고객 중 6075세대 46만 명의 지난해 구매 패턴과 자주 사는 인기 브랜드를 최초로 분석해 냈다.

6075고객 중 상위 20%의 구매 행태를 분석해봤더니, 이들은 40대처럼 쇼핑하는 것으로 나타났다. 주로 사는 품목과 브랜드를 토대로 이들의 '쇼핑 나이'를 계산해봤더니 '평균 43.8세'인 것으로 조사됐다. 소비력이 있는 6075세대는 노년층을 위한 제품 대신, 40대가 좋아하는 제품군과 브랜드를 집중적으로 구매하는 것이다. 롯데백화점은 자신의 나이보다 훨씬 젊게 쇼핑하는 이들 상위 20%의 6075고객을 'GG(Great Generation)고객'으로 명명했다.

이들은 일반 6075 전체 고객과도 다소 차이가 있다. 상위 20%가 아닌 전체 6075 고객의 쇼핑 나이는 67.8세로 조사됐다. 주민등록 연령과 쇼핑 나이가 비슷한 것이다. 반면 상위 20%인 GG세대의 쇼핑 나이는 43.8세로 일반 6075보다 무려 24세나 젊었다.

SPA 브랜드, 청바지 구매도 잦아

GG고객층은 ▶패션 제품은 본인의 연령대보다 훨씬 젊은 브랜드를 선호하며 ▶젊어 보이는 외모를 위해 고가 라인 화장품과 ▶건강을 위한 유기농 식품 등에 아낌없이 투자했다. 열 번 사면 그중 8번은 화장품을 사며(구매 빈도 79%), 화장품 최고 선호 브랜드는 설화수가 1위, 헤라가 2위, 에스티로더가 3위, 크리스챤디올이 4위, 오휘 · 후가 5위였다. 구두에서도 일명 '효도신발'로 알려진 컴포트 슈즈 '바이네르'는 3위로 처진 반면, 소다와 탠디 같은 젊은층이 많이 신는 구두가 1 · 2위를 차지했다. 키플링(잡화 중 1위), 크록스(일반 스포츠신발 중 4위), MCM(잡화 중 4위) 등 2030이 좋아하는 브랜드들도 구매 상위 브랜드에 끼었다.

여유 있는 6075고객들은 역시 골프 관련 구매가 잦았다. 골프 의류 구매 빈도가 68%로, 패션 관련 제품군 구매 빈도 중 둘째로 높았다. 많이 사는 골프 의류 브랜드는 울시 · 잭니클라우스 · 핑 · 슈페리어 · 닥스골프 순으로 나타났다.

GG세대는 유니클로 · 자라 · 르샵 같은 젊은이 대상 SPA 브랜드도 자주 샀다. 몸매 좋은 2030만 입을 것 같은 청바지 브랜드 구매도 의외로 잦았다(구매율 33%). 게스 · 버커루 · MLB가 많이 사는 청바지 브랜드 1~3위를 차지했다.

60대 이상 고객 5년새 84% 늘어

GG고객은 내수 소비를 이끄는 핵심 계층이기도 하다. 연령대별 백화점 구매 고객 수를 따져 보니 2008년과 비교해 2030세대는 2012년 33% 늘었지만 6075세대는 84%나 늘었다. 이들은 문화센터에서도 주 고객이다. 6075 전체 고객은 한 해 1인당 두 강좌를 듣고, 노래교실 · 요리교실 등 개인적 취미와 연관되는 테마를 선호하지만 GG세대는 한 해 1인당 8.2강좌를 듣고, 주제도 학습이나 인문학 등 배움과 관련되는 것이 대부분이었다.

롯데백화점 마케팅부문장 정승인 전무는 "CRM고객 조사에서도 드러났듯이 여유 있는 6075세대는 '노년층 · 시니어'라는 호칭 자체를 싫어한다"고 말했다. 정 전무는 "산업화 · 민주화를 동시에 이뤄냈고, 개인적인 부도 쌓은 존경할 만한 세대라는 의미에서 'GG세대'로 부르기로 했다"고 덧붙였다. 롯데백화점은 소비의 주축으로 등장한 GG세대를 위해 올해 'GG페스티벌'과 화장품 · 아웃도어 대전 등을 마련하고 우편물(DM)도 이들을 위해 차별화해 배송하기로 했다.

자료원: 중앙일보, 2014.01.07 기사편집

사례 7-2

백화점, 70대 이상 시니어층 대상 마케팅 강화

일본 마쓰자카야 백화점이 70대 이상 시니어층에 대한 마케팅을 강화하고 있다. 마쓰자카야 백화점 우에노점은 지난 10월부터 앉은 상태로 쇼핑할 수 있는 '시니어 전용 서비스'를 시작했다. 허리와 다리가 약한 노인층 소비자를 위해 고객의 취향을 들은 점원이 스마트폰으로 옷을 촬영하면 테이블의 태블릿PC로 사진이 전송된다. 고객이 마음에 드는 상품을 점원이 테이블까지 갖다 주는 이 서비스는 1회에 525엔에 제공된다. 이 백화점은 보험, 연금, 상속, 장례식 등의 전문가와 가사대행을 무료로 소개하는 서비스도 제공하고 있다.

백화점 업계가 노령층에 대한 마케팅 전략을 중시한 이유는 구매력이 풍부한 노령인구가 증가했기 때문이다. 일본 인구 중 70대 이상이 약 20%를 차지한다. 닛케이MJ가 라쿠텐 리서치와 함께 수도권과 긴키 지방에 거주하는 70대 이상 남녀 1000명에 대한 조사에서 전체 33.2%의 응답자가 월 1회 이상 백화점에 방문한다고 답변했다. 70대 이상 노령층의 연간 구매액은 그 이하 연령층에 비해 10만 엔 더 많다.

자료원: 더바이어, 2014.01.03. 기사편집

2. 경제적 환경

경제적 환경(economic environment)이란 기업 활동에 영향을 미치는 경제체제나 경제상황 등을 말한다. 생산 및 유통활동을 중심으로 경제활동을 수행하는 기업은 경제상황이나 시장의 변화에 탄력적으로 적응하여야 한다. 경제적 요인들은 기업의 투자활동에서 소비자의 구매행동까지 광범위하게 영향을 미치기 때문에 기업경영자 뿐만 아니라 일반 소비자들까지 경제동향에 관심을 기울이게 된다. 따라서 유통관리자는 경제적 환경의 변화가 미치는 영향을 분석하고 이에 적절하게 대응하여야 한다.

경제적 환경의 구성요인은 소비자의 소득수준, 소비구조, 산업구조, 경제체제 및 경제성장율 등 여러 가지가 있으나 유통산업과 관련이 깊은 몇 가지만 살펴보기로 한다.

1) 소득수준과 소비구조

소득(income)은 경제상황과 소비자의 구매력에 영향을 미친다. 개인소득의 증가는 제품이나 서비스에 대한 수요를 증가시키고, 물가상승이나 경기침체는 소비자들의 실질소득을 감소시키고 소비심리를 위축시키기도 한다.

국민소득(national income)이란 한 나라의 가계, 정부, 기업 등 경제주체가 일정기간동안에 이룩한 경제성과를 시장가격으로 평가한 지표를 말한다. 이 지표 중에서 가장 많이 쓰이는 지표는 국민총생산(GNP: gross national product)이다.

국민총생산은 출생지나 거주지에 관계없이 현재 국적을 가진 사람이 생산한 것을 모두 포함하는 개념이다. 즉, 일정 기간에 일국의 국민경제 내에서 생산해 낸 최종생산물의 총 시장가치를 화폐단위로 나타낸 것으로 오늘날 국민총생산은 한 나라의 경제활동수준을 가늠하는 데 가장 적절한 지표로 사용되고 있다.

한 나라의 소득수준과 소비구조의 변화는 유통업체 특히 소비자와 직접 거래하는 소매업에 영향을 미치므로 유통관리자는 국민소득 및 소비구조의 변화를 미리 파악하여 소비자행동을 예측할 수 있어야 할 것이다.

사례 7-3

불황에 강한 '소용량 제품', 매출 껑충

경기침체에 따른 알뜰 소비패턴이 정착화되면서 소용량 제품들이 크게 인기를 끌고 있다. 보통 1회 분량으로 나뉘어 포장돼 있어 낭비를 줄일 수 있고 부피와 용량도 작고 가벼워 휴대성이 좋아 소비자 선호도가 꾸준히 높아지고 있는 것이다.

특히 인기를 끌고 있는 300ml 이하 소용량 음료 제품들의 경우 페트 형태로 제작돼 기존 소용량 파우치 음료와 차별화했다.

롯데칠성음료는 지난 2월 300ml 용량의 '아이시스8.0 슬림페트'를 내놨다. 이 제품은 용기 뚜껑까지도 기존보다 높이와 무게를 30% 이상 줄인 숏캡을 적용했다.

귀여운 디자인으로 10~20대 젊은 층에게 인기를 얻다가 최근 직장인들 사이에서 회의를 할 때 남기지 않고 가볍게 마실 수 있는 적당한 양으로 주목받으며 판매량이 급증했다. 월 평균 3억원의 매출을 올리고 있다.

'델몬트 콜드 비타민 플러스'는 기존 꼬마콜드라는 애칭을 가진 팩 제품보다 소용량인 210ml페트 형태 제품이다. 지난해 4월 첫 선을 보인 이 제품은 무균충전 페트로 보다 안전하고 위생적이다. 월 평균 10억원 가량의 매출로 전년대비 70% 가량 성장하며 좋은 반응을 얻고 있다.

롯데제과는 최근 가정에서 간편하게 맥주, 와인 등을 즐기는 소비자들을 겨냥해 프리미엄 안주과자 '주셰프'를 출시했다. 이태원 핫토리키친 셰프의 특별한 레시피로 만든 이 제품은 500ml 맥주 한 캔과 함께 즐기기에 알맞은 소용량으로 포장됐다.

농심이 선보인 '캘로그 시리얼 콤보팩'은 1회분 27g의 시리얼을 개별 포장돼 간편한 식사대용 제품을 찾는 싱글족의 마음을 사로잡았다. 기존 시리얼은 남은 제품의 밀봉이 어려워 장기간 보관하면 내용물이 눅눅해지는 일이 많았지만 이 제품은 개별 포장돼 불편함을 줄였다.

풀무원이 선보인 '신선한 네모'도 1~2인 소인 가구를 위해 두부 한 모를 4조각으로 나눠 4컵으로 개별 포장한 소용량 제품이다. 1회 요리에 알맞은 크기로 개별 포장돼 있고 각각의 컵마다 유통기한이 인쇄되어 있어 남은 두부 관리에 편의성을 더했다.

업계 관계자는 "대용량 제품이 부담스러운 싱글족 뿐만 아니라 불황으로 필요한 물건만 적당한 용량만큼 구매하려는 알뜰족들에게 소용량 제품의 인기가 날로 높아지고 있다"며 "소용량 제품 시장이 앞으로 더 성장할 것으로 예상돼 이에 따른 제품, 패키지 개발에 관심을 가지고 적극 나설 계획"이라고 말했다.

자료원: 경제투데이,2013.07.17 기사편집

2) 경제체제

경제체제는 국민경제를 효율적으로 운영하기 위한 제도로서 크게 자본주의 경제체제와 사회주의 경제체제로 나누어진다. 오늘날 대부분의 국가에서 채택하고 있는 자본주의 체제는 생산수단의 사유화를 바탕으로 시장경제원리에 따라 운영되며, 시장의 변화는 기업경영에 매우 큰 영향을 미친다.

경제체제가 기업 활동에 미치는 영향요인으로는 화폐와 은행제도, 자본시장, 이자율과 환율, 경제상황, 재정정책, 사회간접자본 등 여러 가지 요소가 있다. 이들 요소 중 특히 유통업에 영향을 미치는 사회간접자본에 대한 파악은 필수적이어야 한다. 사회간접자본(社會間接資本, social overhead capital: SOC)은 국민 경제 발전의 기초가 되는 도로, 항만, 철도, 통신, 전력, 수도 따위의 공공시설로 기업이 생산 및 기타 활동을 영위하기 위한 토대가 되며, 산업발전의 기반이 되는 공공시설을 말한다. 이 시설들은 대부분 정부나 지방 공공단체의 통제 하에 있기 때문에 사회적 자본 이라 불리며, 또한 특정 기업 또는 개인에게만 혜택이 돌아가는 게 아니라 다수의 기업활동 또는 전체 공익과 관련되는 간접적 필요에 의해 마련되는 것이므로 간접자본이라고도 한다. 사회간접자본 시설이 잘 갖추어지면 제품의 수송 및 전력 등의 이용에서 비용절감을 가져 올 수 있어서 기업 경쟁력 향상으로 이어진다. 예를 들어 최고의 질 좋은 제품을 만들기 위해 최상의 시설을 갖춘 공장에 적절한 전력이 공급되지 않는다면 생산 활동은 중단되어 기업 활동을 제대로 할 수 없게 될 것이며, 아무리 좋은 제품을 만들어도 소비자에게 쉽게 접근 할 수 있는 도로나 항만시설이 완비되지 않았다면 기업은 성장・발전할 수 없을 것이다. 대한민국의 경제발전이 경부고속도로의 건설에서 비롯하여 편리한 도로교통망 및 통신망의 발전이 세계적인 기술강국이 된 밑받침이 되어 이루어진 것이라 할 수 있다.

사례 7-4

불황 유통업계 “안파는 게 없다”

계속되는 불황 속에서 신음하고 있는 유통업체들이 이제껏 취급하지 않았던 의외의 상품을 내놓는 전략으로 돌파구를 찾고 있다. 편의점과 홈쇼핑 등 업태 고유 특성과는 다소 거리가 있는 제품들을 속속 선보이면서 그야말로 안파는 게 없는 ‘만물시장’으로 바뀌고 있다.

15일 유통업계에 따르면 CU는 올겨울 주요 매장에서 내복을 판매하고 있다. 의류라고 해봐야 지금까지 스타킹이나 속옷만 팔던 편의점에서 내복을 취급하기 시작한 것은 이번이 처음이다.

현재 CU가 선보인 내복은 남녀 상의와 하의를 포함해 총 7종이며 다양한 구색을 갖췄다. 천연 공기층으로 열에너지를 외부로 내보내지 않는 초경량 원단인 에어로웜 원사 100%를 사용해 뛰어난 보온성을 자랑하면서도 가격은 9500・9900원(여성・남성용)으로 마트나 백화점보다 저렴한 것이 장점이다.

특히 올겨울 예년보다 일찍 찾아온 추위 덕에 이달 들어 내복 판매량이 한

달 전보다 83.4%나 늘어날 정도로 반응이 뜨겁다. CU 관계자는 "리조트와 병원 인근에서 주로 많이 팔린다"고 설명했다.

그간 대형마트에서나 볼 수 있던 애완동물 용품 특화존(ZONE)도 편의점에 등장했다. 현재 CU는 10월부터 일부 점포에서 사료와 간식뿐 아니라 고양이 모래까지 관련 용품 30여 종을 파는 별도 매대를 운영 중이다.

이 같은 의외의 도전은 홈쇼핑 업계에서도 이어지고 있다. 현대홈쇼핑은 지난달 방송에서 사상 최초로 국내에서 수확한 산수유 생과일을 선보여 첫 론칭 당일 2억5000만 원어치를 팔았고, 이달 초 진행한 2차 방송에서는 1시간에 6억 원 매출이라는 대기록을 세웠다.

배송 등 문제로 최근까지 홈쇼핑에서 취급하는 과일은 냉동블루베리 같은 수입냉동과일이거나 과즙 같은 가공식품이 전부였지만 올해부터는 아예 국내 유명 산지에서 직접 고객 집까지 배송하는 산지직송시스템을 도입해 국산 생과일 판매에 나선 것이다. 현대홈쇼핑 관계자는 "산지에 있는 지방 단위농협과 직거래를 함으로써 유통단계를 축소하는 대형마트식 거래 방식을 도입했다"며 "냉동제품을 팔 때보다 높은 매출을 올릴 수 있어 수익 면에서 많은 도움이 되고 있다"고 말했다.

자료원: 매일경제, 2013.12.15. 기사편집

3. 정치적 · 법률적 환경

정치적 · 법률적 환경(political · legal environment)은 기업 활동에 제약요인도 되지만 성장요인이 되기도 한다. 정치적 환경은 경제적 환경에 영향을 미쳐 기업의 의사결정에 광범위한 영향을 미친다. 정부의 시책, 권력의 집중도, 정치적 안정 등은 기업경영과 관련된 여러 이해관계자 집단과의 갈등을 해결할 수 있도록 기업 활동의 큰 테두리를 설정해 주기도 한다.

정부는 기업 활동으로부터 소비자인 국민을 보호하고 기업 간의 공정한 경쟁을 유도하기위해 기업을 지원하기도하지만 기업 활동을 규제하기도 한다. 정부는 기업 활동을 촉진하기위하여 금전적 · 제도적으로 지원한다. 즉 정부 보조금 지원, 조세감면 등을 통해 기업을 지원하며, 한편으로는 상법, 공정거래법, 소비자 기본법, 노동법 등을 통하여 기업 활동을 규제하기도 한다. 특히 유통기업과 관련된 법률을 보면, 독점규제 및 공정거래에 관한 법률, 가격규제에 관한 법률, 유통산업 발전법, 화물 유통 촉진법, 항만운송 사업법, 농수산물 유통 및 가격안정에 관한 법률 등과 같은 각종 법규나 규제조치 등이 유통산업에 영향을 미친다.

사례 7-5

대형마트 · SSM 출점 시 '상권영향평가서' 의무화

오는 24일부터 대형마트와 기업형슈퍼마켓(SSM)을 신규 출점 또는 확장하기 위해서는 해당 지방자치단체에 상권영향평가서와 지역협력계획서를 의무적으로 제출해야 한다. 산업통상자원부는 18일 유통산업발전법 시행령 · 시행규칙 개정안이 발효됨에 따라 이 같은 제도를 시행한다고 밝혔다.

산업부는 18~19일 광역 · 기초자치단체를 대상으로 유통산업발전법 설명회를 연다.

상권영향평가서 등을 제출해야 하는 경우는 점포 소재지를 바꾸거나 매장면적을 10% 이상 늘릴 때, 대규모 점포의 업태(대형마트 · 백화점 · 전문점 · 쇼핑센터 · 복합쇼핑몰)를 변경할 때 등이다.

서류를 제출받은 지자체장은 평가서 등이 미진하면 20일 이내 보완 요청을 할 수 있으며, 전문가 의견을 청취할 때는 30일 이내 보완 요청을 할 수 있다.

상권영향평가서에는 사업개요와 상권영향 분석 범위, 인구통계 현황, 기존사업자 현황, 상권특성 분석 등이 포함돼야 한다.

상권영향 분석의 범위는 대규모 점포의 경우 개설지역 반경 3㎞, 매장면적 330㎡ 이상인 SSM은 반경 500m, 매장면적 330㎡ 미만인 SSM은 반경 300m로 정했다.

지역협력계획서에는 지역상권 · 경제 활성화 방안과 전통시장 · 중소상인과의 상생협력 강화 방안 등이 포함돼야 하며, 불공정경쟁을 유발하거나 소비자 후생을 악화시키는 사업은 배제하도록 했다.

산업부는 "이 제도 도입 취지는 지역 여건에 맞는 합리적인 규제를 집행하고 이해당사자의 의견을 적극적으로 수렴해 지역상권별 특성을 반영한 상생 협력 방안을 도출하기 위한 것"이라고 설명했다.

자료원: 연합뉴스, 2013.07.18 기사편집

사례 7-6

변종 SSM 우후죽순… 골목상권 울린다

대형 유통업체로부터 상품을 공급받는 '변종' 기업형슈퍼마켓(SSM)들이 우후죽순 늘면서 골목상권 침해 논란이 일고 있다. 대형 마트와 달리 출점·영업 규제를 받지 않는 이들 변종 SSM을 통해 대형 유통업체들이 편법으로 시장에 진출하고 있다는 비판이 커지고 있다. 정부가 SSM에 맞설 수 있도록 지원·육성한 골목 슈퍼마켓인 '나들가게'가 문을 닫는 사례가 늘어나는 것도 이와 무관치 않다는 것이 업계 전언이다.

변종 기업형슈퍼마켓 추이
(단위: 개, 누적 기준)
※대형유통업체로부터 상품을 공급받고, 관련 상호를 쓰는 개인 사업자

2011년 말	2012년 말	2013년 9월 말
195	342	666

자료: 이강후 의원실

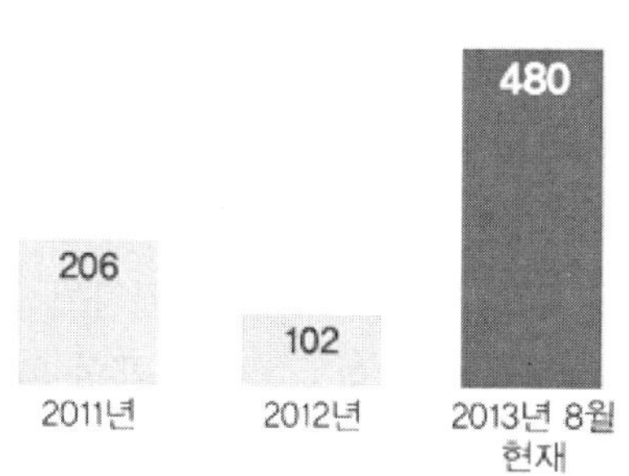

14일 새누리당 이강후 의원실에 따르면 변종 SSM은 전국에 666개가 영업 중인 것으로 나타났다. 변종 SSM은 개인 사업자가 대형 유통업체로부터 상품을 공급받는 것은 물론이고 관련 상호까지 쓸 수 있는 새로운 유통망으로, 상품공급점 또는 상품취급점이라고도 불린다. 이마트 에브리데이 리테일이 가장 많은 340곳을 운영하고 있고, 롯데쇼핑이 321곳으로 뒤를 잇고 있다. GS리테일과 홈플러스가 각각 3곳과 2곳에서 영업 중이다. 이 중 대형 유통업체와 같은 간판을 사용하는 점포 수는 270곳으로, 이마트 에브리데이 리테일이 236곳을 차지하고 있다. 상품공급점과 가맹점의 중간형태인 '하모니마트'(롯데쇼핑 자회사) 275곳과 '홈플러스 365' 39곳을 더하면 변종 SSM은 더욱 늘어난다.

상품공급점은 원래 중소 슈퍼마켓이 제조업체로부터 비교적 저가로 상품을 공급받는 대형 유통업체에 필요한 상품을 주문 · 구비할 목적으로 출발했다. 그러나 대형마트 규제를 강화한 유통법 개정안이 통과된 올해 그 수가 급증해 출점 · 영업 규제를 피하려는 대형 유통업체의 '꼼수 확장'이 아니냐는 의혹을 받고 있다. 대표적인 업체인 이마트 에브리데이 리테일은 지난해 말 99곳에서 240여곳이 불어났다.

전통시장과 골목 슈퍼마켓, 이들에게 물건을 공급하는 중소 유통도매상은 이들 변종 SSM이 대형 유통업체의 물류는 물론이고 간판과 전산시스템까지 쓰기 때문에 사실상 대기업과 다르지 않다고 주장한다. 정의당 김제남 의원실에 따르면 광주시 북구에서는 이마트 에브리데이 4곳이 연이어 입점하면서 주변의 중소 슈퍼마켓 수십곳이 폐업하는 등 곳곳에서 피해사례가 나타나고 있다.

나들가게 역시 갈수록 경영악화로 문을 닫는 곳이 크게 늘고 있는데, 이는 변종 SSM의 급증과 궤를 같이했다. 새누리당 김한표 의원실에 따르면 2010년부터 올해 8월까지 폐업하거나 협약을 해지한 점포는 788곳으로 전체 점포의 7.8%에 달했다. 연도별로 보면 2011년 206개, 2012년 102개, 2013년 480개로 늘었다. 변종 SSM이 갑자기 늘어난 올해 들어 폐업한 나들가게의 수도 급증한 셈이다. 이들 나들가게의 폐업 사유는 경영악화가 578곳으로 가장 많았다.

자료원: 세계일보, 2013.01.25 기사편집

사례 7-7

佛·英, 대형 소매점 일요일 영업제한 했다… 내수 침체에 다시 규제 푸는 중

국내 유통업체들은 2012년부터 골목상권 보호를 앞세운 새로운 법안과 규제로 영업 환경에 큰 타격을 입었다. 대형마트와 SSM(기업형수퍼마켓)의 강제 휴무 규정이 대표적이다. 대한상공회의소가 지난해 국내 대형 유통업체 62개사를 대상으로 유통산업 발전을 위한 정책 과제를 묻는 설문에서 경기 부양(45.2%)과 함께 규제 완화(40.3%)를 요구하는 목소리가 압도적이었다.

유럽 국가들도 일요일 대형 소매점 영업시간 제한 제도를 시행하고 있다. 영국의 '일요일 거래법', 독일의 '상점폐점법' 등이 대표 사례다. 그러나 한국보다 강력한 유통 규제를 시행했던 국가들이 최근 들어 내수 경기 침체 등 부작용을 해소하기 위해 규제를 완화하고 있다.

프랑스 정부는 새해 들어 '카스토라마' '르루아 메를랭' 등 대형 인테리어 매장의 일요일 영업을 허용했다. 프랑스 일간지 르피가로는 지난 1일 "미셸 사팽 노동장관이 성명을 통해 내년 7월 1일까지 인테리어·가정용품 판매점의 일요일 영업을 허용하기로 발표했다"고 보도했다.

작년 9월 프랑스 법원은 카스토라마와 르루아 메를랭의 일요일 영업을 불법으로 판결했고, 이들 업체는 법원 판결을 어기면서 영업을 강행했다. 프랑스에서는 실업률이 10%가 넘는 등 어려운 경제 상황 속에 일요일 근무와 영업을 금지하는 것이 현실적으로 타당한지를 두고 논란이 일었다. 일요일 근무를 강력하게 규제하던 프랑스는 지난 2009년부터 관광·온천 지역 소매점과 인구 100만 명 이상 대도시의 대형 점포 일요일 영업을 허용했다.

'유통 대국' 미국은 연방정부 차원의 직접 규제가 없다. 오히려 상권이 좋은 지역에서는 대형마트나 SSM이 24시간 영업을 하는 곳이 많다. 세계 최대 대형마트 업체인 월마트는 지역 소상공인 반대로 미국 뉴욕에 매장을 내지 못하고 있다. 그러나 최근엔 분위기가 바뀌고 있다. 마이클 블룸버그 전 뉴욕 시장은 소비자 선택권을 이유로 입점에 긍정적인 태도를 보였고, 월스트리트저널은 월마트가 뉴욕에 입점할 경우 5억 달러 이상의 세수 확장과 1만2000개의 일자리를 창출할 것으로 전망했다.

자료원: 조선일보, 2014.01.06 기사편집

4. 사회 · 문화적 환경

사회문화적 환경(social-cultural environment)이란 사회나 집단을 구성하고 있는 사람들이 행동하며 살아가는 방법과 경제적 현상 등이 기업활동에 미치는 영향을 말한다. 사회 · 문화적 환경 속에서 사람들이 성장하며, 살아가는 과정 중에 형성된 생활방식, 규범, 가치관, 태도 등은 기업활동의 기준을 다르게 한다. 1980년대 중반 풍요사회로 들어선 대한민국은 1990년대 기술발전을 기반으로 변화된 경제적 변화와 유통시장의 개방 등에 의해 커다란 사회문화적 변화를 가져왔다. 유통산업에 영향을 주는 주요한 사회적 변화를 살펴보기로 한다.

1) 생활방식의 변화

건강한 생활에 대한 중요성이 강조되면서 친환경 농산물에 대한 수요가 증가하고, 특정 건강관련 식품의 생산 및 소비에 대한 관심이 높아지고, 스포츠관련 산업, 여가관련 산업 등이 급성장하고 있다.

한편으로 맞벌이 부부의 증가, 이혼율 증가, 만혼 및 독신의 증가로 핵가족화 및 독신가구의 급증으로 원룸주택, 소형가전, 소포장 판매 등의 시장이 커지고 있다. 또한 신중년층인 50-60세대들은 젊음과 창의성을 중시하고 성취감과 자긍심을 갖고 있으며 학습의지도 강해 건강, 여가활동, 문화 등의 다양한 분야에서 바람을 일으키고 있다. 주로 애완동식물, 건강기능식품, 여행상품 시장에 소비를 하고 있다.

2) 가치관의 변화

1997년 대한민국은 IMF위기를 겪으면서 빈부의 격차가 심해져서 중산층이 붕괴되고 상류층과 하류층이 확연히 구분되는 현상이 나타났다. 이러한 구조는 유통업체에 뚜렷한 변화를 주었는데, 백화점에서는 고품질, 고가격 전략으로 명품시장을 형성하였고, 할인점이나 슈퍼마켓 등은 가격파괴를 앞세운 저가격 정책으로 뚜렷하게 나누어지는 경향을 보이고 있다.

3) 가계소비구조의 변화

소득수준의 향상은 구매력 증가와 소비패턴의 변화를 유도하여 제품의질과 가치를 동시에 추구하는 합리적인 소비문화를 만들어냈으며, 여성의 사회적, 경제적 활동의 증가로 즉석식품과 편의점, 배달서비스 등 편의성을 중시하는 산업이 발전하고 있으며 소비구조에 있어서도 여성의 의사결정의 비중이 매우 높아져 여성의 영향력이 커지고 있다.

4) 소비자주의(consumerism)의 확산

컴퓨터와 인터넷 사용의 급증과 IT기술의 발전으로 매스커뮤니케이션이 다양화되면서 소비자들의 목소리가 커지고 고객만족의 중요성이 강조되면서 소비자의 의견이 제품생산에 반영되는 프로슈머(product+ consumer)까지 생겨났다.

사례 7-8

편의점 "1인 가구 고마워요 "

편의점이 모바일·인터넷과 달리 올 한해 찬바람이 불었던 오프라인 유통업계에서 '나홀로' 성장세를 보일 수 있었던 것은 '젊은 1인 가구의 똑똑한 알뜰 소비' 덕분이라는 분석이 나왔다. 올해 편의점에서는 대용량 생수와 봉지면 판매량이 급증하고 도시락 등 간편식이 인기 상품으로 등극하면서 편의점 매출이 증가한 것으로 분석됐다. 또 가격 거품을 스스로 걷어내는 젊은층의 소비 패턴으로 인해 컵얼음 같은 DIY 관련 상품이 불티나게 팔린 것으로 집계됐다. 5일 CU·GS25·세븐일레븐·미니스톱 등 편의점업계 4사가 내놓은 '2013년 품목별 매출 동향'에 따르면 간편식 판매 증가가 두드러졌다. CU에서는 덮밥류 매출이 전년 대비 43.4% 증가한 것을 비롯해 레토르트식품(31.6%), 즉석면(23.5%), 즉석밥(22.2%) 등이 모두 두 자릿 수 증가세를 보였다.

또 조리법이 간단한 1~2인용 가정간편식 매출도 32.5% 늘었다. 세븐일레븐에서도 1인 가구 증가에 따른 대표적인 수혜상품인 도시락 매출이 전년 대비 57.7% 증가했고 간편조리식, 소용량 반찬 등도 19.0% 증가세를 보였다. 미니스톱에서는 오징어채볶음, 멸치볶음 등 밑반찬류 매출이 370% 늘어났다. 대형마트 대신 편의점에서 간단하게 장을 보는 1인 가구 덕분에 GS25에서는 대용량 생수가 매출 2위 상품으로 등극하기도 했다.

편의점 상품 판매 동향을 보면 젊은 소비자들의 똑똑한 알뜰 소비 패턴도 두드러졌다. 대표적인 상품이 CU와 GS25에서 매출 1위를 차지한 '컵얼음'이다. 음료전문점 대신 편의점에서 얼음과 커피, 알코올음료 등을 사서 직접 제조함으로써 가격을 낮추는 소비에 힘입어 CU에서는 컵얼음이 처음으로 1위를 차지했고 GS25에서는 2년 연속 매출 1위를 지켰다. 각 사의 PB(자체 브랜드)상품 판매가 늘고 있는 것 역시 알뜰 소비 덕분이다. CU의 500개 PB상품 매출은 전년 대비 32.5% 늘었고 GS25에서는 7~9월 PB 팥빙수가 아이스크림 상품군 1위를 차지했다.

자료원: 서울경제, 2013.12.05 기사편집

사례 7-9

혁신에 가치 더한 상품… 소비자 '아낌없는 사랑'으로 화답 불황에도 '변함없는' 인기, '가치지향 소비.'

롯데백화점 이마트 등 유통업체들이 올 한 해 소비 트렌드로 꼽는 단어다. 불황이 길어지면서 소비자들의 지갑은 얇아졌다. 이 때문에 생활필수품 등으로 저렴한 것을 찾는 게 추세가 됐다. 하지만 소비자들은 감성적인 만족을 얻을 수 있고 자신의 가치를 높일 수 있다고 생각되는 제품에는 아낌없이 지갑을 열었다.

'2013년 하반기 한경 소비자 대상'에서도 이러한 '가치지향적 소비' 트렌드가 그대로 반영됐다. 지속적인 기술과 디자인, 품질 혁신으로 상품의 품격을 높이고 소비자들의 감성적 가치를 충족시킨 제품과 브랜드들이 수상의 영예를 안았다.

식음료 화장품 등 일상 소비생활과 밀접한 부문에서는 '메가 트렌드'인 웰빙을 강화하거나 차별화한 기술로 기존 상품의 경쟁력을 높여 새로 선보인 제품들이 소비자들의 선택을 받았다. 아모레퍼시픽의 대표 화장품 브랜드 '아이오페'는 지난 9월 말 '에어쿠션'의 누적 판매량이 1000만개를 돌파했다고 발표했다. 마치 화장하지 않은 듯한 '생얼 메이크업' 트렌드와 맞물려 여성들의 필수 아이템으로 자리잡았다.

파리크라상의 대표 브랜드 파리바게뜨가 지난봄 첫선을 보인 '무설탕 식빵'은 한 해 동안 소비자들의 많은 관심과 사랑을 받은 히트 제품이다. 평범한 식빵에 담긴 '신선한 혁신'에 많은 소비자가 관심을 보였고, 맛과 영양을 골고루 갖춘 건강 빵으로 인기를 끌고 있다. 파리바게뜨는 6년 이상의 연구 끝에 설탕은 물론 일체의 당을 사용하지 않고 빵을 만드는 특수 공법을 개발했다. 자칫 밋밋해질 수 있는 맛은 고소한 국산 현미와 호두로 보완했다.

롯데칠성음료의 '아이시스 8.0'은 미네랄이 풍부한 '건강 생수'로 주목받고 있다. '아이시스 8.0'은 충북 청원군에 있는 암반대수층의 천연광천수를 원료로 만든다. '아이시스 8.0'에는 칼슘과 마그네슘이 2.4 대 1의 비율로 함유돼 있다. 칼슘과 마그네슘의 비율이 2 대 1~3 대 1일 때 칼슘이 체내에 잘 흡수되는 것으로 알려져 있다. 올해 2월에는 전체적인 디자인은 유지하면서 용량만 300㎖로 줄인 '아이시스 8.0 미니'를 출시했다. 용량이 각종 회의나 세미나 중 남기지 않고 마실 수 있는 수준이어서 직장인들에게 인기를 끌고 있다.

자료원: :한국경제, 2013.12.26. 기사편집

5. 기술적 환경

기술의 발전이 기업 활동에 영향을 미치는 기술적 환경(technological environment)은 가장 급속도로 변화하면서 가장 크게 영향을 미치는 요소이다. 컴퓨터, 인터넷과 정보통신의 발달은 시간과 공간을 초월한 인터넷 쇼핑몰, 소셜커머스 등과 같은 혁신적인 소매업태가 등장하였으며, EDI(Electronic Data Interchange: 전자문서교환), RFID(Radio Frequency Identification: 무선 인식 전자태그), 유비쿼터스 시스템 등의 정보 기술은 우리의 생활 전반에 적용(예 생산이력 추적시스템)되어 생활에 변화를 주고 있으며, 유통 매장의 결제방법, 상품에 대한 정보제공 등에 적용되어 소매점의 경쟁력에 영향을 미치고 있다.

사례 7-10

출근길 지하철 가상스토어 주문, 퇴근하면 집에 이미 배달

미국 뉴욕 맨해튼 미드타운 중심가에 자리 잡고 있는 대형 백화점 메이시스 헤럴드 스퀘어점. 지난해 12월 30일 찾은 이곳은 연말 쇼핑객이 몰리면서 출입구를 찾기 힘들 정도로 붐볐다.

어렵사리 출입 회전문을 밀고 들어선 일부 쇼핑객은 곧바로 손에 들고 있던 스마트폰을 뚫어져라 바라봤다. 매장에 들어서자마자 스마트폰에 뜨는 메이시스 백화점 쿠폰 할인율을 확인하기 위해서였다. 기자도 스마트폰을 꺼내 보니 '메이시스 헤럴드 스퀘어점을 찾은 것을 환영합니다(Welcome to Macy's Herald Square)'라는 메시지가 적힌 팝업창이 올라와 있었다. 팝업창에 있는 오퍼스(offers) 아이콘을 누르니 15% 할인권이 올라왔다.

메이시스 매장 이곳저곳에서 고객들이 스마트폰을 바코드에 대고 찍는 모습도 쉽게 볼 수 있었다. 스마트폰을 바코드에 대면 각종 상품 정보와 함께 할인 가격까지 일목요연하게 나오기 때문이다.

주얼리 코너에서 귀걸이를 산 재니스 씨는 "50% 연말 기본 할인에 15% 추가 할인이라는 표지가 붙어 있는 110달러짜리 18K 금 귀걸이 가격이 정확히 얼마나 할인됐는지 보려고 스마트폰으로 바코드를 찍어보니 48달러에 불과하더라"며 "매장에서 스마트폰으로 보다 쉽게 쇼핑을 할 수 있어 편리하다"고 전했다. 어디에 어떤 상품이 있는지 쉽게 찾아갈 수 있도록 스마트폰을 실내 매장 내비게이션으로도 활용할 수 있다.

메이시스뿐만 아니다. 노드스트롬, 니먼마커스 백화점 등도 모두 백화점 입구에 들어서면 이처럼 모바일로 쿠폰 등 각종 전단을 제공한다. 고객들이 의류, 가전, 화장품 등 특정 상품코너를 지날 때마다 관련 상품 할인 쿠폰이 스마트폰에 자동으로 올라올 정도다.

이처럼 스마트폰으로 상품 정보와 쿠폰 등을 보내줘 쇼핑을 더 쉽게 할 수 있도록 도와주는 온 · 오프라인 융합 마케팅이 이제 대세가 된 상태다.

노드스트롬은 이미지 기반 인기 소셜네트워크서비스(SNS) 핀터레스트를 적극 활용하는 등 옴니채널 마케팅을 강화하고 있다. 매장에 진열된 특정 상품에 핀터레스트 로고를 붙여 핀터레스트 회원들 사이에서 현재 가장 인기가 많은 제품(Top pinned items)이라는 점을 매장을 찾은 고객들에게 알려줘 쇼핑을 도와주는 식이다.

핀터레스트 노드스트롬 폴로어만 400만명을 넘어서는 만큼 핀터레스트 커뮤니티에서 실제로 어떤 상품이 가장 인기를 끌고 있는지를 잘 보여준다는 평가를 받고 있다. 4000개 매장을 소유한 세계 최대 소매 체인 월마트도 스마트폰 애플리케이션(앱) 스캔&고(scan&go) 모바일 결제 기능을 활용해 고객들이 더욱 쉽게 계산을 하도록 하고 있다.

매장을 방문한 월마트 고객들이 필요한 상품을 카트에 집어넣을 때마다 제품 바코드를 스마트폰으로 찍은 뒤 셀프 체크아웃 계산대에 설치된 스크린에 스마트폰 바코드를 스캔하면 곧바로 결제 금액이 뜬다. 결제 금액에 맞춰 신용카드로 결제하면 모든 게 마무리돼 길게 줄을 서서 기다릴 필요 없이 한 번에 쉽게 쇼핑을 마칠 수 있다.

미국 내 2위 대형 소매 체인인 타깃도 모바일 전자지갑인 패스북을 이용해 고객들이 타깃 모바일 쿠폰을 저장하거나 쿠폰을 제3자에게 전달하고 필요할 때 쉽게 꺼내 쓸 수 있도록 하고 있다. 고객들이 온라인으로 제품을 산 뒤 매장에서 무료로 해당 제품을 픽업할 수도 있다.

숍퀵이란 업체도 메이시스 등과 제휴해 매장만 방문해도 포인트를 적립해 주는 등 온·오프라인 융합마케팅을 하고 있다.

국내 백화점·대형마트도 환골탈태 중이다. 이들은 고객들이 오프라인 매장에서도 모바일 쇼핑을 병행할 수 있는 '옴니채널 쇼핑 서비스'를 대대적으로 늘리고 있다.

롯데백화점은 쇼윈도에 근거리통신(NFC)칩을 설치해 스마트폰을 가져다 대기만 하면 롯데백화점 온라인몰인 엘롯데 구매 홈페이지로 자동 연동되도록 하는 방안을 구상 중이다.

이를 활용해 매장을 방문하는 고객에게 포인트를 적립해주는 서비스를 실시할 계획이다. 가상스토어는 온라인몰 뿐 만 아니라 오프라인 매장에서도 본격적으로 등장하고 있는 쇼핑 형태다. 롯데백화점은 지난해 11월부터 포항점과 부산 본점 매장에 가상스토어를 설치해 놓고 시범 테스트를 진행했다. 올해는 전국 모든 점포로 가상스토어를 확대할 계획이다.

온라인 형식을 차용한 팝업스토어도 최근 백화점의 주요 변화다. 온라인몰처럼 다양한 브랜드 상품을 짧은 주기로 선보이는 전용 공간을 마련해 오프라인 매장에서 쇼핑하는 소비자들에게 신선한 속도감을 제공한다.

대형마트는 인터넷 쇼핑 가운데 모바일몰을 통해 매출 비중을 확대하고 있다. 홈플러스 온라인 마트의 모바일 매출 비중은 2012년 12월 3.8%에 불과했지만 지난해 12월 20.6%로 5배 넘게 커졌다.

김웅 홈플러스 전자상거래사업부문장은 "구매력이 높은 30~40대 중장년층의 모바일 쇼핑이 급증하면서 마트 업계도 스마트 결제 비중을 높이고 있다"고 말했다.

오프라인 유통업체의 '쇼핑 채널 경계 허물기'는 올해 더욱 가속화할 전망이다. 한국체인스토어협회 관계자는 "고객에게 먼저 다가간다는 개념으로 가상스토어나 옴니채널 쇼핑 등의 추세가 크게 강화될 것"이라고 전했다.

자료원: 매일경제, 2014.01.13

사례 7-11

일상으로 들어온 RFID 기술

찍는 순간 재고부터 쇼핑패턴까지 한눈에 '전자태그 혁명'

비즈니스 때문에 술자리가 잦은 김재윤 부장은 가짜 양주 때문에 낭패를 본 게 한두 번이 아니다. 그래서 최근에는 주문 후 습관처럼 양주병에 스마트폰을 갖다 댄다.

무선인식전자태그(RFID, Radio Frequency Identification) 리더기가 인식된 스마트폰을 통해 진위를 판단하기 위해서다.

RFID는 이제 생산 · 유통 현장에서만 볼 수 있는 첨단 시스템이 아니다. 스마트폰 보급률이 60%를 넘어서는 요즘 RFID 기술은 우리의 일상까지 파고들었다.

출근길에 버스에 올라 교통카드를 리더기에 인식시키는 순간부터 RFID를 접하게 된다. 쇼핑을 할 때 RFID 리더를 탑재한 스마트폰을 제품에 갖다대는 것만으로도 진품 여부는 물론 제조일자까지 확인할 수 있다.

RFID는 바코드와 유사하지만 차이가 있다. 제품에 붙이는 태그(Tag)에 생산, 유통, 보관, 소비의 전 과정에 대한 정보를 담고 자체 안테나를 갖췄으며 리더(Reader)로 하여금 이 정보를 인식토록해 인공위성이나 이동통신망과 연계, 정보를 체계적으로 관리하는 것이 RFID 기술의 핵심이다. 바코드가 일일이 수작업으로 제품 하나하나를 읽는다면 RFID는 태그가 자동으로 정보를 전송해주기 때문에 시간과 비용을 절감할 수 있다.

온라인쇼핑몰에서 A라는 제품을 구매한 이들이 많이 구매한 다른 제품이 어떤 것이 있는지 한눈에 확인할 수 있다. 개개인의 아이디를 통해 쇼핑 패턴을 분석한 결과다. 그러나 대형마트에서 또는 백화점에서 A라는 제품을 구매한 고객이 많이 산 다른 제품이 어떤 것인지 확인하기는 다소 어려웠다. 기존의 바코드시스템으로는 품목별로 가장 많이 팔린 제품을 확인할 수 있는 수준에 머물렀을 뿐 고객의 구매유형을 다면적으로 분석하기에는 한계가 있었던 셈이다. 그러나 RFID를 이용할 경우 고객이 상품을 카트에 집어넣음과 동시에 가격을 인식하기 때문에 일일이 포스시스템(바코드 인식기)을 제품마다 인식해 계산금액을 산출할 필요 없이 바로 계산금액을 결제할 수 있다.

RFID는 이 같은 온라인몰의 장점을 오프라인 매장에서도 적용할 수 있는 일종의 혁명이다. 쇼핑카트에 RFID를 장착하면 해당 고객의 카트에 어떤 제품들이 담겼는지 손쉽게 확인할 수 있다. 뿐만 아니다.

수천 평에 달하는 대형마트 매장을 관리하다보면 제품이 품절됐지만 어느 매대에 어떤 제품이 품절됐는지 일일이 직원이 확인하지 않으면 파악하기 어려운데 이 문제도 해결할 수 있다. 예를 들어 샴푸 매대에 C라는 브랜드가 품절됐음을 관리자들은 각종 스마트기기를 통해 확인할 수 있다. 또 C브랜드 샴푸의 재고가 창고에 얼마나 남았는지 창고 어느 위치에 적재돼 있는지를 입출고를 담당하는 직원에게 바로 알릴 수 있고 해당 제품의 재고가 부족할 경우 협력사에 입고 요청도 신속하게 이뤄진다.

제품 도난을 방지하고 반품이나 불량품에 대한 조회와 추적도 가능하다. 상품 수량과 진열된 위치가 실시간으로 파악되기 때문에 도난을 방지할 수 있는 것은 물론 반품된 제품이나 불량이 있는 제품이 다시 고객에게 판매되는 사례도 근절할 수 있다.

애완동물에 태그를 삽입하면 유기동물에 대한 문제도 해결할 수 있다. 주인과 애완견에 대한 정보를 신속히 파악할 수 있고 애완동물의 예방접종시기 등을 굳이 메모해두지 않아도 스마트폰을 통해 확인할 수 있다.

일상에서는 아직까지 생소한 RFID 기술은 이미 수출입 화물이나 공장의 생산관리 시스템에는 보편적으로 적용되고 있으며 생산과 물류, 유통에 이르기까지 전 산업에 확산되고 있다.

자료원: 파이낸셜뉴스, 2013.05.07. 기사편집

6. 자연적 환경

자연의 변화 현상이 기업 활동에 영향을 미치는 자연적 환경은 천재지변(일기), 대기, 습도, 계절성, 풍수, 일광, 식물, 자원 등의 영향을 의미한다.

또한 지하자원(에너지; 석유, 광물 자원), 지상자원(삼림, 농산, 수산자원) 등도 영향을 미친다. 최근 자원민족주의(Resource Nationalism:천연자원은 이를 산출하는 국가의 것이라고 인식하려는 사상. 아시아, 아프리카, 중남미 등의 개발도상국이 자국에서 산출되는 자원에 대한 주권을 주장하고, 그 지배권을 강화하려는 태도)의 대두로 부존자원이 거의 없는 한국과 같은 경우 원자재 공급이나 수입상품 공급 등에도 영향을 미칠 수 있다.

사례 7-12

'싸고 편리한' 日 편의점, 지진 덕(?)을 봤네

일본 편의점 업계가 동일본 대지진 덕(?)을 봤다. 생활 필수품이나 저렴한 제품에 대한 수요가 급증한데 따른 것이다.

22일(현지시간) 니혼게이자이신문 등에 따르면 우리나라에서 편의점 미니스톱으로 잘 알려진 이온과 세븐일레븐을 운영하는 세븐앤아이홀딩스의 지난해 경상이익과 영업이익이 각각 5년 만에 최대를 경신한 것으로 나타났다.

2월 결산인 이온의 2011 회계연도(2011년 3월~2012년 2월) 경상이익은 전년대비 15% 늘어난 2100억 엔으로 5년 만에 역대 최대를 기록했다.

이온은 주력인 종합 슈퍼마켓을 통해 저가 상품과 자체상표(PB) 상품 구성 비율을 높여 판매한 것이 실적 개선의 배경. 대지진 이후 편의점에서 식품과 의류 등 생필품 판매가 급증한 것도 실적 호조의 원인으로 꼽힌다.

세븐앤아이홀딩스도 편의점 방문객이 늘면서 지난해 영업이익이 5년 만에 최대를 기록했다. 2011회계연도 영업이익은 전년대비 20% 증가한 2900억 엔이다. PB 식료품을 저렴한 가격으로 내놓아 주부 고객들의 방문이 급증하면서 실적이 개선됐다는 분석이다. 올해 영업이익은 일본 소매기업으로는 처음으로 3000억 엔을 돌파할 것으로 예상한다.

이 밖에 로손도 지난해 영업이익이 전년대비 10% 늘어난 430억 엔으로 집계됐다.

이들 유통업체는 혼자 사는 사람들을 위해 상품을 소형으로 포장하고 가격도 100엔으로 균일하게 책정하는 가격파괴 전략을 사용해 인기를 끌었다. 대지진 이후 멀리 떨어진 곳으로 장 보러 가는 것을 기피하는 현상도 편의점 실적 호조 요인 중 하나라는 분석이다.

자료원: 이데일리, 2012.03.22. 기사편집

제2절 내부(미시적)환경

외부(거시적)환경이 사회 전체의 조직에 간접적으로 광범위하게 영향을 미치는 반면 미시적 환경(micro environment)은 특정기업의 경영활동에 직접적으로 관련되어 영향을 미치는 요인으로 각 기업의 경영 관리자가 조절할 수 있는 업무환경을 말한다. 즉 소비자, 공급업자, 경쟁자, 노동조합, 금융기관, 주주 등으로 기업과의 이해관계자를 말한다.

1. 소비자

기업의 제품과 서비스를 구매하는 소비자는 유통관리자가 가장 관심을 가지는 부분이다. 기업들은 소비자의 중요성을 인식하고 소비자의 욕구를 충족시키기 위하여 노력하고 있다. 소비자의 욕구변화는 유통전략의 변화에 많은 영향을 미친다. 시간의 효율적 사용 및 여가시간의 활용을 더 원하게 됨에 따라 홈쇼핑, 인터넷 쇼핑, 쇼핑몰 등과 같은 계속적인 신업태의 등장을 가져오게 하였다. 또한 지속적인 경제위축과 실질소득의 감소로 인해 소비자들이 가치 있는 소비를 원하게 됨으로써, 유통업에서는 품질을 유지하면서 보다 저렴한 가격의 제품을 공급하여야 할 것이며, 업태 운영에 있어서도 고가와 저가를 동시에 고려하는 전략이 요구된다.

사례 7-13

해외 직접구입에 유통장벽 '와르르'

해외 브랜드 제품은 국내에만 들어오면 가격이 뻥튀기하듯 비싸진다. 국내 소비자들 사이에서 '우리는 호갱님'이라는 우스갯소리가 나오는 이유다. 하지만 요즘 소비자들은 가만히 있지만 않는다. 원하는 제품을 원하는 가격에 살 수 있을 때까지 움직인다. '해외직접구입(해외직구)'가 늘고 있다.

서울시 영등포구에 거주하는 직장인 김은영씨. 그는 최근 롯데 프리미엄아울렛 파주점에 방문했다가 한 해외유명 브랜드의 부츠에 시선을 뺏겼다. 김씨가 눈독을 들인 부츠의 정가(백화점 기준)는 48만원. 하지만 이곳 프리미엄아울렛에는 50% 할인된 가격인 24만원에 판다. 혹시나 하는 마음에 온라인에서 가격을 검색한 김씨. 그런데 미국 온라인 쇼핑사이트인 아마존에서는 같은 제품이 120달러(약 12만7000원)에 팔리고 있었다. 해외배송료를 포함해도 15만원이 넘지 않는다. 김씨는 자칫하면 '큰일 날 뻔했다'며 흠칫 놀란다.

■ 해외직구 선호하는 이유 (단위 : %)

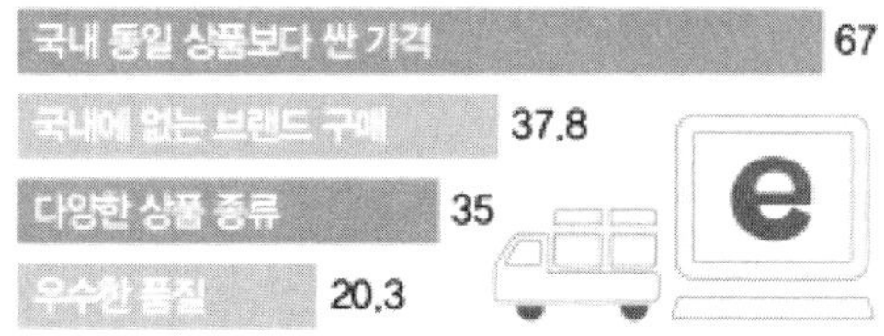

[자료 | 대한상공회의소, 참고 | 2013년 여름 온라인쇼핑족 1650명 대상으로 설문조사, 표2는 복수 응답]

인터넷을 통해 해외에서 제품을 직접 구입하는 '해외직구'가 인기를 끌고 있다. 해외직구족族은 말 그대로 해외직구를 즐겨하는 이들을 말한다. 대한상공회의소가 지난해 여름 온라인쇼핑족 1650명을 대상으로 실시한 '해외 직접 구매 이용실태 조사'에 따르면 전체 응답자의 24.3%가 "해외 인터넷쇼핑몰이나 구매대행 사이트를 통해 상품을 구매한 적이 있다"고 밝혔다.

이들의 해외직구 건수와 이용액도 늘었다. 관세청 자료에 따르면 2010년 318만회, 2억4200만 달러에서 2011년 500만회, 4억3100만 달러로 크게 늘어났다. 한・미 자유무역협정(FTA)이 발효된 2012년에는 720만회, 6억4200만 달러로 급증했다. 국내 최대 규모의 해외 배송대행업체(일명 배대지)로 알려진 몰테일의 2012년 매출은 200억 원을 넘겼다. 금융감독원에 따르면 몰테일의 법인인 메이크샵앤컴퍼니의 매출은 2011년 114억에서 211억으로 2배 가까이 늘어났다.

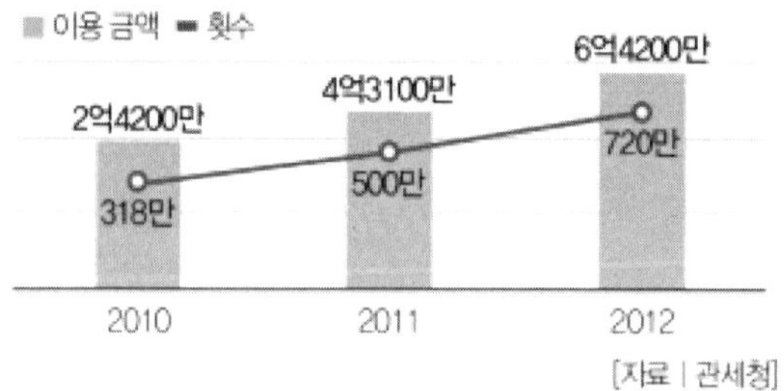

2013년 예상 매출액은 무려 400억 원이다. 매년 2배 가까이 성장하고 있다는 얘기다. 국내에 불고 있는 '해외직구 열풍'을 보여주는 단적인 사례다. 외국에서 결제할 때 비자나 마스터 브랜드에 붙는 국제카드 수수료 1%를 내지 않아도 되는 비씨글로벌카드가 폭발적인 인기를 끈 것도 이런 이유에서다. 2011년 발급되기 시작한 이 카드는 지난해 11월 기준으로 400만좌를 돌파했다. 최근에는 아마존에서 결제하는 건에 한해 배송비 무료행사를 진행해 해외직구족의 호응을 얻기도 했다.

해외직구족이 늘어나는 가장 큰 이유는 가격이다. 한・미 FTA, 한・유럽연합(EU) FTA 발효로 관세장벽이 낮아졌음에도 국내에 들어오는 수입제품

가격은 여전히 높다. 지난해 대한상의가 소비자 1650명을 대상으로 실시한 설문조사 결과에 따르면 응답자 91.3%가 "FTA 체결 이후에도 해외브랜드 상품가격은 동일하거나 증가했다"고 밝혔다. 최근에는 유럽 명품업체들이 일제히 가격을 올려 소비자의 원성을 사기도 했다. 이런 상황에서 해외직구를 통한 제품구입은 물류배송비를 감안하더라도 '실'보다 '득'이 훨씬 많다. 해외 유명 브랜드 제품을 현지 온라인 사이트에서 직접 구매하면 절반 또는 그보다 저렴하게 구매할 수 있어서다. 해외직구를 잘만 하면 국내에서 60만 원 정도에 팔리는 고가의 패딩 제품을 약 20만원에 구매할 수 있는가 하면 백화점에서 40만원에 팔리는 유명 브랜드 가방도 10만 원대에 살수도 있다.

여준상 동국대(경영학) 교수는 "요즘은 20대뿐만 아니라 과거와 달리 모바일에 익숙한 30~40대도 해외직구를 한다"며 "가족 단위의 소비자들은 아이를 위한 옷이나 장난감을 비롯해 건강식품 · 주방용품까지 해외직구를 통해 구매한다"고 말했다. 그는 "미국 블랙프라이데이 같은 세일 시즌에는 국내와 비교해 80% 가까이 저렴한 것도 있다"며 "가격에 민감한 소비자들이 해외직구로 몰리는 건 당연하다"고 말했다.

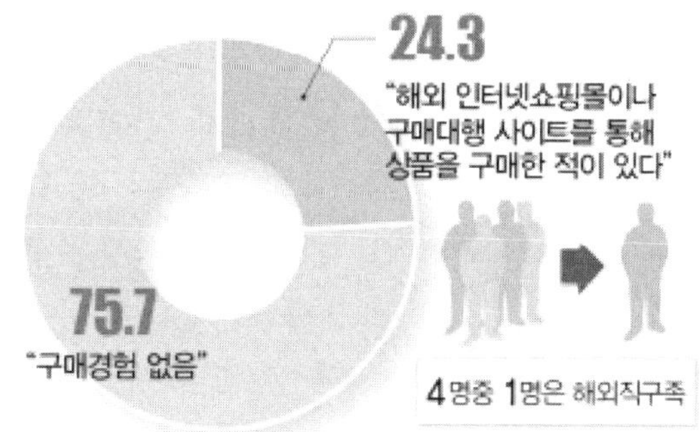

소비자들이 해외직구에 뛰어드는 방식도 다양하다. 가장 일반적인 방법은 해외 사이트에서 직접 신용카드나 페이팔(인터넷을 이용한 결제 서비스)을 통해 결제한 뒤 국내 배송대행업체를 통해 제품을 받는 거다. 현지에서 제품구매부터 배송까지 대행해주는 구매대행 업체도 있다. 언어에 어려움을 느끼거나 시간을 절약하는 소비자들이 주로 이용하는 형태다. 해외 국가에 거주하는 유학생이나 한인들은 블로그나 카페를 통해 제품을 구매한다.

한 소비자는 "미국 LA 등지에서 거주하는 한인들이 미국 현지 백화점이나 온라인몰에서 세일을 할 때마다 제품을 올린다"며 "패션 감각이 좋은 블로거 몇몇을 이웃으로 추가해 원하는 제품이 나올 때마다 이들을 통해 구매하면 편하다"고 밝혔다. 주목할 점은 해외직구 열풍이 식을 가능성이 거의 없다는 것이다. 무엇보다 배송대행업체들이 대형화되고 있다. 국내 최대 배송대행업체 몰테일은 미국에만 3개의 물류센터를 두고 최근에는 독일 · 중국 · 일본에도 물류센터를 세웠다.

배송업체의 서비스도 날로 발전하고 있다. 현지에 물류센터를 두는 것은 기본이고 직접 상품검수까지 마쳐 제품을 국내로 보낸다. 빠르면 이틀 안에 배송을 해주고 최대 한 달까지 상품을 무료보관해 주는 서비스도 제공한다.

이는 해외직구 생태계가 개선되고, 해외직구족이 더 늘어날 것임을 시사한다. 해외직구와 관련해 다양한 커뮤니티가 생기고 있는 것도 같은 맥락에서 풀이된다. 사전에 제품을 미리 사용해본 이들이 자세한 후기를 남기는 가하면 이들 커뮤니티에는 해외 사이트의 '핫딜' '클리어런스 세일(Clearance Sale · 마감 세일)' 등의 할인정보가 빠르게 업데이트 된다.

해외직구가 늘어날수록 낯빛이 어두워질 수밖에 없는 곳은 유통업계다. 해외직구 대비 가격경쟁력이 약하기 때문이다. 김도현 국민대(경영학) 교수는 "국내 오프라인 유통업체의 가장 큰 고민은 온라인몰과 가격경쟁을 해 이기기 어렵다는 거였다"며 "하지만 이제는 해외직구라는 더 무서운 경쟁자까지 등장했다"고 말했다. 대한상공회의소도 지난해 "심각한 수준은 아니지만 추후 해외직구가 더욱 확산되면 국내 소매시장이 잠식될 수 있었다"며 "이는 유통기업은 물론 국산제품을 생산하는 제조기업의 매출감소로 이어질 수 있다"고 우려했다.

하지만 해외직구가 현재의 유통망을 흔들기에는 아직은 힘이 부족하다는 주장도 나온다. 익명을 원한 유통업계 한 관계자는 "해외직구 · 병행수입 등이 늘면서 소비자들의 구매 패턴에 변화가 생긴 것은 사실"이라면서 "하지만 병행수입이나 해외직구가 늘어난다고 해외브랜드 수입사업이 직접적인 타격을 입는 정도는 아니다"고 말했다. 그는 "아직도 백화점 등의 오프라인 유통채널을 통한 구매를 신뢰하는 소비자들이 많다"며 "국내 소매 유통업체들의 서비스는 세계적으로도 최고 수준"이라고 설명했다.

해외직구가 다양한 구매채널 중 하나라는 주장도 있다. 김미연 유진투자증권 연구원은 "해외직구, 모바일 쇼핑 · 홈쇼핑 · 아울렛이 모두 같은 개념"이라며 "가치 소비가 인기를 끌수록 기존의 고가라인 수입브랜드나 정통 오프라인 업체가 영향을 받는 것은 사실이지만 이는 해외직구에만 해당되는 것은 아니다"고 말했다. 이런 와중에 아마존의 국내 상륙 소식이 들려오면서 유통업계가 바짝 긴장하고 있다.

아마존의 앞선 기술도 유통업체를 위협할 만하다. 김도현 교수는 "아마존의 서비스를 한번쯤 사용한 사람이라면 아마존의 진출을 기다릴 것"이라며 "간소한 환불절차라든가 별다른 프로그램 설치가 필요 없는 결제시스템은 국내 업체들이 따라가기 어려울 정도로 앞서 있다"고 설명했다.

2012년 기준으로 아마존 회원 수는 1억7000만 명을 돌파했다. 미국에서만 매달 1억1000만 명이 방문한다. 이는 미국 인구의 약 3분의 1 수준이 아마존을 방문한다는 얘기다. 유통시장을 흔들 변수는 이처럼 수없이 많다. 모두 해외직구에서 파생된 변수들이다. 유통업체가 격변기를 맞고 있다.

자료원: 노컷뉴스, 2014.01.15 기사편집

사례 7-14

유통업계, 제품 속살 드러내는 '시스루 마케팅' 열풍

최근 유통업계가 이른바 '시스루 마케팅'에 열을 올리고 있다. 제품의 원재료는 물론 제조과정, 구성성분에 이르기까지 모든 것을 소비자들에게 보여주고 있다. 소비자 신뢰를 극대화하고 경쟁사와 차별화된 제품의 우수성을 부가시키기 위한 전략으로 풀이된다.

1일 업계에 따르면 매일유업은 '앱솔루트 맘스쿨 이유식 코칭'을 진행하고 있다. 이 이벤트는 이유식에 관심이 많고 배우고 싶은 엄마들을 대상으로 해 아기에게 안전하고 깨끗한 이유식 제조법을 알려주는 프로그램이다.

매월 3~4회씩 주요 백화점과 대형마트 문화센터에서 진행 중인 이 코칭 클래스는 영유아 전문영양사가 단계별 이유식의 목적, 재료 선택 시 주의점 등 이론에서부터 조리법에 이르기까지 전 과정을 강의하고 있다.

매일유업은 특히 클래스 현장에서 직접 '매일유업 맘마밀 보글보글'의 시판 제품과 동일한 재료와 과정을 통해 이유식을 조리, 제품의 원재료와 제조과정을 모두 투명하게 공개하고 있어 주목을 받고 있다.

매일유업 관계자는 "이번 강좌에 참여한 엄마들은 '맘마밀 보글보글'의 원재료가 임금님표 이천쌀과 국내산 소고기, 야채 등으로 모두 국내산의 좋은 품질로 집에서 직접 만드는 이유식과 비교해도 손색이 없다는 것을 눈으로 직접 확인해 볼 수 있었을 것"이라고 말했다.

'비밀 정보'로 여겨지던 제품의 성분 정보도 숨김없이 공개하는 식 · 음료 업체도 갈수록 늘어나고 있다.

하이트진로는 지난달부터 현재 생산중인 전 제품의 맥아 함량 비율을 공개했다. 브랜드별로는 '하이트' '드라이피니시d'가 각각 70% 이상과 80% 이상으로 표기돼 있으며 '맥스'는 100%다.

오뚜기 역시 제품 뒷면에 '면만 섭취 시 · 국물 절반 섭취 시 · 국물 모두 섭취 시' 등 3가지 경우로 나눠 나트륨 섭취량을 표시, 소비자들이 음식을 섭취하기 전에 잘 알 수 있도록 포장을 바꿨다. 코카콜라의 경우 앞으로 모든 제품에 칼로리를 표기해 판매에 나설 계획이다.

오뚜기 측은 "정직한 느낌을 주면서도 소비자 스스로 나트륨 섭취를 줄일 수 있는 기회를 주기 위해 포장을 바꿨다"고 전했다.

외식업계는 실제 요리 과정을 보여주는데 보다 더 집중, '시스루 마케팅'에 가장 적극적이다. 다이닝펍 와라와라는 직원들이 믹서기와 과일을 가지고 다니며 과일주를 소비자가 보는 앞에서 직접 갈아주면서 소비자들로부터 호응을 얻고 있다는 평가다. 또 눈금이 새겨진 맥주잔을 사용해 소비자들이 제품의 용량을 직접 확인할 수 있도록 하고 있다.

유러피안 라이프스타일 카페 아티제는 신선하고 품질 좋은 원재료를 알리고 싶어 고객들이 직접 참여하며 느낄 수 있는 체험 행사를 벌이고 있다. 고객들을 본사로 초청해 전문 파티시에 강의와 최고급 재료를 활용한 케이크 만들기 '파티시에 체험' 등을 진행, 실제 매장에 판매되는 메뉴의 제조과정을 재현하고 있다.

까페 로플라는 첨단 커피자동화시스템을 도입해 세계 각지에서 들여온 고급 생두를 로스팅 하는 과정을 매장에서 있는 그대로 볼 수 있도록 해 고개들의 신뢰와 제품의 우수성을 알리는데 열을 올리고 있다.

자료원: 한국경제, 2013.08.01. 기사편집

2. 공급업자

공급업자의 자원 공급능력과 안정성 및 가격은 기업의 원가와 가격안정성에 직접적으로 영향을 미치므로 중요하게 고려되어져야 한다. 이들의 변화가 기업의 유통활동에 어떠한 영향을 미칠 것인지를 가능한 한 사전에 파악해야 한다. 공급업자가 필요한 시점에 제품을 납품하지 못하거나 중도에 그만두게 되면 납품을 받아오던 기업도 타격을 받게 되는 것이다.

사례 7-15

중국산 조기 영광굴비 둔갑, 대형마트도 속았다!

해경이 중국산 조기를 영광굴비로 둔갑시켜 대형마트에 납품한 업자를 검거했다.

2일 목포해양경찰서는 3년여 동안 약 23여억원 상당의 중국산 수입 냉동조기를 국내산 영광굴비로 둔갑시켜 경기도 일원 대형 H마트 등에 납품, 수십

억원의 부당이득을 챙긴 영광지역 굴비업자 A수산 대표를 구속하고 공범 등 2명을 같은 혐의로 입건했다고 밝혔다.

해경은 또 원산지 허위표시 사실을 알고도 지속적으로 중국산 조기를 공급한 유통업자 3명을 '농수산물의 원산지표시에 관한 법률' 위반 등의 혐의로 추가 입건, 조사 중이다.

해경에 따르면 A수산 대표 등 3명은 2010년 7월부터 수입수산물 유통업자로부터 중국산 냉동조기 23억원어치를 구입하면서 원산지 증거를 남기지 않기 위해 무자료 거래를 유도하는 등 지능적인 수법을 사용한 것으로 드러났다.

A수산 대표는 수입업자로부터 구입한 냉동조기를 단속을 피하기 위해 야간이나 휴일에 자신의 공장 이외의 작업장에서 영광굴비를 표시하는 박스와 띠 작업 및 엮는 작업 등을 하는 치밀함을 보였다.

해경은 또 원산지 허위표시 사실을 알고도 지속적으로 중국산 조기를 대형마트 등에 공급한 공급업자에 대해서는 추가 입건해 조사 중이다.

목포해경은 "굴비를 국내산으로 둔갑시키면 유통마진을 포함, 2배에서 4배까지 부당이득을 취할 수 있기 때문에 이 같은 일들이 사라지지 않고 있는 것 같다"며 "일부 가공업자가 원산지를 허위 표시해 지역 브랜드에 대한 불신감을 부추기고 있다"고 말했다. 그는 또 "지역경제를 보호하는 차원에서 지속적인 단속을 실시해 나갈 것"이라고 밝혔다.

자료원: 아시아경제, 2013.07.02. 기사편집

3. 경쟁자

경쟁자란 특정 시장에서 고객들의 욕구나 그와 유사한 욕구를 만족시킬 수 있다고 여겨지는 현재 혹은 잠재적 기업들이다. 경쟁기업들은 동일한 시장을 대상으로 유사한 제품을 생산, 판매할 뿐 아니라, 원료의 수급에나 유통에도 경쟁적인 관계를 가지고 있다. 그러므로 현재의 경쟁자 및 잠재적인 경쟁자들에 대해서도 꾸준히 분석해야 한다.

사례 7-16

대형마트 '최저가 경쟁' 다시 불붙나

"물건값이 경쟁사보다 비싸면 그만큼 돌려주겠습니다."

유통업계가 다시 최저가 경쟁에 돌입할 조짐이다. 최근 강제휴무와 유통채널 다변화로 인한 매출 부진을 타개하기 위한 고육책이다. 물가 상승으로 고통 받던 소비자들은 반기고 있다.

홈플러스가 먼저 도전장을 내밀었다. 홈플러스는 지난 5월 업계 1위인 이마트를 겨냥해 기습적으로 가격 경쟁에 나섰다. 홈플러스는 한발 더 나아가 180억 원대의 마진(이익)을 축소해 7일 삼겹살과 한우 전 품목을 연중 최저가에 판매한다고 밝혔다.

홈플러스는 한국농수산식품유통공사(aT) 기준 전국 소매가격 평균보다 최대 20% 낮은 가격을 유지하되 할인행사 시에는 30% 싸게 판매할 계획이다.

이에 따라 홈플러스는 9~16일 100g기준으로 삼겹살은 1360원에, 1등급 한우 불고기는 2600원에 판매키로 했다.

삼겹살・한우 최저가 행사는 홈플러스가 벌이는 두 번째 연중상시저가(EDLP・Every Day Low Price) 프로젝트로, 앞서 지난해 4월 100억원의 마진을 줄여 국내산 채소 56종 가격을 전국 평균 대비 최대 30% 낮춘바 있다.

이처럼 홈플러스가 마진을 줄이면서까지 최저가 정책을 내세운 이유는 최근 강제휴무 등으로 매출이 많이 줄어들면서 위기감을 느꼈기 때문. 최저가 행사를 벌이면 이익은 줄어들지만 매출이 늘어 손해를 어느 정도 만회할 수 있다는 현실적인 계산도 작용했다. 실제로 지난해 홈플러스 전체 매출은 4.4% 감소했지만, 최저가에 판매했던 채소는 되레 14% 늘었다.

홈플러스는 최근 대형마트 강제휴무로 반사이익을 얻고 있는 온라인몰과 편의점 대비 가격 경쟁력을 더 강화해 고객 충성도를 높일 방침이다.

안태환 홈플러스 신선식품본부장은 "서민 장바구니 물가 부담을 줄이고 마트의 본질에 충실한 전략으로 성장 기반을 마련하기 위해 이번 행사를 결정했다"며 "앞으로도 생필품 위주로 물가안정에 지속적으로 앞장서겠다"고 말했다.

일격을 당한 다른 업체들은 각종 행사를 통해 '더 낮은' 가격을 제공할 수 있다며 맞불을 놓고 있다. 이마트 관계자는 "현재 가격은 홈플러스가 싸지만 우리도 최저가 행사를 준비하고 있고, 홈플러스보다 가격을 더 낮출 수 있다"고 말했다.

롯데마트 관계자도 "홈플러스와 이마트 가격보다 더 싸게 팔 수 있다"며 "대형마트의 최저가 경쟁이 다시 부활하는 것 같다"고 말했다.

업계는 2000년초 경쟁사보다 가격이 더 비쌀 경우 차액을 보상해주는 '최저가 가격'경쟁을 벌인 바 있다.

자료원: 세계일보, 2013.10.07. 기사편집

사례 7-17

쏟아지는 '데이세일', 백화점까지 가세 "유통업계 새바람?"

국내 로컬 브랜드는 물론 유통대기업 백화점까지 경쟁적으로 '블랙프라이데이' 세일 마케팅에 나서면서 미국 쇼핑주기에 한국이 들썩하는 기현상이 이어지고 있다.

이뿐 아니라 추수감사절 연휴 이후 일상으로 돌아온 소비자를 위한 온라인 할인 행사 '사이버먼데이'부터 크리스마스부터 새해까지 진행되는 대규모 세일시즌 '박싱데이'까지 국내 유통업계는 미국의 세일기간을 새로운 마케팅 주기로 받아드리기 시작했다.

롯데백화점 본점은 블랙프라이데이 열풍에 발맞춰 4일 하루 동안 서울 소공동 롯데호텔에서 '2013년 총결산 패션잡화 브랜드 패밀리 세일'을 연다.

이에 롯데백화점 측은 구두, 패션잡화, 화장품, 액세서리 등 80여 개 브랜드 상품을 최대 90%까지 할인 판매할 예정이며, 30만, 60만, 100만 원 이상 구매 고객에게는 구매 금액의 5%에 해당하는 상품권도 제공한다고 전해 블랙프라이데이를 벤치마킹한 고객몰이에 성공할 수 있을지 주목된다.

롯데백화점 측 관계자는 "앞서 브랜드데이라 해서 하루 동안 세일 이벤트를 진행한 적이 있긴 하다. 그러나 이번처럼 대규모 할인행사를 하루 동안 진행하는 것은 처음이다"며, "미국 블랙프라이데이 만큼의 규모는 아니지만 이슈메이킹은 가능할 것이라 생각해 블랙프라이데이를 벤치마킹한 할인행사를 기획했다"고 말했다.

또, "실상 국내 브랜드의 재고 부담이 가중된 한 해였다. 백화점과 브랜드가 협력해 재고 처리를 효과적으로 할 수 있도록 하는데 의의를 두고 있다"고 덧붙여, 고객 서비스 차원에서 실시하는 바겐세일이기도 하지만 미국의 블랙프라이데이보다는 재고처리 의도가 더 강함을 시사했다.

이에 따라 재고처리를 하루 만에 끝낼 수 있을지에 대한 의문이 따르는 것도 사실이다. 롯데백화점 측 관계자는 "백화점에서 한 달 내내 재고가 소진할 때까지 할인 행사를 진행하게 되면 블랙프라이데이를 벤치마킹한 의미가 없을 것이라 생각했다"며, "브랜드 측과 협의 하에 호텔처럼 넓은 공간에서 하루 동안만 할인 판매하기로 했다"고 전했다.

덧붙여, 롯데백화점의 하나의 프로모션으로 데이세일을 지속할지에 대한 질문에 "이번 데이세일이 첫 시도인 만큼 앞으로의 계획은 협력 브랜드의 상황에 따라서도 달라질 것이다. 따라서 향후 계획에 대해 확답하기는 어렵다"고 설명했다.

아직까지 다수의 여론이 국내 유통업체까지 발벗고 나선 블랙프라이데이부터 각종 데이세일 할인 이벤트를 지나친 상술로 지적하고 있지만, 고객이 손꼽아 기다리는 실질적인 대규모 할인 시즌이 국내에도 자리잡을 수 있을지 주목하는 등 입장이 엇갈리고 있다.

자료원: 매일경제, 2013.12.03. 기사편집

Chapter 8

유통경로의 관리

유통경로를 구성하는 구성원들은 대체적으로 독립된 조직들로서 이들이 효율적인 경로가 되기 위해서는 각각의 구성원들이 서로의 활동에 조화를 이루면서 자신의 책임을 수행해야한다. 제조업자가 제품 및 서비스를 시장에 팔기위하여 어떠한 경로구성원을 선택하느냐가 기업의 성패를 좌우할 수도 있으며, 기존의 유통경로를 변화시키는 것은 새로운 유통경로를 구축하는 것보다 더욱 복잡하고 어려우므로 체계적인 유통경로를 구축하고, 구축된 유통경로를 관리하는 것이 매우 중요하다.

제1절 유통경로의 설계

유통경로 설계(channel design)는 새로운 유통경로를 구축하거나 기존의 유통경로를 수정하고자 할 때에 관련된 의사결정으로 제조업자, 도매상, 소매상 모두에게 필요하지만 각 구성원의 입장에서 서로 다르게 설계되어야 할 것이나 본서에서는 제품 및 서비스의 유통이 시작되는 관점에서 설계되는 유통경로에 대해 기술하기로 한다.

또한 어떤 지역에서는 전속 프랜차이즈 조직을 통해서만 판매하기도 하고, 다른 지역에서는 자사제품을 취급하는 모든 중간상을 통해서 판매하기도 하며, 접근하기 어려운 고객에게는 직접 판매할 수 있는 웹 매장을 추가할 수 도 있다. 따라서 최대의 매출 및 수익을 창출할 수 있는 유통경로를 설계해야한다. 설계과정은 기업이나 취급업종에 따라 다를 수 있으나 필수적으로 수행해야할 과정은 4단계로 나누어볼 수 있다.

첫째, 고객 욕구를 분석하고,

둘째, 유통경로목표를 설정하며,

셋째, 유통경로 커버리지와 유통경로 길이(구조)를 결정하고,

넷째, 개별경로구성원을 선택해야 한다.

사례 8-1

농협, '칼없는 정육점' 출범

* 농협 칼없는 정육점 운영 절차

농협중앙회가 10월 1일 서울 논현동에 '칼없는 정육점' 1호점을 오픈했다. 칼없는 정육점은 소포장 축산물을 동네 슈퍼에서 판매하는 형태로 대형마트나 정육점까지 가지 않아도 된다는 게 장점이다. 하지만 기존 정육점들에 미치는 여파가 만만찮을 것으로 전망돼 향후 그 행보에 업계의 이목이 집중되고 있다.

칼없는 정육점은 동네 슈퍼마켓 내 별도 쇼케이스를 마련, 소포장 완제품 축산물을 농협으로부터 공급받아 진열·판매하는 형태다. 일종의 '숍인코너(Shop in Coner)'인 셈이다.

소상공인과 가맹점 형태로 운영되며 특별한 정육기술 없이도 축산물을 판

매할 수 있다는 게 특징이다. 상품은 콜드체인시스템을 통해 유통되는데, 특수 산소포장으로 10일간 냉장보관이 가능하다.

남성우 농협중앙회 축산경제대표는 “칼없는 정육점은 기존 정육점 개념에서 탈피해 완전 포장된 부분육을 유통, 위생적으로 안전한 상품을 소비자에게 공급하는 체계를 구축하는 게 목표”라며 “500개 점포를 구축하는 게 1차 목표이지만 규모를 더 키워 산지의 축산 농가 소득은 올라가고 소비자의 안심소비도 올리는 것이 중요하다”고 밝혔다. 그는 “농협과 소상공인의 융합으로 시너지를 낼 수도 있다”고 덧붙이며 칼없는 정육점이 축산물 유통환경의 전환점이 될 것이라고 기대했다.

편의성 · 안전성 지향… 신개념 유통채널

농협중앙회는 이번 논현점을 시작으로 2014년에 250개소, 2016년에는 450개소를 개장하는 등 사업을 확장해 나갈 계획이다. 농협중앙회에 따르면 소규모 슈퍼마켓에 비치되는 정육코너는 최소 약 43㎡(13평) 이상 되어야 하고, 정육기사도 필요한 만큼 소상공인들에게 부담이 되어 왔다. 하지만 칼없는 정육점은 이 같은 소상공인의 고민을 덜 수 있을뿐더러 소비자들의 구매 편의성 또한 높인다는 판단이다.

특히 경기 침체 및 서민경제 악화로 소비심리가 위축되면서 로드숍 형태의 정육점 보다 수입육 · 저가형 정육점이 소비자들에게 인기를 끌고 있다는 점에서 축산시장의 최신 트렌드를 반영했다는 분석이다.

이울러 핵가족 · 싱글족 증가로 신규 수요층에 대한 대응이 필요한 현 시점에서 구매 편의성, 소포장, 품질 및 안전성, 원스톱 쇼핑 등을 지향한다는 것도 눈여겨볼 만하다.

‘칼없는 정육점’에 공급되는 상품은 찌개용 전지, 불고기용 후지, 구이용 항정살 등 10여개 부분육으로 중량 200~300g의 소포장 제품들이다.

농협은 자체 회원조합을 통한 주문자상표부착방식(OEM)으로 이들 축산물을 생산하고 물류 역시 안심축산사업에 참여하는 업체 중 한 곳에 위탁, 상품을 공급하고 있다. 농협에 따르면 상품 가격도 홈플러스익스프레스, 롯데슈퍼 등과 비슷한 수준을 유지하며 경쟁력을 가져간다는 방침이다.

자료원: 더바이어, 2013.10.22 기사편집

1. 고객욕구분석

유통경로 중에서 유통업자의 필요성은 생산된 제품에 대한 부가가치의 창출이다. 이런 점에서 유통경로는 고객가치 전달 네트워크의 일부이다.[1]

따라서 기업은 경로를 설계할 때 소비자들이 유통경로로부터 어떤 가치를 원하고 있는가를 파악해야한다. 즉, 소비자가 유통경로구성원에게서 받기를 원하는 서비스가 무엇인가를 조사해야 한다. 입지의 편의성(시간 및 장소의 편의성), 다양한 제품구색, 구매할 량이나 구매빈도의 조정(최소구매 단위lot size), 주문 후 대기시간(제품인도시간), 신용판매, 수리 및 설치 등과 같은 부가서비스까지 다양하다. 그러나 소비자가 바라는 모든 서비스를 제공하려면 많은 비용이 발생하게 된다. 다양한 제품구색을 갖추고, 주문 후 대기시간을 줄이기 위해서는 충분한 재고를 보유해야하고, 신용판매를 위해서는 투자자금이 많아야하며, 수리 및 설치 서비스를 위해서는 전문인력이 필요하므로 이에 따른 인건비가 증가하게 되며, 최소단위 구매서비스를 위해서 포장비용 등이 증가하게 된다. 높은 수준의 서비스를 제공하려면 그에 따르는 비용이 발생하므로 서비스 비용은 상품가격에 반영되어 소비자에게 높은 가격을 부과하게 되는 것이다. 예를 들면, 쾌적한 환경, 친절한 서비스 등을 제공하는 백화점이 셀프서비스에 의해 구매하는 대형마트보다 높은 가격을 요구하는 것이다. 따라서 기업은 소비자의 욕구를 충족시키는데 필요한 비용, 실행가능성, 고객의 가격 선호성과 소비자의 욕구 사이의 균형을 이룰 수 있는 가장 적절한 유통경로를 설계할 수 있어야 한다.

2. 유통경로 목표의 설정

소비자가 원하는 서비스수준에 의해 고객욕구를 분석한 후 유통경로 설계자는 유통경로 목표를 결정해야 한다. 유통경로는 상품, 가격, 촉진 등과 같은 다른 마케팅믹스 구성요소에 대한 의사결정보다 장기적 파급효과를 주게 되므로 무엇보다 먼저

---

1) Philip Kotler, Gary Armstrong, Principles of Marketing, 12th ed., 2008, 안광호, 유창조, 전승우 옮김, 시그마 프레스, p.420.

고려해야할 요소가 기업전체의 장기목표(투자수익률, 시장점유율, 매출액, 성장률 등)이다. 즉, 유통경로의 구축에는 많은 경로구성원들이 참여하게 되고 많은 투자비용이 투입되어야 하므로 유통경로 설계와 변경에는 많은 전환비용이 수반되므로 유통경로 설계자는 유통경로 목표를 설정할 때 기업의 장기목표를 반영하여야 하며, 고객이 원하는 서비스 수준을 충족시킬 수 있는 전체 경로비용을 최소화해야한다.

또한 유통경로목표는 기업, 제품, 중간상, 경쟁사, 환경 등의 성격에 영향을 받는다. 기업의 규모나 재무능력은 자사가 담당할 유통기능과 중간상에게 넘겨야 할 기능을 결정해 준다. 예를 들면, 부패 가능성이 있는 제품을 판매하는 기업은 판매가 지연되거나 취급횟수가 지나치게 많아지는 것을 피하기 위해 직접마케팅을 선택하게 된다.

유통경로 목표설정과 경로설계에서 고려해야할 또 하나의 요인은 경제상황과 법적규제와 같은 유통환경요인이다. 즉, 경기가 침체기일 때 제조업자는 가장 경제적인 방법으로 제품을 유통시켜야하기 때문에 좀 더 짧은 경로를 사용하고, 제품의 최종가격을 인상시키는 불필요한 서비스를 최소화해야 한다.

3. 경로 커버리지와 경로구조의 결정

유통경로목표가 설정되면 유통경로 커버리지와 유통경로 길이(구조)에 대한 결정을 해야 한다. 설정된 목표를 달성하기위해 몇 개의 점포가 필요하며, 각 점포는 어느 정도의 서비스를 제공해야 할 것인지를 결정하는 것이다.

1) 유통경로 커버리지 결정

유통경로 커버리지는 특정지역에서 자사상품을 취급하는 점포의 수를 의미하며 유통집중도(distribution intensity)라고도 하는데 제조업자가 선택할 수 있는 유통 커버리지 방법에는 집중적 유통(intensive distribution), 전속적 유통(exclusive distribution), 선택적 유통(selective distribution)이 있다.

(1) 집중적 유통(intensive distribution)

가능한 많은 점포들이 자사제품을 취급하도록 하는 방법으로 편의품이나 일상적으로 자주 사용되는 원재료 제조업자가 자주 사용한다. 예를 들면, 담배, 비누 치약, 사탕, 세제 등의 제품은 상표노출과 소비자의 구매편의성을 극대화하기 위해 가능한 많은 점포에서 판매되도록 하는 것이다.

(2) 전속적 유통(exclusive distribution)

제조업자가 자사의 제품을 취급하는 중간상의 수를 의도적으로 제한하는 것이다. 즉, 일정한 지역에서 한 점포가 자사제품을 독점적으로 취급하도록 하는 방법으로 주로 자동차, 패션의류, 주요내구재, 가구 등과 같은 제품에서 방법이다. 이를 선택한 이유는 소비자가 기꺼이 제품구매에 많은 노력을 투입하고자 하며, 경로구성원에 대한 통제가 쉬우며, 동일지역 내에서 자사제품을 취급하는 유통업자 간의 경쟁을 배제하고, 제조업자와 유통업자 간의 유대를 강화시켜 타사 상표들과 효과적인 경쟁이 이루어질 수 있기 때문이다.

(3) 선택적 유통(selective distribution)

특정지역 내에서 자사상품을 적극적으로 취급하기를 원하는 중간상들 중 일정한 자격을 갖춘 소수의 중간상들에게 자사제품을 취급하도록 하는 방법으로 집중적 유통과 전속적 유통의 중간 형태라 할 수 있다. TV, 화장품, 의류, 소형가전제품 기업에서 주로 이용하는 방법으로 선택된 경로구성원과 원만한 동업관계를 형성할 수 있고, 전속적 유통에 비해 보다 많은 통제력과 적은 비용으로 적절한 시장범위를 확보할 수 있게 한다.

2) 유통경로구조의 결정

유통경로 커버리지 결정과 함께 가장 적절한 경로구조(경로길이)의 결정해야 한다.

(1) 유통경로구조의 유형

제조업자는 경로목표를 달성하기 위해 어떤 유형의 중간상을 경로구성원으로 포함시킬 것인가를 결정해야 한다. 제조업자가 선택할 수 있는 유통경로 구조 유형은 제품의 분류(소비재, 산업재)에 따라 다르며, 소비재 제조업자가 선택 가능한 유통경로 구조는 <그림 8-1>과 같다.

〈그림 8-1〉 소비재 유통경로 유형

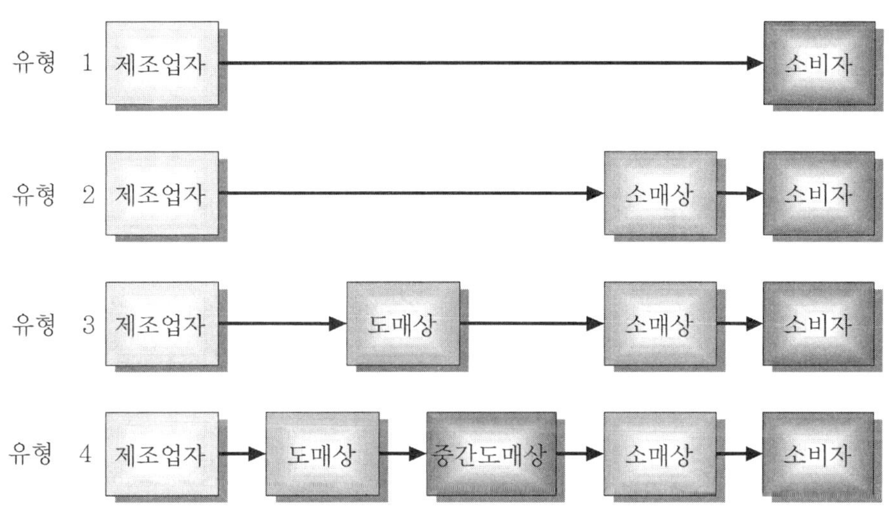

자료: 안광호, 한상린, 유통원론, 학현사, 2005. p.252.

그러나 통상적으로 많은 기업들이 유통경로를 구축할 때 한 가지 유형만 이용하는 것이 아니라 여러 유형을 이용하기도 한다.

유형 1은 직접마케팅 경로로 제조업자가 중간상을 거치지 않고 직접소비자에게 판매하는 형태이다. 예를 들면 가정용 학습교재 판매회사인 웅진이나 가정방문판매를 통해 판매하는 한국 야쿠르트 유업 등의 구조이다.

유형 2는 제조업자와 소비자 사이에 소매상이 개입되는 경로구조로 대부분의 소비재 회사들이 이 구조를 선택하고 있다.

유형 3은 제조업자와 최종소비자 사이의 유통과정에 도매상과 소매상이 참여하는 형태로 가장 전형적인 유통경로구조이다. 대표적으로 의약품 유통경로를 들 수 있다.

유형 4는 제조업자와 소비자 사이에 여러 유형의 도매상들이 개입되는 형태로 주로 1차 상품(곡물류, 야채, 과일 등)의 유통과정에서 주로 이용되는 유통경로이다.

산업재 유통경로는 제품의 특성상 소비재와 다른 유형의 유통경로를 갖는데 일반적으로 4가지 형태로 나눌 수 있다. 주로 생산에 투입하기 위해 구매하는 제품을 의미한다. 즉, 산업재 거래는 기업과 기업의 거래로 완제품을 위한 부분품 구매, 재판매 등을 위해 거래가 이루어지며 <그림 8-2>와 같이 4가지 유형으로 분류할 수 있다.

〈그림 8-2〉 산업재 유통경로 유형

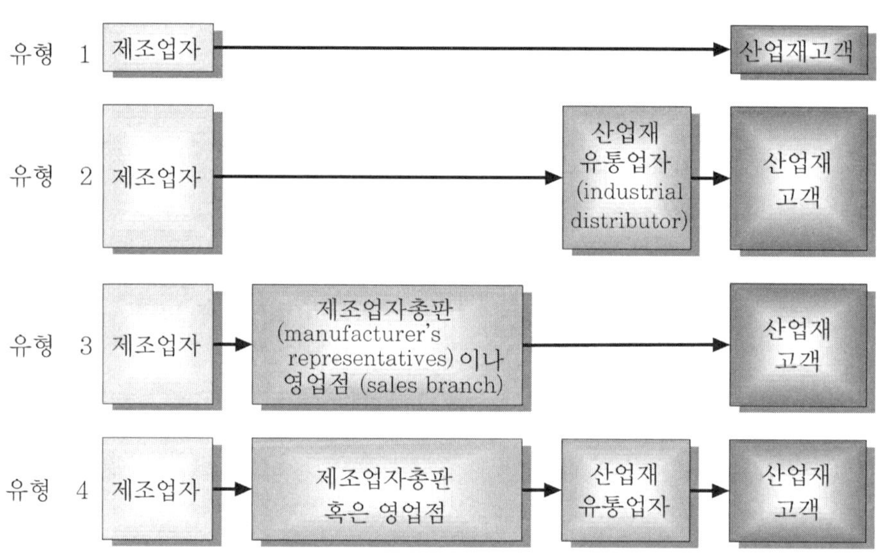

자료: 안광호, 한상린, 유통원론, 학현사, 2005, p.16.

4. 개별 경로구성원의 선택

시장 커버리지와 경로길이에 대한 결정이 이루어지면 개별경로구성원을 선택하게 된다. 개별 경로구성원의 선택과정은 다음과 같다.

① 각 중간상들에게 반드시 요구되어야 할 항목들의 목록 작성

② 필수사항은 아니지만 갖추고 있다면 바람직한 항목들에 대한 목록의 작성

③ 표적시장이 요구하는 마케팅기능을 수행할 수 있는 경로구성원 후보의 수집들의 목록 결정
④ 각 경로구성원들이 갖추어야 할 필수항목을 토대로 한 경로구성원 후보의 평가
⑤ 긍정적으로 평가된 경로구성원후보들에 대해서 기타 바람직한 특성의 제공 능력 여부에 대한 평가
⑥ 다섯째 단계에서 긍정적으로 평가된 경로구성을 선택한다.

사례 8-2

새벽시장 상인 브랜드 '채과장' 을 아세요?"

부산 사상구 감전동 새벽시장 상인들이 뭉쳐 만든 협동조합 공동브랜드 '채과장(채소 · 과일장터)'이 인기몰이를 하고 있다.

지난달 13일 문을 연 기장군 정관신도시 '채과장' 1호점이 하루 매출 200만 원을 기록하며 '대박' 조짐을 보이고 있다. 오는 3월에는 정관 2호점 개설도 준비 중이다.

20대~50대의 비교적 젊은 상인 16명으로 결성된 '부산새벽시장 농산협동조합'은 중간 유통단계를 없애고 소비자들이 밀집한 아파트단지에 직거래 매장을 개설하는 방식으로 전통시장의 새로운 활로를 모색하고 있다.

새벽시장 강경철 회장은 "우리 시장은 도매와 소매의 비율이 70대 30으로 일반 시민들에 친밀한 시장 이미지는 아니었다"며 "소비자늘에게 식섭 찾아가는 시장으로 거듭나기 위해 직거래 매장을 만들어 값싼 농산물을 공급하는 사업을 기획하게 됐다"고 말했다.

지난 21일 오후 2시께 정관면 'EG 더-원' 단지 내 상가에 위치한 채소 · 과일가게 '채과장'을 찾았다. 10~20분 사이에 10여 명의 주부들이 다녀갈 만큼 28㎡(8.5평)의 작은 매장이 북적였다. 배달 주문 전화도 줄을 이었다.

한 50대 주부는 "시장에서 바로 오니까 과일이 싱싱하고 맛있다"며 "얼마 전 딸을 결혼시켰는데 이바지음식에 들어가는 과일도 여기서 다 주문했을 정도"라고 귀띔했다.

일부 손님들은 이날 이벤트 상품인 1만 원짜리 5㎏ 상자 귤을 사러 왔다 매진 소식에 아쉬워하기도 했다.

'부산새벽시장 농산협동조합' 이윤종 관리상무는 "고객들에게 서비스 차원에서 '오늘은 귤, 내일은 한라봉' 이런 식으로 매일 다른 상품을 할인 판매하고 있다"며 "문자로 이벤트 소식도 알려 드리고 5천 원 이상 주문하면 배달 서비스도 한다"고 말했다.

정관지역 주부들이 생활 정보를 공유하는 온라인 카페에도 '채과장'에 대한 호평이 줄을 잇고 있다. 주부 박다해 씨도 "과일, 채소의 가격이 착하고 싱싱하고 맛있다"며 "직원들도 다 친절하고 강력 추천"이라고 후기를 남겼다.

매장 인테리어도 반응이 좋다. 젊은 주부들도 "과일가게나 채소가게 같지 않고 카페처럼 잘 꾸며져 있다"고 입을 모았다. 마치 유럽의 과일가게를 연상시키는 깔끔한 인테리어는 '상인대학'에서 교수들에게 전수받은 비법이라고 했다.

공동브랜드 '채과장'은 사람을 연상시키는 이름 덕분에 남성 캐릭터 디자인으로도 탄생됐다. 상인들과 전문 컨설팅업체, 교수들이 머리를 맞댄 결과다.

새벽시장 상인들은 5년 전에도 새로운 활로 모색을 위해 공동물류 창고를 만들고 공동배송 시스템을 마련하려다 자금이 모자라 꿈을 접은 쓰라린 경험이 있다.

지난해 5월 25명의 상인으로 출발한 협동조합도 9명이 중도하차 하는 우여곡절을 겪었다. 사업 성공을 반신반의 하는 상인, '이 나이에 새로 사업을 벌여서 뭐하나' 하고 회의를 느낀 일부 나이든 상인들이 조합에서 탈퇴했기 때문이다.

강 회장은 "1호점 성공을 계기로 공동브랜드를 프랜차이즈 사업으로까지 확대시킬 포부를 갖고 있다"며 "정관 2호점 외에도 3월께 해운대 신도시나 남구 용호동 아파트단지에 3호점 개설을 위해 매장 자리를 찾고 있는 중"이라고 말했다.

자료원: 부산일보, 2014.01.22. 기사편집

사례 8-3

농산물 유통 4단계 줄인, 저 듬직한 농협 '안성宅'

안성분기점(JC)에서 평택~제천 고속도로를 타고 제천 방향으로 20분 정도 달리다보면 오른편으로 대형 물류센터 하나가 눈에 들어온다. 농협이 4년간 1300억 원을 들여 지난 8월 완공한 안성농식품물류센터(이하 안성물류센터)다. 이곳의 건축연면적은 5만8000㎡(1만7000평)에 달한다. 축구장(7200㎡) 8개를 끼워 넣을 수 있는 엄청난 규모다. 농협은 2009년 대형 농축산물 물류센터 5개를 물류 거점지역에 만들어 유통단계를 대폭 축소한다는 계획을 세웠고, 그 첫 번째 작품이 바로 안성물류센터다. 농협은 이곳을 농산물 물류의 핵심축으로 삼고, 2016년까지 밀양·강원·장성·제주에 물류센터 4개를 추가로 세울 방침이다. 농협은 이들 물류센터를 통해 기존 '농민→산지유통인→도매법인→중도매인→하매인→소매상→소비자'의 7단계로 이뤄지던 농산물 유통을 '농민→농협물류센터→소매상→소비자' 4단계로 간소화한다는 계획이다.

도매 유통은 농협물류센터

안성물류센터는 국내 최대 농식품물류센터다. 산지에서 올라온 차량이 물건을 내릴 수 있는 곳이 20여 곳, 이를 소비지로 배송하기 위해 차량에 다시 올리는 곳이 86곳에 이른다. 물류센터 지하 1층~지상 3층엔 집배송 시설과 자동화 소포장 시설, 잔류 농약과 미생물 등을 검사하는 식품안전센터, 저온저장고 등의 시설을 갖췄다. 오후 6시부터 전국 900여 농산물 산지에서 농산물이 속속 도착하면 수량과 품질 등을 검사한 뒤 다음날 오전 6시 전에 전국 800곳의 소비지 매장에 배송된다.

안성물류센터에서 취급하는 농산물은 일평균 500개 품목으로 모두 16만 건에 달한다. 오는 2020년 전체 시설이 완전가동에 들어가게 될 경우 연간 2조원 가량의 청과류를 취급하게 돼 3조5000억 원 규모의 서울 가락동 농수산물시장과 어깨를 나란히 할 만한 수준에 도달하게 된다. 구매와 소포장 상품화, 배송에 이르는 과정을 물류센터가 일괄처리해주다보니 기존 5~7단계이던 농산물 유통 경로도 3~4단계로 축소됐다.

유통 경로가 줄어든 만큼 농민은 기존 보다 높은 가격에 농산물을 팔 수 있고, 소비자는 신선하고 안전한 농산물을 보다 낮은 가격으로 구입할 수 있게 됐다.

농협은 안성에 이어 2016년까지 밀양(영남), 강원, 장성(호남), 제주 등 전국 5곳에 농협물류센터를 구축할 계획이다. 안영철 농협중앙회 농산물도매분사장은 "2020년까지 도매물류센터 5곳에서 3조원 규모, 기존 운영하는 공판장에서 4조원 규모의 청과류를 취급해 도매유통 점유율 50%를 달성할 것"이라고 말했다.

소매 유통은 로컬푸드 직매장

안성물류센터가 농산물 도매 유통의 혁신을 꾀하고 있다면, 농산물 소매에 대한 유통 혁신은 농협의 로컬푸드 직매장이 앞장서고 있다. 로컬푸드 직매장은 지역 내 농가가 당일 수확한 농산물을 중간 유통단계를 거치지 않고 직매장을 통해 직접 소비자에게 판매하는 곳을 말한다. 소매라 할지라도 통상 '농민→산지 수집상→도매시장→공급업체→소비자'의 유통 경로를 거친다. 그러나 로컬푸드 직매장은 '농민→농협(판매처)→소비자'라는 단순한 직거래 구조를 갖췄다. 농협은 지난해 4월 전북 완주군 용진농협을 시작으로 전주시 효자동 완주로컬푸드(지난해 10월), 경기 김포농협(올해 4월) 등에 로컬푸드 직매장을 잇달아 열었다.

반응은 성공적이었다. 신선한 농산물을 저렴한 가격에 구매할 수 있어 주부들 사이에서 금새 입소문이 퍼졌고, 덩달아 방문객 수와 매출도 늘었다. 김포로컬푸드는 개장 첫 달(4월) 매출이 9800만원에서 지난 10월 2억5000만원으로 반년 새 매출이 2.5배나 늘었다. 김포농협의 엄경렬 차장은 "가격이 대형마트에 비해 20~40% 저렴할 뿐 아니라 모든 농산물에는 재배지와 생산자 등의 정보가 붙어 있어 소비자들의 신뢰가 높다"고 말했다. 실제 김포농협 직판장의 경우 18일 기준 상추 200g을 1100원, 느타리버섯 200g을 1500원에 각각 판매했다. 같은 날 인근 대형마트에선 상추는 2000원, 느타리버섯은 2300원에 팔리고 있었다. 로컬푸드 직매장의 가격이 35~45% 저렴한 셈이다.

농협은 이 같은 로컬푸드 직매장을 올해 말까지 20곳, 2016년까지 전국 100곳으로 확대할 계획이다. 안재경 농협중앙회 산지유통부 팀장은 "농협의 로컬푸드 사업이 농산물 직거래 활성화 측면에서 큰 역할을 담당하고 있다"면서 "농민에게는 안정된 판로를 , 소비자에게는 값싼 가격에 안전한 농산물을 제공하고 있다"고 말했다.

자료원: 아시아경제, 2013.12.19

제2절 유통경로 시스템

유통경로시스템이란 유통경로의 조직형태라고도 하며, 크게 전통적 유통경로, 수직적 유통경로시스템, 수평적 유통경로시스템으로 분류한다.

전통적 유통경로는 각기 다른 기능을 수행하는 경로구성원들이 판매과정에서 자연스럽게 결합된 형태이며, 수직적 유통경로시스템은 계획된 프로그램에 의해 집중적으로 관리되는 네트워크 형태의 경로조직을 말한다.

수평적 유통경로시스템은 동일한 경로단계에 있는 두 개 이상의 기업이 판매기회를 증진시키고 수익창출을 위해 대등한 관계로 통합된 경로조직으로 일명 공생적 마케팅(symbiotic marketing)이라고 한다.

1. 전통적 유통경로

전통적 유통경로는 독립적인 경로기관들로 구성된 경로조직으로 법적인 결속력 없이 자신의 의사에 따라 자유롭게 경루에 참여하거나 철수할 수 있는 형태이다. 즉, 각 경로구성원은 다른 경로 구성원의 경로성과나 마케팅기능에 관심을 갖기보다는 자기들에게 주어진 마케팅기능들만을 수행하기 때문에 시장변화에 탄력적으로 대응하기 쉽고 유연성이 높아서 비 표준화된 상품에 효과적인 시스템이다.

전통적 유통경로의 특징을 구체적으로 살펴보면,

첫째, 경로구성원들 간의 결속력(commitment)과 충성심이 약해 구성원 간 갈등이 발생했을 때 조정이 어렵다.

둘째, 경로구성원들은 공통의 목표를 거의 가지고 있지 않다.

셋째, 구성원들의 유통경로로의 진입과 철수가 비교적 쉽다.

넷째, 수직적 유통경로시스템에 비해 효율성과 효과성이 낮지만 유연성이 높다.

〈표 8-1〉 전통적 유통경로와 VMS의 특징

특 성	전통적 유통경로	관리형 VMS	계약형 VMS		기업형 VMS
			자발적 연쇄점과 협동조합	프랜차이즈	
시스템 차원의 목표	없다	제한적, 비공식적	제한적, 비공식적	광범위, 공식적	완전, 공식적
조정 메카니즘	교섭력, 협상력	마케팅 프로그램	계 약	계 약	기업정책
의사결정자	개별조직	비공식적 협력단체	승인된 도소매업체	승인된 본부	집중적
결속력	불안정적	약 함	중 간	매우 높다	매우 높다
규모의 경제 실현 가능성	희박	약 함	높 다	매우 높다	매우 높다
유연성	매우 높다	높 다	중 간	낮 다	매우 낮다
재고수준	매우 낮다	중 간	높 다	높 다	매우 높다

2. 수직적 마케팅시스템

수직적 마케팅시스템(vertical marketing system: VMS)이라 부르는 수직적 유통경로 시스템은 제조업자에서 소비자까지의 유통경로를 체계적으로 통합하여 계획된 프로그램에 의해 경로구성원들을 전문적이고 집중적으로 관리, 통제하는 네트워크형태의 경로조직으로 경로구성원에 대한 통제력을 강화하여 시장 영향력을 최대화 할 수 있다. 즉, 수직적 경로에서는 경로선도자가 유통기능의 일부 또는 전부를 통합하여 유통시스템의 전체적 시각에서 유통기능을 조정·할당하고 경로구성원들을 관리하는 것이다. 수직적 통합을 강화하면 통제력은 높아지나 경로관리를 중앙 집중화하는 데서 오는 관리비용과 투자비용은 증가한다. 그러므로 효율성증가와 비용증가를 잘 검토하여 수직적 통합수준을 결정해야 한다.

수직적 마케팅시스템의 유형은 크게 3가지로 기업형 VMS(CorporateVMS), 계약형 VMS(Contractual VMS), 관리형 VMS(Administered VMS)가 있다.

〈그림 8-3〉 VMS의 주요유형

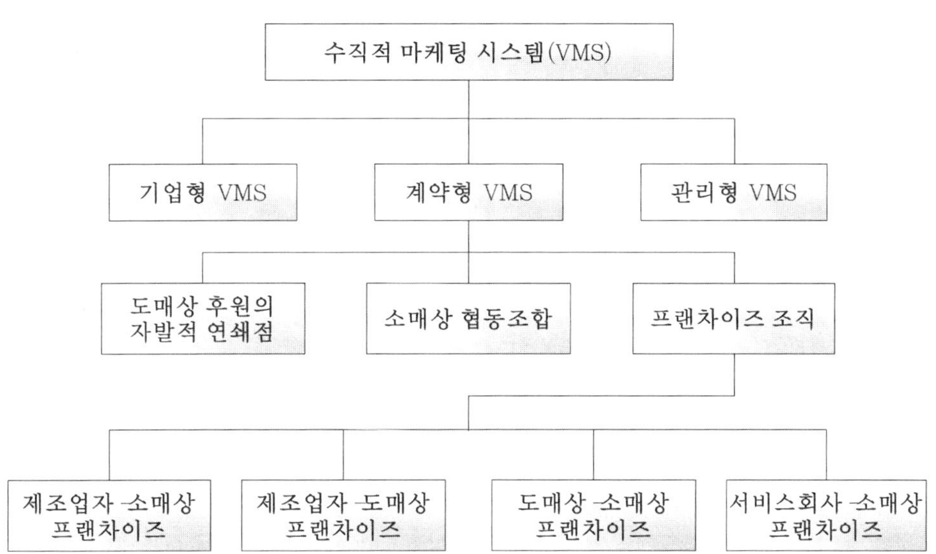

1) 기업형 수직적 마케팅시스템

회사형 수직적 유통경로시스템이라고도 부르는 기업형 수직적 유통경로시스템은 한 경로구성원이 막강한 자본력을 가지고 다른 경로구성원들을 법적으로 소유하여 관리하는 조직형태로 전방통합과 후방통합이 있다.

모든 유통기능이 한 회사에 의해 수행되기 때문에 기업형수직적마케팅시스템은 가장 강력하게 유통경로기능들을 조정・통제할 수 있다.

기업형 전방통합은 제조회사가 도・소매업체를 소유하거나 혹은 도매상이 소매업체를 소유하는 유형으로 주로 자동차 제조회사에서 이용되는 방법이다.

기업형 후방통합은 소매상이나 도매상이 제조업체를 소유하거나 유통경로 전체를 관리하는 형태로 백화점이나 대형마트(할인점 등)가 제조업자를 소유・관리하는데 이용되고 있다.

2) 관리형 VMS

관리형 수직적 마케팅시스템은 경로구성원 중에서 재무적으로 능력 있는 구성원이 소유권이나 계약에 의하지 않으면서 어느 한쪽의 규모, 파워, 또는 경영지원에 의해 통합 관리되는 경로조직이다. 이 조직은 독립된 각 구성원들의 목표가 조직의 목표보다 우선하므로 수직적 유통경로시스템 중에서 가장 결속력이 낮은 시스템이다. 핵심 성공요인은 경로선도자의 효과적 머천다이징 프로그램의 제공여부에 있으며, 대표적으로 대형마트나 백화점이 주문자 상표 부착 방식으로 중소 제조업자의 제품 생산 및 품질 등에 관여하고 이를 조달하게 하는 형태이다.

관리형 수직적 마케팅시스템은 경로구성원들의 독립경영과 소유라는 면에서 전통적 유통경로시스템과 가장 유사한 형태의 수직적 시스템이지만 경로구성원들이 시스템 지향적 사고에 입각하여 시스템 전체의 목표를 공유하고 주도적 기업이 장기적 공동계획과 프로그램화된 시스템에 의해 경로구성원들의 기능을 통합적으로 조정하는 점이 전통적 유통경로시스템과 차이가 있다.

〈표 8-2〉 전통적 유통경로와 관리형 VMS에 있어서의 공급자-소매업자(유통업자) 관계의 특성 비교

특 성	전통적 유통경로	관리형 VMS
거래의 특성	각 주문시점에서의 협상	장기간 지속적인 결합
고려되는 중심정보	공급자의 판매제시자료	소매업자의 상품구색자료
공급업자내 의사결정자	공급자의 지역판매원	지역 혹은 본부 부서장
소매상내 의사결정자	구매부서원	부서장, 또는 최고경영자
소매업자의 목표	판매증대와 마진	계획된 전체 수익성
공급업자의 목표	대량주문	수익성 있는 관계의 지속
성과 평가	주로 판매량과 단기성과 기준	프로그램에 기술된 성과 기준

3) 계약형 VMS

계약형 수직적 유통경로시스템은 수직적 유통경로시스템 중에서 가장 많이 이용되는 유형으로 구성원들이 독립성을 유지하면서 계약에 의해 경제적 이익을 추구하려는 조직 형태이다. 경로구성원들이 공식적인 계약에 의해 연결되어 있으나 경제적 독립성을 유지함으로 기업형수직적마케팅시스템과 구별되며, 공식적인 계약에 의해 경로구성원들을 통제하는 점에서 관리형수직적마케팅시스템과도 차이가 있다. 계약형수직적마케팅시스템은 통제력과 자율성에서 기업형수직적마케팅시스템과 관리형수직적마케팅시스템의 중간에 위치하며, 크게 세 가지 유형으로 분류된다.

(1) 도매상 후원 자발적 연쇄점(wholesaler-sponsored voluntary chain)

도매상 후원 자발적 연쇄점은 도매상이 중심이 되어 많은 독립소매상들이 자발적인 참여를 통해 체인을 형성하고 있는 유형이다.

도매상을 중심으로 독립적인 소매상들이 계약에 의해 수직 통합된 경로조직이므로 소매상들은 도매상이 개발한 판매 및 구매 프로그램을 이용하여 경제적 이익을 얻을 수 있다.

(2) 소매상 협동조합(retailer cooperation)

독립된 중소 소매상들이 협동조합 형식으로 대규모 소매상들과 경쟁하기 위하여 도매기능을 가진 공동소유의 조직체를 결성하여 이를 공동으로 운영하는 경로조직으로 소매상들은 구매 및 판매, 촉진, 상품개발, 정보시스템 등을 공동으로 이용한다. 슈퍼마켓 협동조합의 통합조직인 한국슈퍼마켓 협동조합 연합회가 대표적이다.

(3) 프랜차이즈 조직(franchise organization)

프랜차이즈 시스템이라 불리는 프랜차이즈 조직은 프랜차이즈 본부(franchisor)가 계약에 의해 가맹점(franchisee)에게 일정기간 특정지역 내에서 자신들의 상표, 상호, 사업운영방식, 종업원 훈련 및 파견, 자금융자 등을 통하여 제품이나 시비스를 판매할 수 있는 권한을 허가하는 경로조직이다. 그 대가로 가맹점으로부터 초기 가입비, 상품대금, 매출액에 대한 일정 비율의 로얄티(royalty)등을 받아 운영하는 조직으로 본부와 가맹점은 계약된 범위 내에서 서로 통제하고 상호간의 특정 기능을 수행한다.

프랜차이즈 시스템의 유형은 사업형태, 운영방법 등에 따라 다음과 같이 분류할 수 있다.

가. 사업형태에 따른 분류

① 제조업자 후원 소매상 프랜차이즈는 제조업자가 소매상에게 직접 관리하는 형태로 주로 자동차 판매 딜러시스템 등에서 주로 이용된다.

② 제조업자 후원 도매상 프랜차이즈는 도매상(보틀러 bottler)이 제조업자로부터 원액을 구매해서 병에 담아 완제품으로 만들어 소매상에게 판매한다.

③ 도매상 후원 소매상 프랜차이즈는 도매상이 체인본부가 되어 소매상을 지원하는 형태로 계약형 수직적 유통경로의 도매상 후원 자발적 연쇄점형태이다.

④ 서비스회사 후원 소매상 프랜차이즈는 가장 다양한 업종으로 자동차대여업(예: Avis), 호텔체인(예: Holiday Inn), 패스트푸드(예: Berber King) 체인 등이 있다.

나. 운영방법에 따른 분류

일반적으로 프랜차이즈 시스템을 채택하여 체인 전개를 한 것을 프랜차이즈 체인이라고 부르는데, 체인형태는 3가지로 분류할 수 있다.

① **직영점(Regular Chain)**

어떤 기업이 전부 자기자본으로 본부를 설립하고 점포마다 투자를 하여 체인점을 모두 직접 운영하는 것을 말하며, 회사형 체인, 또는 직영점 체인이라고 한다. 장점은 체인본부의 전략이 전 가맹점을 통해 일사불란하게 수행되므로 본부와 점포 간 결속력이 높다. 반면에 본부의 안정적인 자본력이 요구되며 개별점포의 자율성이 거의 없다는 것이 단점이다. 대표적 사례는 피자헛, 버거킹, 맥도널드 등 대기업이 운영하는 형태이다.

② **자율체인(Voluntary Chain)**

「임의연쇄점」이라고 하며, 독립자본으로 운영되는 다수 소매점이 모여서 특정한 기능을 체인본부에 위탁하는 체인 시스템을 만드는 것이다. 장점으로는 체인본부에 최소한의 기본적인 기능만 요구되기 때문에 부담이 적으며 결속력과 자본력이 낮은데도 가맹점은 최소요소로 상승효과를 가질 수 있다. 본부가 도매업자라 할지라도 조직의 주체는 어디까지나 소매업이며 체인경영의 의사결정에 참가하는 등 소매업간에 수평적 관계이므로 본부의 방침이 시행되는데 어려움이 있다. 유형으로는 약국체인(온누리 등)이 있다.

③ 프랜차이즈 체인(Franchise Chain)

한사람의 사업자가 자기자본으로 체인본부를 설립하고 자기자본을 가진 가맹점을 모집하여 운영하는 체인형태를 말한다. 가맹본부와 가맹점이 모두 독립 자본의 사업자이지만 운영의 주체는 가맹본부에 있다.

체인본부가 우선 개점 및 경영에 관한 노하우를 구축해놓고 계약을 맺은 가맹점주에게 여러 가지 노하우와 상호, 상품공급권, 지역독점권 등을 주고 영업을 지원한다.

장점은 본부에서 이미 개발된 노하우를 쉽게 도입할 수 있어 개별점포를 보다 쉽게 운영할 수 있으며, 단점은 본부가 충분한 상품력을 가지고 있지 않으면 가맹점 관리가 소홀해지기 쉽다. 거의 모든 프랜차이즈 체인 형태가 여기에 속한다.

3. 수평적 마케팅시스템

수평적 마케팅시스템(HMS: Horizontal marketing system)은 동일한 경로단계에 있는 두 개 이상의 기업이 판매기회를 증진시키고 수익창출을 위해 대등한 관계로 통합된 경로조직으로 일명 공생적 마케팅(symbiotic marketing)이라고 한다. 공동생산, 공동연구개발, 생산시설의 공동이용, 공동 상품 및 상표개발, 공동광고, 공동 판매기구 설치, 공동 서비스 등 다양한 방법으로 공생하는데, 두 기업이 경쟁관계에서도 이루어지고 있으며, 특히 계절성 제품을 생산하는 기업에서도 흔히 이용되어 유휴자원의 활용효과를 창출할 수 있다는 점에서 많이 적용되고 있다.

사례 8-4

불황인데 사이좋게…
프랜차이즈 업계에 부는 콜라보 '열풍'

프랜차이즈들이 잇따라 콜라보(협업) 매장을 오픈, '적과의 동침'을 마다하지 않고 있다. 경기침체가 장기화되는 상황에서 브랜드 간 시너지 효과를 통해 수익성을 강화하려는 업체들의 불황 타개책으로 풀이된다.

7일 프랜차이즈 업계에 따르면 SPC그룹이 운영하는 삼립식품의 떡 전문점 빚은과 본아이에프의 차(茶) 브랜드 차오름은 오는 10일 서울 종로구 인사동길에 '빚은&차오름 콜라보' 1호 매장을 연다.

콜라보는 콜라보레이션(협업)의 줄임말로 비즈니스 파트너 간 협력을 통해 사업을 진행하는 방식을 말한다. 한 마디로 사업 운영에서 서로의 부족한 점을 보완해주는 셈. 이들 업체는 '빚은&차오름'을 통해 두 프랜차이즈의 장점을 살리고 단점을 보완하는 이른바 시너지 효과를 내겠다는 전략이다.

떡이 주메뉴인 빚은과 전통차, 한방차, 주전부리 등이 주메뉴인 차오름이 만나 두 브랜드의 '한국적인 모티브'를 극대화할 수 있다는 판단에서다. 콜라보를 통해 메뉴의 외형 확대를 꾀하면 메뉴개발에 대한 비용을 따로 들이지 않아도 된다는 장점이 있다는 게 회사 측의 설명이다.

이들은 또 공간 활용이 극대화될 것으로 예상해 수익성 향상을 기대하고 있다.

전국 145개 매장을 운영하고 있는 떡 전문점 빚은은 출퇴근 길 소비자들이 주요 타깃층으로 그간 가맹점주들 사이에서 매장 활용도에 대한 의문이 제기돼 왔다.

주요 소비층이 주로 상품을 구매한 뒤 바로 이동하는 '테이크아웃' 고객들이어서다.

반면 차오름은 전통차와 주전부리 특성 상 매장 내에서 시간을 보내는 고객들이 많아 두 브랜드 간 매장 활용도를 극대화할 수 있다는 설명이다.

차오름 관계자는 "테이크아웃 고객들이 상대적으로 많은 빚은과 매장 활용도가 높은 차오름이 만나 공간 효율을 극대화할 수 있을 것"이라며 "현재 2호, 3호 매장도 계획하고 있다"고 말했다. 빚은은 차오름 외에도 커피전문점 이디야커피와 함께 1곳의 콜라보 매장을 운영하고 있다.

업계 관계자는 "콜라보 매장은 보완재 성격을 갖는 두 업체 간의 전략적 협업으로 만들어진 트랜스포머형 프랜차이즈"라며 "임대료, 인건비 등 프랜차이즈 운영에서 중요한 각종 비용들을 절약할 수 있다는 장점이 있다"고 말했다.

자료원: 한국경제, 2014.01.08 기사편집

사례 8-5

규제, 경쟁 속 프랜차이즈업계 생존법

경기침체 장기화와 정부 규제 등 이중고를 겪고 있는 프랜차이즈업계가 최근 들어 해외진출에 속도를 내고 있다. 이와 함께 정부 규제를 피해 틈새시장을 공략하거나 새로운 형태의 시장진출에 나서는 등 다양한 방식으로 활로를 찾고 있다.

22일 프랜차이즈업계에 따르면 일부 브랜드의 경우 국내 시장이 포화상태를 맞은 상황에서 출점규제까지 겹치자 타개책으로 해외 시장 공략에 눈을 돌리고 있다. 여기에 신규 아이템을 통한 틈새시장 공략 등 사업의 다각화 노력도 함께 진행하고 있다.

대형프랜차이즈인 '파리바게뜨'는 지난해 중국, 미국, 베트남, 싱가포르 등의 해외 매장을 174개로 늘렸다. 2년 전(91개)보다 두 배 가까이 많아진 셈. 파리바게뜨는 올해 미국 조지아, 매사추세츠, 버지니아, 메릴랜드, 하와이 등에 추가로 진출할 예정이다. 오는 2020년까지 가맹사업을 포함해 미국 전역에 총 1천개의 매장을 선보인다는 방침. 또 중국 시장에서는 동북 3성과 화서, 화남지역까지 진출해 오는 2015년 500개 매장을 목표로 하고 있다.

경쟁업체인 '뚜레쥬르' 역시 중국에 공을 들이고 있다. 지난해까지 39개 매장을 오픈했다. 2011년 19개에 비해 두 배 이상 늘었다. CJ푸드빌은 올해 중국 내 주요 거점을 확보하고 오는 2017년까지 중국 내 뚜레쥬르 점포를 1천 600개로 확대할 계획이다.

CJ푸드빌은 뚜레쥬르의 출점 속도를 높이기 위해 지난해 쓰촨, 허난, 산시, 푸젠성 등 중국 5개 성의 현지 기업과 '마스터 프랜차이즈' 계약을 맺었다. 직영점 대신 마스터 프랜차이즈 방식으로 공격적인 확장에 나서기로 한 것이다.

카페베네도 지난 2012년 미국 맨해튼 타임스퀘어 1호점 오픈을 시작으로 해외 시장 공략에 적극 나서고 있다. 현재 미국, 중국, 필리핀, 인도네시아, 사우디아라비아, 일본 등 8개 국가에서 179개 매장을 운영 중이며 말레이시아, 브루나이, 싱가포르 등에서도 매장 오픈을 앞두고 있다. 해외 진출이 가장 활발한 중국의 경우 국내 커피전문점 최초로 현지 160호점을 개점하는 등 괄목할 만한 성과를 보이고 있다. 카페베네는 올해 20개국에 총 500개 매장을 목표로 하고 있다.

'이디야'는 공정거래위원회의 출점규제가 걸리기 이전에 최대한 매장수를 확대한다는 방침이다. 국내에서 최초로 국내 매장 수 1천개를 돌파한 이디야커피는 향후 규제 대상에 포함될 가능성이 높아지면서 지방을 중심으로 발빠르게 세 확장에 나서겠다는 것. 특히, 이디야커피는 '이면도로 소규모 매장'이라는 전략이 중산층 창업자들에게 먹히면서 대형화되고 있는 커피업계의 틈새 공략에 성공했다는 평을 듣고 있다.

현재 공정위는 동일 브랜드 커피 가맹점 간 500m 이내 신규 출점을 금지하고 있다. 규제 대상은 가맹점 100개 이상, 커피사업부문 매출 500억 원 이상이다. 이디야는 당시 매출이 500억 원 미만이라 규제 대상에서 제외된 점을 십분 활용한다는 방침이다.

프랜차이즈 업계 관계자는 "대형프랜차이즈의 경우 매장 확보에 어려움을 겪으며 수익성 악화에 시달릴 수밖에 없기 때문에 나온 대책이 해외진출"이라며 "과거에는 안전성을 확보하며 조금씩 진출했지만 국내 규제로 좀 더 공격적인 행보를 보이고 있다"고 말했다.

자료원: 이비뉴스, 2014.01.22. 기사편집

제3절 유통경로의 힘과 갈등

유통경로 시스템을 구성하는 경로구성원들은 자신의 목표달성을 위해 독자적으로 의사결정을 하는 독립적인 조직체이지만 자신들의 경로목표달성과 경로기능 수행에 있어 상호의존적이다. 그러나 대체적으로 구성원 자신의 이익을 추구하려고 할 때 다른 경로구성원이 방해가 되기 때문에 갈등이 발생하게 된다. 그러므로 경로선도자는 힘(power)을 바탕으로 적절한 영향력을 행사하여 경로구성원들의 의사결정과 행동을 통제하고 조정할 필요가 있기 때문에 경로에서의 힘은 경로관리에서 매우 중요한 역할을 한다.

1. 유통경로구성원의 힘

힘의 원천은 기업규모, 자본력, 특정기술보유 등 경로구성원이 가지는 가치 있는 자원에서 발생된다. 특정경로구성원이 보유하고 있는 힘의 원천이 다양하고 강할수록, 다른 구성원의 의존성이 높을수록, 특정경로구성원의 힘은 커지게 된다. 또한 경로파워가 독립적으로 행사되는 것보다 복합적으로 사용될 때 시너지효과가 나타난다. 경로구성원이 행사할 수 있는 힘의 원천은 다음과 같다.

1) 보상적 파워(reward power)

경로구성원 A가 B에게 보상을 제공할 수 있는 능력으로 예를 들어 판매지원, 영업활동지원, 관리기법, 시장정보, 금융지원, 신용조건, 마진폭의 증대, 특별할인, 리베이트, 광고지원, 판촉물 지원, 신속한 배달, 빈번한 배달, 감사패 제공, 지역 독점권 제공 등에서 나타날 수 있다.

중간상이 일정수량을 판매하는 대가로 제조회사가 중간상에 대해 인센티브를 제공할 때 발생하는 힘이다.

2) 강제적 파워(coercive power)

경로구성원 A의 영향력 행사에 경로구성원 B가 따르지 않을 때 A가 처벌을 가할 수 있는 능력으로 상품공급의 지연, 대리점 보증금의 인상, 마진폭의 인하, 대금결제일의 단축, 전속적 지역권의 철회, 인접 지역에 새로운 점포의 개설, 끼워 팔기, 밀어내기, 기타 보상적 파워의 철회 등에서 행사할 수 있다.

3) 전문적 파워(expert power)

A가 특별한 지식이나 기술을 보유함으로 인해 B에게 미칠 수 있는 영향력으로 경영관리에 관한 상담과 조언, 영업사원의 전문지식, 종업원의 교육과 훈련, 상품의 진열 및 전시 조언, 경영정보, 시장정보, 우수한 제품, 다양한 제품, 신제품 개발 능력 등에서 발생될 수 있다.

예를 들어 의약품, 식품관련 도매상이 소매상에게 교육을 할 때 힘이 발생한다.

4) 준거적 파워(referent power)

경로구성원 B가 A와 일체감을 갖기를 원하기 때문에 A가 B에 대해 갖는 영향력으로 유명상표를 취급한다는 긍지와 보람, 유명업체 또는 관련 산업의 선도자와 거래한다는 긍지, 상호간 목표의 공유, 상대방과의 관계지속 욕구, 상대방의 신뢰 및 결속 등에서 발생될 수 있다.

제조업자가 본인의 제품이 유명백화점에서 판매되는 것을 자랑스럽게 생각할 때 힘이 발생한다.

5) 합법적 파워(legitimate power)

경로구성원 A가 B에게 영향력을 행사할 권리를 가지고 있고, B가 그것을 받아들일 의무가 있다고 믿기 때문에 발생되는 영향력으로 오랜 관습이나 상식에 따라 당연하게 인정되는 권리, 계약, 상표등록, 특허권, 프랜차이즈 협약, 기타 법률적 권리 등을 행사하는 것이다.

프랜차이즈 본부가 갖는 영향력으로 프랜차이즈 계약에 따라 로열티, 제품제조공정, 광고, 판촉행사 등은 이러한 합법성에 바탕을 두고 있으며, 이를 위반하면 법에 호소하여 상대편에게 시정을 요구할 수 있다.

6) 정보적 파워(information power)

경로구성원 A가 B가 보유하지 않은 정보를 제공함으로 인해 A가 B에 대해 갖는 영향력이다. 소매상이 소비자에 관한 정보를 제조업자에게 제공함으로써 정보적 힘을 행사할 수 있다.

사례 8-6

대형 유통사 납품업체 67%가 불법 경험…
멋대로 수수료 인상 요구도

대형 유통사가 상생을 강조하지만 실상은 다른 것으로 드러났다. 유통사 3곳 중 2곳은 여전히 불공정 행위를 하는 것으로 조사됐다. 공정거래위원회가 19개 대형 유통업체와 4807개 납품업체를 대상으로 한 유통분야 서면 실태조사 결과에 따르면 조사에 응한 877개 납품업체의 66.5%가 '대형 유통업체의 위법 행위를 한 건 이상 경험했다'고 토로했다.

업종별로 보면 대형서점과 대형마트가 각각 71.8%, 70.1%로 가장 횡포가 심했다. 편의점(68.8%), 인터넷쇼핑몰(68.1%), 전자전문점(64.3%), 백화점(56.4%), 홈쇼핑(52.3%)도 부당행위가 빈번했다.

납품업체들이 겪은 불공정 행위 중 가장 빈도가 높은 것은 '판촉행사 서면 미약정(44.9%)'이었다. 대형 유통사들은 계약서도 쓰지 않고 납품업체들이 판촉행사에 참여하도록 강요하고 자신들에게 유리하게 행사를 진행했다. 응답자의 29.6%는 판촉비용을 절반 이상 부담하고, 16.4%는 전액 부담했다. 부당반품 경험도 16.2%다. 대규모유통업법은 납품업체의 판촉비용 분담 비율을 50% 이하로 규정하고 있다.

대형 유통업체들은 멋대로 수수료를 올리거나 매장 위치를 옮기라는 부당 요구까지 일삼았다. 일부 납품업체는 대형 유통업체의 사은행사비 분담을 거절했다는 이유로 일방적으로 거래 중단 통보를 받기도 했다.

공정위는 조사 결과 위법 혐의가 있는 대형 유통업체에 자진 시정을 촉구할 예정이다.

자료원: 매경이코노미, 제1691호(13.01.16~01.22 일자)

사례 8-7

대형마트 '노 세일' 브랜드 아세요?

'할인점'이라는 이름에 걸맞게 대형마트는 취급하는 거의 모든 제품을 정가보다 낮은 값에 판다. 매주 목요일마다 열리는 1주 단위 단기 행사부터 연말연시나 각 업체 창립기념일에 맞춘 대규모 할인 전까지 1년 내내 갖가지 이름으로 할인행사가 진행되다 보니 연중 최저 반값에 파는 세제나 고추장처럼 '정상가' 의미가 사라진 제품들도 수두룩하다.

반면 백화점 해외 명품처럼 철저한 '노(No) 세일'을 고집하는 콧대 높은 브랜드가 있다. 이들의 공통점은 대부분 압도적인 시장점유율을 자랑하는 1위

브랜드라는 것. 굳이 값을 깎지 않아도 잘 팔린다는 자신감으로 다른 브랜드가 마트에 엄청난 비용을 투입해 1+1 증정 등 온갖 할인행사에 판촉전을 펼쳐도 이들은 꿈쩍하지 않고 원래 가격을 유지해 10원이라도 값을 더 내리려는 유통업체와 치열한 신경전을 벌이고 있다.

세일 안 하는 1위 브랜드

구분	제조사	브랜드	매출 구성비(%)
조미료	CJ	*다시다	70.2
	대상	감치미	7.2
초코파이	오리온	*초코파이	77.2
	롯데제과	초코파이	22.8
봉지라면	농심	*신라면	21.8
		너구리	15.4
	삼양	삼양라면	10
	오뚜기	진라면	7

※*는 노(No)세일 브랜드, 롯데마트 올해 1월 1일~4월 29일 매출 기준.

1일 유통업계에 따르면 CJ제일제당의 다시다와 오리온 초코파이, 농심의 신라면은 대형마트에서 별도의 가격할인이나 증정행사를 벌이지 않는 노세일 브랜드로 꼽힌다.

우선 다시다는 1975년 출시된 후 지금까지 이를 따라한 온갖 '미 투(me too)' 브랜드가 봇물 터지듯 등장한 가운데도 지금까지 부동의 시장 1위를 지켜온 저력 덕택에 대형마트에서 할인 전략을 쓰지 않는다. 현재 이 제품이 롯데마트 가공조미료 전체 매출에서 차지하는 비중은 무려 70.2%로 2위인 대상 감치미(7.2%)의 10배에 달하기 때문이다. 올해로 출시 39년째를 맞은 오리온 초코파이도 77.2%의 점유율로 경쟁사인 롯데제과 초코파이(22.8%)를 압도한다.

무(無)할인 전략을 고수하는 이 두 브랜드를 따라잡기 위해 후발주자들은 반대로 거의 출혈수준의 할인 전략을 펼치고 있다. 다시다의 대항마인 대상의 감치미와 맛나는 값을 다시다보다 20% 싸게 책정했고, 두 달에 한 번꼴로 제품 주가 증정행사나 할인행사를 진행한다. 롯데제과는 최근 자사 초코파이 12

개 정상상품을 없애고 단품으로 비교하면 더 저렴한 '12+12개' 들이 행사제품만 운영하고 있다.

또 다른 노세일 브랜드인 농심 신라면 역시 봉지라면 시장에서 계속 선두를 지켜온 제품이지만, 두 제품과는 사정이 조금 다르다. 현재 전체 봉지라면 중 신라면 매출은 21.8%로 2위인 농심 너구리(15.4%)와 비교해도 큰 차이가 없다.

경쟁사인 삼양의 삼양라면(10%)과 비교해도 마찬가지다. 박진호 롯데마트 인스턴트 MD(상품기획자)는 "농심은 자사의 2~3위 제품인 너구리나 안성탕면은 증정행사나 할인전을 진행하지만 유독 신라면 행사는 안 한다"며 "농심 자체의 정책 때문으로 알고 있다"고 말했다.

신라면은 할인행사를 둘러싸고 벌어지는 유통업체와 제조사 간 팽팽한 힘겨루기를 보여주는 상징적인 제품이기도 하다.

2010년 이마트가 상시 저가 정책을 펼치겠다고 선언하며 농심 신라면 20개들이(1박스) 가격을 기존 1만1680원에서 1만630원으로 낮추자 농심은 "신라면 가격 체계가 망가질 수 있다"며 이마트의 추가 물량 발주 요청을 거부했다. 그 결과 이마트의 신라면 가격은 '상시 저가'라는 말이 무색하게 딱 한 달 만에 원래대로 돌아갔다. 유통업체마저 좌지우지하는 '1등 제조사'의 위력이 여지없이 드러난 셈이다.

이 밖에 일반 흰 우유 중 매출 1위를 차지하는 서울우유는 2.3ℓ 대용량 제품은 할인행사를 간간이 펼치는 반면, 가장 잘나가는 1ℓ 들이는 거의 진행하지 않는다.

생수시장 1위인 제주 삼다수 역시 마트에서 판매를 시작한 이래 지금까지 한 번도 행사를 연 적이 없다.

빙그레 바나나맛 우유는 이마트에서 가공유 부문에서 가장 잘나가는 4개들이 상품은 정가에 파는 대신 저지방과 토피넛 같은 다른 '비주류' 제품과 함께 묶는 방식으로만 싸게 내놓는 '꼼수' 행사로 유명하다.

이마트 관계자는 "제조사들은 1위 브랜드 가치를 유지하기 위해 원래 가격을 고수하려는 경향이 강하다"고 설명했다.

자료원: 매일경제, 2013.05.01

2. 유통경로구성원의 갈등

경로갈등(channel conflict)이란 각 구성원들의 목표와 그들이 수행해야 할 역할(과업)에 대한 경로구성원들 간의 의견이 일치하지 않을 때 발생하는데 이를 구성원들이 지각하는 상태를 의미하는데 갈등의 유형에는 두 가지가 있다.

1) 유통경로갈등의 유형

(1) 수평적 경로갈등(horizontal conflict)

유통경로 상의 동일한 단계에 있는 경로구성원들 사이에서 일어나는 갈등으로 소매상 간의 갈등, 도매상 간의 갈등이다. 서비스경쟁, 판촉경쟁, 가격경쟁 등으로 나타난다.

(2) 수직적 경로갈등(vertical conflict)

유통경로 상의 서로 다른 단계에 있는 경로구성원들 간에 발생하는 갈등으로 제조업자와 도매상, 도매상과 소매상 사이에서 발생되는 갈등이다.

이밖에도 구성원들 간의 현실 지각에 있어서의 차이에서 경로갈등과 경로성과 간의 관계에서 발생할 수 있는 갈등을 다음과 같이 분류할 수 있다.

① 역기능적 갈등(dysfunctional conflict)

경로 성과에 부정적인 영향을 가져다주는 갈등으로 구성원들 간의 협조의 저해, 경로구성원들의 기회주의적 행동 유발, 경로구성원의 자원 낭비 등이 발생한다.

② 순기능적 갈등(functional conflict)

경로갈등을 통해 경로 내 문제를 발견하고 이를 해결함으로써 경로성과 향상을 가져오는 갈등으로 각 구성원들이 갈등해소를 위해 적극적으로 참여하여 공평한 혜택이 주어질 때 발생한다.

③ 중립적 갈등(neutral conflict)

경로성과에 영향을 미치지 않는 경로갈등으로 경로구성원들 간의 상호의존 정도가 매우 높을 경우에 발생 한다.

유통경로에서 갈등이 발생하면 이를 회피하기 보다는 갈등을 해결할 수 있는 방법을 모색해야 하는데 이때에 경로구성원의 힘이 필요하다. 즉, 경로 상의 갈등을 관리하여 해결하기 위해서는 갈등의 원인을 정확하게 파악하고 이에 적절한 힘을 이용하여 구체적인 전략을 실행해야 한다.

2) 유통경로갈등 관리전략

(1) 경로구성원 전체의 공동목표(super-ordinate goals) 설정

전문적 지식이나 계약에 의해 합법성 등을 이용하여 전체 구성원들이 동의할 수 있는 공동목표를 설정한다.

(2) 중재(conciliation)에 의한 해결 시도

경로구성원들은 컨설턴트와 같은 전문가를 개입시키거나 소속협회를 이용하여 상호간의 의견불일치를 조정한다.

(3) 법적수단 또는 재정(arbitration)에 의존

공정거래위원회나 중재위원회와 같은 정부기관이나 법원의 판결 등에 의해 갈등을 해소한다. 이와 같은 방법은 또 다른 갈등을 발생시킬 수 있으므로 자체적 갈등해결이 되지 않을 경우 최종적으로 이용해야 한다.

(4) 회원들의 대표기구(cooptation)를 활용

회원들을 위한 대표기구를 의사결정기구로 활용하여 회의 등을 통해 갈등 발생가능성을 줄인다.

(5) 경로구성원들 간의 상호교환 프로그램의 개발

제조업자의 종업원과 다른 경로구성원들의 종업원을 일시적으로 교환하여 근무하게 한다.

(6) 업계협회에의 공동가입(joint membership) 유도

제조업자가 중간상들의 협회에 가입하거나 중간상들로 하여금 제조업자협회에 가입하게 하는 방법이다.

(7) 계속적인 교육을 통한 갈등발생의 예방

정기적인 교육프로그램을 통해 업무에 관한 정보교환이나 상호 관계를 가짐으로써 갈등발생을 예방하거나 줄일 수 있다.

사례 8-8

"동네슈퍼에 상품 싸게 팔지 마라" 도매업체, 대형마트와 골목상권 갈등 '2라운드'

상생이냐, 침탈이냐.

최근 대형 유통업체와 동네슈퍼 간 직거래 확대를 놓고 유통업계에 일대 논란이 일고 있다. 상대적으로 싼 가격에 물품을 공급받는 동네슈퍼와 새로운 거래처를 확보하게 된 대형마트는 만족스러운 모습이다.

반면 기존 대리점과 도매업체들은 "대기업의 도매시장 침탈"이라며 불만을 감추지 않고 있다. 이 같은 갈등은 CJ 대상 신세계 등 식품 대기업이 골목상권 내 음식점에 직접 식자재를 공급하고 있는 데서도 그대로 드러나고 있다.

공은 동반성장위원회로 넘어갔다. 지난해 계란 문구 베어링 산업용재(기계·공구) 등 4개 분야 도매업에 이어 이달 초 식자재 도매업계가 동반위에 해당 품목의 중소기업 적합업종 지정을 요청했기 때문이다. 대형마트와 식품 대기업의 골목상권 진출 확대로 중소 도매업계가 공멸 위기에 처했다는 것. 김종국 동반위 사무국장은 23일 "워낙 이해관계가 첨예하게 엇갈리는 사안이어서 언급하기가 조심스럽다"며 "내부 태스크포스(TF)를 통해 연말까지 지정 여부를 결정할 방침"이라고 말했다

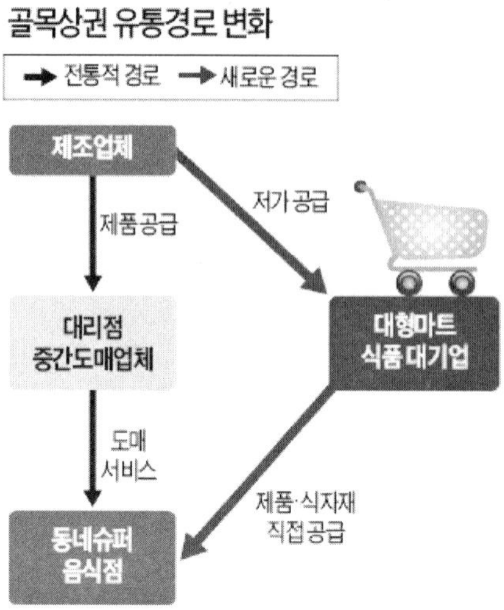

골목상권 유통경로 변화

→ 전통적 경로 → 새로운 경로

제조업체
제품공급
저가공급
대리점
중간도매업체
대형마트
식품 대기업
도매
서비스
제품·식자재
직접공급
동네슈퍼
음식점

동반위의 이 같은 움직임에 '상생 효과'를 누리고 있는 대기업-골목상권은 물론 정부 내 산업통상자원부도 우려를 감추지 못하고 있다. 궁극적으로 동네 슈퍼와 소비자에게 이득이 돌아가는 유통구조 변화를 '경제민주화 프레임'으로 재단하고 나설 경우 도・소매 시장의 유통 혁신은 요원해진다는 것. 실제 산업부는 지난 7월 이마트에브리데이, 롯데슈퍼 등 대형 유통업체와 중소 상인 단체 관계자들을 만나 직거래 활성화를 주문하기도 했다.

산업부 관계자는 "구매력과 물류 인프라가 강한 대형 유통업체들이 골목상권과 직거래를 늘릴 경우 동네슈퍼의 매출과 수익성이 더 커질 것이라고 판단했다"고 말했다.

골목상권을 둘러싼 대기업과 중소기업(상인) 간 '1차 전쟁'은 대형마트 및 기업형 슈퍼마켓(SSM) 출점과 영업시간 제한 등을 통해 중소기업의 압승으로 끝났지만 도매시장을 놓고 격돌한 '2차 전쟁'은 섣불리 승패를 점치기 어려운 상황이다.

조업체-도매상-소매점으로 이어지는 전통적 유통경로가 통째로 흔들리는 상황에서 개별 유통주체들의 이해관계도 제각각의 모습으로 엇갈리기 때문이다.

자료원: 한국경제, 2013.09.24 기사편집

사례 8-9

CU, 가맹점 수익분배 늘린다
가맹법 개정 맞춰 점포 · 본부간 7대3 이상으로

편의점업계 1위 브랜드인 CU를 운영하는 BGF리테일이 새로운 가맹제도를 운영한다. 2월부터 적용되는 가맹사업법 시행령 개정안을 통해 편의점에서 심야시간대 영업 제한이 가능해짐에 따라 가맹점주와 가맹본부 간 수익 배분을 개선하기로 한 것이다.

BGF리테일은 현재 가맹점주와 본부 간 매출이익 배분율인 65대35(점주가 임차권을 확보했을 때)를 70대30 또는 그 이상으로 조정하는 방안을 마련 중이라고 5일 밝혔다.

다음달 14일부터 시행되는 가맹사업법 시행령 개정안에 따르면 직전 6개월간 심야시간대인 오전 1~7시에 영업손실이 발생한 가맹점은 가맹본부에 해당 시간에 대해 영업 정지를 요청할 수 있다. 영업손실이 객관적으로 인정되면 가맹본부는 가맹점주 측 영업정지 요청을 받아들여야 한다.

이 같은 요청이 잇달아 발생했을 때 가맹본부는 전반적인 매출에 타격을 입을 수 있다. 이에 BGF리테일은 기존 매출이익 배분율을 가맹점에 더욱 유리한 형태로 고쳐 가맹점 심야시간대 영업손실을 최대한 막는다는 전략이다.

아울러 BGF리테일은 2월 새 가맹사업법 시행 전이라도 가맹점이 영업시간을 선택할 수 있도록 자율권을 줄 계획이다. 또 가맹점 임차비 일부를 지원하는 방안도 고려하고 있다.

BGF리테일 관계자는 “새로운 가맹제도가 마련되면 이를 새로 들어서는 가맹점부터 적용하고 기존 점포는 재계약 때 협의를 거쳐 적용할 계획”이라고 말했다. 다만 그는 “신가맹제도 적용 시기와 정확한 매출이익 배분율 조정 수치는 좀 더 논의를 거쳐 확정할 것”이라고 설명했다.

이 같은 BGF리테일 측 움직임이 편의점 심야 자율영업을 앞두고 매출 타격을 걱정하는 다른 편의점업체로 확산될지 주목된다. 다른 업체들도 가맹점에 인건비나 장려금을 지원하는 방안을 고려 중이지만 상당한 재원이 필요한 일인 데다 점포마다 형평성 논란이 발생할 수도 있다.

무엇보다 업계는 새 가맹사업법이 심야시간대 영업손실 기준을 구체적으로 명시하지 않았다며 불만을 표하고 있다.

세븐일레븐 관계자는 "인건비, 월세, 전기료 등 각종 비용은 가맹점 크기나 입지마다 달라 매출과 정확한 비교가 어려울 수 있다"며 "특히 오전 7시 이전 1시간가량에는 출근 유동인구도 많은데 이를 심야시간대로 정한 것 역시 합리적이지 않다"고 지적했다.

새 법안이 가맹점주들에 대해 단체결성 · 협상권을 보장하고 있는 점도 염려하고 있다. 세븐일레븐 측은 "가맹점주와 본부는 비즈니스 파트너 관계인데 이를 일반 회사 노사관계처럼 바라보고 법을 개정한 건 옳지 않다"고 주장했다.

배송 문제도 있다. 심야 영업이 중단된 점포는 주간에만 배송을 받아야 하는데 이때 상대적으로 교통이 원활한 야간보다 물류비용이 더 많이 들기 때문이다.

자료원: 매일경제, 2014.01.05. 기사편집

Part Ⅳ

정보시스템으로서의 유통

Chapter 9

유통정보시스템의 이해

컴퓨터와 통신기술의 발달은 정보통신기술의 발전을 가져왔고, 유비쿼터스시대가 도래하면서 새로운 유통정보시스템의 구축이 유통업체들의 생존경쟁력 원천이 되고 있으며, 공급업자와 유통업체뿐만 아니라 최종소비자에게도 혜택을 주고 있다.

제1절 유통정보시스템의 개념

1. 유통정보시스템의 의의

유통정보시스템은 마케팅 환경 변화에 의한 소비자 욕구의 다양화와 다품종생산 환경 등에 의한 유통·판매 활동의 복잡화와 다양성에 따라 발전을 가속시켜 왔으며, 정보화 추진에 따른 컴퓨터와 정보통신수단의 발달에 따라 변화해 왔다.

유통정보란, 포장, 하역, 보관 및 운송, 판매 등 각 유통과정 속에서 발생되는 제반 정보를 의미하며, 이러한 유통정보는 개별적으로 유통의 기능을 발생시키지는 않기 때문에 이러한 유통정보가 생산, 재고, 판매 등 제 유통과정을 효율적으로 수행될 수 있도록 연결시켜주는 역할을 수행하도록 하기 위해서 각 기능 간 상호 연결하여 전체적인 유통관리를 효율적으로 수행하도록 하는 유통정보시스템이 필요하게 되었다.

유통정보시스템이란 생산에서 시작해서 소비자에게 이르는 모든 유통과정을 시스템적으로 파악하는 것을 의미하며, 다양화・개성화된 소비자 욕구에 부합하는 상품 제공을 수행하기 위해서, 정보의 수집・처리, 소비자 특성, 구매경로의 수집, 상품판매정보의 수집 등에 이르는 제반 과정을 시스템화하는 것을 말한다. 이러한 유통정보시스템은 유통활동기능의 고도화와 생산성 향상을 위하여 제품의 특성, 조직의 실태와 목적을 고려한 유통과정 전반에 걸친 의사결정을 지원하기 위한 마케팅정보시스템의 하부 시스템이라고도 할 수 있다.

유통정보시스템(Distribution Information System)은 기업의 유통활동 수행에 필요한 정보의 흐름을 통합하는 기능을 통해 전사적 유통 또는 통합유통을 가능하게 하는 동시에 유통계획, 관리, 거래처리 등에 필요한 데이터를 처리하여 유통관련 의사결정에 필요한 정보를 적시에 제공하는 정보시스템이다. 또한 제조업체의 원료구입과 생산에서 소비자 구매에 이르기까지 상품 흐름을 유기적으로 결합해 모든 유통과정을 파악할 수 있도록 표준화한 정보 공유시스템을 만드는 과정이라고도 할 수 있다.

2. 유통정보시스템의 필요성

유통정보시스템의 역할은 유통정보시스템을 이용하는 경로구성원들의 여러 가지 활동결과인 성과를 개선하고 유통 업무에 관한 모든 의사결정자의 의사결정을 지원함과 동시에 그것을 개선하고, 또한 그 전략적인 활용에 따른 경쟁상의 우위를 획득하며, 유통에 관한 여러 가지 업무를 신속하고 효율적으로 처리하는 것이라고 말할 수 있다.

유통정보시스템은 제조업체의 생산계획과 도매상과 소매상의 구매계획에 도움을 줌으로써 고객들의 대기시간을 단축시켜주며 재고량의 감소를 가져올 수 있다.

또한 유통정보화는 주문, 재고조사, 재고유지 및 관리 등의 작업에 드는 시간을 줄여 줄 뿐만 아니라 유통경로의 수송비용과 시간을 상당히 감소시켜주고 있다. 즉, 하역 및 선적에 있어서 선적 일정, 수송 경로, 제품 수송 등의 수송현황이 중앙의 데이터베이스에 기록됨으로써 항상 고객에게 일관된 수송서비스를 제공할 수 있다.

소매상에게는 소비자의 구매성향과 구매습관을 파악할 수 있기에 소비자가 쉽고 편리하게 구매할 수 있도록 최적의 제품구색을 갖출 수 있게 해주며, 여러 판매점에 대한 주문, 취급, 수령, 배분, 판매 및 점포의 재고보고 등과 같은 업무에도 유용하다.

유통정보시스템은 촉진활동의 성과가 유통의 정보화로 인한 객관적 자료에 의해 과학적으로 평가될 수 있다. 이는 단기적인 유인책으로 인해 유통경로구성원 간 갈등을 초래할 가능성이 있는 판촉활동을 과학적으로 하게 됨으로서 양자에게 있어서 효과적인 촉진을 할 수 있게 한다. 게다가 유통정보시스템은 기업 간 서류 및 비용의 절감효과를 가져오며, 업무의 효율을 높임으로 기업의 경쟁력을 강화시킨다. 그러므로 효율적인 유통경로관리와 유통경로성과 향상을 위해 유통정보시스템의 구축이 필요하며, 유통정보시스템은 경영정보시스템과 마케팅정보시스템의 하위시스템이므로 유통정보시스템을 독립적으로 구축하는 것이 아니라, 기업전체의 경영정보시스템과 마케팅정보시스템에 연계하여 구축되어야 한다.

사례 9-1

미국 온라인업체 서비스 '속도전' 가열

온라인 쇼핑채널이 미국 소매업계의 주요 판매 채널로 떠오르면서 제품을 더 빨리 소비자에게 전달하기 위한 배달 경쟁이 심화되고 있다. 대형 온라인 유통업체인 이베이와 아마존에서는 미국 주요 도시에서 당일배송 서비스를 실시하고 있다. 월마트는 대도시 이외의 지역에 사는 소비자를 위해 선국 4000개 매장을 유통 거점으로 활용하는 방안을 검토하고 있다.

이런 배달 경쟁 트렌드는 소비자의 즉각적 욕구를 만족시키는데서 기인한다. 즉각구매는 소비자들이 충동구매의 욕구가 일어나는 순간 제품을 즉시 구매할 수 있는 판매 시스템으로 미국 유통업계에서 주목받고 있다.

온라인 식료품 판매사이트 피파드(Peapod)는 최근 스마트폰으로 제품의 바코드를 스캔해 새로 사야하는 식료품을 바로 구매할 수 있는 모바일 애플리케이션을 개발했다. 예를 들면 다 먹은 시리얼상자를 버리기 전 빈 시리얼상자의 바코드를 스캔하면 자동으로 해당 제품이 피파드의 장바구니로 들어가는 시스템이다.

마스터카드(MasterCard)는 디지털 잡지에 소개된 제품을 즉시 구매할 수 있는 숍디스(ShopThis) 서비스를 제공할 계획이다. 마스터카드는 패션잡지 보그의 출판사 콘데 나스트, 와이어드 등 인기 잡지와 파트너십을 맺고 소비자가 잡지 내 장바구니 아이콘을 클릭하면 기사와 광고에 나온 제품을 즉시 구매할 수 있는 시스템을 구축했다.

자료원: 더바이어, 2013.10.22 기사편집

사례 9-2

정부, 대형 유통기업 판매정보 빅데이터 분석으로 소상공인 지원 추진

퇴직자 김철수(가명)씨는 퇴직금을 활용, 소규모 옷 가게를 열기로 했다. 마침 주변에 옷 공장을 하는 지인이 있어 제품 공급은 어렵지 않게 됐다. 그러나 어느 지역에 옷 가게를 마련해야 하는지, 대상은 누구로 해야 하는지, 가게 내 인테리어와 디스플레이는 어떻게 해야 하는지 관련 정보가 전혀 없었다. 관련 정보를 얻으려고 백방으로 뛰어 다녔지만 고액의 컨설팅 비용을 지급해야 정보를 제공하는 상권분석 전문업체를 이용하는 방법뿐이었다. 김씨는 결국 상권분석을 하지 않은 채 시작하면 사업 리스크가 크다는 주위의 권유로 퇴직 후 첫 사업 계획을 포기했다.

정부가 이 같은 문제를 해결하기 위해 대형 유통기업의 판매정보를 수집해 빅데이터를 통해 분석한 정보로 소상공인의 창업을 지원한다. 대형 백화점·마트·편의점의 판매시점관리(POS)시스템의 데이터를 수집, 분석하는 플랫폼을 구축한다.

한국정보화진흥원과 대한상공회의소는 최근 유통기업 판매정보 빅데이터 분석시스템 구축을 위한 컨설팅 사업에 착수했다고 10일 밝혔다.

컨설팅 프로젝트가 완료되면 두 기관은 상공회의소가 보유한 POS데이터서비스(PDS)시스템을 확대 개편한다. PDS는 유통사로부터 매월 매장별 매출 데이터를 수집, 원하는 사업자에게 데이터를 제공하는 서비스다. 백화점 9개사, 대형마트 8개사, 슈퍼마켓 8개사, 편의점 3개사가 참여한다.

PDS시스템에 빅데이터 분석 시스템도 갖춘다. 다수의 유통기업 POS시스템으로부터 수집된 데이터를 여러 목적·상품별로 분석, 가공이 가능해진다. PDS시스템에는 매월 식료·일상용품 등 33개 카테고리, 총 116개 상품군 관련 1600만 건의 데이터가 집계된다.

POS 데이터를 공유하는 유통기업도 확대한다. 아직은 일부 대형 유통기업과 중소 유통기업은 참여를 하지 않았다. 상공회의소 유통물류진흥원은 대형 유통기업이 POS 데이터를 공유할 수 있도록 혜택을 마련할 계획이다. 정보화진흥원이 추진하는 유통분야 판매정보 빅데이터 분석시스템 컨설팅 프로젝트 자문위원으로 참여하는 이마트·롯데마트·홈플러스·농협중앙회(하나로마트) 관계자들이 방안을 논의 중이다.

두 기관은 내년 인프라 구축을 완료, 2015년부터 시범과제를 진행한다. 본격적인 유통정보 빅데이터 분석 서비스는 이르면 2016년부터 이뤄질 전망이다. 서비스는 소상공인이나 중소기업 대상으로 이뤄진다. 소상공인이나 중소기업은 정부의 유통판매 빅데이터 포털을 통해 지역·상품·계절별 분석 서비스를 이용할 수 있다. 대형 유통기업도 이종 유통업체의 판매정보 활용 등이 가능해진다.

정보화진흥원 관계자는 "인프라 구축이 완료되면 우선적으로 날씨와 판매정보를 연계, 상관관계를 분석하는 시범과제를 추진할 예정"이라고 말했다.

유통분야 빅데이터 분석 서비스 항목(예상)

자료: 한국정보화진흥원

분야	분석 항목	주요 내용
지수	전체 지수 카테고리별 지수 유통채널별 지수권역별 지수	-판매액 변화를 지수화-소비시장, 유통시장 트렌드 정보 제공
베스트 상품	인기상품 베스트신상품 베스트	-단품별 판매액/거래건수 순위
상품 판매 정보	카테고리별 판매 현황관심 상품 판매 현황	-116개 카테고리별 단품판매액 순위 제공-5만여개 단품별 판매 추이 제공
기회분석 정보	단품별 비교 정보카테고리별 비교 정보	-관심 단품 및 카테고리의 비교정보 등
융합 정보	날씨와 판매 정보교통, 환경 등과 연계 정보	- 날씨, 교통, 환경 등 각종 데이터를 판매정보와 융합, 분석 데이터 제공

자료원: etnews, 2013.11.10. 기사편집

제2절 유통정보화 기술

1. EDI

EDI(Electronic Data Interchange: 전자문서교환)는 기업 간의 거래내용이나 관련 정보를 정형화된 일정한 표준양식과 코드체계를 이용하여 컴퓨터와 컴퓨터 사이의 직접통신에 의해 교환하는 시스템이다.

EDI는 컴퓨터와 컴퓨터 사이에 구조화된 데이터를 사전에 약속된 표준서식에 따라 전자적 수단에 의해 교환하는 것을 의미한다. 즉, 기업A가 내부 전산 시스템에 데이터를 입력하면 전환・번역 장비가 표준 전자문서로 바꾸어 기업B로 전송한다. B의 전환・번역 장비는 표준 전자문서를 B의 내부 전산시스템에 맞게 변환한다.[1)]

EDI를 이용하면 지금까지 종이형태의 문서에 기록하고 서명한 다음 우편을 통해 전달되던 각종 주문서, 송장, 지불명세서 등이 데이터통신망을 통해 전자적으로 전송되고 처리된다.

1) EDI시스템의 장점

첫째, 경로구성원간의 커뮤니케이션을 빠르고 정확하게 수행할 수 있다.

둘째, 사무 처리 비용, 인건비 등 각종 비용의 절감을 가져온다.

셋째, 신속하고도 정확한 주문 및 배달 처리로 적정 재고를 관리할 수 있다.

넷째, 수작업이나 서류 및 자료의 재입력을 하지 않게 되어 실수 및 오류를 방지할 수 있다.

다섯째, 분산된 정보를 신속하게 전달하고 처리 및 보관된 정보를 타 정보망과 연

---

1) EDI를 위한 국제표준은 UN/CEFACT(United Center for Trade Facilitation & Electronic Business)가 제정한 UN/EDIFACT(United Nations Directories for Electronic Data Interchange for Administration, Commerce and Transport)이며 이를 기초로 각 산업의 특성에 맞는 국제표준전자문서가 개발되어 사용되고 있다. 유통산업의 경우 GS1에서 전자문서를 개발하여 보급하고 있다(유통물류진흥원, 유통물류국제표준용어집, 2012).

결시켜 다각적인 정보망을 구축함으로서 신속하고 정확한 의사결정을 할 수 있다.

여섯째, 기존 경쟁자에 대해서 차별화가 가능하고 새로운 경쟁자에 대해서는 진입장벽구축의 효과를 가져 온다.

2) EDI시스템의 문제점

첫째, 주문이 매우 빠르게 전송, 처리, 선적되기 때문에 주문을 변경하려면 어려움이 따르게 된다.

둘째, EDI시스템에 연결되어 있지 않은 경로구성원에 대해서는 서류를 통해 커뮤니케이션을 해야 하기 때문에 이중 커뮤니케이션체제가 요구된다.

셋째, 제3자 컴퓨터 서비스를 이용하는 경우에는 전송되는 정보에 관한 보안과 통제가 어려울 수 있다.

넷째, 제조업자와 유통업자의 컴퓨터시스템, 법, 회계, 재무, 구매, 판매 그리고 물류 부분간의 상호조정이 어려워진다.

다섯째, 메시지와 의사소통의 표준을 마련하기가 어렵다.

2. VAN

VAN(Value Added Network:부가가치 통신망)이란 공중통신사업자의 통신회선을 임차하여 컴퓨터를 이용한 다양한 응용서비스를 제공하고 통신과 관련된 부가가치를 생산하기 위해 연결된 통신망이다. VAN의 부가가치란 컴퓨터 사이에 단순한 데이터를 전달하는 것이 아니라 도중의 변환처리과정에서 프로토콜의 변환, 포맷변환, 코드변환, 매체변환, 메일박스기능 등의 부가가치를 발생시키면서 통신을 처리한다는 의미이다.

1) VAN의 이점

VAN은 데이터를 공동으로 이용하고자 하는 기업 간의 데이터 교환시스템으로서 다음과 같은 이점이 있다.

첫째, 동일업무 목적을 달성하기 위해서 개별기업은 한 대의 단말기나 컴퓨터로 데이터 통신이 가능하며 코드 결합장치를 간단히 할 수 있다.

둘째, 공동이용시스템의 개발로 인해 비용절감효과를 가져온다.

셋째, 중소기업들도 기업 간 데이터 교환시스템을 쉽게 구축할 수 있다.

넷째, 상품코드, 정보데이터서비스, POS데이터분석을 위한 프로그램 등을 공동으로 이용함으로써 개별기업의 상품관리시스템을 쉽게 운용할 수 있다.

2) 유통VAN

유통VAN이란 제조업자, 도매상, 소매상을 연결하는 업무상에서 발생한 정보를 VAN을 매개로 하여 상호 교환하는 정보시스템을 의미한다. 유통VAN의 특징은 개별 기업 내에서 정보시스템화를 추진하는 것 뿐 만 아니라, 기업 간에 유통정보의 수집, 축적, 가공 및 정보제공을 실시하는 네트워크시스템으로, 매입처, 판매처, 금융기관, 운송업체 등 유통업에 관련된 모든 기업과 정보의 흐름을 시스템화함으로써 업무의 효율화 및 경영 합리화를 추진하는 것이다.

유통VAN의 유형으로 지역유통VAN과 업계유통VAN이 있다. 지역유통VAN은 도매상과 소매상들이 공동으로 이용하는 네트워크로 지역마다 수개의 네트워크가 있을 수 있다. 업계유통VAN은 일용잡화나 가공식품, 과자, 완구, 의류분야의 제조업체와 도매상들이 공동으로 이용할 수 있도록 구축된 데이터 교환 네트워크로서, 이들 간에 교환되는 자료는 도매점의 출고정보, 직송자료, 대금청구자료, 지불자료, 수・발주자료 등으로 각 업종별로 제조업체와 도매상간의 자료교환에 사용된다.

3. 바코드

바코드는 상품을 식별하는데 가장 효과적인 수단으로 일반적으로 상품은 특정포장과 특정상품을 식별하기 위하여 고유의 상표를 부착하고 있다.

1) 바코드의 개념

바코드(Bar Code)란 폭이 다른 검은 바(Bar)와 흰 바(Space)의 조합을 이용하여 데이터를 표시하는 자동인식기술의 한가지로 스캐너 등 판독기는 검은 바 및 흰 바의 폭과 반사도 차이를 구분함으로써 입력된 데이터를 인식한다. 검은 바와 흰 바가 단층 1열로 배열되어 있는 바코드를 1차원 또는 선형 바코드라고 하며 다층 또는 방사형으로 배열되어 있는 바코드를 2차원 바코드라고 한다. 바코드에는 숫자나 문자, 기호, 이미지 등을 일부 또는 모두 입력 할 수 있다. 기존의 입력수단인 키입력이나 OCR 방식, 자기방식 등에 비해 신속하고 정확하며, 가격이 저렴하기 때문에 최적의 입력수단으로 평가되고 있다.

2) 소스마킹과 인스토아마킹

바코드는 코드를 부여하는 주체에 따라 소스마킹과 인스토아마킹으로 나눌 수 있다.

(1) 소스마킹

소스마킹(Source-Marking)이란 상품제조업체 및 수입업자가 상품의 생산, 포장단계에서 코드를 상품의 포장과 내용에 일괄적으로 마킹하는 것으로서, 국내 유통업계에서의 POS시스템 도입이 급증하면서 대부분의 상품에 소스마킹을 하고 있다.

소스마킹을 하게 되면, 제조업체의 경우 판매정보를 기초로 정확한 생산계획을 수립할 수 있으며, 광고나 판매촉진의 효과를 측정할 수 있다. 또한 재고관리와 출고·배송의 합리화를 도모할 수 있으며, 유통업체의 경우에는 매출계산의 간편효과, 신속성을 얻을 수 있으며, 표시비용을 절감할 수 있다는 등의 장점이 있다.

(2) 인스토아마킹

인스토아마킹(In-Store Marking)이란 유통업체에서 청과, 야채, 정육 등을 포장하면서 일정한 기준으로 정해진 코드를 계량 및 탁상프린터 등으로 라벨에 인쇄하여 상품에 붙이는 것을 말하는데, 주로 소스마킹에 적합하지 않은 상품의 경우에 해당된다.

소스마킹의 경우 KAN체계를 따르고 있기에 전 세계적으로 활용이 가능하지만, 인스토아마킹의 경우 표준코드체계가 설정되어 있지 않아 인스토아마킹을 실시하는 해당업체에서만 사용이 가능하다는 단점이 있다.

3) 공통상품코드

대한민국에서 이용하고 있는 KAN(Korean Article Number)이라는 것은 국제코드 관리기관인 EAN(European Article Number) International에서 1988년에 부여받은 한국 고유의 국가코드(880)를 말한다. 따라서 국내제조·유통업체에서 이용하는 코드는 기본적으로 EAN 바코드를 이용하고 있으며, 미국이나 캐나다 등의 북미지역과의 교류에서는 UPC체계에 의한 바코드를 이용하고 있다.

EAN 바코드체계는 표준형과 단축형 두 가지가 있다. 표준형은 일반상품에서 사용하는 것으로 국가식별코드 3자리, 제조업체코드 4자리, 상품품목코드 5자리, 체크디지트 1자리의 전체 13자리로 구성되어 있으며, 단축형은 담배나 껌과 같이 표준형 코드를 표시하기에 여백이 어려운 상품에 사용하므로 국가식별코드 3자리, 제조업체 코드 3자리, 상품품목코드 1자리, 체크디지트 1자리인 8자리로 구성되어 있다.

〈그림 9-1〉 EAN-13 표준형 바코드

표준
(100%, 가로3.73cm x 세로2.6cm)

최대 확대치
(200%, 가로7.46cm x 세로5.2cm)

최소 축소치
(80%, 가로3cm x 세로2.1cm)

〈그림 9-2〉 EAN-8 단축형 바코드

표준
(100%, 가로2.67㎝ x 세로2.1㎝)

최소 축소치
(80%, 가로2.13㎝ x 세로1.7㎝)

최대 확대치
(200%, 가로5.34㎝ x 세로4.3㎝)

〈표 9-1〉 국가별 상품코드번호

국가 코드	국 명	국가 코드	국 명
1~09	미국(UPC)	729	이스라엘
20~29	Instore 번호	73	스웨덴
30~37	프랑스	750	멕시코
40~43	서 독	76	스위스
460~469	소 련	779	아르헨티나
471	대 만	789	브라질
49	일 본	80~83	이탈리아
50	영국・아일랜드	84	스페인
520	그리스	859	체코슬로바키아
529	키프러스	860	유고슬라비아
54	벨기에・룩셈부르크	87	네덜란드
560	포르투갈	880	한 국
569	아이슬란드	888	싱가포르
57	덴마크	90~91	오스트리아
599	헝가리	93	오스트레일리아
600~601	남아프리카 공화국	94	뉴질랜드
611	모로코	977	정기간행물(ISSN)
64	핀란드	978~979	서적(ISBN)
690	중국	980	환불영수증
70	노르웨이	99	쿠폰

자료원: 윤명숙・정형식・김홍섭・배병렬, 유통관리론, 대경, 2007, p.251.

국제표준식별코드인 GTIN(Global Trade Item Number, 표준상품식별코드)은 상품 식별에 사용되며, 소비자에게 판매되는 모든 낱개 상품 뿐 아니라 다수의 상품이 포장된 박스 상품에 부여되는 식별코드이다. GTIN의 종류에는 GTIN-8, GTIN-12, GTIN-13, GTIN-14(표준물류코드)가 있으며, 바코드에 입력되어 유통업체 POS관리, 입출고, 재고관리, 주문, 판매 분석 등 다양한 분야에 활용되고 있다.2)

사례 9-3

손안에 쇼핑…스마트카트의 재발견

SK텔레콤이 2년 전 태블릿을 이용해 장을 보는 획기적인 솔루션을 만들고도 사업성 확보 실패로 중단한 반면, 최근 미국 기업들은 이 솔루션을 벤치마킹해 인력난 해결에 적극 활용하고 있다. 이 같은 상반된 모습은 ICT(정보통신기술) 융합을 위해서는 통섭형 기술에 앞서 정교한 시장 분석이 우선돼야 한다는 점을 보여주는 사례로 꼽힌다. 27일 코트라와 업계에 따르면 SK텔레콤이 개발한 '스마트카트'가 미국에 소개되면서 현지 유통기업들 중심으로 큰 관심을 보이고 있다.

스마트카트는 고객이 스마트폰으로 구매하려는 상품정보를 검색한 후 매장에 들러 스마트카트에 설치된 태블릿에 연동시키면 태블릿 화면에 상품 위치, 할인 쿠폰, 추천 상품 등의 정보를 보여주는 기술이다. 이를 보고 고객은 구매하려는 물건의 위치를 한눈에 확인할 수 있고, 증강 현실을 통해 현장에서 할인 쿠폰을 받는 것도 가능하다.

미국 유통업체들이 이 솔루션에 주목하는 이유는 7달러25센트인 최저 임금이 9달러로 인상될 조짐을 보이면서 인력 채용 대신 태블릿 등의 단말기로 대체해 인건비 부담을 덜기 위해서다. 특히 사업장 규모가 작을수록 태블릿 도입에 적극적이다. 시장조사기관 인튜이트(Intuit)에 따르면 태블릿 사용비율이 종업원 1000명 이상 대기업이 62.7%, 100명 이하가 78.5%, 10명 이하의 영세 기업은 98%로 조사됐다.

---

2) 유통물류진흥원 GS1식별코드

실제 미국 유통 중소업체들은 매장 인력을 고용하는 대신, 태블릿을 적극 활용하고 있다. 뉴욕에 있는 서핑용품 판매업체 새터데이즈서프는 매장에 아이패드를 비치해 손님은 재고 수를 확인하고 상품 관련 전문가와 직접 상담할 수 있다. 컨버스, 시어즈, 푸마, 버버리 등은 상점 내 카탈로그를 둘러볼 수 있는 태블릿을 비치할 계획이고, 대형 백화점 노드스톰은 7월 세일 시즌에 5000여대의 모바일 체크아웃 스탠드를 선보일 예정이다.

이 같은 트렌드가 나타나는 과정에서 상당수 기업이 SK텔레콤의 스마트카트를 참고했다. 코트라 실리콘밸리 무역관 관계자는 "SK텔레콤이 스마트카트를 솔루션명으로 내세우면서 현지 문의가 증가했고, 많은 미국 기업이 벤치마킹할 수 있는 좋은 사업 모델로 인정받았다"고 전했다.

뉴욕 컨설팅업체 PSFK도 "위치정보를 이용해 상품을 편리하게 찾을 수 있고 행사 중 모든 혜택을 누릴 수 있으며 구매 기록을 바탕으로 스마트한 쇼핑을 할 수 있는 서비스"라고 평가했다. 또 미국 현지 조사에서 31% 이상의 소매업자들이 스마트카트 도입을 고려하고 있다고 PSFK는 밝혔다. 하지만 스마트카트를 미국보다 2년 먼저 도입한 국내 사정은 정반대다. SK텔레콤은 2011년 이마트와 손잡고 성수점(본점)에서 시범 사업을 펼쳤지만 한시적으로만 진행되고 현재는 종료된 상태다. 가장 큰 이유는 사업에 핵심인 RFID(무선 인식 선사태그) 칩의 가격이 너무 높기 때문. 개당 가격이 10원 수준이어야 사업성이 확보되는데 현재 4배인 40원이라 제조사에 큰 부담이 따르는 상황이다.

이에 따라 SK텔레콤은 스마트카트의 RFID 관련 기술을 다양한 분야에 시도할 계획이다. SK텔레콤 관계자는 "양주 유통과 인천항만 컨테이너 사업에 기술이 공급됐고, 현재 보일러나 의약품 관련 수주가 진행 중"이라며 "이와 함께 카트가 통과되면 자동 계산되는 시스템을 대형 마트에 제안하고 있다"고 말했다.

자료원: 헤럴드경제, 2013.05.27. 기사편집

4. POS시스템

POS(Point of Sales) System은 판매시점정보시스템으로 유통업체 매장에서 판매와 동시에 품목, 가격, 수량 등의 유통정보를 자동으로 컴퓨터에 입력시켜 정보를 분석, 활용하는 관리시스템이다. 판매정보의 자동입력을 위해 상품포장지에 바코드를 인쇄 또는 부착하면 해당 상품이 판독기(스캐너)를 통과할 때 그 상품의 각종 정보가 자동으로 메인 컴퓨터에 입력된다. 유통업체는 POS 시스템을 통해 많은 상품의 매출 동향과 재고 수준을 신속 정확하게 파악할 수 있으며 다양한 분석기법을 적용하여 습득된 정보를 토대로 물류전략 수립, 판촉기법 개발, 매대 진열 등을 할 수 있다.

1) POS시스템의 구성기기

POS 시스템은 각각의 역할을 수행하는 각종기기들의 결합으로 구성되어 있는데, 주요기기들을 살펴보면 다음 <그림 9-3>과 같다.

〈그림 9-3〉 POS 시스템

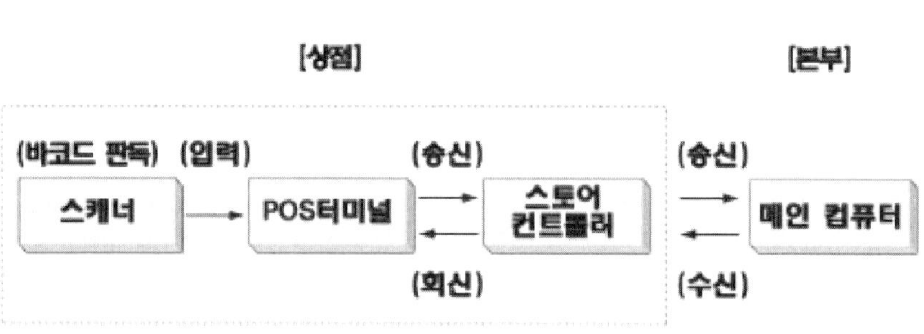

자료원: 윤명숙 · 정형식 · 김홍섭 · 배병렬, 유통관리론, 대경, 2007, p.248.

① POS 터미널

금전등록기 기능과 함께, 스캐너라는 광학식 자동판독장치와 연결해서, 상품 코드로 표시되어 있는 상품정보를 읽어 들이는 기계로서, 바코드, 신용카드 정보의 자동판독기능 외에 기록 및 통신기능들을 가지고 있다.

② **스캐너(Scanner)**

바코드, OCR문자, 자기방식 등으로 코드화된 심볼을 자동 판독하는 장치로서, 고정식과 핸드스캐너, 펜 스캐너 등이 있다. 자동판독된 심볼을 변환장치를 거쳐 전기신호로 전환되어 POS터미널로 보내는 기능을 수행한다.

③ **스토어 컨트롤러(Store Controller)**

POS시스템의 핵심 컴퓨터로서, 상점내의 복수의 POS터미널을 통제하면서 상품정보의 수집과 집계, 각종 보고서의 발행, 본부와의 정보교환 등의 기능을 수행한다.

2) POS시스템 도입 효과

POS 시스템의 도입에 따른 정보의 흐름은 유통업체 뿐 아니라 제조업자와 소비자 모두에게 유용한 효과를 가져 온다.

첫째, 매상등록시간의 단축으로 고객대기시간 및 계산대의 수를 줄일 수 있음으로 시간과 비용 절감 효과를 가져 온다.

둘째, 판매원교육 및 훈련시간이 짧아지고 수작업에 의한 입력오류를 방지할 수 있다.

셋째, 제조회사의 경우 고객의 선호도를 즉시에 파악할 수 있으며, 상품의 점유율과 같은 정보를 손쉽게 획득할 수 있을 뿐 아니라, 판촉효과를 분석함으로써 적절한 상품계획을 수립할 수 있다.

넷째, 자동발주시스템(Electronic Order System: EOS)과 연계하여 주문관리, 재고관리, 판매관리의 과학화를 기할 수 있으며 신속하고 적절한 구매를 할 수 있다.

다섯째, 계산과 관련하여 소비자의 신뢰감을 높여 점포이미지를 개선 할 수 있다.

〈표 9-2〉 소매업의 POS 데이터 활용방법

<table>
<tr><th colspan="2">적용범위</th><th>주된 목적</th><th>필요한 가공, 분석</th></tr>
<tr><td rowspan="5">상품정보관리</td><td>매출관리</td><td>• 입금관리
• 부문별판매, 총이익관리
• 시간대별 판매관리</td><td>• 시간대별 매출분석</td></tr>
<tr><td>상품 진열계획</td><td>• 인기/비인기 상품관리
• 신상품도입의 평가
• PB상품 개발 계획</td><td>• ABC 분석
• 신상품 동향 분석
• PB상품 판매동향 분석</td></tr>
<tr><td>진열관리</td><td>• 진열방식 계획
• 레이아웃(점포설계)</td><td>• 진열기법 분석
• 쇼핑형태 분석
• 점내경쟁 분석</td></tr>
<tr><td>판촉계획</td><td>• 적절한 판촉활동(매체, 시기, 기간)
• 적정판매가격결정</td><td>• 판촉효과 분석
• 매가분석
• 판매단가와 판매량분석</td></tr>
<tr><td>발주, 재고관리</td><td>• 발주권고
• 자동보충발주
• 판매량예측(일배품)
• 재고조회
(점포 간, 점포창고, 배송 센터 등)</td><td>• 적정발주량 산출
• 판매요인 분석</td></tr>
<tr><td colspan="2">종업원 정보관리</td><td>• 계산원 관리
• 임금계산의 자동화</td><td>• 계산대별 정산
• 생산성 분석</td></tr>
<tr><td colspan="2">고객 정보관리</td><td>• 적절한 DM(Direct Mail)
• 계산대 서비스
• 지역마케팅
• 사후서비스</td><td>• 구입 빈도 분석
• 지역별 판매 분석
• 연령별 판매 분석</td></tr>
</table>

사례 9-4

치킨 매출을 좌우하는 POS의 위력…
진화하는 유통 정보시스템

서울 목동 야구장 근처의 한 프랜차이즈 치킨점.

아직 경기를 시작하려면 몇 시간이나 남았지만 이 점포의 POS(판매시점관리) 단말기로 갑자기 치킨 주문이 밀려들기 시작한다. 목동 야구장에서 열리는 프로야구 야간 경기에 앞서 고객들의 치킨 주문이 콜센터를 통해 전달됐기 때문이다.

앞서 유통 프랜차이즈 콜센터에선 당일 경기에 앞서 기존 우량 고객들에게 할인된 가격의 치킨가격을 문자메시지로 전달하고, 고객들은 콜센터를 통해 미리 주문을 넣은 것이다. 스마트폰의 기능이 확장되면서 이같은 콜센터를 통한 주문은 더욱 증가세를 보이고 있다.

치킨집 사장은 직접 전단지를 돌리지 않아도 유통정보시스템을 통한 매출관리, 특히 최근 출시한 신 메뉴에 대한 매출분석을 보다 입체적으로 체크할 수 있게 된 것에 크게 만족하고 있다.

전국적 단위에서 신 메뉴에 대한 주 구매 고객층의 연령, 피드백, 레시피 정보에 대한 프랜차이즈 점주들과의 실시간 정보 공유 등은 과거에는 쉽게 얻을 수 없었던 매우 중요한 영업 노하우다. 이와 함께 인터넷과 스마트폰, 오픈 마켓, 콜센터 등을 통한 매출 접점의 확대는 고무적이다.

여전히 열악한 '골목상권' 정보화

언뜻 보면 이처럼 콜센터를 매개로 사전에 제품 수요를 파악하고 그에 따른 공급을 맞추는 것이 크게 놀랄만한 IT 기술은 아닌 것처럼 보인다. 하지만 현실적으로 국내 치킨, 족발, 분식 등 국내 골목 상권을 대표하는 먹거리 프랜차이즈들의 유통정보시스템 수준은 대부분 여전히 열악한 수준이다. 대부분 POS시스템을 장착하고는 있지만 단순히 계산대위에 올려진 '주문 모니터'로 정도로 활용하고 있다. 규모의 영세성 때문에 업주들이 다양한 기능을 갖춘 POS기반의 유통 정보시스템 수준으로 진화시키는데 어려움을 겪고 있기 때문이다.

하지만 최근 국내 일부 유명 프랜차이즈를 중심으로 POS기반의 유통 정보시스템을 도입하면서 대고객서비스의 개선이 이뤄지고 있어 주목을 끌고 있다.

전문 IT업체들이 최근에는 POS를 통한 전국적 판매정보의 취합, 차별화된 대고객 이벤트, 최적화된 매출관리시스템 기법을 제시하면서 유통 프랜차이즈 분야도 IT서비스가 활발하게 접목되고 있는 모습이다.

경쟁력 갖춘 유통 프랜차이즈, 정보시스템의 힘?

현재 전국적으로 3100여개가 넘은 매장을 확보하고 있는 BBQ치킨은 지난 2008년 11월 국내 IT솔루션업체인 유니타스(www.unitas.co.kr)와 계약을 통해 매장 POS와 본부시스템을 연계하는 유통 정보시스템 플랫폼을 구축했다. 현재 이 회사는 SMS발송서비스를 비롯해 1일 평균 약 16만 건의 주문을 처리하고 있다.

유니타스는 'UniFos'로 명명한 유통 프랜차이즈 정보시스템 통합솔루션(유통 정보시스템)을 개발, 국내 프랜차이즈 업체들을 대상으로 제휴에 나서고 있다. 유통 정보시스템을 시스템 및 콜센터 서비스를 제공하고, 제휴 업체로부터 계약 기간 동안 수수료를 제공받은 방식으로 수익모델을 구현했다.

또 현재 전국 1200개가 넘은 매장을 확보하고 있는 또 다른 치킨 브랜드인 교촌치킨도 지난 2011년부터 유통 정보시스템을 도입해 스마트폰, i패드 주문시스템 등을 개발해 고객 접근성을 크게 높임으로써 매출에 긍정적인 효과를 거뒀다.

이와 함께 전국 1020개 매장을 확보하고 있는 네네치킨은 지난 2011년 VAN서비스 환경를 구현해 전국 매장에 무선단말기를 무상 보급, 마케팅 접점을 크게 확대할 수 있는 계기를 마련했다. 올해 5월에는 '스쿨 푸드'도 유니타스와 계약을 체결, UniFos 기반의 유통 정보시스템 기반의 업그레이든 대고객서비스에 나섰다.

국내 유통 프랜차이즈 정보시스템은 업종별로 다양한 형태로 제시되고 있다. 전문가들에 따르면 현재 국내에 제시되고 있는 유통정보시스템, 매장관리시스템의 수준은 매우 높은 단계다.

예를 들어 'UniFos'의 경우는 크게 점포시스템(POS), 주문채널관리(인터넷, 스마트폰, 아이패드, 오픈마켓), 주문 콜센터(고객주문접수, 인바인드 콜), CRM, 수발주관리(매장, 본지사간, 물류센터), 경영정보시스템, 물류관리(입출고 및 재고관리, 배송관리, 외상매출금관리 등) 등을 핵심 모듈로 구성하고 있다.

"유통+금융, 이 업종 노하우의 융합"

고객(소비자)의 구매패턴을 파악해 이를 매출로 연결시키는 과정에서 유통정보시스템의 수준은 계속 진화하고 있다. 그 진화의 동력은 다른 업종에서 특화된 장점을 접목시키는 것이 일반적이다.

예를 들어 POS단말기를 통해 쏟아지는 모든 매출관련 정보는 소중한 CRM의 분석 자료로 활용된다. 유니타스 송근섭 부사장은 "기존 국내 금융권의 수준 높은 CRM 노하우(기법)를 유통 정보시스템에 폭넓게 접목시키면서 보다 창의적인 유통 프랜차이즈 서비스가 생성되는 것 같다"고 설명했다.

시중은행 IT본부 출신인 송 부사장은 "유통 부문에서 고객의 구매에서 사후관리까지 여러 단계의 프로세스에서 제시하고 있는 고객 관리기법은 금융회사의 그것과 매우 유사하다"고 강조했다. 그는 "이제 금융과 마찬가지로 유통산업도 IT인프라의 경쟁력과 안정성이 비즈니스의 핵심 가치가 되고 있다"고 덧붙였다.

실제로 유니타스의 경우, 유통정보시스템을 공급하는 것 외에 전국 단위의 POS시스템 유지보수 전문 자회사를 두고 있다. 이 회사는 제주를 포함해 전국적인 POS유지보수서비스가 가능하도록 각 광역별로 시스템 유지보수 지원조직을 가동하고 있고, 6명으로 구성된 가맹점 헬프데스크도 운영하고 있다. 콜센터에서는 월평균 5200건의 인바운드 콜과 1700건의 아웃바운드 콜을 진행하고 있다.

골목상권이 제도적 방어막에 안주하지 않고 경쟁력을 확보하려면 정보화를 통한 서비스 경쟁력을 확보하는 것은 불가피한 선택이다. 그런 점에서 다양한 형태의 유통 프랜차이즈 종합정보시스템의 활용 노력은 고무적이다.

자료원: 디지털데일리, 2013.08.25

5. RFID

RFID(Radio Frequency IDentification :무선인식)란 제품에 붙이는 태그(Tag)에 생산, 유통, 보관, 소비의 전 과정에 대한 정보를 담고 자체 안테나를 갖추고 있으며, 리더(Reader)로 하여금 이 정보를 읽고, 인공위성이나 이동통신망과 연계하여 정보시스템과 통합하여 사용되는 활동, 또는 칩을 말한다. 기능은 바코드와 비슷하지만 접촉하지 않고도 수십 미터까지 읽을 수 있고, RFID 하나에 제품의 정보를 여러 개 집어넣을 수 있어 바코드보다 훨씬 활용범위가 넓다.

1) RFID의 특징

첫째, RFID는 감시대상 품목이 한 지점으로부터 다른 지점으로 이동할 때 태그 내부에 저장되어 있는 정보를 효과적으로, 실시간 갱신할 수 있다.

둘째, RFID태그는 비금속 물질을 투과해서도 읽을 수 있으며 판독기에 직접 접촉해야 할 필요가 없기 때문에 복잡한 환경에서도 이상적이다.

셋째, RFID는 태그 시설의 제한을 받지 않기 때문에, 태그를 피부 아래, 옷 가장자리 속, 책갈피 속에 심어 놓을 수 있다.

넷째, 안정성과 빠른 판독시간을 들 수 있다.

2) RFID의 구성요소

RFID는 태그에 데이터를 기록하고 그것을 판독하는데 무선전파를 이용한다. 판독기는 전파를 내보내 태그가 반송하는 정보를 수신하는 장치이다. RFID는 <그림 9-4>에서 볼 수 있듯이 안테나가 포함된 판독기(Reader), 무선자원을 송・수신할 수 있는 안테나Antenna), 정보를 저장하고 데이터를 교환하는 태그(Tag : Transponder), 호스트컴퓨터인 서버(Serve) 및 네트워크, 응용프로그램(ERP, SCM) 등의 요소로 구성된다.

안테나는 판독기에 부착되어 태그에 입력된 EPC(Electronic Product Code 전자상품코드를 읽기 위한 신호의 수・발신 기능을 갖고 컴퓨터와 태그 사이의 통신을 가능하게 한다. 또한 태그는 아주 작아서 피부에 삽입할 수 있을 정도의 크기로부터 트럭, 컨테이너 등에 사용할 수 있는 대형크기에 이르기까지 매우 다양하다. 태그의 메모리 용량은 용도에 따라 달라지며 송신의 가능여부 및 데이터의 재입력 여부, 그리고 모양도 나선형에서 신용카드 모양까지 다양하다.

판독기는 안테나와 태그, 컴퓨터, 서버, 네트워크 사이의 통신을 관리한다. 태그에 담긴 EPC로 직접 프로세스를 제어할 수도 있다. 판독기는 태그의 칩에 암호화되어 있는 EPC를 풀어내고 그 데이터를 컴퓨터로 보내 실행하게 한다. RFID 판독기는 한 번에 다량의 태그판독이 가능하고, 판독률이 높으며, 판독률은 환경에 상관없다.

〈그림 9-4〉 RFID 개념도

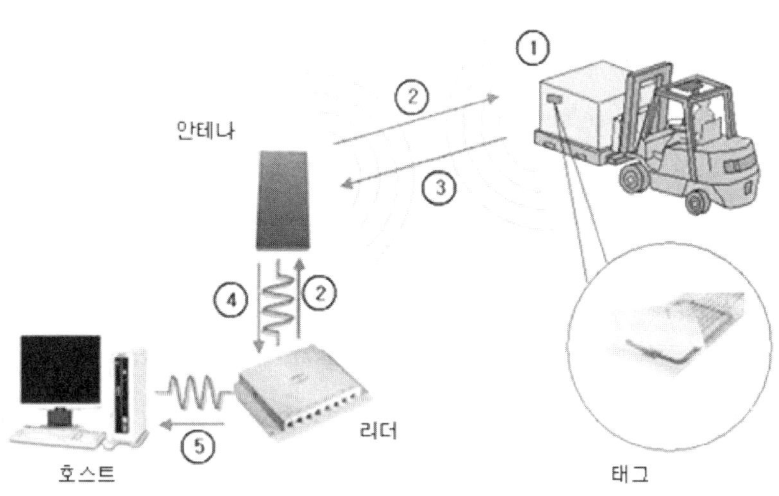

자료원: 대한상공회의소 유통물류진흥원

3) RFID 응용분야

RFID는 그 특성에 따라 활용범위가 광범위하여 다양한 분야에 응용될 수 있다.

첫째, 유통분야에서 살펴보면 예전에는 일일이 장부와 대조해서 상품의 이동을 확인해야 했지만 컴퓨터 앞에 앉아서 흐름을 한눈에 알 수 있으며 재고파악도 쉽다.

상품에 RFID를 부착하고 창고에 수신 장비를 설치하면 현재 각 물품의 수량이 어느 정도인지 실시간으로 집계할 수 있다.

둘째, 소비자 입장에서도 RFID 시스템은 시간을 절약해주고, 보다 많은 정보를 얻게 해 준다. RFID의 확산으로 쇼핑문화는 크게 바뀐다. 기존 바코드 대신 RFID가 부착되면 계산대에 서는 순간 쇼핑카트에 담은 물품의 가격이 자동으로 계산된다. 포장 박스에 칩을 내장하면 개봉하지 않아도 박스 안에 든 물품의 종류, 개수, 가격은 물론 운반할 때 주의사항까지 순식간에 파악할 수 있다. RFID는 무선으로 다량의 정보를 동시에 읽을 수 있기 때문이다. 또한 개별 제품에 대한 정확한 정보를 볼 수 있어 소비자의 선택이 다양해진다. 쇼핑카트를 끌고 쇼핑을 하다가 식료품을 쇼핑카트에 달린 리더기에 대면 원산지, 재료, 유통기간을 정확히 알려준다.

셋째, 이력관리시스템을 도입하여 농산물 원산지 정보들을 제공하기도 한다. RFID의 기술로 전자태그는 <그림 9-5>와 같이 농민들이 직접 생산현장에서 컴퓨터로 정보를 입력할 수 있는데, 바코드보다 더욱 방대한 정보를 입력할 수 있다. 주로 농산물 인증, 안전관리, 신선도 유지, 토양 등의 정보는 물론 원산지, 재배방법, 재배농민의 경력 등이 자세하게 수록된다. 뿐만 아니라, 축산분야에서도 RFID를 이용하여 한우의 탄생부터 소비까지 모든 정보가 소의 귀에 부착된 전자태그에 담아 전달된다. 예를 들어, 농가에서 한우가 태어나면 귀에 RFID를 부착하는데, 9자리 고유번호의 태그에는 생년월일, 사료, 질병경력, 암소의 출산 경력관리 등 성장과정의 모든 정보가 기록된다. 또 도축, 가공, 유통 단계의 18항목 정보가 태그에 입력된다. 쉽게 말해 진짜 대관령 소인지 병든 소가 아닌지 1등급 고기인지 등심인지 안심인지 등 소비자가 실질적으로 원하는 정보가 담겨있다. 소비자는 컴퓨터로 홈페이지에 들어가 태그에 적혀있는 제품번호, 대체 식별번호를 입력하여 소에 관한 18개 정보를 확인할 수 있다.

넷째, 이 밖에도 창고관리, 항공물류, 도서관 관리, 수목 및 가축 관리, 주차 관리, 교통요금 결재, 전자화폐, 전자상거래, 환자관리 출입관리, 신원확인, 생활복지, 입장객 관리 등 다양한 분야에서 응용될 수 있다.

〈그림 9-5〉 RFID 시스템

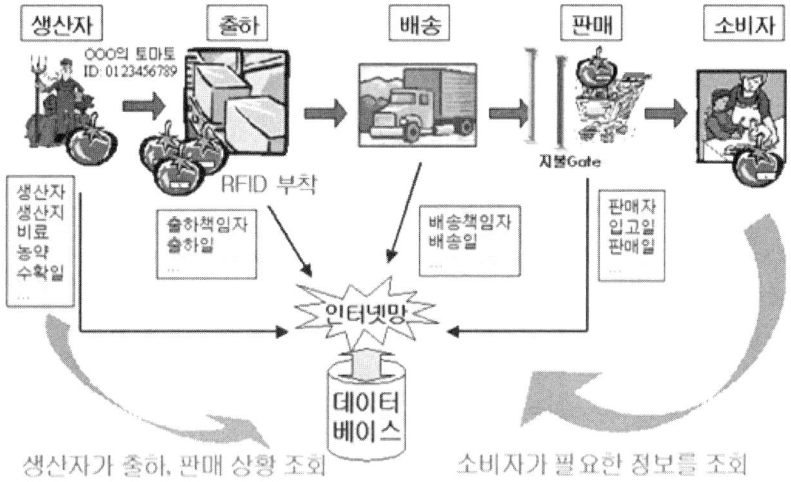

출처 : 일본 MIT Auto-ID Center

4) RFID 도입의 문제점

전 세계 산업계의 주목을 받게 된 RFID는 생산성 향상과 경쟁력 제고를 위해 기업경영의 필수요소로 자리 잡을 것으로 보인다. 그러나 기업의 인식부족 및 투자대비효과에 대한 불확실성과 높은 공급가격이라는 문제점 등이 존재하고 있다.

첫째, RFID칩의 가격이 기존의 바코드에 비해 상대적으로 높다는데 있다.

둘째, RFID 인식율과 관련하여 안정적이고 균일한 인식률 보장의 문제가 있을 수 있다. 창고관리, 소매 상품관리와 같은 한꺼번에 수백 개의 태그를 읽어내는 경우, 저가 또는 소매제품에 사용될 수동적인 태그(passive tag)의 경우에는 자발적인 발신기능이 없기 때문에 수 미터까지 정보를 전달하는 것은 어려울 것으로 보인다.

또한 RFID가 주파수를 사용하는 특성에 의해 주위에 금속 등의 전파방사물이 존재하는 경우, 형광등이나 네온 등 노이즈 발생원이 있는 경우, 건물 내에서 건물 외부에 있는 태그를 인식하는 경우, 부착물의 재질에 따라, 우리 주위에서 흔히 접할 수 있는 상황에서 인식률의 수준에 많은 차이를 나타낼 수도 있다.

셋째, RFID 도입 시 보안 및 사생활 침해 문제가 대두 되고 있다. RFID보안과 관련한 문제는 RFID 태그의 해킹을 통한 정보의 무단 복제 및 유출 가능성과 RFID 자체의 기술정보와 관련된 보안의 문제이다. 사용자 ID의 증가 등으로 생성된 정보가 개인의 정보 유출 및 사생활 침해 등의 부작용을 가져올 수 있게 된다. 태그를 지니고 있으면, 언제, 어디서, 어떻게 자신의 정보가 읽히는지 조차 인지하기 어려우며 먼 거리에서도 읽힐 수 있기 때문에 편리함과 함께 위험이 있는 것이다. 또한 RFID가 수집한 정보들이 하나로 합쳐지고, 이 정보들이 해킹을 당할 위험도 있다.

사례 9-5

美Macy's, 850개의 모든 점포에 RFID 도입

전시율 30% 높아지고, 판매량 증가, 진열 계산과 재고 보충에 필요한 시간 절감, 재고 과잉과 가격 인하 감소 재고 관리와 관련된 인건비 절감 효과

재고 정확성을 향상시키고 옴니채널(omni-channel) 소매점 전략을 가속하려는 노력에서, Macy's는 Tyco Retail Solutions의 'TrueVUE Inventory Display Execution' 애플리케이션을 납품 받아 전체 850개 점포망에 도입했다.

글로벌 최고의 옴니채널 소매상 중 하나로, Macy's는 RFID가 적용된 기술이 재고 정확성, 고객 경험 향상, 판매량 촉진, 효율성 증대에서 보이는 유례없는 가치를 확인했다. 세계 최대의 신발 점포로서, 메이시즈 헤럴드 스퀘어(Herald Square)점이 Tyco의 RFID 솔루션을 도입하는 첫 번째 점포다.

'세계 최대의 신발 매장'이기에, Macy's 최고의 매장인 헤럴드 스퀘어점은 'TrueVUE Inventory Display Execution' 애플리케이션을 도입하기에 이상적인 장소였으며, Macy's의 전략적 옴니채널 소매 기획을 지원하는 더욱 큰 RFID 기획의 토대였다. RFID 기반 표시 실행 애플리케이션은 Macy's에 도입된 후 Bloomingdales 점포에 전국적으로 도입됐다.

헤럴드 스퀘어의 역동적인 신발 살롱은 30만 켤레의 신발, 500개의 고객용 의자, 400명이 넘는 점포 직원, 그리고 대략 30명의 오늘날 가장 인기 있는 디자이너들의 49달러에서 1,600달러에 이르는 가격대의 신발을 수용하고 있다.

Macy's는 이 규모의 재고를 효과적으로 관리하는 어려움에 직면해 있었다. Tyco의 'TrueVUE Inventory Display Execution' 애플리케이션에 의지해, Macy's는 모든 전시용 신발에 RFID 라벨을 부착하고 매일 쉽고 정확하게 전시대의 신발 재고를 관리할 수 있게 됐다.

그 결과, Macy's는 신발 진열을 65~70%에서 거의 100%에 가깝게 끌어올렸으며, 전시용 신발의 분실률을 극적으로 감소시키고, 판매 가능한 신발류를 판매대에 더 많이 진열함으로써 충실한 고객들에게 더 다양한 스타일을 찾아볼 수 있게 했다.

팸 스위니(Pam Sweeney) SVP 로지스틱스 시스템즈(SVP Logistics Systems) Macy's 담당자는 "100% 재고 정확성과 긍정적인 고객 경험은 우리 성공의 핵심이다. 이 목표에 맞추기 위해 우리는 RFID가 적용된 재고 정보 솔루션 업계의 검증된 선도업체인 Tyco Retail Solutions와 협력해, 헤럴드 스퀘어 지역과 체인 전체의 재고 정확성과 신뢰성을 항상 확보할 수 있었다."고 강조했다.

그는 특히 "판매 관계자에서부터 핵심 관계자에 이르기까지, 이 애플리케이션의 편의성, 효율성, 빠른 투자회수율(ROI), 뛰어난 점포를 위한 RFID의 부인할 수 없는 이점에 모두들 감탄했다."고 덧붙였다.

RFID 솔루션을 도입한 후, Macy's는 전시율을 30% 이상 높였고, 판매량도 높아졌고, 진열 계산과 재고 보충에 필요한 시간을 절감했고, 재고 과잉과 가격 인하를 줄일 수 있었으며, 재고 관리와 관련된 인건비를 절감했다.

낸시 치섬(Nancy CHisholm) Tyco Retail Solutions 부사장 겸 제너럴 매니저는 "소매점 지형은 진화중이며, 성공을 담보하기 위한 이 기술들 역시 마찬가지다. RFID는 소매점을 돕는 핵심적인 도구로 부상하고 있으며, 재고와 점포 작업을 최적화하기 위한 소매상에게 필요한 통찰을 제공하는 것에 특화돼 있다"며 "Macy's는 RFID가 가져올 수 있는 가치와 RFID를 점포 운영에 통합하는 기회를 이해했다."고 강조했다.

자료원: SCM Journal저널, 2014.01.21

사례 9-6

바코드를 몰아낼 무선 인식 기술, RFID

요즘엔 대형마트 뿐만 아니라 소규모 가게에서도 바코드 인식기를 사용한다. 시간도 절약되고 정확하기 때문이다. 그러나 바코드만으로 만족할 수는 없는 경우가 있다. 바코드는 저장용량이 적고, 실시간 정보 파악이 불가능하며 몇 cm 이내에서만 정보를 읽을 수 있기 때문이다. 이런 이유로 바코드는 그저 가벼운 계산용도로 사용하는 경우가 많다.

그러나 RFID(Radio Frequency Identification, 무선인식전자태그)의 경우는 약간 다르다. RFID는 전파를 통해 일정 거리 내에 있는 IC(프로세서 및 메모리)를 인식, 내부에 저장된 데이터를 읽거나 위치를 찾아내는 기술이다. 2012년, 글로벌인포메이션은 'RFID 시장 예측, 기업 및 기회' 보고서를 통해 RFID 시장이 74억 6천만 달러(약 8조 6천억 원) 규모에 이를 것이라는 전망을 발표한 바 있다. 이런 이유로 글로벌인포메이션은 통신 업체뿐만 아니라 IT 산업에서도 기술 동향을 파악하고 이를 활용해야 한다는 결론을 내렸다. 그렇다면 RFID와 관련된 자세한 내용에 대해서 알아보자.

RFID의 역사

1939년, 영국에서 IFF(Identification, Friend or Foe) 자동응답기가 개발되었는데, 이 기계는 제2차 세계대전 때 비행기에 부착해 적군과 아군을 구별하는 데에 이용되었다. RFID와 비슷한 형식인 셈이다. 한편, RFID의 진짜 시초는 이렇다. 1946년, 첩보전을 위한 장비가 만들어졌다. 이 장비는 공기 중의 전파를 변조하여 정보를 보내는 장치로써, 음파가 진동판을 진동시키면 그 떨림이 전파를 변조하는 형식으로 제작되었다. 이후 1973년 마리오 카둘로가 RFID에 관한 특허를 신청함으로써 RFID 기술의 역사가 지금과 같은 맥락으로 연결되었다고 볼 수 있다.

RFID, 그 구성과 원리

RFID는 판독이나 해독 기능을 하는 판독기(Reader,리더)와 정보를 제공하는 태그(Tag)로 구성된다. 태그는 제품에 붙여진 상태로 생산, 유통, 보관, 소비의 과정에 대한 정보를 담는 역할을 한다. 태그는 안테나와 집적 회로(많은 전자회로 소자가 하나의 기판 위 또는 기판 자체에 분리가 불가능한 상태로 결합되어 있는 초소형 구조의 기능적인 복합적 전자소자 또는 시스템)로 이루어지는데, 집적 회로 안에 정보를 기록하고 안테나를 통해 판독기에게 정보를 보낸다. 그러면 판독기는 안테나를 통해서 정보를 읽는 역할을 한다. 주로 인공위성이나 이동통신망과 호환하는 형태로 운영 및 유지된다.

바코드와의 차별화

바코드는 알파벳이나 숫자, 혹은 특수글자를 기계가 읽을 수 있는 형태로 표현하기 위해 굵기가 다른 막대들의 조합을 이용해 판독이 가능하도록 만든 코드라고 정의할 수 있다. 바코드를 가장 많이 이용하는 것은 역시 상품을 계산할 때이다. 바코드를 카운터에 있는 스캐너로 문지르면 포스(POS:판매시점 정보관리시스템)컴퓨터가 상품 번호를 가격리스트 데이터와 대조하여 금전등록기에 기록하는 형식으로 바코드 인식이 진행된다.

앞서 말했듯이, 바코드의 저장 용량은 RFID의 용량에 비해 훨씬 적고 거리의 제약이 있기 때문에 불편하기도 하다. 그러나 RFID의 경우, 완제품 상태로 공장 문 밖을 나가 상품화되어 전시되는 전 과정을 알아낼 수 있다. 게다가 소비자가 FRID 태그를 부착한 물건을 구매할 경우, 대금이 자동 지급됨은 물론이고, 재고 관리까지 완벽하게 할 수 있다.

유비쿼터스의 일환?

RFID는 어찌 보면 유비쿼터스(Ubiquitous)의 일환이다. 유비쿼터스란 시간과 장소에 구애받지 않고 언제나 정보통신망에 접속하여 정보통신서비스를 활용할 수 있는 환경을 의미한다. 어느 환경에나 적응하여 서비스를 다양하게 이용할 수 있다는 점에서 RFID기술 또한 이와 별반 다르지 않다.

어디에 이용되고 있나

RFID 기술은 현재 많은 분야에서 쓰이고 있다. 가장 일반적인 경우로 지금까지 계속 언급했던 바코드 형식의 RFID 기술을 들 수 있다. 상품의 생산 이력까지 수시로 잡아낼 수 있으니 바코드 기술이 한층 더 발달한 것이라고 보면 된다. 그리고 육상 선수들의 기록을 잴 때 RFID 기술을 사용한다. 한편, RFID 기술은 개인의 정보를 수록, 인식하는 데에도 쓰인다. 예를 들어 여권이나 신분증 등에 태그를 부착하면 개인을 식별하는 역할을 할 수 있다. 회사 같은 건물에 들어갈 때 카드를 대고 들어가는 경우도 봤을 것이다. 이것 역시 RFID 태그를 이용한 것이다.

교통수단에서도 RFID를 볼 수 있다. 출근할 때나 등교할 때 아무 생각 없이 찍어대는 교통카드는 물론이고, 쌩 하고 지나가느라 별로 신경 쓰지 못했던 하이패스에도 RFID 태그가 장착되어 있다. 동물의 피부에 태그를 이식해 야생동물 보호에 사용하기도 하니 이용할 수 있는 범위가 넓다고 할 수 있다.

RFID 태그는 사람의 몸에 이식되기도 한다. 환자를 다룰 때 몸 안에 RFID 칩을 넣고 리더기를 사용하여 스캐닝 함으로써 환자에 관한 상세 정보를 가져올 수 있다.

발전의 여지가 있는 걸까?

그러나 RFID가 마냥 무한한 발전 가능성을 가진 것은 아니다. 먼저, 정해진 국제적 규격이 없다. 예를 들어, 미국에서 사용하는 주파수와 일본에서 사용하는 주파수가 서로 다르다. 호환성이 없다는 얘기다. 그래서 RFID 여권을 이용하는 공항에서 자동통과를 하기는 아직까지 어렵다. 그리고 RFID 도입을 반대하는 사람들도 있다. 이것은 개인정보 유출 문제와 직결된다. RFID 기술이 장착된 신분증 등은 리더기만 있으면 누구나 다 읽을 수 있기 때문에 위험하다는 평이 나오고 있다. 그리고 상품을 관리할 때 RFID를 이용할 경우, 일련번호가 필요하기 때문에 소비자가 태그를 제거하지 않으면 소비자의 이동 경로를 다른 사람이 추적할 수도 있다. 이러한 약점들을 보완할 수 있다면 발전의 여지가 있긴 하지만 지금의 상황이 무조건 완벽하다고는 할 수 없다.

RFID가 생활에 편리함을 제공한다는 것은 부정할 수 없다. 획기적인 기술이고, 지금까지의 부족한 기술들을 대체할 수 있다는 점에서 충분히 발전 가능성이 있다. 그러나 모든 기술에는 단점도 있는 법, 논란의 여지가 있는 만큼 보완해야 할 점도 많다. RFID 기술을 보완하여 우리의 편리함에 기여할 수 있는 방법을 찾아 현명하게 기술을 사용하는 것은 우리에게 남겨진 숙제다.

자료원: IT동아, 2012.06.25. 기사편집

Chapter 10

물적유통관리

기업의 경영활동을 조달, 생산 및 판매라는 시스템으로 볼 때, 기업 전체의 입장에서 물적 유통을 원자재의 조달에서부터 생산단계를 거쳐 최종소비자에게 제품이 전달되는 과정으로 이해할 수 있다. 기업은 고객이 적절한 시간에 적절한 장소에서 제품을 구매할 수 있도록 제품을 저장하고 이동시킬 가장 적절한 방법을 결정하는 것이 중요해지고 있다.

제1절 물적유통의 개념과 중요성

1. 물적유통의 개념

물류란 물적유통(physical distribution)을 줄인 말로 물자(物資: flow of goods)의 흐름을 의미한다. '물류' 라는 용어는 한국, 일본, 중국 등에서는 통용되고 있으나, 구미에서는 로지스틱스(logistics)로 사용되고 있다. 구미에서도 물류(physical distribution)는 생산자에서 소비자에 이르기까지 완제품의 유통을 의미하는 판매물류로 사용되었으나 원자재 조달과 총체적인 기업의 물적유통의 중요성이 대두되면서 조달물류에서 회수물류까지를 포함한 로지스틱스로 변용되었다.

미국의 로지스틱스 관리협회의 정의에 의하면, 로지스틱스란 원자재, 재공품, 완제품 및 관련정보를 발생시점에서 소비지점까지 효율적이고 효과적으로 흐르도록 계획 · 실행 · 통제하는 과정 이라고 정의하였다.

로지스틱스는 제2차 세계 대전 중에 군사목적을 수행하기 위하여 사용된 개념으로 '병참'을 의미하는 단어에서 유래한 말로 원자재 관리 과정과 물적 유통과정이 결합되어 그 기업의 전반적인 로지스틱스 과정이 형성된다. 따라서 로지스틱스 관리(logistics management)는 원자재의 구매로부터 생산된 최종제품을 최종 소비자에게 전달하기까지의 물적 흐름과 이 과정에서 발생되는 정보흐름을 관리하는 포괄적인 개념으로 총체적인 물자흐름의 최적화를 의미한다. 이와 같이 광범위해진 물류의 개념은 로지스틱스라고 정의되면서 생산단계와 유통단계에서의 물류의 중요성이 커지고 있다.

2. 물적유통의 중요성

물적유통은 시간적 · 공간적 효용창출과 관련되는 수송, 보관, 하역 등과 관련된 활동을 말한다. 그러나 최근에 기업의 경쟁이 격화되고 소비자 욕구가 다양화되면서, 다품종 소량생산체제는 운송 · 보관효율을 크게 저하시키고, 고객만족을 추구하려는 기업의 물류비용을 증가시키면서, 단순히 상거래 이후의 수송 · 보관 기능이 아니라 제품생산이전의 원료의 물적 흐름까지를 포함하며 그 중요성과 범위가 로지스틱스로 확대되었고 1980년대 이후 공급체인관리로 더욱 넓어지고 있다. 기업경쟁력 강화를 위해서는 개별기업의 힘만으로는 부족하다는 인식이 확산되면서 공급경로 상에서 다양한 파트너와의 제휴로 비용절감을 가져올 수 있는 방법으로 물적 유통관리(물류관리)의 중요성이 커지고 있다.

물류에서 가장 중요한 이윤의 원천은 물류비용의 절감이다. 기술의 발전과 경영환경이 세계화하면서 기업의 경쟁이 격화되었고, 과거의 마케팅 활동이나 이윤의 창출

방법으로는 경쟁우위를 달성하기 어렵게 되었다. 따라서 물류비의 절감이 경쟁력의 중요한 요소로 떠오르면서 전문적인 물류 부서나 기업이 생기게 되었으며, 기업 및 국가 차원에서 물류에 대한 관심이 높아지고 있다. 그 중요성은 다음과 같다.

첫째, 고객의 소량구매 및 주문횟수의 증가, 신속배달 등의 요구에 대처하기 위한 기업이 부담해야 하는 물류비가 증가되었다.

둘째, 물류를 지원해 주는 사회간접자본 즉, 철도나 항만 등의 시설이 기업의 물류 경쟁력을 높이는 중요한 요소이다. 그러나 이런 시설은 단기적으로 조성되기 어려우므로 기업 자체의 전략이 필요하게된 것이다.

사례 10-1

드론발 유통혁명 가능한가

군사나 대테러 작전에 주로 쓰던 소형 무인기 '드론(Drone)'이 생활 깊숙이 들어온다. 대형 온라인 쇼핑몰 아마존 제프 베조스 CEO는 지난달 날개 8개 달린 무인기 옥토콥터로 구매 직후 30분 안에 물건을 배송하는 '아마존 프라임 에어'를 소개하며 드론 배송전에 불을 지폈다. 이에 질세라 세계적 물류 운송회사 UPS와 독일 DHL, 도미노피자도 무인기 배송을 시험하며 세계 물류 시장에 때 아닌 드론 열풍이 불었다.

드론은 조종사 없이 무선으로 원격 조종하는 헬기다. 주로 군사용으로 개발됐는데 최근 취미로 드론 비행을 즐기는 사람도 늘어나며 드론을 상업적으로 활용하는 시도가 증가했다. 인터내셔널비즈니스타임즈에 따르면 올해 세계 드론 시장은 890억달러(약 94조3800억원)에 달한다. 대부분 군사용이다. 현재 미국에서 드론의 상업적 활용은 불법이다. 2015년 미연방항공청(FAA)이 규정을 바꾸면 시장은 빠른 속도로 커질 전망이다.

왜 드론 배송인가

월스트리트저널은 아마존 드론이 배송을 넘어 유통 시장 전반에 큰 여파를 미칠 것이라고 보도했다. 드론 배달부는 사람이 배송하던 물류 시장에 큰 변혁을 가져옴과 동시에 동네 상권에 막대한 위협이다.

집에서 갑자기 아기와 단둘이 있는데 기저귀가 떨어졌을 때를 상상해보자.

아마존에 들어가 클릭만 하면 30분 이내 드론이 집 앞까지 배송한다. 아이를 데리고 집 근처 슈퍼마켓까지 갈 필요가 없다. 월스트리트저널은 온라인 쇼핑몰로 성장한 아마존에 새로운 비즈니스 모델이 생기는 것이라고 분석했다. 단순히 배송 속도 단축 차원을 넘는 효과가 기대된다.

브레드 템플톤 싱귤레러티 대학 네트워크&컴퓨팅 학과장은 "드론을 활용한 30분 배송은 동네 상권을 장악한 월그린 등에 큰 타격을 줄 것"이라고 설명했다. 거리와 무게가 한정적인 드론 배송은 부피가 큰 물건을 주로 판매하는 월마트보다 동네 상권에 영향을 미친다. 드론 배송이 확대되면 소비자 구매 습관에도 큰 변화가 예상된다. 배송이 빠르고 효율적으로 변하면 소비자는 제품을 구입하는 대신 필요할 때 빌려 쓰는 횟수를 늘릴 가능성이 높다.

드론 배송은 물류의 혁신이다. 시간 절약하고 정확도를 높인다. 언제 도착할지 부정확한 택배 트럭을 기다릴 필요 없이 정해진 시간표대로 드론 배송을 받을 수 있다. 드론은 반품에서 더 위력을 발휘할 수 있다.

하늘 나는 배달부 시대 성큼

아마존은 물류센터를 중심으로 반경 16㎞ 이내 지역에 5파운드 이하 물건을 30분 안에 집 앞까지 배달하는 드론을 4~5년 안에 상용화할 것이라고 밝혔다.

아마존에 이어 대형 물류기업도 가세했다. UPS는 소형 무인기를 활용한 배송 시스템을 시험했다. 이 회사는 세계 220개 나라에 9만1700대 차량, 500여대 항공기로 매일 평균 610만 고객에게 상품을 배송하는 국제 운송기업이다. UPS는 아마존처럼 30분 이내 고객에게 직접 배송하는 것은 물론이고 자체 물류 센터에서 물건을 나르는 용도를 고려한다. UPS는 주요 공항과 도시에 픽업센터가 있다. 이곳으로 드론이 물건을 보다 적은 비용으로 빠르게 나르는 역할을 한다. 고객에게 직접 배송하는 것보다 관리가 편하다.

독일 DHL은 자체 개발한 무인비행로봇 '파켓콥터(Paketkopter)'로 시험 비행을 마쳤다. DHL은 파켓콥터로 의약품이 담긴 소포 상자를 싣고 라인강을 건너는 시험에 성공했다. DHL은 접근이 어려운 지역에 긴급 화물을 배송할 때 파켓콥터를 활용할 계획이다. 이외에도 지난 6월 유명 피자업체 도미노피자도 드론을 이용해 6㎞ 넘는 곳까지 10분 만에 피자를 배달하는 동영상을 공개했다.

드론 전문가 라이언 칼로는 더버지와 인터뷰에서 "물류와 배달서비스에서 제대로 경쟁하려면 드론과 무인 로봇에 대한 고려가 있어야 한다"고 주장했다.

상용화엔 시간 걸려

공상과학(SF) 영화에 나올 법한 드론 배송이 당장 일어나는 것은 아니다. 포브스는 드론 배달 상용화까지 기술과 법적 규제 등 넘어야 할 산이 높다고 전했다. 우선 FAA를 비롯한 관계 기관 승인이 필요하다. 현재 미국서 드론은 취미용으로만 사용할 수 있어 상업적으로 이용하려면 FAA가 규정을 바꿔야 한다. FAA는 2015년께 관련 규정 개정을 검토 중이다.

아마존은 하루에 2600만개에 달하는 물품을 판매한다. 이 중 5%인 120만개를 1시간에 하나씩 무인기로 배송한다고 해도 최소한 5만개 드론이 필요하다. 아마존과 UPS, DHL 등이 운영하는 수많은 드론이 도시 상공을 나는 상황을 FAA가 어떻게 규제할지 미지수다. 드론 배송이 허용돼도 기업은 배송료를 올리고 고객을 설득해야 한다.

자료원: 전자신문, 2013.12.26

제2절 물적 유통관리의 영역과 목표

물적 유통관리는 원가 우위와 가치차별화에 의한 우위를 달성하는데 유용한 전략적 수단이다. 기업은 물적유통관리의 효율과 생산성을 향상시켜 단위 당 제품비용을 절감시키려는 다양한 시도를 함으로서 자사제품을 경쟁제품과 차별화하기 위해 부가적인 가치를 창출하는데 있어 물적유통관리를 주요수단으로 활용할 수 있다.

1. 물적유통의 영역

물적 유통의 영역은 조달, 생산, 판매 과정에서의 물적흐름을 관리하는 활동으로 조달물류, 생산물류, 판매물류로 나눌 수 있으며 구체적인 활동은 <그림 10-1>에서 볼 수 있다.

〈그림 10-1〉 물적유통의 영역

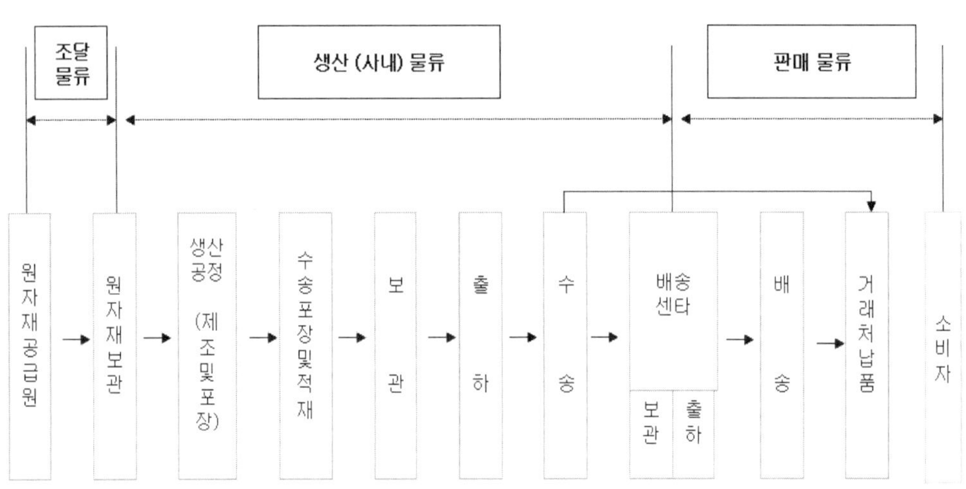

1) 조달물류

조달물류는 제조업체로부터 공급요청을 받은 공급처가 원자재를 포장하여 제조업체의 자재창고까지 배송을 하고, 제조업자가 창고에 들어온 원자재를 자재창고에 보관하고 관리하는 것을 말한다.

2) 생산물류

생산물류는 자재창고에서 원자재나 부품을 출고하는 것으로부터 생산 공정의 운반, 생산 공정에서의 하역, 그리고 창고로 입고하기까지 전 과정을 말한다. 생산물류에서는 운반과 하역자동화 및 창고자동화가 관리의 초점이 된다.

3) 판매물류

판매물류는 생산 공장이나 제품창고에서부터 소비자에게 전달되기까지의 수송 및 배송활동으로서, 제품창고로부터 제품의 출고, 배송센터까지의 수송, 배송센터로부터 각 대리점이나 고객에게 배송되는 작업 등이 판매물류의 과정이다.

2. 물적유통관리의 목표

물적유통관리의 목표는 원재료의 조달활동, 제조공정, 최종소비자까지의 물류네트워크 등을 연계시켜서 고객들에게 보다 저렴한 비용으로 더 높은 물류서비스를 받을 수 있도록 함으로써 지속적 경쟁우위를 달성하는 것이다.

목표가 성취되기 위해서 기업은 원재료의 관리에서부터 최종제품의 배송에 이르기까지의 물자의 흐름을 하나의 통합된 총체적 시스템으로 계획 · 조정 하여야 한다.

또한 기업은 생산부문과 마케팅부문 간의 목표에서의 이해상충을 줄이고 제품시장에서의 핵심성공 요인인 원가우위와 차별화우위를 창출하기 위해서 두 부문간의 협력이 선결되도록 노력해야 한다. 물적유통관리를 효율적으로 수행하기 위한 구체적인 목표를 살펴보기로 한다.

1) 고객서비스의 증가

과거에는 좋은 품질의 제품과 호의적인 브랜드 이미지만으로 경쟁우위의 확보 가능했지만, 오늘날에는 유형적인 제품뿐 아니라 서비스에 대한 고객의 욕구가 점점 증가하고 있다.

따라서 기업들은 고객서비스라는 부가가치를 추가함으로써 차별적 우위를 창출하려고 한다. 고객서비스는 시간효용과 장소효용을 발생시키는 기업활동으로 정시배송, 애프터서비스 등 수 많은 변수들이 포함된다.

2) 시간 단축

시장에서의 경쟁이 더욱 치열해지고 제품수명주기가 갈수록 짧아짐에 따라 제조업체 및 도·소매상들은 공급자들에게 정시(JIT: Just In Time)배송을 요구하며, 최종소비자가 원하는 시간과 장소에서 원하는 상품을 구매하기를 원한다.

기업은 공급업체로부터 최종고객에 이르는 파이프라인의 길이를 짧게 하고, 파이프라인을 통한 효율적인 재화흐름을 방해하는 요소(과잉재고와 오랜 배송시간)를 제거하기 위해 정시배송 및 제조를 도입함으로써 제품을 신속하게 시장에 공급하고자 해야 한다.

3) 시장의 글로벌화

기업의 시장 및 경쟁범위가 글로벌화 됨에 따라 많은 기업들이 전 세계로부터 자재와 부품을 조달하고 세계시장을 상대로 상품을 판매한다.

따라서 기업의 경쟁우위 확보는 글로벌 파이프라인을 최적화할 수 있는 생산 및 물류전략을 개발하도록 해야 한다.

4) 물류조직의 통합화

기업은 원자재 및 부품의 구매, 최종제품생산 및 재고품 관리, 배송관리업무를 고객서비스를 중심으로 통합하여 하나의 시스템으로 관리하여야 한다.

5) 물류의 아웃소싱: 제3자 물류(The third party logistics: 3PL)

아웃소싱(Outsourcing: 외주)은 물류비 절감을 위한 방안으로 물류기능의 일부 또는 전부를 외부의 전문회사에 맡겨 처리하는 방법으로 제3자 물류(third party logistics; 3PL)라고 하며 이를 수행하는 물류업체를 제3자 물류업체라고 한다. 제3자 물류는 주로 온라인소매업체나 프랜차이즈기업에 의해 이용되는 등 최근 들어 많은 기업이 적극적으로 활용하여 물류비 절감을 추구하고 있다.

물류기능을 아웃소싱함으로서 얻을 수 있는 효과로는 첫째, 물류비용의 획기적 절감이다. 이것은 제조업체가 보유하고 있는 한정된 차량운행에서 오는 불편함을 물류전문업체의 전 차량을 이용하는 정시(JIT: Just in Time)배송으로 개선하여 배송서비스를 대폭 늘릴 수 있어야 한다.

둘째, 물류전문업체의 첨단 정보시스템을 이용하여 시스템 추가개발에 드는 인력과 비용을 절감하고, 구조조정(restructuring)을 통해 경영자원을 효율적으로 배분함으로써 물류 영업망을 대폭 늘릴 수 있으며, 동시에 고정투자비의 회수를 통해 자금흐름을 개선할 수 있어 기업경쟁력을 대폭 향상시킬 수 있다는 것이다.

반면에 아웃소싱에서 주의할 점은 사내기밀과 운영 노하우가 기업 밖으로 유출될 수 있는 위험성이 있으므로 기업내부 부서간의 기능이 상충되지 않도록 아웃소싱에 대한 개념을 명확히 이해할 필요가 있다는 것이다.

사례 10-2

"물건 주문 전에 미리 배송"…아마존, 관련 특허 출원

미국 유통업체 아마존이 고객이 주문하기 전에 배송하는 서비스를 실시할 전망이다.

20일(현지시각) 월스트리트저널(WSJ) 테크크런치 등의 외신에 따르면 아마존은 과거 고객 주문 정보를 기반으로 구매가 예상되는 물품을 각 지역 허브로 미리 배송시키는 특허를 출원했다.

이 시스템은 '예상 배송(anticipatory shipping)' 특허로 고객의 예상 소비 패턴을 미리 분석해 실제 배송 기간을 줄이겠다는 것이 골자다.

예를 들어, 뉴욕에 사는 고객이 특정 회사의 피규어를 구입해왔다면 신규 피규어가 출시됐을 때 미리 뉴욕 물류창고로 물품을 보내놓는다. 그럼 고객이 이를 주문했을 때 배송 기간을 훨씬 단축시킬 수 있는 방식이다.

아마존은 배송 기간을 얼마나 단축시킬지, 해당 서비스를 언제 시행할지는 밝히지 않았다. 다만, 업계는 해당 서비스가 소비자들이 주기적으로 구매하는 화장품, 도서 등이나 당일 배송 상품에 적용될 것으로 예상하고 있다.

아마존은 예측이 틀려서 미리 허브로 보내놓은 물품 중 팔리지 않은 것은 할인 판매나 판촉 행사 등으로 활용한다는 방침이다.

한편, 아마존은 배송 기간을 단축시키기 위한 여러 가지 시도를 해왔다. 최근 아마존은 시애틀에서 5년간 시범 운영을 해오던 당일 식료품 배달 서비스 '아마존 프레시'를 샌프란시스코로 확장했다. 무인 항공기 기반의 전달 시스템을 도입해 향후 타 지역으로 확대할 계획이다.

자료원: 아이티투데이, 2014.01.24. 기사편집

제3절 물류정보시스템

물류정보시스템은 물류활동들이 충분히 그 기능을 발휘하여 기업의 경영목표 달성에 기여할 수 있도록 각종 물류경영 자원들을 체계적으로 연계하여 조화시킬 수 있는 시스템으로 기업의 거래 활동을 추진하기 위한 수주에서 출하까지의 모든 기능을 조절하여 효율화한다. 개념 및 특징, 효과, 종류 등에 대해 알아보기로 한다.

1. 물류정보시스템의 개념과 분류

1) 물류정보시스템의 개념

물류정보시스템은 수송, 운반, 포장, 하역, 보관, 유통가공 등 기업의 물류 활동과 관련하여 발생하는 모든 정보를 말한다.

물류정보시스템은 수송, 배송, 창고관리, 수·발주 등 물류의 모든 기능영역들을 지원하며 구매, 생산, 판매 등 기업경영의 여러 활동과 광범위한 관계를 가지면서, 물류의 여러 기능 시스템을 연결하고 조직화하여, 조정 및 통제 상의 효율성을 강화하는 역할을 한다. 물류정보는 물류활동의 역할에 의해 수주 정보, 재고정보, 생산지 정보, 출하정보로 나눌 수 있으며, 수주 정보는 현재 상품의 재고를 확인한 후 상품 재고가 부족한 경우 제조업자는 생산 지시 정보로 생산 수급을 하고 도매업에서는 구입 지시 정보로 구입을 수급한다. 재고의 출하 준비를 위해 출하 정보에 따라서 반출장소로 이동하여 출하한다. 물류관리부서가 물류활동을 관리, 통제할 수 있도록 납품완료의 통지, 물류비용, 창고, 차량 등 물류시설 기기의 가동률을 물류정보로 수집한다.

물류정보시스템은 발주자와 수주간, 발화주와 수화주간의 정보이동이 자유롭고, 대량 정보처리와 계절적 변동정보에 대처하기가 쉬우며, 수주정보, 재고정보 및 여신정보의 파악 등 정보처리의 사전관리에 용이하다.

물류정보시스템적용 시 물류코스트와 물류서비스는 트레이드 오프(reade-off)관계이므로 서로 적절한 합의점을 찾아 운영해야 한다.

2) 물류정보시스템의 기능별분류

〈표 10-1〉 물류정보시스템의 기능별분류

수주시스템	신속 · 정확하게 수주 정보를 취합하는 것이 가장 중요하다.
발주시스템	판매에 필요한 물품을 조기에 발주하여 품절을 방지하고 발주처의 서비스 수준 저하를 방지하기 위한 시스템
입고시스템	입하시에 물품 재고의 신속한 반영과 네트워크를 이용하여 사전에 입고 물품의 정보를 재고에 반영한다.
출고시스템	피킹과 집품 및 검품 시스템으로 구분하고 피킹시스템은 창고 내의 작업에 대한 피킹 리스트 출력의 시점을 중시하여야 한다.
재고관리시스템	물류센터 시스템의 핵심으로 단제품별 재고관리를 위치관리와 연계하여 피킹리스트상에 키핑 대상 물품명의 위치를 번호로 지시하여 정보를 표시한다.
배차, 배송시스템	물품의 사이즈와 중량을 사전에 등록시켜서 배차의할당 품목과 수량 및 배차 계획을 현실적으로 즉시 어떻게 입안하는가가 중요하다.
물류지원시스템	발주, 입하, 수주, 출하, 재고관리 이외에 물류센터 시스템을 여러 각도에서 지원한다.

3) 물류정보시스템의 장점

① 물류량의 증대에 따른 신속한 처리가 가능하다.
② 적정 재고량에 따라 창고와 배송센터, 물류 센터와 물류시설의 효율적 이용이 가능하다.
③ 수주처리의 신속화 및 즉각적 대응에 따른 판매 기능이 강화된다.
④ 판매와 재고정보가 신속하게 집약되므로 생산과 판매에 대한 조정이 가능하다.
⑤ 재고 부족이나 과다한 재고 부유가 배제되므로 재고비가 절감된다.
⑥ 배송관리에 컴퓨터를 적용하므로 효율적인 출하배송이 가능하게 되어 배송비가 절감된다.

사례 10-3

CJ대한통운, '스마트통합물류시스템' 도입

CJ대한통운이 화물차량에 태블릿PC와 디지털운행기록계를 결합한 형태의 통합단말기를 설치해 관리하는 '스마트통합물류시스템'을 도입한다고 2일 밝혔다.

CJ대한통운은 글로벌 통합물류시스템 구축의 일환으로 통합단말기를 설치하게 됐으며 시스템 운영에 사용되는 통합운송관리용 어플리케이션(ITMA)을 자체 개발했다.

이에 따라 CJ대한통운이 운용하는 화물차량은 CJ대한통운 통합물류관제센터(이하 관제센터)와 실시간으로 데이터를 교환하면서 운행하게 될 예정이다. 관제센터에서는 이동통신사 통신망(WCDMA)을 통해 이들 차량의 위치와 경로, 운송 중인 화물의 상태, 연료소모량, 속도 등 차량 상황을 실시간으로 파악해 통합 관제할 수 있다.

또한, CJ대한통운은 디지털운행기록정보를 실시간으로 분석해 급출발, 급정지, 급가속 등 교통안전공단에서 제시하는 10대 안전지표를 관리해 각종 안전사고를 줄이고 향후 수집된 차량 운행기록정보는 빅데이터 분석을 통해 각종 물류 분석정보에 활용할 계획이다.

운전자 역시 태블릿PC를 이용해 배차 지시와 화물 정보, 상하차 지역 지도, 공지사항, 인근 교통사고 정보, 안전운행지표정보 등을 파악함으로써 더 안전하고 효율적인 운행이 가능해졌으며 이외에도 상・하차 보고, 화물 인수증 서명, 차량점검표 작성 등과 같은 관련 업무를 운전석에서 바로 수행할 수 있게 됐다.

특히 소요시간과 연료를 줄일 수 있는 최적의 운송경로를 찾아 태블릿PC의 네비게이션 기능을 통해 전달할 수 있으며 운전자가 화물을 내린 장소에서 가장 가까운 곳에 위치한 다른 화물의 정보를 실시간으로 파악할 수 있어 공차율(화물칸이 빈 채로 운행하는 비율)을 낮추는 등 에너지 절감과 온실가스 감축에도 기여할 전망이다.

CJ대한통운은 1차로 화물차 300대에 통합단말기를 설치했으며, 내년 중 나머지 900여 대에도 점차적으로 설치할 계획이다.

CJ대한통운 관계자는 "통합단말기의 도입으로 에너지를 절감하고 운송효율을 높일 수 있게 돼 궁극적으로 환경보전에도 기여하게 됐다"고 설명하고 "향후 물류업계 정보기술 선진화에 지속적으로 앞장서겠다"고 말했다.

자료원: 헤럴드경제, 2013.12.02

2. 물류정보화 관련 기술

1) JIT(Just In Time) System

재고관리에서 중요하게 다루어지고 있는 즉시조달 기술이다. 이것은 일본의 도요다 자동차 생산방식에서 시작된 것으로 생산된 제품이 수요에 맞추어 즉시 판매된다고 가정하고 매일 또는 시간 단위로 정해진 계획에 따라 주문하고 수납하는 방법이다. 즉, 생산에 필요한 부품을 필요한 시기에 필요한 만큼 생상공정이나 현장에 인도하여 적시에 생산하는 방식을 의미한다.

사례 10-4

세븐일레븐의 유통물류를 통해본 전략물류

계획적인 배송전략

세븐일레븐의 점포 납품시간 관리는 각 점포에 납품한 후 배송원이 완료 스캔을 찍으면 끝난다. 세븐일레븐이 납품시간을 중요하게 생각하고 관리하는 것은 각 점포가 적절한 시간과 장소에 인력을 배치할 수 있도록 하기 위함이다. 각 점포는 납품시간에 맞춰 인원을 배치하고 작업을 할당한다. 또한 점포 내 종업원은 납품시간을 기준으로 검품, 상품 진열 등의 작업을 진행할 수 있다.

점포별 납품 예정시간이 매일 달라질 경우 작업자가 힘들어짐은 물론 점포 역시 최적화 상태에서 판매를 유지하기 힘들다.

배송은 도로의 혼잡에 의한 도착시간의 변동 등 다양한 어려움이 있다. 또한 기후의 상태로부터도 많은 영향을 받는다. 이를 위해 세븐일레븐은 차량에 탑재된 차량단말기, 동태관리시스템, 무선기기 등을 통해 도로 상태를 파악하고 있다. 도로 상태 변화에 대한 정보는 배송센터 운행관리자, 센터장이 시스템 등을 통해 정보를 취합하고 이를 각 배송원에게 지시하며 매일 납품시간 관리시트를 통해 관리한다.

납품작업의 생산성 향상

세븐일레븐은 상품의 온도를 유지하고 품질의 안정화를 도모하기 위해 전용 크레이트(crate)에 넣어서 배송하고 있다.

전용 크레이트는 색깔로 구분하는데 먼저 삼각김밥, 도시락 등의 식품용과 저온용으로 구분하며, 데일리상품용은 5종류, 우유와 유제품은 4종류, 상온상품은 2종류로 구분하여 사용한다. 납품한 후에는 점포마다 정해진 장소에 각각 종류별로 접어서 보관하면 다음 납품 시에 배송원이 회수한다. 배송원은 납품할 때에 검품은 하지 않는다. 모든 상품은 사후 검품으로, 점포시스템의 서포트 기능으로 점포가 발주한 상품과 납품 예정편, 납품수량은 발주처리가 끝난 후에 점포에서 회신하도록 되어 있다.

납품량의 평균화

요일에 따라 상품의 판매 편차가 심하지만 일일 납품량을 잘 설정해 운영할 필요가 있다. 납품량이 많을 때에는 점포뿐 아니라 물류센터 등에서의 인력 낭비가 발생하기 때문이다. 이는 곧 비용 상승으로 이어진다. 여기에 점포 내 진열방식도 변경돼야 하고, 작업 효율도 떨어지게 된다.

이를 해소하고자 세븐일레븐은 일일 점포 납품량을 평균화시켜 제공하는 것을 원칙으로 하고 있다.

드링크, 술 등의 음료 관련 상품은 요일별 납품수량의 과거와 현재 데이터를 비교해 1주일 6회 배송을 실시하고 있다. 라면 등의 가공식품은 1주에 3회 납품하고 있다. 가공식품의 경우는 배송, 과자, 일용잡화 등 카테고리 별 배송이 요구되기도 한다. 맥주와 같이 회전율이 높은 상품은 물류센터 등에 재고를 충분히 보유하고 있어 문제가 되지 않지만 잡화용품처럼 회전율이 낮은 상품은 유통재고의 부담이 크게 작용하기도 한다.

세븐일레븐은 점포 작업의 효율화를 추진하기 위해 매일 납품량을 측정해 매일 배송하는 것을 원칙으로 하고 있다. 적정한 양을 매일 배송하다보니 점포 측은 보관공간을 최소화할 수 있고, 작업공간도 넓어져 작업시간을 최대한 줄일 수 있게 됐다. 본사 측면에서도 상온상품 카테고리 별로 배송차량을 점포에 납품시켜 차량을 줄일 수 있음은 물론 물류센터 작업 인원 감축 등의 다양한 효과를 불러오고 있다.

상품 특성에 의한 납품 형태

과거에는 대량으로 생산해 대량 납품하는 구조가 많았다. 또한 제조업제에서는 1상자에 48개정도를 포장해 납품하곤 했다. 그러나 시간이 흐르면서 소량을 포장하고, 소량을 납품하는 형태로 변화됐다. 그리고 최근에는 각 점포나 유통망의 특성에 맞춰 납품하는 형태로 진화하고 있다. 세븐일레븐에서도 점포의 상품 특성에 적합한 납품 형태 체제를 구축해 운영 중이다.

현재 세븐일레븐 물류센터에서는 상품 특성에 맞는 납품 형태로 소분류작업을 실시해 각 점포에 배송하고 있다. 예를 들면 음료, 컵라면 등 판매 회전율이 높은 상품은 케이스 단위로 상품을 납품하고 있고, 주류 등의 회전율이 낮은 상품은 병 단위로 납품하는 제제를 갖추고 있다.

가공식품 중에서도 인스턴트커피, 조미료 등 1개 단위 분류작업 시 효율이 떨어지는 상품의 경우 3~5개 단위로 묶어 납품하는 형태를 취하고 있다.

물류비 파악과 개선방안 도출

세븐일레븐은 매년 물류예산을 수립하고, 항목별로 철저히 관리하고 있다. 이는 물류의 가시성을 높이기 위함이다.

세븐일레븐은 매년 초에 각 물류센터별로 예산을 책정한다. 영업부문과 상품부문, 물류부문 관계자들이 모여 점포별 매출액, 예상 물량, 출점 계획 등에 대해 수차례 미팅을 거쳐 논의하고 이에 합당한 물류기준과 예산을 결정한다. 또한 이를 근거로 물류비 파악과 운영 계획 등을 수립하고 전국 단위로 통일 기준을 마련한다.

이러한 활동은 개별 물류센터 등이 해결해야 할 문제점 등을 명확하게 위함으로, 토지, 건물의 임대료, 배송차량의 위탁요금, 물류센터 작업자 인건비 등을 명확한 항목으로 구분해 비용을 철저하게 통제하기 위한 작업이다.

물류비의 산정기준을 명확하게 파악한 후에는 이에 대한 개선과제를 도출하고 관리하게 되며 이는 가설→실시→검증의 단계를 통해 진행된다.

자료원: 물류신문, 2014.01.16. 기사편집

2) MRP(Material Requirement Planing System)

MRP(자재소요량계획)는 생산 활동에 필요한 기능을 중심으로 복잡한 조직이 언제 어떠한 행동을 취해야 하는가를 정확하게 지시함으로써 원자재에서 완성품에 이르기까지 자재의 흐름을 관리하는 방식이다.

주요기능은 소요 자재품목, 소요시점, 소요수량을 계획한다.

3) CIM(Computer Integrated Manufacturing System)

CIM은 수주에서 설계, 제조 및 출하에 이르기까지 다양한 생산활동을 컴퓨터에 의해 종합적으로 시스템화하여 전체의 효율화를 지향하는 프로그램이다.

4) Cross Docking

크로스도킹은 창고나 물류센터에서 수령한 제품을 재고로 보관하지 않고 즉시 배송할 준비를 하는 물류시스템이다. 보관 및 picking작업 등을 제거함으로써 물류비용을 절감할 수 있으며, 입고 및 출고를 위한 모든 작업의 긴밀한 동기화를 필요로 한다. 판매시점장소와 포장형태를 고려하여 최대한 짧은 시간 내에 최종 납품처 또는 소매점포로 재배송 된다.

5) DPS(Digital picking system)

디지털로 신속하고 정확하게 피킹하는 시스템으로 점포로부터의 발주 데이터를 센터의 상품 rack에 부착한 표시기에 피킹 수량을 디지털로 표시하여 별도의 리스트 없이 누구나 신속하고 정확하게 피킹할 수 있는 시스템이다.

6) EOS(Electronic Ordering System)

EOS란 상품의 보충발주시스템으로 POS(Point of Sales) 데이터를 제조업체에게 넘겨주지 않고, 매장에서 직접 소형발주단말기로 보충발주주문을 내고, 이 데이터가 EDI에 의해 본부에서 취합되어 제조업체 또는 도매업체의 단말기로 나타나게 하는 자동발주시스템이다. EOS의 도입효과는 다음의 <표 10-2>와 같다.

〈표 10-2〉 EOS의 도입효과

소매점측면	- 진열량의 적정화로 효율적인 공간 활용 - 정확한 발주로 오납과 결품 방지 - 검품에 따른 인력과 시간의 절감 - 발주 작업의 표준화로 신속하고 정확한 발주 가능 - 발주 데이터의 축적과 분석으로 단품 관리 가능
도매점측면	- 배달시간의 단축 - 오납의 감소와 상품 정보의 제공 - 수주인력 및 경비 절감과 수주 업무의 정확성 - 외상 매출 관리의 용이성 - 납품 데이터 분석을 통한 영업전략 수립

7) QR(Quick Response : 신속대응)

QR시스템은 정보의 네트워크화를 축으로 하여 유통업자와 제조업자가 파트너십을 확립하는데 있다. 즉, 공급경로가 고객의 욕구변화에 신속하게 반응할 수 있도록 소매와 제조를 연결하는 전략이다.

원료로부터 최종 제품에 이르는 리드타임 단축과 재고의 감소, 상품기획과 소재기획의 연계 등을 계산하여 가격의 인하와 수익의 향상, 국내생산거점의 유지를 도모하고자 하는 것이다.

1984년 미국 ARC(The Apparel Research Committee)가 수입의류에 대한 방어 목적으로 개발한 QR은 도입초기에 의류 소매업자와 섬유, 패션 부문의 제조업체가 주체가 되어 고객을 만족시키고 그 결과로 인하여 소매업자, 제조업자, 소비자 모두에게 이익을 주기 위한 것이었다.

QR시스템은 적시생산(JIT:Just In Tlme)과 전사적 품질관리(TQM: Total Quality Management)의 개념을 모두 포괄함으로써 QR 운영의 혜택을 얻기 위해서는 거래업체들 간의 커뮤니케이션과 파트너십이 주요한 요인이다. 과거 유통업의 물류센터는 공장과 점포시간에 맞추어 상품의 분류와 배송의 역할을 함과 동시에 상품 보관시설을 갖고 있는 것이 보통이었지만 QR에서는 보관기능을 갖지 않는 분류·배송이 가능한 Cross Docking Center로 변한다.

QR의 효과는 첫째, 소매업자 측면에서는 매출과 수익증대 및 가격인하의 최소화, 비용절감과 고객서비스의 개선 및 높은 상품의 회전율을 가져올 수 있다.

둘째, 제조업자 측면에서는 주문량에 따른 생산 및 수요예측 용이, 자산회전율을 높여준다. 또한 품질 개선, 낮은 가격, 상품의 다양화, 상품단절을 방지할 수 있다.

셋째, 전산화 측면에서는 낭비를 제거하고, 신속한 처리가 가능하다.

넷째, QR이 전면적으로 도입되면 원사부터 시작하여 제품이 소매점에 진열되기까지 기간의 단축효과를 볼 수 있으며, 전표서류를 EDI방식으로 처리함으로써 비용감소 효과가 나타난다.

다섯째, 정확한 생산 스케줄에 의한 생산관리가 이루어지면, 그로 인한 원가 절하, 재고율을 줄일 수 있게 되어 경영수지가 개선된다.

여섯째, 제품에 부착된 바코드를 통해, 소매업자와 제조업자가 동시에 소비자 정보와 시장변화를 신속히 읽을 수 있고 재고량도 매시간 마다 추적이 가능하게 된다.

일곱째, QR 시스템 도입은 전반적인 마케팅 전략에 영향을 주게 된다.

8) ECR(Efficient Consumer Response : 효율적 소비자 대응)

ECR이란 1990년대 미국 식품유통업체와 제조업체들이 유통경로의 효율성을 제고시키고, 소비자의 가치를 증진하기 위하여 시작되었다.

상품의 생산으로부터 유통, 도소매를 통한 판매에 이르기까지 전 과정을 일관된 흐름으로 보고, 각 단계의 관련기업들이 공동참여를 통해 총체적으로 경영효율을 개선하여 보다 낮은 비용으로, 보다 빠르게, 보다 나은 소비자 만족을 달성하는데 둔 공급체인의 효율을 극대화하는 모델이다.

ECR 체계는 소매점이 POS정보를 제조업체와 공유하여, 상황에 따라 적절한 시기에 상품을 납품하는 것으로, 소비자의 요구에 신속하고 정확하게 대응하는 것이며, 공급경로에서 발생하는 재고를 최소한으로 유지하여 재고비용과 창고비용 등 각각의 비용을 최소화한다. 이때의 대상은 한 업체만 국한된 것이 아니라, 제조로부터 최종소비자에게 이르는 전 과정을 대상으로 하는 것이다.

따라서 이 연결고리에 관계된 기업들, 즉 제조, 유통, 도소매 업체들 간의 제휴를 통해 전체적으로 효율을 높여 기업의 이익을 창출하고, 참여한 기업들이 그 성과를 배분하여 갖는다는 것이다. 즉, ECR은 100% 비문서화에 의한 양질의 정보교환과 원활한 제품의 흐름인 것이다.

ECR은 유통체인의 비용감소, 재고의 감소와 생산성의 향상으로 인한 재무 부담의 감소 등 전체 유통망 측면에서 볼 때 상당한 이점이 있다. 상품의 경쟁력이 있을수록 최종소비자에게 돌아가는 이점은 더욱 증가한다.

ECR은 단순히 비용감소측면에서가 아니라 공급자와 소매업자 사이의 협력을 통한 거래관행의 개선 측면 즉, 촉진측면에서의 효율성 제고, 소비자와 소비자 니즈에 대한 지식의 확대, 브랜드 혹은 점포에 대한 소비자 충성도 증대 등에서도 그 중요성을 가진다.

사례 10-5

물류센터 지게차 움직이자, 실린 제품 모든 정보 표시

국내 물류기업들은 대부분 RFID의 필요성은 인식하고 있지만 실제로 이를 광범위하게 적용하는 기업은 국내 최대 물류기업 CJ대한통운이 유일하다고 해도 과언이 아니다.

CJ대한통운은 2003년부터 산업통상자원부에서 주관한 'RFID 기술개발 시범사업자', 2005년 차세대성장동력산업 중 물류부문 'RFID · USN 기반의 전자물류시스템 개발' 주관사업자로 선정되면서 업계에 관련 시스템 확산을 주도하고 있다. CJ대한통운은 업계에서 유일하게 경기도 이천 소재 신덕평물류센터 내에 1000㎡(약 300평) 규모의 UB센터를 운영해오고 있다. UB센터는 국내 최초의 현장 기반 RFID 테스트베드 센터로, 제조-물류-유통 단계의 RFID 적용 타당성 평가를 위한 최적의 인프라를 구축했다.

신덕평물류센터에서는 지게차가 이동하기만 해도 지게차 팔레트에 실린 제품의 성질, 유통기한, 재고보관일수 등이 화면에 모두 표시된다. 지게차에 RFID 리더기를 부착하고 물류센터 랙(lack · 선반)에 태그를 부착해 지게차의 이동 동선까지 꼼꼼히 관리하는 것은 첨단물류의 단면을 그대로 보여주는 사례다.

신덕평물류센터에는 CJ대한통운이 독자개발한 '쿨가디언(CoolGuardian)시스템'도 확인할 수 있다. RFID · USN 기술 기반 온습도관리 장비인 쿨가디언 시스템은 신선식품이나 화장품 등 온도변화에 민감한 제품을 안전하게 관리할 수 있다. 또 온습도 변화를 관리자에게 실시간으로 알려줘 기준 범위에서 벗어나기 전 단계적으로 경고 메시지를 전송함으로써 제품의 변질을 방지할 수 있다. 지난해 7월에는 차량 운행정보에서 온습도까지 하나의 기기에서 모두 관리할 수 있는 다목적 디지털운행기록계 '쿨가디언-타코'의 개발도 완료했다.

입출고 및 재고조사를 자동으로 알려주는 MPS(Multi Purpose System)는 물류 현장에서 직원이 일일이 종이를 들고 다니며 손으로 입출고 물량과 재고량을 조사하던 번거로움을 없애면서 평균 40% 작업 시간을 단축시키기도 했다.

파이낸셜뉴스, 2013.05.07

제4절 공급사슬관리

1. SCM의 개념

SCM(Supply Chain Management: 공급사슬관리)은 원재료 구매에서부터 최종소비자까지의 전체 물류 흐름을 계획하고 통제하는 통합적인 관리방법이다. 이제까지 부문마다의 최적화, 기업마다의 최적화에 머물렀던 정보와 물류에 관련된 업무의 흐름을 공급체인 전체의 관점에서 재검토하여 정보를 공유화하고, 비즈니스 과정의 근본적인 변혁을 꾀하여 공급체인 전체의 효율을 향상시키는 관리 개념이다.

더불어 SCM은 제조, 물류, 유통업체 등 유통 공급체인에 참여하는 모든 업체들이 협력을 바탕으로 정보기술을 활용하며, 재고를 최적화하고 리드타임을 대폭적으로 감축함으로써 양질의 상품 및 서비스를 소비자에게 제공하여 소비자 가치를 극대화하기 위한 기업의 생존 및 발전전략이기도 하다. 제조업체, 물류업체, 유통업체들은 이와 같은 목적을 달성하기 위하여 그들의 거래선 들과 협력함으로써 그 이익을 훨씬 더 극대화하고 있다.

그러므로 SCM은 최종 소비사의 욕구 충족을 위헤 원료 공급자로부터 최종 수비자에 이르기까지 공급 체인내의 기업들 즉, 원료 공급업체, 제조업체, 물류업체, 유통업체간의 긴밀한 협력을 통해 원재료 · 반제품 · 완제품의 물적 흐름 및 정보 흐름 등 전체 유통 공급망의 흐름을 통합적 관점에서 관리하여 효율성을 높이고 기업 경쟁력을 제고시키기 위한 공동 전략인 것이다.

2. SCM의 필요성

공급체인을 최적화시킴으로서 고객서비스 수준 향상과 비용절감이라는 물류가 추구하는 두 가지 목표를 동시에 실현 할 수 있다. 고객서비스의 증대는 많은 비용의 증대를 가져온다는 것이 일반적인 견해였으나, 공급제인 관리의 도입이 공급체인 전체에 대해 비효율적인 각종 거래과정과 불필요한 부분이나 중복된 부분을 제거하여 공급체인 전체의 흐름을 최적화시킴에 따라 서비스수준 향상과 비용절감이라는 두 가지 목표를 동시에 실현할 수 있게 하였다.

선진국의 사례에 의하면 공급체인 전체의 개선이 거래과정에서 공급체인 재고를 50~80% 감소시키고, 주문충족률과 납기달성을 100% 가까이 도달하게 했다고 한다. 또한 신제품 도입기간의 단축, 운영비용 절감과 운전자금의 감소 등과 같은 긍정적 효과가 발생된 것으로 보고되었다.

최근에는 공급체인관리를 효율성 향상과 원가절감뿐 만 아니라 기업 경쟁에서 최상의 고객서비스와 성장 그리고 수익 증대를 위한 전략적 방법으로 이용하고 있다.

공급체인관리의 기원으로 미국의 의류제품부문에서 1980년대 중반에 일었던 QR(Quick Response :신속대응전략)에서 찾아 볼 수 있다. QR의 도입으로 인해 미국에서의 유통업체와 의류업체는 놀라운 매출증대와 더불어 재고량의 감소를 가져오게 되었다. 이후로 1993년에는 식품가공산업분야에서도 이전까지 관행처럼 여겨졌던 재고의 과다보유 및 많은 반품 등의 문제들이 공급에 존재하는 비효율을 제거함으로서 재고 및 반품 감소 등을 통한 생산성증대와 유통산업의 경쟁력 향상에 도움이 되었다. 이러한 공급체인관리는 적용되는 산업별로 그 표현을 다르게 하고 있다.

의류부문에서는 QR(Quick Response), 식품잡화부문에서는 ECR(Efficient Consumer Response), 의약품부문에서는 EHCR(Efficient Healthcare Consumer Response), 신선식품부문에서는 EFR(Efficient Foodservice Response)등으로 표현되고 있다.

사례 10-6

자라의 '속도 우선 공급망관리(SCM)'

1975년 스페인 라 코루냐에서 문을 연 '자라(Zara)'는 2013년 87개 나라에 2000개 가까운 매장을 가진 세계적 의류 브랜드로 성장했다. 이른바 SPA라 불리며 기획부터 생산 · 물류 · 유통을 직접 맡아 하는 패스트패션(Fast fashion) 산업의 대명사다. 지난해 105억 유로(약 15조1900억원) 매출을 올린 자라는 올해 110개 매장을 추가로 열었다.

IT업계가 자라의 모델에 주목한 시기는 얼마 되지 않았다. 버버리 최고경영자(CEO)를 영입해 소매점 전략을 맡긴 애플처럼 대부분 IT기업이 의류 · 식품 등 소비재 기업 DNA를 심으려 하고 있다. 가장 중요한 이유는 갈수록 짧아지는 전자제품 공급망관리(SCM) 역량을 높이고 변덕스런 소비자 기호에 맞춰 수시로 매장 제품을 바꾸는 기민함을 배우려는 것이다. 자라는 삼성이 고위 임원을 주축으로 벤치마킹을 시도한 비 IT 기업 중 하나다.

비싼 공급망… '빠른 속도'에 중점=자라의 SCM은 의외로 단순하고 명료하다. 비용보다 속도를 중시한다. 광고를 거의 하지 않는 대신 그 돈을 생산과 물류에 쓴다. 세계 수천 개 매장 매니저는 일주일에 두 번 주문을 넣는다. 옷은 기차나 배 보다 비행기나 트럭으로 신속하게 조달된다.

공장의 50%는 본사가 있는 스페인 혹은 근방에 위치했다. 대부분 의류회사가 주로 외주를 맡기는 디자인부터 창고관리, 유통과 물류를 직접 운영한다. 공장이 곧 물류센터다. 생산된 셔츠, 스웨터, 드레스가 지하 모노레일을 자동으로 지나 물류센터로 이동하는 데 트랙 길이만 124마일에 달한다고 한다. 근처 협력업체 중 몇몇은 1975년 자라 설립 당시부터 함께 해 손발이 척척 맞는다. 포브스는 이렇듯 수직계열화로 묶인 생산-물류-유통 전략을 "사람들이 원하는 것을 만드는 힘"이라 표현했다.

스페인 내 14개의 자동화 공장이 있다. 24시간 연속 옷감을 커팅하고 염색도 한다. 우선 미완성된 '그레이(Grey) 제품'을 만든다. 그레이 제품이란 마지막 작업으로 변형해 완성시키기 이전의 기본 · 중간 단계 제품을 의미한다. 일단 많은 중간단계 제품을 만든 후 소량씩 완성해 출고하는 식이다.

스페인과 포르투갈에 마지막 손질을 하는 300개 파트너 네트워크가 있다. 이곳에서 그레이 제품이 의류 상품으로 바뀐다. 이 방식은 생산량을 빠르게 올리면서 며칠 내 상점에 제품을 가져다 놓게 한다. 이 전략을 베낀 일부 미국 업체도 아시아 지역에서 그레이 제품을 만든 후 미주 지역에서 마지막 손질을 한다. 올해 구글과 애플이 미국에서 조립하는 PC · 모바일 제품도 이 방식을 쓴다.

소비자 반응 수시 수렴… '낡은 IT'로 최고 속도를=소비자 반응을 빠르게 감지에 반영하는 디자인부터 생산, 물류에서 매장까지 2주 내 도달하는 자라의 속도는 이미 정평이 나 있다. 200명 이상 디자이너가 연 3만개 의류 아이템을 내놓지만 재고 회전율이 업계 평균값의 3~4배인 연 12회 이상이다. 안 팔리는 아이템이 10%에 불과해 의류업계 평균치인 17~20%의 절반 수준이다. 원하는 것을 제때 만드는 능력이 뛰어나다는 말이다.

시장 소비자, 매장과 본사를 잇는 자라만의 소통 방식이 있다. 전용 모바일 단말기를 쓴다. 각 매장 매니저가 단말기로 본사에 직접 주문을 넣고 일주일에 수회 재고·동향 정보를 보낸다. 어떤 옷을 입어본 소비자가 "파란색은 없나요, 난 이 지퍼가 싫어요"라 묻거나 "길이가 짧거나 더 긴 것은 없나요"라 찾으면 스태프는 즉시 정보를 단말기에 입력한다. 각 매장에서 모인 정보는 디자이너에게 실시간 전송되고 즉시 확인한다. 의상의 생산을 위해 디자이너의 창의성보다 매장 매니저와 소비자의 선택을 중요시하는 구조다. 다른 의류기업과 달리 시즌 전 10~15% 디자인만 확정하는 자라만의 특징이다.

판매시점관리(POS) 기기로도 정보를 수집, 구매 정보가 의류 아이템별 판매 순위와 재고 정보로 바뀐다. 이 데이터는 새 스타일을 만들거나 추가 재고를 보내는데 쓰인다. 시스템은 결코 비싸지 않다. 자라가 지금껏 써온 POS 시스템은 심지어 도스(DOS) 기반이다. 마이크로소프트도 일찍이 손을 놓고 지원하지 않는 운용체계(OS)다. 프로세스에 꼭 맞는 제품을 원하는 자라는 상용 소프트웨어 구매 보다 자체 개발을 선호하는 것으로 유명하다. '간단한 기술이 자라를 유명하게 만들고 간단한 연결이 소비자의 요구를 기업 전략과 연결했다'는 평가를 받는 배경이다.

이렇듯 한주 두 차례씩 소량 제품을 자주 가져다 놓는 자라는 소비자가 '다음 주'를 기대하게 만들었다. 당장 차주엔 제품이 없을지 모르니 매장에 올 때 마다 제품을 사게 만드는 효과도 냈다. 덕분에 자라는 한 소비자가 평균 17번 매장을 들러 경쟁 패션업계 평균인 세 번보다 다섯 배 이상 잦다.

디자인 콜렉션은 '디자이너'가 판단해 결정하기보다 '팀'이 주도권을 쥔다. 팀은 디자이너, 구매 전문가, 제품 개발 인력 등이 포함됐다. 비교적 젊은 디자이너가 다소 적은 수의 샘플을 리뷰하면서 빨리 디자인을 결정해 바꾸는 훈련을 받는다. 개발 속도를 높이고 샘플 수는 최소화한다.

자료원: 전자신문, 2013.12.22. 기사편집

Part V

글로벌 시스템으로서의 유통

Chapter 11

한국유통산업의 세계화

제1절 한국유통산업의 해외진출

1. 해외진출의 필요성

1996년 우리나라 유통시장의 전면 개방과 함께 세계적인 유통업체들이 한국시장에 진입하였으며, 이에 대응하여 우리나라 유통업제는 한국형 매장과 서비스를 구현하면서 급속히 성장하여 이제는 중국, 러시아, 베트남, 인도네시아 등 신흥시장으로 해외진출을 하고 있다.

해외진출은 1997년 이마트의 중국 진출을 시작으로 메가마트, 롯데마트 등의 대형마트와, CJ홈쇼핑, GS홈쇼핑, 롯데홈쇼핑, 농수산홈쇼핑 등의 홈쇼핑업체 및 롯데백화점 등이 진출하고 있으며, 이는 그동안 성장세를 이어오던 대형마트와 백화점 등 대표적인 유통업태 들의 저성장과 최근 중국과 베트남의 유통시장 전면개방에 따라 국내 유통업체들이 보다 적극적으로 해외진출에 나서고 있다.

한국유통업체들의 해외진출요인으로는 국내시장의 포화, 엄격한 규제, 극심한 경쟁구조, 해외시장의 시장 잠재력을 들 수 있다.

유통업체의 해외진출은 국내시장에서 세계시장으로 시장을 확대하게 됨으로써 유통산업 자체의 외형 성장을 가져오게 하며, 글로벌 소싱을 통해 국내시장에서의 경쟁력을 강화하고 또 국내 제조업체들에게도 해외 판로를 제공할 수 도 있다. 이런 면에서 볼 때 현재 국내 유통업체의 해외진출은 유통산업의 새로운 도약을 위한 중요한 성장전략이 될 수 있을 것이다.

사례 11-1

롯데 · 신세계 다 합해도 '새발의 피'…글로벌 유통기업 순위

국내 500대 기업에 포함되는 소매유통업체들의 매출을 전부 합쳐도 이 분야에서 세계 1위인 월마트에 비해 15%에도 미치지 못하는 것으로 조사됐다. 또 국내 최대 유통업체인 롯데쇼핑(대표 신헌)은 월마트에 비하면 매출규모가 20분의 1에 불과한 것으로 나타났다.

소매유통 글로벌 순위

순위	회사명	소속 국가	매출액			영업이익		
			2012년 반기	2013년 반기	증감	2012년 반기	2013년 반기	증가
1	월마트 스토어	미국	227,075	230,900	1.7%	13,052	13,215	1.2%
2	CVS 케어마크	미국	61,512	62,011	0.8%	3,111	3,667	17.9%
3	까르푸	프랑스	54,280	53,518	-1.4%	-	-	-
4	크로거	미국	50,791	52,765	3.9%	1,346	1,473	9.4%
5	코스트코	미국	45,291	48,954	8.1%	1,267	1,460	15.2%
6	홈 데포	미국	38,378	41,646	8.5%	4,283	5,112	19.4%
7	테스코 PLC	영국	38,935	41,641	7.0%	2,494	2,045	-18.0%
8	메트로 AG	독일	39,168	40,163	2.5%	78	475	506.2%
9	월그린	미국	36,403	36,960	1.5%	1,978	2,206	11.5%
10	타겟 코퍼레이션	미국	33,646	33,823	0.5%	2,539	2,540	0.0%
29	롯데쇼핑	한국	10,350	12,170	17.6%	632	666	5.4%
글로벌 1위 대비 롯데쇼핑 비중			4.6%	5.3%	0.7%p	4.8%	5.0%	0.2%p
상위 10개사 전체			625,479	642,381	2.7%	30,148	32,193	6.8%
출처: CEO스코어 / 화폐기준 : 미국달러 / 단위 : 백만달러								

이는 글로벌 유통업체들이 세계시장에 적극적으로 진출하고 취급 품목을 전문화하면서 경쟁력을 키워온 반면, 국내 유통업체들은 좁은 내수 시장에만 안주했기 때문으로 풀이된다.

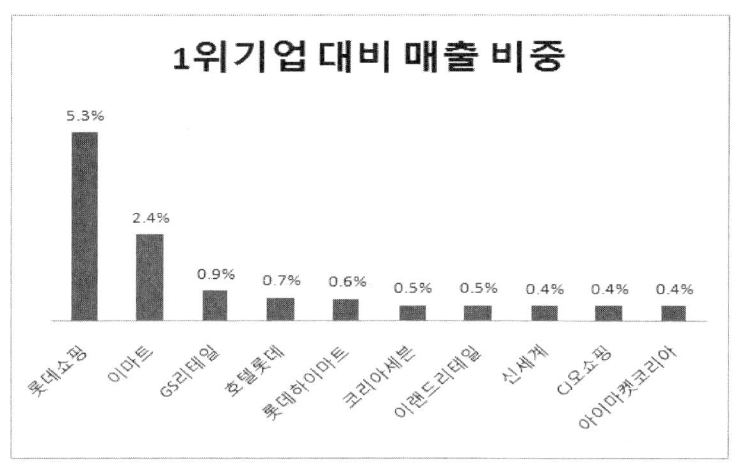

3일 기업 경영성과 평가사이트인 CEO스코어(대표 박주근)가 글로벌 유통업체들의 순위를 조사한 결과, 롯데쇼핑은 2013회계년도 상반기에 매출 121억 달러를 기록해 29위에 이름을 올렸다. 국내에서는 1위이지만 같은 기간 2천300억 달러의 매출을 올린 월마트에 비하면 5.3%에 불과한 금액이다.

뿐만 아니라, 국내 500대 기업 가운데 반기보고서를 제출한 17개 유통업체의 매출을 다 합해도 321억달러에 그쳐 10위권에 진입하지 못하는 것으로 나타났다.

글로벌 10위인 타겟 코퍼레이션은 매출이 338억 달러로 국내 굴지의 유통업체들을 크게 앞지른다. 롯데쇼핑은 매출 규모가 타겟 코퍼레이션에 비해 3분의 1을 약간 웃도는 정도다.

1위 월마트와 매출 규모를 비교할 경우 이마트(대표 허인철)는 2.4% 수준이고 GS리테일(대표 허승조) 0.9%, 호텔롯데 0.7%,에 불과하다. 또 코리아세븐(대표 소진세)과 이랜드리테일(대표 윤여영)은 0.5% 규모다.

이처럼 국내 주요 유통업체들이 세계 시장에서 힘을 발휘하지 못하고 있는 까닭은 주로 국내에서만 사업을 확장해 왔기 때문이다.

2013년 기준, 글로벌 상위 10개사들이 진출한 국가는 평균 12.4개국으로 조사됐다. 메트로는 32개국으로 가장 많았고, 까르푸는 31개국, 월마트가 28개국, 코스트코가 9개국으로 뒤를 이었다. 반면, 롯데쇼핑은 한국을 포함해 중국, 베트남, 인도네시아, 러시아, 대만 등 6개국에 진출하는 데 그쳤으며, 이마트는 한국과 중국 2개국, GS리테일은 해외시장 진출을 아예 하지 않은 것으로 조사됐다.

그나마 롯데쇼핑 정도가 브릭스(베트남, 러시아, 인도네시아, 중국) 국가를 전략적 진출국가로 선정해 신규점포를 오픈하고 M&A 활동을 통해 현지화 전략을 적극적으로 실현해 나가고 있는 상황이다.

이에 대해 전문가들은 해외업체들의 경우 자국 시장에서의 탄탄한 캐쉬플로우를 바탕으로 정부 등의 지원에 힘입어 해외 시장 진출에 나섰기 때문이라고 설명했다.

화리서치 김경기 연구원은 “상위 10대 업체들을 보면 이들 업체들은 기본적으로 국내 마켓이 큰 회사”라며 “예컨대 상위권에 미국 기업이 많은 것은 미국이 소비시장 중 가장 큰 곳이기 때문”이라고 설명했다.

이어 “또 이들 업체들은 자국에서 압도적인 시장 점유율을 갖고 있는데 이를 통해서 안정적인 캐쉬플로우가 마련된다”며 “이렇게 번 돈을 가지고 정부로부터 지원과 해외진출 압박을 받으며 끊임없이 해외투자를 해나갔고 결국 글로벌 랭킹에 오르게 된 것”이라고 설명했다.

반면, 국내 기업들의 경우 압도적인 시장점유율을 갖고 있는 곳은 롯데쇼핑이나 이마트 정도인데 정부 측에서 제도적인 지원과 원조도 없을 뿐더러 이들 업체 역시 위험을 감수하면서 해외진출에 적극적으로 나서지 않는 다는 설명이다.

한 업계 전문가는 “결국 이런 상황 속에서 피해를 받는 것은 대형 유통업체들과 경쟁을 해야 하는 국내 자영업자들”이라며 “국내 유통업체들이 해외로 진출 할 수 있는 여건을 마련해야 한다.”고 전했다.

한편, 이번 조사는 2011년 스토어 매거진(STORES Magazine)이 발표한 상위 50위 업체 중 반기 매출을 공개한 곳을 대상으로 이뤄졌으며 환율은 지난해 6월28일과 올 1월21일 기준으로 했다.

자료원: CEO스코어데일리, 2014.02.03. 기사편집

2. 해외진출의 현지화

인도네시아 등 동남아시아 뿐 아니라 중국 미국 유럽 중동 아프리카 등 지구촌 곳곳 유통기업들이 나가지 않은 곳은 이제 찾아보기 힘들다.

하지만 해외진출 이면엔 포화상태인 국내시장과 골목상권보호, 동반성장 등 경제민주화 바람 등 좁아진 국내입지라는 현실적인 문제가 자리 잡고 있다.

유통업계 관계자는 "기업은 지속적으로 성장해야 하지만 여러 규제로 국내환경이 어렵다 보니 해외로 눈을 돌릴 수 밖에 없다"고 말했을 정도다. 생존을 위한 불가피한 선택이었다는 얘기다.

좀 더 현실적으로 따져보면 해외진출이 능사가 아니라는 지적도 만만찮다. 이익을 담보하지 못하는 해외진출은 빈껍데기나 마찬가지인 탓이다.

일부 유통기업은 목숨을 건 듯 해외진출에 회사역량을 모두 쏟아 붓고 있지만 성공적인 결실을 맺지 못하고 있다. 시간이 해결해 줄 수도 있겠지만 그만큼 국내 기반이 튼튼하지 못할 경우 해외진출은 위험하다. 전문가들은 해외 시장에 뿌리를 내리기 위해선 상당 기간의 업력을 필요로 한다고 조언한다.

또한 "시장 조사부터 현지 적응을 거쳐 이익이 투자를 넘어서기까지 상당 기간이 필요하다"면서 "대형 음식료 업체들이 해외 현지에 공장을 세우고 적극적인 해외 사업을 시작한 시기는 1990년대인데 이미 20년을 훌쩍 넘기며 공들인 업체들도 전부 웃을 수 없다는 사실에 더 주목해야한다"고 지적할 정도다. 때문에 오랜 시간 공을 들이는 것 뿐 만 아니라 현지화라는 전략을 해외진출 성공의 열쇠 중 하나로 꼽는다.

2000년대 중반에 이르면서 까르푸는 칠레시장을 시작으로 일본, 멕시코, 슬로바키아, 한국시장에서 철수하였으며, 월마트도 한국에 이어 독일에서 철수하는 등 세계 최대의 유통기업들이 해외시장에서 철수를 하였다. 일본 유통기업 역시 1980년 후반부터 시작된 해외진출에서 뼈아픈 실패를 많이 경험하였다.

한국을 대표하는 유통업체들도 중국 시장에서 고전하고 있다. 중국 내 사업 파트너와의 갈등, 국내와는 전혀 다른 중국 소비자의 마음을 얻는 데 어려움을 겪으며 사업을 축소하고 있다. 과거 월마트와 까르푸 등 글로벌 유통업체가 한국 소비자의 눈높이를 맞추지 못해 사업을 철수한 것과 비슷한 양상이 중국에서 벌어지고 있다는 지적도 나온다. 국내 업체들은 영업이 부진한 매장을 처분하고, 현지화를 강화하는 등 중국 사업 체질 개선에 나섰다.

롯데백화점은 베이징점 실적 부진의 이유를 '합작사와의 갈등'으로 설명한다. 롯데는 현지 유통 대기업인 인타이와 50대50 조인트벤처로 베이징 매장을 열었다.

유통업 특성상 트렌드 변화에 민감하게 반응해야 하는데, 매장 운영과 관련한 모든 사항을 중국 회사와 일일이 합의를 해야 해 효율성이 떨어졌다는 것이다.

한국 유통업체가 고기나 생선을 직접 만져보고 사는 중국인들의 특성을 모르고 비닐랩으로 포장한 신선식품을 진열했다가 실패한 것처럼 한국 유통기업이 중국에서 성공하려면 '철저한 현지화'와 '적합한 파트너 선택'이 필수라고 할 수 있다.

즉, 한 기업이 해외 시장에서 성공과 실패의 명암이 엇갈리는 건 각 나라에 맞는 현지화 전략에 달려 있다는 것이다.

※ 본 장은 내일신문, 2013.10.18. [국내기반 없는 해외진출은 '빈수레'] 기사를 편집하였음.

사례 11-2

[SPC] 고급화 · 다양화로 해외매장 3000개

SPC는 2004년 9월 중국 상하이에 파리바게뜨 1호점을 낸 이후 현재까지 해외 점포 125개를 운영하고 있다. 해외진출 사업이 궤도에 안착했다는 평가를 받는다.

SPC는 "프랜차이즈가 100호점을 넘어선 것은 브랜드 인지도나 운영시스템이 시장에 확실히 자리 잡았다는 것을 의미한다"면서 "파리바게뜨는 중국 소비자들의 입맛을 사로잡아 베이커리 한류 열풍을 일으키고 있다"고 밝혔다.

미국에선 지난 2005년 10월 LA 한인타운에 파리바게뜨 1호점을 연 이후 LA와 뉴욕을 중심으로 현재 29개 매장을 냈다. 2013년 10월엔 핵심상권인 맨해튼 타임스퀘어 인근 40번가에 이른바 주류층 공략을 위한 매장을 냈을 정도다.

또 2012년 3월 베트남 호찌민에 글로벌 100호점을, 9월에는 싱가포르에도 첫 점포를 열었다.

SPC그룹 글로벌 전략의 핵심으로 고급화, 다양화, 고품질화, 현지화를 내세웠다. 해외진출 성공의 열쇠다. 이럴 경우 2020년 60개국, 3000 개 매장, 2조 원대의 해외매출을 달성할 수 있다는 계산이다.

자료원: 조선일보, 2012.06.18. 기사편집

사례 11-3

'노리' 누른 한국 김…세계 입맛 잡았다

美에 PB수출로 대박…中 건강식품으로 인기

조미김을 생산하는 중소기업 '예맛식품'은 지난해 '수출 대박'이 났다. 5~11월 7개월간 360억 원어치의 조미김을 미국에 수출했다. 지난해 1~11월 한국의 미국에 대한 김 수출액(683억원)의 절반을 넘는 수준이다. 이는 미국 코스트코가 '커클랜드'란 자체상표(PB)로 예맛김을 팔기 시작한 결과다. 코스트코의 PB식품 중 아시아 기업이 만드는 것은 예맛 식품의 김이 유일하다.

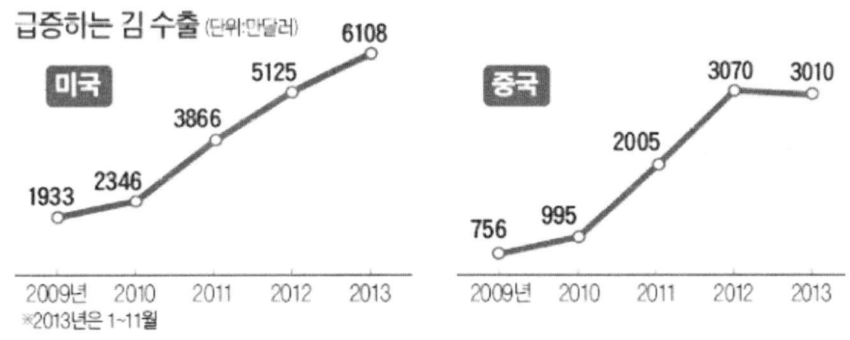

371억장 팔렸다

1일 수산업관측센터에 따르면 작년 초부터 11월 말까지 해외로 나간 한국 김은 총 3714만속으로 집계됐다. 1속은 김 100장을 말하니까 총 371억4000만 장이 판매된 것이다. 2012년 한 해 동안 수출한 물량(3567만속)을 11개월 만에 넘어섰다.

국가별로는 미국이 최대 수출국으로 떠올랐다. 한국농수산식품유통공사(aT)에 따르면 작년 1~11월 대미 김 수출액은 6108만달러다. 전년 같은 기간에 비해 31.6% 많은 수치다. 한국산 김이 많이 팔리면서 미국 마트에선 김의 포장지에 일본식 표기인 '노리(nori)' 대신 'korean seaweed' 'kim' 등을 사용한 제품이 늘어나고 있다. 미국에 이어 일본(5414만 달러), 태국(3352만 달러), 중국(3010만 달러)이 뒤를 이었다. 일본 수출액은 엔저현상이 지속되면서 전년 동기 대비 19.5% 줄었지만, 태국과 중국 수출액은 각각 5.3%, 3.2% 늘었다.

예맛식품은 올해 수출량을 두 배 이상 늘리겠다는 전략이다. 권동혁 예맛식품 대표는 "내년 유럽 수출을 시작해 총 740억원의 수출액을 달성할 것"이라며 "이를 위해 전남 신안군에 있는 공장의 생산라인을 11개 늘릴 계획"이라고 말했다. 권 대표는 또 "미국 유통업체인 세이프웨이와 함께 미국 현지에 마른김 공장을 지어 현지에서 직접 유통하는 것도 계획 중"이라고 덧붙였다.

현지인 입맛에 맞췄다

업계에서는 적극적인 현지화 전략이 통한 것으로 분석했다. 엄윤형 동원F&B 해외사업부 상무는 "미국 중국 동남아시아 등은 김을 밥에 싸먹는 문화가 없기 때문에 현지의 음식문화를 분석해 이에 맞는 제품을 출시하는 것이 기본 전략"이라고 설명했다. 예를 들어 동원F&B는 태국 등 동남아시아에서 전략 상품으로 스낵 형태의 김을 개발, '키미(kimmy)'란 브랜드로 출시해 히트를 쳤다. 짠맛은 줄이고 바삭한 느낌을 살린 제품으로, 지난해 30억 원어치가 팔렸다. 삼해상사는 태국의 전통음식의 맛을 내는 스낵 형태의 김을 출시하기도 했다. 미국에서는 일부 공립학교의 스낵코너에서 조미김이 간식으로 판매되고 있다.

동원F&B는 참치캔 중국 수출을 위해 협력하고 있는 광밍(光明)그룹을 통해 김 유통망을 확대한다는 방침이다. 광밍그룹은 중국 전역에 1만 여개 편의점을 운영하고 있는 유통업체다. 사조해표도 수출 경로를 다변화해 김 수출액을 늘린다는 계획이다. 건강식이란 점을 강조, 지난해 300억 원을 기록한 해외 매출을 올해는 큰 폭으로 끌어올린다는 방침이다.

자료원: 한국경제, 2014.01.02. 기사편집

제2절 한국유통산업의 해외진출 실태와 사례

1. 국내유통기업의 해외경영실태

2013년 대한상공회의소(회장 박용만)가 해외에 진출한 한국 유통기업 62개사를 대상으로 '해외 경영실태'를 조사한 결과, 처음 조사를 시작한 2010년 17.2% 오른 것을 시작으로 2011년 24.2%, 2012년 32.7%, 2013년 39.6%(예측) 가까이 늘며 4년 연속 상승하고 있는 것으로 조사되었다. 이같은 매출성장세를 바탕으로 유통기업 10곳중 8곳이 '내년에도 해외시장 진출을 확대 하겠다'.(82.3%)고 답해<'현상유지' 17.7%>, 유통기업의 해외영업 성장세는 계속 이어질 것으로 조사됐다.

〈그림 11-1〉 해외법인 매출증가율(전년대비)

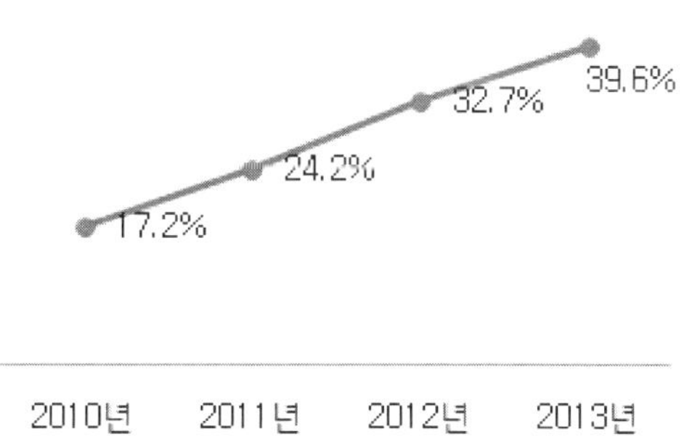

※ '13년은 추정치

또한 2013년 경영실적에 대해서는 과반에 육박하는 기업들이 '흑자경영이 가능할 것'(48.4%)이라고 답했다. 이어 '손익분기점에 근접할 것'이라는 기업이 38.7%였고, '적자경영이 예상된다'는 기업은 12.9%였다. 흑자를 예상하는 이유로 '매출증가'(73.3%)가 첫 손에 꼽혔고, '한국상품 선호도 증가'(33.3%), '현지시장 신뢰획득'(26.7%), '마케팅 및 홍보강화'(26.7%), '이익률 개선'(23.3%) 등으로 나타났다. <복수응답>

대한상의는 "해외진출 시 현지 인프라 구축, 홍보를 위한 강력한 마케팅 활동 등으로 초기 투자비용이 높다보니 실제 매출액 증가분이 수익으로 이어지기는 쉽지 않은 게 사실이다”며 “성공적인 해외시장 진출을 위해 단기간내 이익을 내는 전략보다는 장기적인 시각에서 경영전략을 마련해야 한다”고 말했다.

해외시장 경영환경을 바라보는 시각은 기업 규모에 따라 달랐다. 중소기업은 ‘해외시장 환경이 지난해보다 개선됐다’(26.2%)는 응답이 ‘악화됐다’(11.9%)는 답변을 2배이상 앞섰으나, <‘변화없음’ 61.9%> 대기업은 ‘악화됐다’(30.0%)는 답변이 ‘개선됐다’(15.0%)보다 많았다. <‘변화없음’ 55.0%>

김경종 대한상의 유통물류진흥원장은 “실제, 해외시장 진출 성공요인을 살펴본 결과, 대기업은 ‘철저한 현지화’를 가장 많이 꼽았으나 중소기업은 상품차별화를 가장 많이 꼽았다”며 “대기업은 주로 대형종합소매업 형태로 진출하여 해외시장에서 규범적 · 비규범적 규제의 대상이 되기 쉬운 반면, 중소기업은 화장품, 프랜차이즈 등의 분야에서 특화된 상품과 서비스를 통해 진출하고 있어 현지 적응이 더 빠른 것으로 보인다”고 설명했다.

한편 유통기업들이 가장 많이 진출한 국가는 ‘중국’(80.6%)인 것으로 조사됐고, 이어 ‘미국’(41.9%), ‘일본’(30.6%), ‘베트남’(25.8%), ‘인도네시아’(17.7%) 등의 순으로 진출기업이 많았다. <복수응답>

향후 유망국가를 묻는 질문에도 ‘중국(53.2%)’이 첫 손에 꼽힌 가운데 ‘베트남’(37.1%), ‘인도네시아’(35.5%), ‘말레이시아’(17.7%) 등 동남아 국가가 유망한 것으로 전망됐다. 이들 시장이 유망하다고 보는 이유로는 ‘거대 시장규모’(72.6%), ‘한국 상품 선호도 증가’(53.2%), ‘우호적 시장 환경’(17.7%), ‘높은 경제성장률’(16.1%) 등을 언급했다. <복수응답>

현지에서 겪는 애로요인으로는 ‘현지 유통망 구축’(56.5%)이 가장 많았고, 이어 ‘인력관리(45.2%),’법적 · 행정적 규제’(45.2%), ‘현지정보 부족’(22.6%), ‘마케팅 활동’(22.6%), ‘자금부족’(17.7%) 등의 어려움을 겪는 것으로 조사됐다. <복수응답>

김경종 원장은 “국내 경제가 저성장 국면으로 진입하면서 제한된 내수시장을 넘은 해외시장 진출은 우리 유통기업에게는 피할 수 없는 과제다”며 “특화된 상품과 서비스를 통한 차별화 전략을 통해서만 경쟁이 치열한 해외시장에서 살아남을 수 있을 것이다”고 말했다.

※ 본 장은 상공회의소, 국내유통기업의 경영실태, 2013.12.11. 기사를 편집하였음.

2. 국내유통업태의 해외진출사례

기업의 활동 사례를 통해 세계화하고 있는 한국 유통업태의 변화를 살펴본다.

1) 백화점 해외진출 사례

사례 11-4

롯데백화점, 국내 백화점 최초 해외 진출…
러 · 中 · 인도네시아에 롯데 깃발

롯데백화점은 '2018년 글로벌 톱 5' 비전을 달성하기 위해 해외 출점을 가속화하고 있다. 롯데백화점은 현지 상황에 맞춰 해외 진출 전략도 각각 차별화하고 있다. 중국에서는 톈진, 선양 등 주요 도시를 중심으로 지역마다 2~3개 점포를 여는 동시에 발전 가능성이 높은 중소 도시에도 진출하는 '다점화 전략'을 취하고 있다. 또 백화점만 진출하는 게 아니라 백화점과 쇼핑몰이 함께 구성된 복합단지에 출점하는 것도 특징이다. 이를 통해 2018년까지 중국에 20여개 점포를 운영한다는 목표다.

러시아에선 부지 매입을 통한 진출 시 여러 제약이 발생하는 애로를 감안, 대형 쇼핑몰에 임차 형태로 백화점을 내거나 현지 쇼핑몰을 인수하는 방식을 모색하고 있다. 베트남에서는 주상복합시설에 있는 복합단지에 백화점을 입점시키는 전략을 세웠다. 하노이와 호찌민을 중심으로 중부 최대 상업지역인 다낭에 진출하는 방안을 함께 검토 중이다. 인도네시아 역시 백화점 단독 진출보다 대형 쇼핑몰에 임차를 통해 진출하는 전략을 세우고 있다.

롯데백화점은 2007년 9월 러시아 모스크바에 해외 1호점을 열고 본격적인 해외 시장 공략에 나섰다. 모스크바점은 국내 백화점업계 최초의 해외 진출 사례이자 동양권에서 서양권으로 진출한 첫 번째 백화점이기도 하다. 한국형 매장 구성과 상품, 마케팅, 서비스가 어우러져 '한국형 유통 수출시대'를 연 주인공이기도 하다.

2011년 6월 문을 연 중국 톈진동마로점은 롯데백화점이 중국에 단독으로 진출한 첫 사례다. 식품, 잡화부터 의류, 생활용품까지 300여개 브랜드를 갖춰 모든 상품의 '원스톱 쇼핑'이 가능하다. 중국인들이 선호하는 한국 브랜드 40여개도 입점했다.

롯데백화점은 톈진 소비자들에게 고품질 서비스를 제공하기 위해 많은 노력을 기울였다. 현지 직원들에게 세계 유수의 서비스 시설에서 교육받는 기회를 제공하고, 국내 서비스 강사를 현지에 파견하기도 했다. 톈진에선 처음으로 백화점 문화센터도 만드는 등 다른 백화점과 차별화된 고급 백화점으로 키우고 있다.

올 4월 문을 연 중국 웨이하이점은 한국과 가장 가까워 롯데백화점 중국사업의 '전초기지' 역할을 하는 곳이다. 서울에 있는 롯데백화점 본점의 '영플라자'와 같은 '영패션관'을 따로 운영함으로써 젊은 층에 인기 있는 브랜드를 강화했다. 지난 8월에는 중국 쓰촨성에 있는 세계 최대 건물 '신세기 글로벌센터'에 청두 환구중심점을 열었다.

롯데백화점이 중국 서부 진출의 교두보로 삼고 있는 이곳은 이 백화점의 중국 점포 중 최대 규모를 자랑한다. 한류 드라마 촬영장을 재현한 포토 존과 한식 테마거리를 넣는 등 현지인을 사로잡기 위한 특색 있는 서비스를 갖췄다.

인도네시아에 지난 6월 개장한 롯데쇼핑 에비뉴점은 현지화에 주력하되 한국 백화점의 장점을 접목한 매장이다. 인도네시아인들이 백화점보다 복합쇼핑몰을 선호한다는 점을 감안, 쇼핑몰과 백화점을 결합한 형태로 매장을 냈다.

자료원: 한국경제, 2013.10.11. 기사편집

2) 대형마트 해외진출 사례

사례 11-5

국내에서 판로 막힌 대형마트, 해외로 엑소더스

영업시간 제한 등으로 판로가 막힌 대형마트들의 해외 진출이 가속화되고 있다.

케이팝 등 한류 붐을 타고 우리 음식도 해외에서 인기를 끌고 있다.

특히 원전 사고 이후 일본 식품에 대한 안전성이 우려되면서 홍콩에서는 우리 식품에 대한 선호도가 더 높아지고 있다.

홍콩인 에리카 라우(Erica Lau, 32)씨는 “한국 상품은 깨끗하고 믿을 수 있다는 이미지가 있다”며 “특히 일본 원전 사고 이후부터 이 생각이 퍼지기 시작한 것 같다”고 말했다. 케어라(Keller, 22)씨는 “김치와 삼계탕, 라면, 과자 등을 많아 사 먹는다”고 말했다.

한국 식당에서 만난 턴체이니(Tongchingyee16)씨도 “케이팝 등을 통해 한국을 자주 접하게 됐고, 한국 음식을 좋아해 자주 먹는 편”이라고 말했다.

이런 흐름을 타고 국내 대형마트들의 해외 진출도 더욱 활발해지고 있다.

홍콩의 한 마트에는 국내 대형마트에서 직접 만든 라면이 가득하다.

과자와 식료품 등도 다양하게 전시돼 있다.

이마트는 홍콩 왓슨그룹에서 운영하는 소매점 PARKNSHOP 60여개 매장에 중소기업 등이 생산한 이마트 자체 브랜드 제품을 수출한다.

왓슨그룹은 전 세계 33개국에 20개의 브랜드로 10,800개의 소매점을 운영하고 있는 글로벌기업으로, 아시아에는 중국, 태국, 필리핀 등 11개 국가에 3,200개의 매장을 운영 중이며 이 가운데 PARKNSHOP 매장은 홍콩, 마카오 및 중국 본토에 260개가 운영되고 있다.

이번에 홍콩에 수출되어 판매되는 이마트 자체브랜드(PL) 상품은 청우식품 과자, 담터 율무차, 풍국면 소면, 신송식품 쌈장, 가야의 당근 주스 등 17개 기업이 만든 35개 품목이다.

이마트 허인철 대표는 “유통업계 매출증가와 중소기업의 해외판로 개척이라는 측면에서 최근 사회적 이슈가 되고 있는 동반성장의 새로운 모델이 될 것"이라며 "해외 유통업체와의 적극적인 접촉을 통해 중소기업 해외 판로개척을 위해 노력할 것"이라고 말했다. 물건을 납품하는 중소기업 입장에서도 통관과 물류 비용을 절약할 수 있다는 점에서 긍정적인 반응이다.

차 전문 제조 중소기업인 담터 배형도 상무이사는 "이마트에서 통관, 선적, 대금결제, 클레임 등 수출관련 업무를 진행해 주고 있어 비용면에서도 많이 절감되는 효과가 있다"고 말했다. 이마트는 해외 네트워크를 활용해 다양한 국가의 유통업체를 대상으로 중소기업 PL 수출을 더욱 확대하기 위해 해외소싱 담당에 수출입 전담팀을 설립하는 등 중소기업의 해외판로 개척에 더욱 심혈을 기울일 예정이다.

앞서 롯데마트도 인도네시아 매장에 자체 제작한 라면을 판매하는 등 판로를 넓혀나가고 있다. 롯데마트는 이미 중국, 인도네시아, 베트남 등 해외점포수가 143개로 전체의 절반을 넘어섰다. 업계 관계자는 "영업 제한 등으로 어려움을 겪고 있는 대형마트들의 해외 진출은 앞으로도 계속될 것으로 보인다"고 내다봤다.

국내 시장 자체가 포화상태인 데다 영업시간 제한 등으로 신규 출점이 사실상 어려워지면서 대형 마트들의 해외 진출은 앞으로 더 활발해질 전망이다.

자료원: 노컷뉴스, 2013.08.01. 기사편집

3) 슈퍼마켓 해외진출사례

사례 11-6

2배 커진 신선식품 매장 "팅호와"
첫 외국진출 SSM, 롯데슈퍼 베이징점

'낙천초시(樂天超市)'라는 간판이 눈에 들어왔다. 중국 발음으론 '러톈차오스'. 바로 롯데슈퍼다.

2012년 9월 국내 기업형슈퍼마켓(SSM) 가운데 처음으로 외국에 진출한 롯데슈퍼는 중국 베이징에만 13개 지점을 갖고 있다. 지난 13일 베이징 북부에 제13호 입수교점이 문을 열었다. 10일 방문한 베이징 동부의 롯데슈퍼 제10호 양갑환도점(2013년7월 개점)은 현재 베이징 내 롯데슈퍼 13곳 가운데 가장 큰 면적(1720㎡ · 520평)과 일매출(10만위안 · 1730만원)을 자랑한다.

점포에 들어서자마자 눈에 띈 건 신선식품 코너다. 모과 유자 자몽 귤 등 중국인들이 겨울에 즐겨 먹는 과일과 배추 파 등 야채가 즐비했다. 이 점포 치아아이홍 점장은 "매장에 들어와 가장 먼저 만나는 신선식품 코너를 이곳 사람들이 가장 애용한다"고 말했다.

일반적으로 중국 슈퍼는 신선식품 코너를 매장 뒤편이나 안쪽에 작게 배치해 처음 들어서면 이 코너를 아예 볼 수 없는 경우가 대부분이다. 신선식품은 관리가 어려워 재고가 많이 남으면 손해가 크기 때문이다. 하지만 롯데슈퍼는 이를 전면으로 끌어당겼을 뿐 아니라 진열면적도 2배 가까이 넓혔다. 중국 슈퍼의 신선식품 매출 구성비가 대략 17% 정도인 반면 롯데는 평균 32%에 달한다.

베이징 롯데슈퍼 5대 전략

- 신선식품 대폭 강화
  - -매장 전면에 배치하고 가습기 설치
- 편리한 매장 동선
  - -복수 출입구로 강제동선 방식 탈피
- 매장 청결
  - -청소 강화하고 밝은 조명 유지
- 점장·점원 모두 중국인으로 현지화
- 직원들 고객응대 서비스 교육 강화

특히 롯데슈퍼는 온도와 습도 유지가 필수인 엽채류를 위해 진열대 위에 쇼케이스형 가습기를 달아 끊임없이 습기를 공급해주고 있다. 이는 중국 슈퍼에선 전혀 찾아볼 수 없는 풍경이다.

중국인 고객은 "롯데슈퍼에 놓인 과일과 야채는 인근 다른 슈퍼보다 싱싱할 뿐 아니라 값도 싸서 꼭 들러 구입한다"고 말했다.

중국 슈퍼는 주로 입구와 출구를 분리해 매장에 한 번 들어오면 매장 곳곳을 거의 다 둘러봐야만 나갈 수 있는 강제동선 방식을 택하고 있다. 하지만 롯데슈퍼는 출입구를 3~4개로 늘리고 입구와 출구를 따로 구분하지 않아 소비자들의 자유로운 동선을 보장한다.

물론 무작정 중국 슈퍼와 다른 점만 고집해선 성공할 수 없다. 그래서 철저한 현지화 노력도 병행해서 기울인다. 일단 과일이나 야채의 경우 한국 슈퍼에서 흔히 볼 수 있는 포장팩 형식의 진열이 거의 없다. 대부분 낱개를 한데 모은 '벌크' 형식이다.

소진세 롯데슈퍼 대표는 "향후 물류시스템 확보를 위해 최대한 많은 점포를 집중 배치하는 '도미넌트(dominant)' 전략을 구사할 생각"이라고 말했다.

자료원: 매일경제, 2013.12.16. 기사편집

4) 홈쇼핑 해외진출사례

사례 11-7

CJ오쇼핑, 탄탄한 글로벌 판매망을 中企 해외진출 교두보로

따뜻한 사회공헌

CJ오쇼핑은 세계 7개국 9개 인터넷 사이트에서 홈쇼핑 사업을 하고 있다. 이를 통해 구축된 글로벌 네트워크로 국내 중소기업들의 판로 개척과 해외 진출을 지원한다.

디자인과 기능성 등 제품 경쟁력은 갖추고 있지만 해외시장 경험이 없는 협력업체들에 진출 기회를 제공하는 것이다. 이로써 수익 창출 기회를 줘 유통업체 본연의 특성을 살린 공유가치창출(CSV · Creating Shared Value) 활동을 실천하고 있다.

CJ오쇼핑이 2007년부터 지난해까지 해외 홈쇼핑 사이트에서 선보인 한국 상품의 누적 판매 실적은 5000억원에 달한다. CJ오쇼핑은 작년 한 해에만 1700억원의 한국 상품을 판매했으며 이 가운데 90%가 중소기업 상품이다. 올해는 지난 10월 필리핀에 추가 진출해 중소기업들의 해외 진출 범위를 넓혀주고 있다.

주방기구 제조업체인 PN풍년은 CJ오쇼핑과 협업으로 프라이팬 신제품을 개발해 지난 5월 인도시장에 진출했다. PN풍년은 주로 압력밥솥을 해외에 수출해 왔지만 본격적인 프라이팬시장 진출은 이번이 처음이다. CJ오쇼핑은 제품 시연을 위해 인도에서 국민 요리사로 대접받고 있는 유명인 산지프 카푸르 씨를 섭외해 프라이팬을 이용한 다양한 인도 전통요리와 한국 요리를 선보였다. PN풍년은 판매를 시작한 5월부터 지금까지 60억여 원의 누적 매출을 기록할 것으로 예상된다.

CJ오쇼핑이 베트남 합작법인으로 선보인 SCJ에서는 국내 중소기업 부원생활가전의 '도깨비 방망이'가 2011년부터 올해까지 3년 연속 히트상품에 이름을 올리고 있다.

지난해 베트남에서만 누적 매출 9억원을 기록한 도깨비 방망이는 품질이 좋고 잔고장이 적은 한국 상품 이미지를 바탕으로 현지 소비자들의 꾸준한 사랑을 받고 있다. 도깨비 방망이는 지난해 문을 연 태국 GCJ에서 올해 4억원 이상의 판매액을 올렸고 올해 선보인 필리핀 ACJ에서도 두 달 만에 5000만원가량 매출을 기록했다. GCJ와 ACJ 모두 CJ오쇼핑이 세운 현지 합자법인 홈쇼핑 빙송이다.

이 외에도 CJ오쇼핑은 인도와 동남아시아 국가로 판매 경로를 확장한 빨래건조대, 중국 소비자들의 부분 염색 선호를 파악해 소포장으로 제품 포장을 바꾼 염색제 '리체나', 한류 열풍으로 중국 상하이에서 인기를 얻은 핸드백 '럭스앤버그' 등 국가별 문화에 따른 제품을 제공함으로써 다양한 중소기업의 해외 진출 파트너로 활약하고 있다.

CJ오쇼핑의 글로벌 사업에는 CJ IMC(International Merchandising Company)가 핵심적인 역할을 하고 있다. 서장원 CJ오쇼핑 전략지원실 상무는 "경쟁력을 갖춘 중소기업 상품이 해외시장에서 제값을 받도록 지원하는 게 CJ오쇼핑 같은 유통업체가 할 수 있는 진정한 공유가치창출 활동"이라고 강조했다.

자료원: 매일경제, 2013.12.19. 기사편집

5) 기타 사례

(1) 해외직구 관련 사례

사례 11-8

해외서도 '직구족' 급증…' 해외 직판' 수출는다
中 해외 직구족 1800만명, 5년 뒤 2배 성장 전망
… 해외 쇼핑족 상대 온라인 판매 급증

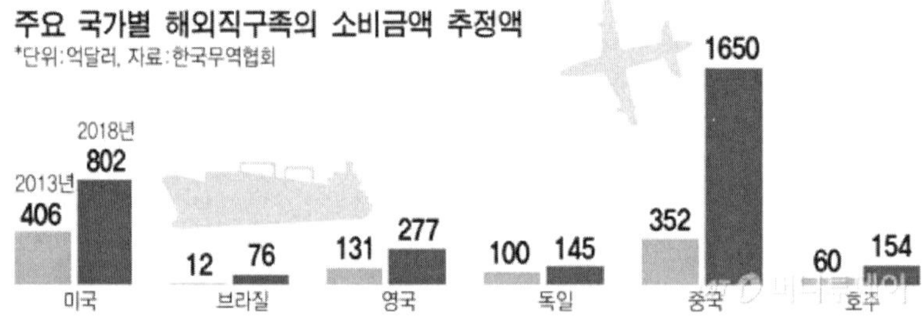

〈사례1〉

경기 안산시에 위치한 전자도어록 유통업체 에픽시스템즈는 우체국 국제특송을 통한 해외매출이 지난해 70만달러에 달했다. 전년에 비해 55% 증가한 수치다. 다른 배송방식으로 한 수출까지 합하면 수출액은 2배 정도 되고 매년 50~100% 꾸준히 성장한다고 회사 측은 설명했다.

이 회사는 3년 전부터 해외고객들을 위한 영문쇼핑몰(www.globalepic.net)을 따로 운영 중이다. 이를 통해 아프리카의 베냉, 인도양의 세이셸에 이르기까지 80여개국 소비자들에게 제품을 판매한다.

〈사례2〉

보세 의류 · 가방업체 D사와 의류업체 C사는 요즘 중국으로 가는 국제택배를 준비하는데 바쁘다. 이들 업체는 수년 전부터 중국의 바이어를 통해 제품을 판매하는 전통적 방식의 수출을 해오다 각각 지난해 10월과 11월 온라인 사이트를 개설, 중국 소비자들에게 직접 주문받기 시작했다. 인터넷사이트를 통한 해외주문은 아직 초기 단계지만 월별 증가율이 200%에 달한다. 이를 통한 수출액은 사이트 개설 2~3개월 만에 수천만원 수준으로 늘었다.

최근 의류에서 전자제품에 이르기까지 국내 소비자들 사이에 '해외직구'가 새로운 트렌드로 자리잡았다. 이 같은 직구족 증가는 한국만의 독특한 현상이 아니다. 전세계적으로 온라인 직구족이 빠르게 늘면서 국내업체들의 수출방식에도 변화의 바람이 불고 있다.

23일 한국무역협회에 따르면 전세계적으로 온라인 해외직구족은 빠른 속도로 증가하는 추세다. 지난해 중국의 온라인 해외직구족은 약 1800만명, 결제금액은 352억달러에 달하는 것으로 추산된다. 2018년이면 중국의 해외직구족은 2배인 3600만 명, 소비액은 5배인 1650억 달러에 달할 전망이다.

해외직구 금액은 지난해 미국이 40억6000만달러, 브라질은 1억2000만달러, 영국은 13억1000만달러에 달한다. 모두 5년 내 2배 이상 성장할 것으로 예상된다.

이런 트렌드는 유통의 경계를 허물어 소비자의 선택권을 확대하는 것으로 분석된다. 캐나다의 경우 전자상거래 거래액의 25%가 해외결제액일 정도로 해외직구가 일상화됐다. 제조업 기반이 약한 캐나다에서 해외직구가 소비자들의 욕구를 충족하는 것이다. 중국도 해외직구 비중이 11.8% 정도로 높은 편이다.

한국업체들이 해외직구족을 공략하는 방법의 하나는 미국 이베이나 중국 타오바오몰, 일본 라쿠텐 등 잘 알려진 쇼핑몰에 입점하는 것이다. 하지만 최근 들어 수수료를 절감하기 위해 직접 사이트를 구축해 판매하는 경우도 늘었다.

C사는 중국의 파워블로거에게 무료로 상품을 제공하는 등의 방법으로 온라인쇼핑몰을 홍보, 중국 소비자를 확보했다. 에픽시스템즈는 처음에는 이베이 등을 통해 제품을 판매했지만 설치 동영상을 유튜브에 올리고 인터넷주소를 함께 걸어두는 등의 방법으로 점차 자사 쇼핑몰의 인지도를 확산시켰다.

대기업들도 해외 온라인 직접판매가 본격적인 해외진출에 앞서 소비자 선호를 파악하는 방법으로 활용될 수 있다. 무역협회 관계사는 "영미국가들은 인터넷사이트를 해외소비자의 기호, 구매행태를 분석하는 테스트마켓으로 활용해 오프라인점포 진출의 리스크를 사전에 점검하는 전략를 사용하는 게 일반화됐다"며 "우리 대기업들도 참고할 만하다"고 말했다.

자료원: 머니투데이, 2014.01.23. 기사편집

(2) 쇼핑몰 해외진출관련사례

사례 11-9

국내 쇼핑몰 해외진출 성공하려면?

미씨의류 전문몰 캔마트의 '중국어 쇼핑몰'

'스타일난다' 등의 국내 유명 쇼핑몰들이 해외에서 큰 인기를 모으고 있다. 이에 해외 쇼핑몰 창업이 예비 창업자 및 기존 인터넷 쇼핑몰 점주에게 새로운 형태의 창업 형태로 인기를 모으고 있다.

22일 관련업계에 따르면 우선 국내에서 일정 매출을 올리고 있는 쇼핑몰이라면 해외 진출을 고려하고 이를 위한 기반을 마련해야 한다.

다국어 쇼핑몰 구축 및 브랜드 상표권을 등록하고 해외 진출 초반에는 'DGG' 같은 간접 해외 진출 서비스를 통해 '내 쇼핑몰의 주요 소비 국가가 어디인지 파악'하고 전략을 세울 필요가 있다.

또한 저렴한 가격 책정 등 가격경쟁력을 무기로 해외 시장에 진출하기보다는 '브랜드'화 및 고퀄리티를 통한 고가 정책을 펴는 것이 장기적으로 유리하다.

특히 중국의 경우 무조건적인 현지 오픈마켓 입점은 단기간에 매출을 올릴 수 있지만 동시에 질 낮은 카피제품이 우후죽순으로 등장할 위험이 있고 이로 인해 브랜드 가치가 떨어질 수 있어 유의해야 한다.

이미 어느 정도 해외 판매량이 있는 쇼핑몰이라면 중국 준프리미엄급 백화점이나 오프라인 매장에 단독 매장으로 입점하는 것도 좋은 전략이다. 오프라인 매장에 한국식 디스플레이를 더하고 메인드 인 코리아(Made in Korea)

제품위주로 판매하면 고급스러운 이미지를 줄 수 있다.

일본과 미국의 경우는 편집숍을 이용하는 것도 좋은 방법이다.

아이템으로는 국내 패션의류 취급 아이템 쇼핑몰이 이미 전세계적으로 강세를 보이는 SPA(제조 · 유통 일괄형)브랜드처럼 시즌별로 빠르게 제품을 생산하고 업데이트는 물론 상품 경쟁력도 뛰어나기 때문에 성공 가능성이 높다.

솔루션 업체에서 제공하는 해외진출 지원 서비스 (C/S서비스 및 해외마케팅)를 적극적으로 활용한다면 전담 인력 없이도 일정 수준의 성공을 거둘 수 있다.

자료원: 아시아투데이, 2014.01.23.기사편집

(3) 소매업의 해외진출사례

사례 11-10

이랜드, 中 진출 20년 만에 가맹사업 본격화

중국 진출 이후 현지에서 20년째 직영사업을 고집해 오던 이랜드가 지방도시 진출을 위해 가맹사업에 전격적으로 뛰어든다.

17일 이랜드그룹과 중국 현시 언론에 따르면 이렌드는 중국 지방도시 진출을 가속화하기 위해 단기간 내 점포수를 크게 확장시킬 방안으로 가맹사업을 본격적으로 추진하고 있다. 도시화가 덜 진행된 중국 지방도시를 중심으로 가맹점 모집을 진행하는 상황이다.

이랜드 중국법인은 1994년 중국에 진출한 이래 100% 직영체제를 고수하면서 백화점 입점 원칙을 단 한 번도 깨지 않았다. 이랜드가 중국에서 큰 성과를 낼 수 있었던 것도 백화점 입점을 통해 브랜드를 고급화시키고 매장 리뉴얼에도 투자를 아끼지 않았기 때문이다.

가맹점제 도입에 대해 이랜드 관계자는 "직영체제를 완전히 바꾼다기 보다는 새로 점포를 개설할 때 일부 브랜드에 한해서 가맹점을 모집하는 것일뿐"

이라며 "의미를 확대 해석하지 말라"고 말했다.

이랜드가 중국 가맹사업 진출이라는 큰 결단을 내린 배경에는 단기간에 점포수를 대폭 확대할 수 있다는 계산이 깔려 있다. 박성경 이랜드그룹 부회장은 지난 2012년 중국 상하이 기자간담회에서 "오는 2016년까지 중국 진출 패션 브랜드를 70개까지 늘리고 매장은 1만2000개로 확대해 매출을 7조원까지 끌어올릴 것"이라고 밝힌 바 있다.

현지 업계 일각에서는 이랜드 자체인력으로는 사업 확장 속도를 따라가기 어려워 가맹사업 전략을 선택했다고 진단하기도 한다. 중국 유통업계 한 관계자는 "청두에만 20여 개 백화점 직영매장을 운영하는 이랜드가 지방도시에 진출할 경우 이랜드 자체 인력만으로 직영체제를 유지하면서 매장 수를 대폭 늘리기에는 한계가 있을 것"이라고 말했다.

이랜드는 진출 초기 북경 · 상해 · 선전 등 대도시를 중심으로 사업을 시작해 시안 하얼빈 등 중소도시로 영역을 넓혀 왔다. 이에 따라 최근 이랜드의 새로운 개척지로 중국 지방도시가 급부상한 것이다. 아직 도시화가 진행되지 않은 중국 지방도시는 정부의 발 빠른 도시화 정책으로 유통업체에 많은 기회를 제공할 것으로 보인다.

중국 현지 업계에서도 이랜드의 전략 변경에 대해 매우 긍정적으로 보고 있다.

업계 관계자는 "이랜드의 중국 지방도시 진출은 매우 시기 적절하다"면서 "철저한 교육을 통해서 브랜드 이미지를 잘 관리해야 할 것"이라고 말했다.

이랜드는 지난 2011년 점포수 5000개를 돌파하며 중국 내 해외 패션 브랜드 가운데 가장 많은 점포수를 보유한 업체로 올라섰다. 지난해 기준 42개 패션 브랜드 6700개 매장을 운영하고 있으며 2013년 매출액이 2조2000억원에 달할 것으로 전망되고 있다.

자료원: 매일경제 2014.01.21. 기사편집

(4) 백화점의 해외고객유치사례

사례 11-11

중국 큰손들, 한국 백화점서 뭐 사는가 봤더니…
중국 언론 · 여행사 연계 마케팅 본격화…
'큰 손' 고객 잡아야 백화점 매출 키운다

지난 2일 중국 상하이에서 3박4일 일정으로 서울을 찾은 닝징씨(35)는 겨울코트와 모피 머플러, 북유럽풍 의자 등을 포함해 1500여만원 어치 상품을 샀다.

그는 외국인들에게 세금을 돌려주는 '텍스 리펀드' 서비스 데스크에서 1500여만원의 구매 영수증을 한꺼번에 내놓으며 부가가치세 환급을 요청했다. 닝징 씨는 "여유있게 쇼핑하고 싶어 관광객이 몰리는 춘절(설날)보다 한 발 앞서 한국을 찾았다"며 "통역 서비스가 잘 돼 있어 쇼핑하는데 전혀 불편하지 않았다"고 말했다.

한국 백화점 업계가 연초부터 '중국인 관광객(요우커)' 유치에 열을 올리고 있다. 장기 불황으로 백화점 매출 성장세가 주춤한 가운데 중국인 관광객 매출이 유난히 급증하고 있어서다.

가격 할인과 상품권 증정, 통역 서비스는 기본이며 중국 현지 여행사와 금융사, 언론사 등과 연계한 홍보 · 마케팅까지 다양하게 펴고 있다. 제 발로 찾아오는 중국인에게만 제품을 파는 수동적인 영업이 아니라 자금력이 있는 중국 VIP 고객들을 집중적으로 유치하고 있다.

"한국, 오고 싶게 만들자"…현지 여행 · 언론사 총동원

중국 마케팅에 특히 적극적인 곳은 신세계백화점이다. 신세계는 중국인들 사이에 백화점 인지도를 높이기 위해 △춘절 △노동절 △국경절 △성탄절 등에 집중적으로 현지 여행사와 카드사를 대상으로 설명회를 갖고 있다.

'은련', '비자', '마스터' 등 해외 카드사와 공동 마케팅을 펼치고 지난해 시작한 중국 언론사 초청 행사도 정례화했다. '웨이보' 등 중국 대표 SNS(소셜

네트워크서비스)를 통해 중국인들이 선호하는 순금이나 해외 사치품 등을 경품으로 내건 행사도 진행하고 있다. 신세계는 이를 통해 현재 11만 명 수준인 중국인 팔로워를 100만 명까지 늘린다는 포부다.

중국인 관광객이 많이 찾는 서울 본점과 강남점 등 점포별 특성에 따라 차별화된 마케팅도 선보인다. 본점에서는 명동 · 남대문 등 맛집과 관광명소를 소개한 리플릿(광고 · 홍보 책자)을 배포하고, 강남점에서는 성형외과나 특급 호텔 등을 연계해 리무진 서비스를 실시하고 있다.

우리은행과 제휴해 VIP 마케팅도 강화한다. 우리은행 중국인 VIP카드로 구매하는 고객에게는 1대 1 통역서비스는 기본이고, 제품가격을 10% 할인해주기도 한다. 금액대별로 5% 상품권도 증정한다.

롯데백화점은 중국인 고객들에게 자필 편지를 보내거나 현지 우수 고객을 한국으로 초청해 관광 서비스를 제공하는 등 감성에도 호소하고 있다. 한국에서 공부하는 중국인 유학생들에게 장학금을 제공하는 기부 프로그램도 운영한다.

현대백화점도 웨이보를 통해 한국 방문 계획이 있는 중국인들의 신청을 받아 현대백화점 마일리지 적립과 교통카드 기능을 탑재한 외국인 멤버십 카드인 'K-카드'를 직접 배송해준다.

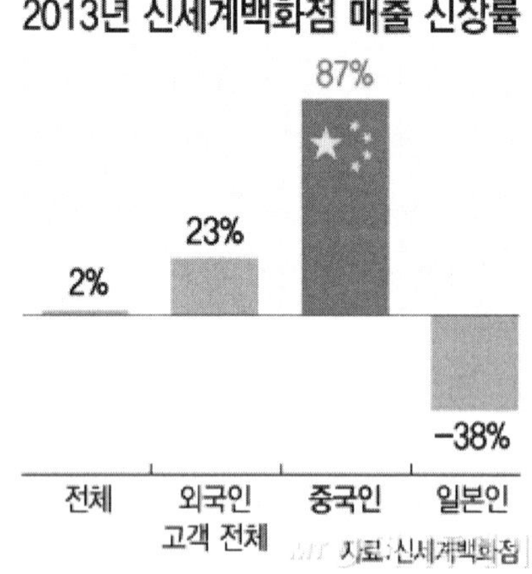

유통업계, 중국 마케팅 주력하는 이유는 유통업계가 요우커 마케팅에 총력

을 기울이는 것은 가파른 매출 성장세가 이어지고 있어서다. 롯데백화점은 지난해 중국인 쇼핑객 매출이 본점 매출의 10%를 차지했을 정도다. 2010년 1.9%에서 3년만에 5배 이상 뛴 것이다.

현대백화점 본점도 2012년 전체 매출의 1% 남짓이었던 중국인 매출이 지난해는 3%로 늘었다. 신세계백화점 본점은 지난해 전체 매출의 5%를 중국인 관광객에게서 벌었다. 올해는 10%까지 비중을 끌어올린다는 전략이다.

엔저 여파로 일본인 관광객이 줄면서 중국인 의존도가 높아진 것도 한 요인이다. 신세계백화점 관계자는 "지난해 백화점 전체 매출이 2% 늘었지만 외국인 매출은 23% 증가했다"며 "중국인 관광객 매출 증가율은 87%에 달해 38% 감소한 일본인 매출과 대조를 이룬다"고 말했다.

중국 마케팅 열풍은 한동안 지속될 전망이다. 업계 한 관계자는 "내국인 매출이 계속 감소하는 추세여서 백화점 업계의 신성장 동력이 절실한 상황"이라며 "장기불황이 내수경기의 바로미터인 백화점 영업 전략까지 바꿔놨다"고 말했다.

자료원: 머니투데이, 2014.01.11. 기사편집

Chapter 12

외국유통산업의 세계화

세계로 뻗어나고 있는 유통업체마다 독특한 마케팅전략을 구사하고 있다. 특히 최근에는 온라인과 오프라인이 제휴하면서 세계 소매시장의 경쟁은 더욱 심화되어 생존을 어렵게 만들고 있다. 특히 최종소비자의 욕구변화에 즉각적으로 대응해야 할 유통산업의 특성때문에 그 나라를 방문하거나 생활하지 않고 시장조사나 사례를 통한 판단은 극히 단편적일 수밖에 없으나, 먼저 대표적으로 세계의 여러 국가에 진출한 사례를 국가 별로 살펴보고 나음으로 전략적 특싱을 살펴보기로 한다.

제1절 세계 유통산업의 국가별 특징

1. 미국 소매업의 변화

사례 12-1

美 유통업체, 덩치 줄여 도심 진출

유통업체들이 새로운 판로를 찾기 위해 도심 진출을 확대하고 있다. 기존 교외 중심의 매장 운영방식에서 벗어나 도시 내 소규모 자영업자들의 반대에도 도심으로 속속 들어서고 있다. 매장 크기를 줄이고 소형 제품을 확대하면서 도심 소비자들을 적극 공략 중이다.

타깃(Target)은 최근 시카고, 로스앤젤레스, 시애틀에 '시티 타깃(City Targets)'을 선보였다. 점포 면적은 일반 교외매장의 절반 수준인 8만~10만㎡. 주로 아파트에 거주하는 도심지역 소비자들을 고려해 소형 제품이 주류를 이뤘다.

예를 들면 화장지의 경우 교외매장에서는 주로 12개들이 세트제품이 판매되는데 도심매장에서는 4개들이 세트 상품이 등장했다. 몰리 스니더 타깃 대변인은 "대중교통 또는 걸어서 매장을 찾는 도시 거주자들이 쇼핑한 제품을 편하게 가져갈 수 있도록 소형 제품을 판매한다"고 말했다.

업계에 따르면 교외지역은 대부분 소비자들이 차량을 가져와서 쇼핑을 하기 때문에 제품과 포장용기에 제약이 적다. 반면 도심 지역 소비자들은 대부분 대중교통을 이용하거나 걸어서 쇼핑하기 때문에 구매한 제품을 쉽게 가져갈 수 있는 소형제품을 선호한다. 도심 매장들은 상점이 많은 도심에서 소비자들이 쉽게 찾을 수 있도록 간판도 눈에 잘 띄도록 디자인한다.

월마트도 그간 도심지역 진출을 타진해왔지만 지역상권의 반발로 무산됐다. 최근에는 이를 무마시키기 위해 다각적인 노력을 펼치고 있다. 월마트는 시카고 매장 개설을 위해 현지 노조단체와 공동으로 매장을 건설키로 합의했다.

또 해당 지역의 정치인, 시민단체들에 적극적인 기부활동도 추진 중이다. 월마트에 따르면 이러한 지역사회 공헌활동 등이 효과를 나타내면서 도심지역 진출 여건도 점점 개선되고 있다. 월마트는 현재 워싱턴, 시카고, 로스앤젤레스 등 대도시 점포 오픈을 추진 중이다.

유통업체들이 도심을 공략하게 된 배경에는 인구증가율 변화도 작용했다. 미국은 그동안 도심지역의 인구 증가율은 정체된 반면 교외지역은 높은 증가세를 보였다. 최근에는 이런 현상이 역전됐다.

미국 통계청과 브루킹스연구소에 따르면 2000~2010년 연평균 인구증가율은 도심지역이 0.4%로 교외지역 1.4%를 밑돌았다. 반면 2010년 7월~2011년 7월 도심지역의 인구증가율은 1.1%로 교외지역 0.9%를 앞질렀다. 이는 최근 도시로 이주하는 젊은 미국인들이 늘어났기 때문으로 분석된다.

자료원: 더바이어, 2012.08.16. 기사편집

1) 아마존닷컴의 대담함과 독창성

아마존의 비즈니스 모델은 대담함과 독창성이다. 수익달성이 회사의 제일 순위가 아니기 때문에 대담할 수 있다. 따라서 다른 리테일 채널에서는 볼 수 없는 독창적인 기회들이 자주 등장한다.

월마트가 세계적으로 가장 큰 오프라인 매장을 세웠다면 아마존은 온라인의 엠파이어 빌딩에 비유할 수 있다. 월마트는 전문적인 물류시스템과 '매일 낮은 가격(Every Day Low Price, EDLP)정책으로 성장했다. 아마존도 나름의 EDLP전략을 쓴다. 소비자들에게 온라인으로 구매할 경우 더욱 저렴하다는 느낌을 갖게 한다.

아마존이 일반 오프라인 매장에 비해서 몇 가지 이점을 가지고 있는 것은 확실하다. 우선 빌딩 및 매장 운영, 재고 유지, 직원채용을 위한 비용이 절감되기 때문이다. 아마존은 최근 배송비용과 맞먹거나 거의 비슷한 가격으로 태블릿 PC인 킨들 파이어(Kindle Fire)를 판매한다. 충성 고객들을 지속적으로 온라인으로 유인하기 위해서 비용을 투자하고 있다.

(1) 모바일에서 보여주고 온라인에서 판매한다

가장 큰 쇼핑 시즌인 지난해 연휴에는 소비자들이 선물 아이템을 스마트폰 가격비교 애플리케이션을 통해 열람하도록 하는 이른바 모바일 '쇼루밍(Showrooming)'을 진행했다. 이렇게 모바일에서 '보여주기(Show)'를 한 후 온라인에서 더 싸게 판매하는 형식을 취했나. 서의 5% 추가 할인을 진행했다. 아마존닷컴의 창시자 제프리 베조스(Jeffrey Bezos)는 “장기적인 관점에서 그 ‘쇼’를 운영하고 있다”고 말한다. 장기적으로 회사의 가치를 높이는 것이 그의 목표다.

(2) 5년 내 아마존 성장률 월마트 압도할 것

칸타 리테일(Kantar Retail)의 전망에 의하면, 아마존 닷컴은 5년 내에 리테일 매출 810억 달러에 이를 것이다. 이에 반해 월마트는 성장이 순조롭지 않으리라는 전망을 내놓았다. 칸타 리테일의 리테일 전문가 앤 지보우스키(Anne Zybowski)는 “월마트는 5년 후 매출이 단지 약 6000만 달러(1년에 약 3%) 증가할 것”이라고 전망했다. 월마트에 비해 아마존의 성장률을 10배 이상 높게 보고 있는 것이다. 아마존은 최근 월마트가 했던 것처럼 낮은 가격으로 넓은 영역의 상품 매대를 재구성했다.

2) 특정 상품보다는 종합적인 머천다이징 강조

AAFES는 미국 육군과 공군을 위한 매점을 운영한다. 운영형태는 거의 모든 형태의 종합 리테일 양식을 포함한다. 월마트나 코스트코처럼 다양하고 일반적인 상품을 제공하는 매장에 전자상거래를 비롯해 연료 스테이션까지 운영한다. 전쟁지역을 포함해 세계 30개국과 다섯 개의 미국 해외영토 및 미국 내의 50개의 모든 주에서 3100개 이상 매장을 운영하고 있다.

※ 본 장은 더바이어, 2012.07.16. ‘세계적 리테일들의 경영이 변하고 있다’ 기사를 편집하였음.

사례 12-2

미국, 배송서비스 품질경쟁 격화

미국 온라인 유통업체들 간 배송서비스 품질경쟁이 격화되는 양상이다. 아마존은 미 우체국(USPS)과 제휴, 일요배송서비스를 시작한다고 밝혔다. 일요배송은 연회비 79달러를 내는 프라임서비스 가입자를 기본으로 35달러 이상 물건을 구매한 고객에도 적용될 예정이다. 이를 위해 아마존은 지난 3년 간

배송서비스 개선을 위해 139억 달러를 투자했다.

이베이는 2014년부터 전 세계 25개 주요도시 고객에 당일배송서비스를 제공키로 했다. 그 동안 샌프란시스코와 뉴욕 고객에만 당일배송을 제공해왔는데 서비스 확대를 위해 최근 영국의 물류업체 슈티(Shuti)를 인수했다.

구글은 자사 당일배송 '구글 쇼핑 익스프레스' 서비스지역을 샌프란시스코 일대에서 확대하기 위한 준비가 한창이다. 월마트는 지난 2012년부터 온라인 구매물품을 근처 매장에서 찾아가는 프리 픽업 서비스(Free Pick-up Service)를 미국 전역에서 제공 중이다. 또 당일배송 서비스지역을 덴버지역까지 확대했다.

자료원: 더바이어, 2013.12.02.

사례 12-3

美 가장 빨리 성장하는 유통망, 달러스토어

달러스토어는 과거 먼지 끼고 비좁은 매장의 이미지가 강해 소비자들의 호감을 얻지 못했지만, 최근 달러스토어들이 뷰티제품을 강화하고 매장을 리모델링하는 등 변화를 시도하면서 매우 빠르게 성장 중이다. 특히, 드럭스토어 시장의 위축과 함께 더 나은 매장을 확보하고, 드럭스토어 출신 CEO를 영입하면서 뷰티제품의 주요 유통망으로 떠오르고 있다.

달러스토어, 최근 빠른 성장세

초저가 제품을 판매하는 달러스토어는 과거 먼지 끼고 비좁은 매장의 이미지가 강했으나 최근 달러스토어 체인들이 변화를 시도하면서 소비자들에게 인기가 상승하여 미국 전역에 위치한 약 3만 개 이상의 달러스토어들이 주요 브랜드 제품의 입점 비율을 높이고, 제품 카테고리를 확대하면서 할인점과 드럭스토어의 입지를 위협하고 있다. Cover Girl, L'Oreal Paris, Sally Hansen 등 유명 브랜드를 입점시켜 뷰티 셀렉션을 개선함으로써 뷰티제품의 주요 유통망으로 거듭났다.

미국 달러스토어, 공격적으로 매장 확대 추세

현재 달러 스토어 Top 3 기업인 Dollar General, Family Dollar, Dollar Tree는 미국에 총 2만1000개의 매장을 보유하고 있고 연매출은 560억 달러 이상이다.

약 1만500개의 매장을 보유한 Dollar General은 올해 635개의 신규 매장을 오픈하고 525개의 매장을 리모델링할 계획인데, 이것은 곧 하루 평균 3개의 매장을 신규 오픈, 리모델링 또는 이전하는 것을 의미하며, Family Dollar은 2013년 안에 500개 신규 매장을 오픈할 예정이다.

Dollar General의 CEO Richard Dreiling은 지난해 말 Dollar General은 앞으로 성장하는 데 유리한 입지에 있다고 언급했으며, 2013년 매출이 10~12% 성장할 것으로 전망하고 있다.

산업 컨설턴트 Allan Mottus은 이같이 성장 전망이 밝은 기업은 드럭스토어 또는 할인점 업계에서도 찾아볼 수 없다고 평가하였다.

경기불황이 많은 소비자들을 달러 스토어로 이끌어왔으나 Hartman Group의 보고서는 할인의 유혹, 좋은 제품을 사냥하는 스릴, 식품과 음료제품의 유입으로 경기회복 이후에도 달러스토어의 성공은 지속될 것으로 보인다고 분석하였다.

자료원: globalwindow, 2013.04.19 기사편집

사례 12-4

오프라인 유통 쇼루밍 족 쫓지 말고 끌어 안아야

오프라인 유통 기업의 도산은 도처에서 일어나고 있다. 이미 2009년에 미국의 2위 전자제품 체인인 Circuit City가 파산하였고, 대형 서점 Borders도 역사의 뒤안길로 사라졌다. 이들의 파산 원인에는 여러 가지가 있겠으나, 중요한 요인 중 하나는 온라인 구매로 빠르게 전환되는 품목을 취급하였다는

것이다. Circuit City는 냉장고, 세탁기 등의 백색 가전은 판매하지 않고 TV와 IT 제품을 주로 판매하였는데 제품 특성상 TV의 온라인 구매율이 냉장고, 세탁기 등의 백색 가전보다 2배 이상 높다.

2011년 미국 시장에서 TV의 온라인 구매율은 약 18%인 반면, 세탁기 냉장고는 약 7%이다. (여기서 온라인은 순수 온라인과 오프라인이 운영하는 온라인 사이트에서 판매된 것을 모두 포함한 것이다) 백색 가전의 경우 도어의 열림, 조작판의 터치 등 사용자의 주관적인 편리성이 중요하여 직접 제품을 만져보고 느껴보는 것이 필요하나 TV는 상대적으로 이런 필요성이 덜 하다. 도서 역시 이미 아마존의 존재로 인해 온라인 구매가 활성화된 품목이고 굳이 실물을 확인할 필요가 없어 온라인으로 구매하는데 리스크가 적다. Circuit City와 Borders는 이러한 시류를 무시하고 뒤늦게 대응하여 온라인에서 존재감을 갖지 못하면서 결국 도태되고 말았다.

1) 쇼루밍의 위협

베인 앤 컴퍼니의 분석에 따르면 한 카테고리에서 온라인 경쟁업체의 매출 점유율이 15~20%에 도달하면 매장을 닫는 위기가 올 수 있는 티핑 포인트가 된다고 한다. 그 예로 Circuit City는 PC 시장의 온라인 매출 비중이 54%일 때 파산하였고, Borders는 책의 온라인 판매 비중이 24%일 때 없어졌으며 Blockbuster는 비디오의 온라인 판매 비중이 17%에 도달했을 때 문을 닫았다.

이런 현상이 발생하는 주요 원인은 온라인 유통업체들이 늘어나면서 온라인 시장이 커지고 있는 점과 오프라인 매장에서 실제 제품을 확인하고 온라인에서 가격 비교를 한 후 가격이 저렴한 온라인 사이트에서 구매하는 소비자들의 쇼루밍(Showrooming) 현상 때문이다. IBM이 올해 전세계 2만 6천명의 소비자를 대상으로 실시한 '2013년 전세계 소비자 쇼핑 행동 분석' 조사에 따르면 쇼루밍 족이 전체 온라인 판매에서 차지하는 비중이 무려 50%에 달하는 것으로 드러났다. 쇼루밍 현상이 증가하는 이유는 스마트 폰, 태블릿 등 모바일 기기 보급이 확산되면서 소비자가 온라인 상에서 쇼핑에 필요한 제품 정보 및 리뷰 탐색 등에 쓰는 시간이 많아졌기 때문이다. 또한 정보 검색이 편리하고 가격 경쟁력에서 우위가 있어 구매가 쉽게 이루어진다. 이렇듯 기술의 발달은 사람들이 소비하는 방식을 바꾸고 있다.

소비자들이 매장 유지비용이 높은 오프라인 매장을 쇼루밍 채널로 활용하는 경향이 늘어나면서 오프라인 유통업체들은 어려움을 겪고 있다. 골치거리인 쇼루밍을 막기 위해 오프라인 업체들은 여러 자구책을 시도하고 있다. 미국의 최대 가전 유통업체인 베스트 바이는 소비자들이 매장에 와서 바코드를 이용하여 제품을 스캔하거나 가격 비교하는 것을 막기 위해 베스트 바이 만(Bestbuy-Only)의 바코드로 바꾸었으나 작년 12억 달러의 적자를 보이며 저조한 성과를 보였다. 호주 브리스 베인의 한 글루텐-프리 전문점은 소비자들이 매장에 방문했을 때 의무적으로 5달러를 청구한 뒤 제품을 구입한 소비자에게만 그 돈을 돌려주는 방법을 사용하기도 하였다. 그러나 쇼루밍을 막기 위한 오프라인 업체들의 대응책은 큰 효과를 보지 못했다. 결국 베스트 바이는 작년 연말에 동일 제품에 대해 다른 온라인이나 오프라인 유통에서 판매되고 있는 더 싼 가격을 소비자가 제시하면 그 가격으로 맞춰 주는 가격 맞춤 정책(Price-match)을 시행하였다.

기술의 발전은 소비자의 쇼핑 행동을 변화시키고 있고 점점 오프라인 쇼핑과 온라인 쇼핑의 구분을 사라지게 하고 있다. 매장에서 제품을 둘러보다 모바일로 가격 검색을 한 후 온라인에서 주문하고 픽업은 매장에서 하는 경우 이를 온라인 쇼핑이라고 할지 오프라인 쇼핑이라고 할지 명확하게 구분하기가 어렵게 되었다.

2) 오프라인 유통, 매장에 온라인을 끌어들이다.

유통 환경의 변화를 감지한 선두 유통업체들은 소비자들이 온라인을 쇼핑 경로의 일부로 활용한다는 점을 받아들이고 이를 자사 채널 전략에 수용하고 있다. 클릭 앤 콜렉트(Click & Collect) 서비스는 온라인에서 주문하고 매장에서 제품을 수령하는 서비스로 오프라인 유통업체가 온라인 경험을 매장에 접목시키는 대표적인 사례이다. 세계 최대 유통업체인 월마트는 자사 온라인 몰에서 주문 후 매장에서 수령하는 'Site to Store'나 주문 당일 매장에서 수령하는 'Pick up Today' 같은 다양한 배송 서비스를 제공하고 있다. 또한 월마트 이용 고객의 대다수인 저소득층 고객을 위한 'Pay with Cash' 서비스도 시행하고 있다. 저소득층은 신용카드 보유 비율이 낮아 온라인에서 결제가 어려운 점을 감안하여 온라인에서 주문을 하고 매장에 와서 현금을 지불하면 그 자리에서 주문 제품을 수령하거나, 택배로 배송해주는 서비스이다.

클릭 앤 콜렉트 서비스는 유통 입장에서는 배송비를 절감할 수 있고, 소비자의 매장 방문을 유도함으로써 매장에서 판매하는 다양한 다른 품목의 소비를 유인하는 기회를 확보할 수 있다. 소비자도 제품 수령 시 실물을 확인할 수 있어 그 자리에서 교환이나 반품이 가능하여 리스크가 적고 즉각적으로 제품을 소유할 수 있는 이점이 있다. 클릭 앤 콜렉트 서비스는 월마트 이외에도 최근 매출 감소로 부진을 겪고 있는 영국 슈퍼마켓 분야 시장 점유율 1위인 테스코의 매출 회복 주요 전략으로 활용되고 있고, 국내 대형 유통업체에서도 활용하고 있다.

앞의 사례처럼 오프라인의 가장 큰 장점인 매장이라는 물리적인 자산을 활용하는 방안 뿐 아니라 매장 내에서 온라인 쇼핑 행동을 적극적으로 지원하는 사례도 있다. 미국의 메이시스(Macy's) 백화점은 화장품의 경우 소비자의 사용 후기 등이 중요해 온라인에서 정보 탐색이 사전에 많이 이루어지는 것을 감안하여 매장 내 뷰티 스팟(Beauty Spot)이라는 대형 키오스크를 설치하였다. 매장 한복판에 설치되어 있는 키오스크에서 온라인에서 하듯 신상품, 시즌 특별 제품 등 제품 정보뿐 아니라 사용 후기를 검색해 볼 수 있고, 원하는 제품을 쇼핑 리스트에 저장할 수도 있으며 쇼핑 리스트를 프린트하여 매장 직원에게 보여주면 구매도 가능하다. 매장 방문 전에 정보 검색을 미처 하지 못했거나 매장 내에서 작은 모바일 기기로 검색해야 하는 불편을 덜어주고 구매에 필요한 여러 단계를 매장 내에서 한꺼번에 해결해 줌으로써 만족스러운 쇼핑 경험을 제공하고 있다.

이처럼 메이시스백화점은 소비자가 제품 구매에 필요한 모든 단계를 한 곳에서 해결할 수 있도록 온・오프라인 융합 경험을 제공함으로써 소비자 경험을 극대화하고 있다.

3) 다수 채널을 유기적으로 결합한 옴니채널 시대

최근 유통업계에서는 옴니(Omni)채널이라는 개념이 화두이다. 옴니 채널이란 여러 개의(Multi) 채널을 전체(Omni) 채널 관점으로 바라보고, 각 채널을 유기적으로 결합하여 소비자에게 일관성 있는 경험을 끊김없이(Seamless) 제공하는 것을 의미한다. 즉 오프라인 매장, 온라인 사이트, 카탈로그 등 단순히 여러 개의 채널을 운영하는 것을 넘어 각 채널을 통합적으로 관리함으로써 일관된 고객 경험을 제공하는 것이다.

(1) 윌리엄 소노마: 매장 경험을 온라인 구매로

미국 전역에 230여개의 매장이 있는 주방 용품 전문 유통업체인 윌리엄 소노마(Willams Sonoma)는 옴니 채널 전략을 성공적으로 실행하고 있는 대표적인 사례이다. 윌리엄 소노마는 각 채널들의 역할을 명확히 하고 채널간의 시너지를 통해 매출을 극대화하고 있다. 예를 들어 카탈로그는 신제품 소개 등을 통해 고객의 구매 동기를 자극하는 역할을 하고, 매장은 쿠킹 클래스, 테이블 세팅 시연 등 각종 이벤트를 통해 제품 전시 뿐 아니라 체험도 가능하게 하여 쇼룸 및 브랜드 경험을 가능하게 하는 광고판 역할을 한다. 온라인은 구매(Transaction) 창구 역할을 담당하는데 훌륭한 매장 경험으로 온라인으로 구매해도 리스크가 적기 때문이다. 윌리엄 소노마의 2012년 Annual Report에 따르면 매출의 46%가 소비자에게 직접 판매하는 방식(Direct to Custumer)에서 발생하였고 이 중 대부분이 온라인 웹사이트에서 이루어졌다고 한다. 윌리엄 소노마의 CEO인 로라 알버(Laura Alber)는 "우리 고객들이 자사의 여러 채널들 중 최종 구매를 어디서 하느냐는 우리에게 그리 중요하지 않다. 우리가 중요하게 생각하는 것은 그들의 매끄러운 브랜드 체험(Seamless experience)이다"라고 언급하며 옴니 채널 전략을 강화하고 있다. 이에 힘입어 윌리엄 소노마는 지난 해 약 40억 달러의 매출을 기록하며 매년 10%씩 성장하고 있다.

(2) 메이시스: 오프라인 매장이 온라인 물류센터

미국의 메이시스(Macy's) 백화점 역시 '가장 앞서가는 옴니 채널 유통업체'를 기업의 비전으로 변경하고 올해 1월 유통업계 최초로 Chief Omnichannel Officer라는 새로운 직함의 임원을 임명하는 등 옴니 채널 전략에 적극적 행보를 보이고 있다. Chief Omnichannel Officer는 메이시스가 운영하고 있는 매장, 웹, 모바일 등 여러 채널들이 잘 융합될 수 있도록 코디네이팅을 담당한다.

옴니 채널 전략에 기반해 메이시스는 여러 가지 채널을 융합한 다양한 서비스를 실행하고 있다. 매장에 재고가 없는 품목을 그 자리에서 자사 온라인몰에서 주문할 수 있게 'Search and Send' 프로그램을 운영하고 있고, 온라인 주문의 보다 빠른 배송을 위해 오프라인 매장을 온라인 몰의 물류 센터로 활용하고 있다. 현재 물류 센터로 활용되는 백화점은 260여개 지점이며 2013년 말까지 500개 지점으로 확대할 예정이다. 또한 옴니 채널 마인드를 갖도록 직원 트레이닝을 실시하고 있고 올해부터 실적 발표 시 더 이상 온라인 채널 성과를 따로 구분하지 않겠다고 밝혔다. 오프라인과 온라인의 경계가 허물어지고 있는 시대에 더 이상 채널의 구분은 무의미하다고 판단하기 때문이다.

(3) 월마트 랩: 차세대 쇼핑 서비스 개발의 선봉

오프라인 최대의 유통 공룡인 월마트도 해당 지역에서 발생한 온라인 매출을 오프라인 매장의 실적과 동일하게 인정하는 등 채널 융합에 박차를 가하고 있다. 월마트는 2011년 온・오프라인 시너지 전략을 총괄하는 기술 연구 허브인 월마트랩(@WalmartLabs)을 만들었다. 월마트랩에서는 매장, 온라인, 모바일을 결합하여 소비자들이 언제, 어디서나 그들이 원하는 방식으로 쇼핑할 수 있는 차세대 쇼핑 서비스를 개발하고 있다. 월마트 랩이 개발한 시맨틱(Semantic) 검색 엔진인 폴라리스(Polaris)는 고객이 입력한 단어와 연관된 제품을 찾아주는 것 뿐만 아니라 사용자의 SNS계정을 통해 사용자의 관심과 흥미를 끌만한 결과를 제공하면서 구매를 유도한다. 월마트에 따르면, 지난 몇 개월 동안 새로운 검색 엔진을 탑재한 웹 사이트 월마트닷컴(Walmart.com)에서 폴라리스로 제품을 검색한 후 구매한 사용자가 약 10~15% 증가한 것으로 나타났다. 또한 오프라인 매장에서 활용할 수 있는 월마트 앱을 만들어 매장에 들어선 소비자가 모바일 기기를 활용하여 상품 위치 및 재고 검색부터 실시간 계산, 쿠폰 등을 제공하여 매장 내 소비자 쇼핑 경험을 제고시키고 있다. 월마트는 온라인 역량을 강화시키기 위해 오픈 이후에도 실리콘 밸리의 앞선 기술 스타트업 업체를 공격적으로 인수하고 있다. 올해 7월에는 온라인 최적화 기술을 보유하고 있는 스타트업 업체인 Torbit을 인수하여 모바일, 태블릿, 데스크 탑 등 어떤 기기에서도 월마트 사이트를 좀 더 빠르게 최적화된 상태로 이용할 수 있는 기술을 보완하였다. 이러한 류의 Tech Lab에 수백만 달러를 투자하는 것이 최근 유통업계 트렌드인데 타겟, 스테이플스, 홈디포 등 미국 유수의 유통업체들이 Tech Lab을 보유하고 있다.

4) 소비자는 최고의 쇼핑 경험을 원한다

유통 산업은 크게 50년마다 큰 변화가 온다고 한다. 1860년대에 대도시의 성장과 철도 네트워크의 부상으로 현대적인 백화점이 만들어졌고, 1910년대에는 자동차가 대량 생산되면서 쇼핑 몰이 새로 형성된 도시 외곽에 점점이 생기면서 도시 기반의 백화점을 위협하였다. 그 뒤로 50년쯤 후인 1960년대에는 월마트, K-mart 등 대형 할인점이 진출했고, 2010년대에는 IT 기술에 의한 온라인 유통이 부상하고 있다. IT 기술에 의한 온라인 유통의 등장은 소비자들이 물건을 사기 위해 매장을 방문하는 기본 원칙조차 사라지게 만든 큰 변화로 지금까지의 앞선 몇 가지 변화들보다 더 강력하게 유통 시장의 패러다임을 바꿀 것으로 전망된다.

기술이 소비 방식을 바꾸고 있다. 기술은 소비자의 기대와 행동을 변화시키고 있고 유통업체들의 운영 방식 변화를 요구하고 있다. 전미 소매업 연합회(National Retail Federation)와 KPMG가 수행한 연구에 따르면 2012년 기준으로 유통업체의 45%는 그들의 온라인 존재감을 그들의 비즈니스 채널에 통합하기 위해 작업하고 있다고 밝혔다. 유통업체들이 온라인으로 제품 정보를 탐색하고 가격을 비교하는 소비자의 행동에 반응하고 이를 수용하는 것이다.

소비자는 온라인인지 오프라인인지가 중요한 것이 아니고 자신에게 최고의 쇼핑 경험을 제공하는 유통 업체를 선택할 뿐이다. 소비자는 원하는 제품을 원하는 시간에 원하는 장소에서 원하는 방식으로 구매하기를 바란다. 온라인 검색을 막기 위해 바코드를 변경한 베스트바이나 구매없이 매장을 나가는 고객에게 5달러를 청구하는 호주의 글루텐 프리 전문점처럼 소비자를 불편하게 하면 선택받지 못한다. 쇼루밍은 이미 소비자에게 자연스러운 쇼핑 단계로 자리잡았다. 오프라인 기반의 유통업체는 이를 거부하지 말고 수용함으로써 변화하는 시대에 생존할 수 있고 경쟁 우위를 가질 수 있는 기회로 삼아야 할 것이다.

자료원: LG경제연구원, 2013.11.28 기사편집

2. 중국 소매업의 변화

중국의 유통산업은 도시와 지방의 차가 심하다. 주요 도시의 유통산업은 포화상태이지만, 지방의 유통산업은 매우 열악하다. 이미 중국에 진출한 이마트 등 유통업체는 중국정부 유통 정책을 숙지하고 당장의 시장성에만 주목할 것이 아니라 잠재력을 가진 도시 주변지역 및 지방도시에 관심을 기울일 필요가 있다. 중국은 성마다 선호하는 상품 종류와 브랜드가 달라 지역별 특색에 맞는 상품 진열이 중요하므로 현지화의 중요성을 사례를 통해 알아보도록 한다.

사례 12-5

중국 유통시장 변화… 외국 대형마트 지고 중국 '슈퍼마켓' 뜬다

중국에서 대형 마트가 잇따라 폐점하는 반면 중소형 슈퍼마켓과 편의점이 우후죽순 생겨나는 등 소매 시장에 변화의 바람이 불고 있다.

최근 중국망(中國網)을 비롯한 중국 언론들은 월마트, 까르푸 등 상당수의 대형 마트가 중국 곳곳에서 폐점하고 있는 반면, 바이자(百佳), 융왕(永旺), 화룬완자(華潤萬家) 등 중소형 슈퍼마켓이 빠른 속도로 점포를 확장해 나가고 있다며 이같이 보도했다.

지난 2010년부터 현재까지 외자 소매 업체로는 처음으로 중국 시장에 진출한 까프루가 연이어 매장 6곳을 폐점했다고 중국 언론은 전했다.

1) 월마트 지고 동네 슈퍼 뜬나

업계 관계자들은 대형 마트가 쇄락한 주 요인으로 치솟는 임대료와 인터넷 전자상거래의 빠른 성장을 꼽고 있다.

얼마 전 세계적인 유통 업체인 영국 테스코(Tesco)가 상하이 전닝루(鎮寧路)에 소재한 매장을 폐점했는데, 이 역시 10년 전 보다 2배 이상 비싸진 건물 임대료를 감당하기 어려웠기 때문인 것으로 전해졌다. 3000평방미터(m^2)에 달하는 이 매장의 연간 임대료는 10년 전 52만 위안(약 9500만원)에서 현재 174만 위안(약 3억1800만원)으로 크게 오른데다, 10년치 임대료를 한꺼번에 지불해야 하는 탓에 부담이 큰 것으로 알려졌다. 뿐 만 아니라 최근 공개된 올 2분기 영업 실적보고에 따르면 월마트도 화룬 등 중소형 슈퍼마켓에 밀려 중국 시장점유율이 3위로 내려 앉았다.

중국 로컬 대형 마트인 스지롄화(世紀聯華)의 중국 화북지역 부총경리 허샹양(何向陽)은 “현재 중국의 임대료 수준을 감안하면 시 중심가 상권에는 대형 마트가 들어설 자리가 없다”며 “향후 대형 마트는 도시와 농촌의 중간 지점에 설립될 것”이라고 말했다. 아울러 대형 마트 영업 비중에서 50%를 차지하는 의류, 전자 등 백화점류 관련 상품 매출이 인터넷 전자상거래 발달로 눈에 띄게 감소한 것도 대형 마트 영업 실적 부진 요인 중 하나로 지목됐다.

최근들어 유니클로, 에이치앤엠(H&M) 등 글로벌 SPA(제조 · 유통 일괄형) 브랜드들이 폭발적 성장세를 보인 것과 더불어, 타오바오(淘寶), 징둥상청(京東商城) 등 온라인 쇼핑몰 성장세가 두드러짐에 따라 백화점, 대형 마트들이 적지 않은 시장 점유율을 내줬기 때문이다. 한 업계 관계자는 “지난 2년간 인터넷 전자상거래가 무서운 성장세를 구가하면서 쇼핑센터, 대형 마트 등 오프라인 매장에 직접적인 타격을 주었다”며 “이에 반해 중소형 슈퍼마켓이나 편의점이 받는 타격은 그리 크지 않았다”고 말했다.

주요 유통업체 중국 시장점유율

업체명	2012년 2분기	2013년 2분기
가오신소매(高鑫零售)	7.5%	8.4%
화룬완자(華潤萬家)	6.7%	6.8%
월마트	6.8%	6.7%
까르푸	4.9%	4.9%
바이롄(百聯)	4.5%	4.3%
융후이(永輝)	2.0%	2.1%
테스코	2.1%	2.0%

출처: 시장조사기관 칸타월드패널(Kantar Worldpanel)

이 관계자는 “중소형 슈퍼마켓이나 편의점의 경우 신선 식품의 유통 기간에 관한 요구 조건이 까다로워 이는 온라인 쇼핑몰이 진출하기에는 어려운 분야”라며 그 이유를 설명했다.

업계 전문가들은 “현재 소매 업계에서 세븐일레븐과 같은 편의점이 가장 높은 수익을 올리고 있다”며, 신선 식품류와 일상 용품을 주로 판매하는 동네형 슈퍼마켓이 향후 중국 유통 업계의 새로운 추세가 될 것으로 내다봤다.

실제로 업계 관계자에 따르면 근 2년 새 까르푸 등 대형 마트들이 잇따라 편의점 사업에 뛰어든 것으로 알려졌다. 아직은 이들 대형 마트의 편의점 확장은 미미한 수준이나 향후 트렌드가 될 가능성이 크다는 게 대다수 업계 전문가들의 전망이다.

2) 글로벌 유통 공룡 테스코, 현지 업체와 협력에 사활 걸다

이처럼 세계적인 유통 기업들이 중국 시장에서 영업 부진으로 고심하고 있는 가운데, 테스코가 최근 중국 소매 시장 점유율 2위 업체인 화룬(華潤)과 제휴 협약을 체결해 업계의 관심이 쏠리고 있다. 관련 보도에 따르면 이들 업체는 제휴 협약에 따라 공동으로 대형 마트와 일반 슈퍼마켓을 운영키로 하고, 화룬과 테스코가 각각 합자회사 지분의 80%, 20%를 나눠 가지기로 한 것으로 전해졌다.

이에 중국 언론들은 테스코가 월마트나 까르푸와 달리 한국에서 삼성과 손잡고 살아남은 것처럼, 중국에서도 로컬 업체인 화룬과 협력을 통해 살길을 모색하고 있다고 보도했다. 테스코도 여느 유통 업체와 마찬가지로 중국 시장에서 날로 치솟는 임대료와 온라인 쇼핑몰 성장에 고전하고 있는 것으로 알려졌다.

테스코의 한 관계자는 "젊은 세대들이 온라인 쇼핑몰을 주로 이용하면서 매장의 주 고객이 중장년층에 집중되어 있다"며 "이들은 가격 변화에 매우 민감해 가격치를 이용한 수익률 확대를 기대하기 어려워 마트내 점포 입점료 등 부수적인 수입에 의존하고 있다"고 토로했다. 테스코측은 화룬과 합자 회사 설립 후 정식 운영에 돌입하면, 향후 매출이 100억 파운드(약 17조5500억 원) 가량 늘어나 중국에서 매출 규모가 가장 큰 유통 합자기업이 될 것으로 기대하고 있다.

상하이 경영대학원의 저우융(周勇) 교수는 "중국 소매 업계가 전반적으로 침체된 가운데 많은 기업들이 인수합병(M&A) 기회를 모색하고 있다"며 "테스코와 화룬의 협력 사례는 향후 중국 소매 업계 합종연횡의 벤치마킹 모델이 될 것"이라고 역설했다.

한편 테스코와 화룬은 M&A 후 화룬이 보유한 중국 본토 및 홍콩에 소재한 2986개의 지점과 테스코가 중국 본토에 소유한 131개 지점과 쇼핑센터를 공동 운영하게 된다고 중국 언론은 전했다.

3) 중국 유통업계 '합종연횡' 가열화

현재 전반적으로 침체에 시달리고 있는 중국 유통업계에 M&A를 통한 합종연횡이 활발히 전개되고 있다.

특히 최근 중화권 최고 갑부인 리자청(李嘉誠,리카싱)이 홍콩계 슈퍼마켓 체인인 바이자(百佳) 매각에 나서자 중국 본토의 화룽과 융왕을 비롯한 태국의 정다(正大)그룹 등 대형 유통 기업과 TPG, KKR 등 사모펀드까지 인수에 열을 뛰어들어 관심이 집중되고 있다. 얼마전엔 중국 유통업계 점유율 1위를 달리고 있는 가오신소매(高鑫零售 Sun Art Retail Group Ltd.) 마저도 바이자 인수 대열에 합류한 것으로 전해졌다.

중국 유통업계 전문가인 후춘차이(胡春才)는 "바이자 슈퍼는 향후 유통 업계의 트렌드인 동네형 슈퍼마켓 운영을 주력 사업으로 하고 있어 유통 업계와 투자자들의 각광을 받고 있다"고 설명했다.

중국 언론에 따르면 그 동안 화룬이 바이자를 인수할 가능성이 크다는 소문이 무성했지만, 화룬이 최근 테스코와 합자 회사 설립 계약을 체결하면서 바이자에 대한 투자 의향이 다소 떨어진 것으로 전해졌다.

반면 중국 유통 업계 1위 가오신소매가 이번 바이자 인수에 뛰어든 것은 화룬과 테스코의 합자 회사 설립에 대응하기 위해서란게 시장 전문가들의 분석이다.

하지만 일부 전문가들은 홍콩 슈퍼마켓 업계가 이미 포화 상태인데다 성장성도 높지 않아, 유통 기업들이 바이자 인수에 적극적으로 나서지 않을 것이란 분석도 제기했다.

아울러 일부 사모펀드가 바이자 인수에 관심을 보이고 있는데 대해 전문가들은 "실리 추구가 목적인 사모펀드에 바이자 슈퍼마켓이 넘어갈 경우 장기적인 기업 발전 측면에서는 도움이 되지 않는다"며 다소 부정적인 입장을 드러냈다.

자료원: 뉴스핌, 2013.08.20. 기사편집

사례 12-6

외국계 유통기업 중국 영업 분석

외자유통체인 철수 잇달아

2011년 2월 미국계 디지털, 가전 유통체인 베스트바이가 중국시장에서 철수한 데 이어 2012년 9월 미국계 건자재 체인기업 홈데포(家得寶)도 중국매장을 철수하기로 하였다. 외국계 유통체인이 최근 실적 부진을 겪고 있으며 매장확대 속도도 둔화되고 있다. 외국계 유통체인들은 구매시스템, 공급업체, 공급체인 관리, 매출전략, 온라인분야 등 다방면에 걸쳐 도전에 직면하고 있으며, 최근 몇 년간 외국계 유통체인이 가격 사기, 문제 해결에 대한 성의 없는 태도, 공급상 착취에 휘말리면서 불리한 위치에 처하였다.

〈중국 투자 외국계 유통체인〉

순위	기업명	본사 소재지	2011년 매출액 (만 위안)	점포 수
1	캉청(康城)투자(중국)유한공사(따룬파(大潤發))	타이완	6,156,700*	185
2	까르푸(중국)관리자문서비스유한공사	프랑스	4,519,581	203
3	월마트(중국)투자유한공사	미국	4,300,000*	271
4	장쑤우싱(江蘇五星)가전유한공사(베스트바이)	미국	2,748,330	279
5	테스코(TESCO)	영국	1,800,000*	121
6	롯데마트	한국	1,541,077	75
7	진장메트로현금매매유한공사(錦江麥德龍現購自運有限公司)	독일	1,380,000*	54
8	오샹(중국) 투자유한공사	프랑스	1,269,626	45
9	로터스(易蜂蓮花)	태국	1,001,900	52
10	이토 요카도(伊藤洋華堂)	일본	748,588	13

주: *는 추산치임. 자료원: 중국연쇄경영협회

자료원: globalwindow, 2013.02.12 기사편집

3. 일본 소매업의 변화

일본의 유통은 권역별로 나누어져, 장기거래를 통해 지역유통업자들이 장악을 하고 있는 상태이며 대기업 도매상에서 중간도매상이 연결되어있는 등 여러 단계로 구성되어 있다. 또한 일본은 지형적으로 남북으로 길어 지역별 소비성향이 다르고, 배타적인 성격이 강해 유통의 신규진입이 어렵다고 할 수 있다.

일본의 대형 유통업체들은 매출 부진을 만회하기 위해 대대적인 가격인하 행사를 벌이고 있는 중이며, 지금까지 점포확대를 해왔던 편의점 업계도 인터넷쇼핑몰과 모바일쇼핑으로 인한 성장률저하의 대응책으로 인터넷업체와 제휴전략을 할 뿐 만 아니라 해외시장진출에 더 박차를 가하고 있다. 사례를 통해 알아보도록 한다.

사례 12-7

일본 편의점 업체들의 해외 진출에 가속도가 붙고 있다.

애초 편의점은 일본 기업들이 미국으로부터 배운 업종이다. 하지만 이제 편의점은 일본 브랜드가 세계적으로 가장 인기가 높을 정도로 세계 소매업 시장을 장악해 나가고 있다. 이러다 보니 일본의 편의점은 내수산업이 아닌 해외에서 달러를 벌어들이는 '수출산업'이라는 평까지 나온다.

근거는 점포 수. 일본의 대표적인 편의점은 세븐일레븐, 로손, 훼미리마트, 미니스톱 등 4개다. 4개사의 지난해 말 기준 해외 점포 수는 16개국의 총 4만4600개다. 이 중 80%는 중국, 한국, 베트남 등 아시아 지역에 있다. 올해 신규 출점 수에서 폐점 수를 뺀 순증 계획은 약 5800~6300개로 총 점포 수가 올해 말에는 5만개를 넘어선다는 계산이다. 반면 일본 내 점포 수는 지난해 말 4만8000점으로, 정체된 경제성장을 감안할 때 추가 확대가 여의치 않은 상황이다. 올해 말에는 많아야 5만개 전후가 될 전망이다.

1) 업체별로도 올 경영계획은 해외 사업 확대에 방점이 찍혀 있다.

이미 세계적으로 3만1000여개의 점포를 가진 세븐일레븐은 올해 10% 안팎인 2750~3250개의 점포를 늘릴 계획이다. 훼미리마트는 2000개 확대 계획을 수립하고 인도네시아와 필리핀을 집중 공략한다는 방침이다. 로손도 중국을 중심으로 500개 확대 계획을 마련했고 미얀마와 인도에도 파트너 후보기업과 협상을 진행 중이다. 미니스톱은 올해 안에 카자흐스탄 진출을 추진하고 있다.

이처럼 일본의 편의점들이 아시아 시장 공략을 강화하는 것은 젊은 층이 급증하고 있는 데다 이들에게 편의점은 하나의 문화공간으로 자리 잡고 있기 때문이다.

이미 베트남에서 편의점은 중고생이나 젊은 층이 주먹밥이나 컵라면을 먹으며 수다를 즐기는 공간으로 정착돼 가고 있다. 퇴근길에 간단한 요깃거리를 사서 집에서 혼자 식사를 즐기는 젊은 층도 크게 늘어나고 있다. 일본식 편의점 문화다. 아베 노부유키 미니스톱 사장은 “아시아 지역의 기존 노점상에 비해 좀 더 깨끗하고 위생적인 편의점이 새로운 식생활문화로 자리 잡고 있다”고 설명했다.

원조 격인 미국에 비해 일본 편의점이 강세를 보이는 이유는 치밀한 물류와 판매전략 때문이다. 세븐일레븐은 식품류의 경우 냉장, 냉동 등 4개의 온도범위를 설정해 놓고 제품에 가장 적합한 온도상태로 배달을 한다. 실시간 판매관리를 통해 히트상품을 수시로 선별해내며 집중 공급하는 시스템도 갖췄다. 유명 거리에는 점포를 밀집시켜 상권을 장악하는 전략도 사용한다.

2) 현지 규제로 수익성은 낮아

물론 아직 해결과제도 많이 남아 있다. 무엇보다 현지의 법적, 제도적 장벽이 걸림돌이다. 외자 기업의 출자 규제와 당국의 허가 등을 말끔히 처리하기 위해서는 현지의 유력한 파트너를 물색해야 한다. 주요 시장에선 일본계 편의점들이 서로 현지 유통업체들을 파트너로 삼기 위해 다투며 오히려 제 살 깎아먹기 식 경쟁이 벌어지고 있다. 식품 생산과 물류를 현지 업체에 맡겨야 하는데 제조, 품질관리, 배송 등에서 일본 현지와는 큰 차이점이 노출되기도 한다.

사정이 이렇다 보니 해외 진출을 강화하고는 있지만 아직 본격적인 수익회수 단계에 진입하지는 못하고 있는 상황이다. 세븐일레븐의 모기업인 세븐앤아이의 스즈키 도시후미 회장은 “해외 편의점 사업은 상품개발, 직원교육, 물류효율화 등 지역 특화작업에 시간이 걸리고 있다”며 “수익성만 놓고 보면 국내에 비해 열악한 수준”이라고 설명했다.

실제 니혼게이자이신문에 따르면 훼미리마트, 미니스톱의 경우 해외 부문이익 기여도는 10% 안팎에 그친다. 로손의 경우 해외 사업 흑자 목표를 5년 후로 잡았다. 니이나미 타케시 로손 사장은 "해외에서도 저렴한 자체 브랜드 상품을 개발하는 등 해외를 통해 편의점의 제2 전성기를 꾸려갈 계획"이라고 말했다.

매경이코노미 2012.05.29. 기사편집

사례 12-8

이세탄百, 日 20년 소비불황 극복 비결은? …최고급 상품 앞세워 상위 5% 고객 잡았다

백화점 미래 '패션 뮤지엄'…문화욕구도 충족시켜야
한국 '쇼핑+엔터' 매력적…신세계百 SSG보고 놀라

"불황이 지속되자 경쟁업체들은 가격을 낮췄지만 저는 생각이 달랐어요. 제품과 매장의 고급화를 추진해 고소득층을 집중 공략했죠."

1) 일본의 최대 백화점인 이세탄미쓰코시의 오니시 히로시 사장은 24일 터키 이스탄불에서 한국경제신문과 인터뷰를 하고 "고급화야말로 20년 장기불황을 극복하는 열쇠인 동시에 온라인 등 다양한 유통채널이 함께 존재하는 새로운 환경에서 성장할 수 있는 핵심적 가치"라고 말했다. 오니시 사장은 지난 23일부터 25일까지 열리는 아시아·태평양 소매업자대회에 참석하기 위해 이스탄불을 방문했다.

그는 "정부의 돈풀기식 경기부양에 힘입어 일본 백화점의 실적이 전반적으로 개선되고 있지만 이세탄미쓰코시의 호조세가 더 두드러지는 이유는 그동안 지속적으로 대중화가 아닌 고급화에 주력한 덕분"이라고 설명했다. 일본 백화점 전체로 지난 상반기 매출은 작년 같은 기간보다 2.3% 늘어난 3조20억엔을 기록했다. 이세탄 미쓰코시의 매출 신장률은 4.4%로 다른 백화점을 크게 앞선다.

2) 오니시 사장은 "2000년대에 들어서면서 장기 불황 속에서 성장동력을 찾기 위한 작업이 시작됐고 그것은 고객이 누구인가에 대한 정의를 다시 내리는 것에서 출발했다"며 "다중의 소비자가 아닌 소득수준 상위 5%의 고객이 매출을 좌우한다는 결론을 내리고 경영전략을 완전히 다시 짰다"고 말했다. 특히 이세탄과 미쓰코시백화점이 통합한 2008년부터 본격화한 고급화 전략은 글로벌 금융위기와 동일본지진으로 일부 차질이 나타나기도 했지만 일관되게 추진됐다. 그는 "상품 개발과 매장구성의 개념을 바꿔 매장을 단순히 물건을 파는 곳이 아니라 문화를 즐기는 곳으로 전환시키는 데 주력했다"고 설명했다.

3) 오니시 사장은 "지난 3월 내부 단장을 마치고 재개점한 신주쿠 본점은 고객이 고급스러운 문화적 욕구를 충족할 수 있는 장소라는 점에서 이세탄 미쓰코시의 전략이 가장 잘 드러난 곳"이라고 소개했다. 이세탄백화점의 신주쿠 본점은 단일 점포로는 전 세계 백화점 중 매출 규모가 가장 큰 곳으로 유명하다. 작년 2월 오니시 사장이 취임한 뒤 공간패션과 예술을 결합한 '패션 뮤지엄'으로 재탄생한다는 목표 아래 일본의 유명 건축가인 단게 노리다카와 디자이너 모리타 야스미치 등이 리모델링에 참여했다. 총 100억 엔을 투입해 새로 선보인 매장의 특징은 상품판매 면적이 10% 이상 줄어들었다는 것. 대신 층마나 바 형태의 휴식공간이 들어서고 화장을 고치거나 음료를 마실 수 있는 고객편의시설이 늘어났다. 미술품 등을 전시하는 공간도 만들어졌다. 그는 "백화점은 하루 종일 머물면서 즐길 수 있는 곳이어야 한다"며 "결국 쇼핑은 물론 문화적, 오락적 욕구를 충족시키는 '복합생활공간'으로 진화하지 못하면 살아남기 어려울 것"이라고 말했다.

오니시 사장은 "한국의 백화점은 쇼핑과 엔터테인먼트를 결합한 복합 서비스를 제공해 경쟁력이 매우 높다"고 평가했다. 또 "신세계백화점의 고급 식품 전문관인 SSG푸드마켓에 가 보고 깜짝 놀랐다"며 "상류층 고객에 초점을 맞추고 있다는 점이 뚜렷하게 보였다"고 말했다.

자료원: 한국경제, 2013.09.25. 기사편집

4. 기타 국가의 소매업 변화

1) 베트남 소매업의 변화

2007년 세계무역기구(WTO)에 가입승인을 받으면서 유통시장의 단계적 개방을 추진한 후 2009년 1월 1일부터 유통 및 프랜차이즈 시장에 대해 100% 외국인에게 시장을 개방하게 됨으로써 현대적 소매분야가 빠르게 확장하고 있지만 전통적인분야가 계속해서 유통시스템을 지배하고 있다. 대형 소매업체들이 최신의 기술, 장비와 자금력을 활용하면서 도심 유통 시스템의 중심부로 들어오고 있으며 한국의 대형 유통체인 롯데마트는 2013년 10월에 5호점까지 개장하였으며, 신세계 이마트가 2014년 상반기에 1호점을 개장할 예정이다.

사례 12-9

베트남 소비자, 판촉상품으로 낚아라

구매력 하락으로 할인판매, 덤, 쿠폰 등 적극 활용해야

베트남에서는 판촉행사가 소비자의 구매의욕을 자극하는 가장 중요한 마케팅 수단이며 실제 베트남인들은 아시아에서 판촉상품을 가장 많이 찾는 소비자인 것으로 나타났다.

1) 시장조사기관인 닐슨의 보고서에 따르면 베트남 소비자들은 다른 아시아 지역 소비자에 비해 가격에 더 민감하며 판촉상품을 적극 찾아다니고 있다.

조사 결과 이들의 87%(아시아 평균 68%)가 판촉행사 상품을 적극 구매하는 경향이 있으며 56%(아시아 38%)는 쇼핑에 앞서 판촉행사 유무를 파악하고 50%는 유사한 브랜드가 더 유리한 조건의 판촉행사를 할 경우 이용하던 브랜드를 바꾼 경험이 있었다.

이처럼 베트남 소비자가 판촉행사에 주목하는 것은 생필품 물가가 크게 오른 데다 구매력 하락으로 상품의 실제 가치에 대한 관심이 높기 때문이다.

2) 베트남 소비자들이 선호하는 판촉수단은 상품 할인판매, 제품 2~3개를 사면 1개 더 주기, 슈퍼마켓 쿠폰 등으로 나타났다. 반면 누적 포인트, 즉석복권, 행운권 추첨 같은 복잡한 판촉수단은 포인트를 쌓는 데 시간이 많이 걸리고 당첨 가능성이 낮아 과거만큼 소비자들을 끌어들이지 못하고 있다.

지역별로는 경제 중심지인 호찌민인들은 2~3개를 사면 1개를 더 주는 판촉 유형을 선호하는 반면 수도인 하노이 지역은 1개를 더 사면 다른 상품을 할인해 주는 것을 더 좋아했다. 호찌민 소비자들이 많은 양의 제품을 한꺼번에 구입하는데 익숙한 반면 하노이 사람들은 지갑을 여는 데 상대적으로 인색해 가격이 직접적으로 내려가야 구매에 나서는 성향이 강하다. 또한 가격인하를 선호하는 하노이 지역 소비자들은 품질과 애프터서비스(AS)를 중시하는 반면 호찌민 사람들은 다양한 판촉행사를 비교하면서 제품 특성에 부합하는 판촉상품을 선호했다.

3) 판촉행사에 사용되는 경품 중 고급 경품으로는 오토바이, 자동차, 해외여행, 금 등이 많았다. 중간 수준 경품으로는 저가의 가정용품, 슈퍼마켓 쿠폰, 액세서리, 향수류가 선호되고 일반 경품으로는 주방용품, 의류, 증정품, 덤으로 하나 더 주는 상품 등이 인기였다.

한편 코트라 호찌민 무역관이 시내 슈퍼마켓 관계자를 대상으로 인터뷰를 한 결과 베트남에서 선호되는 판촉행사 유형은 가격인하이며 증정품은 소비자의 수요에 직합하지 않거나 필요 없는 물건일 수 있어 마케팅에 별 도움이 되지 않는 것으로 나타났다. 또 판촉행사 상품은 세제, 샴푸 등 생활용품이 많았다.

자료원: 주간무역, 2013.05.31. 기사편집

2) 러시아 소매업의 변화

러시아는 대형 유통업체가 소매시장을 주도하고 있는 반면 재래시장의 비중이 급격히 감소하고 있는 추세다. 대형 유통업체들은 러시아 주요도시에서 지방의 대도시로 점포망을 확대해 가고 있다. 외국계 업체들이 대형점포위주, 러시아 유통업체는 중소형 점포 위주로 시장을 주도하고 있다.

사례 12-10

월마트도 못한 기적을 이룬 유통업체

광활한 영토 탓에 매장관리가 어렵고 인구 밀도가 낮은 러시아는 유통산업을 하기 만만치 않은 곳이다. 세계 최대 소매업체 월마트가 지난 2008년 러시아에 단 한 곳의 매장을 연 후 2년 만에 철수하는 수업료를 냈을 정도다.

영국 경제주간지 이코노미스트는 최근 러시아의 식품 유통업체인 마그니트를 예로 들며 러시아내 유통사업 성공의 힌트를 소개했다.

마그니트는 첨단 IT시스템과 효율적인 물류체계로 연간 규모가 3000억달러나 되는 러시아 식품 유통시장에서 정상의 자리를 차지했다.

지난 1분기에는 43억달러의 매출로 창립 15년 만에 경쟁업체를 제치고 업계 1위로 뛰어올랐다. 덕분에 주가도 수직 상승했다. 지난 1년사이 이 회사 주가는 배로 뛰어올랐다.

회사의 성공과 함께 45세의 창업자이자 최고경영자인 세르게이 갈리츠키도 함께 주목받고 있다. 그는 가격에 민감한 러시아 소비자들의 필요를 정확히 짚어내 80억달러의 재산을 일궈내는 성공을 거뒀다.

그는 모스크바도 아닌 남부 러시아 크라스노다르를 중심으로 다른 이들은 이루지 못한 기적을 만들어냈다.

1) 기적의 이면에는 경쟁자들은 생각지 않았던 첨단 기술이 존재했다.

마그니트는 매장을 여는 것과 함께 IT시스템을 도입해 첨단 물류의 기반을 닦는데 주력했다. 그 결과 이제는 러시아내 어느 곳에서 언제든 매장을 여는 것이 가능하다.

마그니트는 겨울이면 계산원들이 자주 병에 걸린다는 점을 파악하고 이를 해소하기 위해 매장 입구에 온도 센서를 설치해 매장 온도를 적정수준으로 유지할 정도로 세심하게 관리되고 있다.

심지어 신선도를 유지하기 위해 육류판매 코너에는 공기점검 센서까지 달았다. 물건이 떨어지면 자동으로 재고 부족 신호가 전송된다.

2) 모스크바나 상페테스부크와 같은 대도시 보다 자신이 잘 아는 고향에서 사업을 늘린 전략도 주효했다. 유통 볼모지나 다름없던 만큼 별다른 경쟁자 업이 쉽게 성공을 거뒀다.

3) 여기에 저렴한 가격을 유지한 정책은 무뚝뚝한 러시아 소비자들을 매장을 끌어들이는 가장 중요한 이유가 됐다.

이런 성공덕에 갈리츠키에게는 러시아의 '샘 월튼'이라는 칭찬도 이어지고 있다. 샘 월튼은 월마트 창업자다.

갈리츠키의 성공은 물류에 대한 그의 해박한 지식에 기반한다는 분석이다. 그 스스로 "완벽과 최선을 추구하는 노력이 유통업체의 불모지였던 러시아에서 성공한 이유다"라고 설명한다.

4) 갈리츠키는 지난 90년 화장품과 청소용품을 두바이로 부터 수입하며 유통업에 뛰어들었다. 이후 P&G의 러시아 단독 판매권을 확보하며 성장의 기반을 마련했나.

그리고 98년에는 러시아 금융위기의 와중에 첫 마그니트 매장을 열었다.

마그니트는 여전히 성장가능성이 높다. 이 회사가 러시아 식품시장에서 차지하는 비중은 6%에 불과하다. 테스코는 영국 전체 시장의 30%나 차지한다. 마그니트가 점유율을 더 늘릴 여지가 있다는 의미다.

갈리츠키 CEO는 "지금 매장수가 7100곳이지만 2018년까지 1만7150개로 늘릴 것이다"라며 자신감을 피력했다.

자료원: 아시아경제,2013.06.23. 기사편집

사례 12-11

러시아, 90여개 패스트푸드 브랜드 성행

프랜차이즈 체인점에서 프랜차이즈가 급성장중이다. 러시아 내 패스트푸드 체인점 수는 2706개로 2012~2013년 1분기까지 476개 늘었다. 현재 러시아 내에서 90여 개의 패스트푸드 브랜드가 영업 중이다. 상대적으로 고객 회전이 빠르고, 초기 개점비용이 적은 점이 패스트푸드점 개점이 인기를 끄는 이유로 분석됐다. 프랜차이즈 1~3위 브랜드는 모두 패스트푸드 브랜드다.

현재 프랜차이즈 1위 기업은 말콘(Marcon)사의 '스타도그스(Stardog's)'다. 2011년 모스크바의 가판음식점이 일부 폐쇄됐으나 지난 2년 간 230개의 증가한 630개 체인점이 영업하고 있다. 2위인 '서브웨이(Subway)'는 470개, 2013년 '크로시카 카토시카'를 제치고 3위에 올라선 '맥도날드'는 363개의 체인점을 운영 중이다.

러시아 리서치업체 알비씨(RBC research) 조사에 따르면 경제위기로 인한 외식비 감소로 2013년 러시아 외식시장은 5.5% 성장, 종전의 절반 이하로 성장률이 둔화됐다. 하지만 2014년 소치 동계올림픽, 2018년 월드컵 등 스포츠 이벤트가 잇따라 개최된다. 이에 따라 국내외로부터 투자가 이어져 2012~2013년 1분기까지 1150개의 체인점이 개점, 성장을 이어갈 것으로 전망했다.

자료원: 더바이어, 2014.01.03 기사편집

3) 인도 소매업의 변화

최근 인도 소매업시장은 인도 경제의 고성장과 더불어 빠르게 증가하고 있으며, 기업형 소매유통업부문은 최근 몇 년간 40% 이상의 높은 성장률을 이어오고 있다. 고도성장을 바탕으로 한 중산층의 확산과 급속한 도시화 및 소비패턴 변화 등으로 인해 점차 다양한 유통업태 들이 성장할 것으로 보인다.

사례 12-12

테스코의 인도 유통업체 지분 50% 소유도 허용

영국 통신업체인 보다폰이 인도 합작업체의 지분을 100% 확보하고, 세계적 유통업체 테스코가 인도 소매업체의 지분 50%를 매입하기로 하는 등 인도의 외국인 투자지분 확대 조치에 따른 외국인 투자 증대 움직임이 나타나고 있다.

인도 정부는 외국인 투자 유치를 위해 올해 초 자국 통신업체의 외국인 보유 지분 한도를 기존의 74%에서 100%로 올렸으며, 지난해 9월엔 소매업체에 대해 외국인이 지분을 51%까지 가질 수 있도록 허용했다.

인도 외국인투자촉진위원회(FIPB)는 30일(현지시간) 보다폰이 16억 달러를 들여 인도 합작업체 지분을 매입, 이 업체의 지분을 100% 확보하는 계획을 승인했다고 현지 언론이 31일 전했다.

FIPB는 세계 3위 유통업체인 테스코가 1억1천만 달러를 투입, 인도 타타그룹 산하 소매업체인 '트렌트 하이퍼마켓'의 지분 50%를 매입하는 계획도 통과시켰다.

테스코의 이번 투자는 다른 외국 유통업체의 인도 진출을 유발할 것이라고 전문가들은 전망하고 있다. 인도 소매시장의 연간 매출액은 10년 후 약 1조 달러에 이를 것으로 업계는 보고 있다.

테스코는 2008년부터 인도 남부와 서부 지역에서 타타그룹의 또다른 소매업체인 '스타 바자르' 및 '스타 데일리'의 16개 매점에 80%가량의 제품을 공급하고 있다.

인도 정부는 경제성장의 둔화를 만회하기 위해 외국인 투자 유치에 힘쓰고 있지만 복잡한 행정절차와 공직자 부패 등으로 외국업체들이 선뜻 투자하길 꺼리고 있다.

자료원: 연합뉴스, 2013.12.31. 기사편집

사례 12-13

인도 명품시장, 차별화된 품질과 서비스로 공략하라
중국을 제치고 세계에서 가장 급성장하는 인도 명품시장
소비자들, 해외 매장과 동일한 품질과 서비스 원해

1) 인도 명품시장 규모와 현황

유로모니터(Euromonitor) 보고서에 따르면 2012년 인도 명품시장은 중국을 제치고 가장 빠른 성장률을 기록하여, 2011년 기준 인도에서 판매된 명품 규모는 21억8000만 달러이며, 2012년에는 28억5000만 달러의 명품이 판매되었다.

인도 명품시장 규모는 2006년 이후로 연평균 23%씩 성장했으며, 향후 5년간 연평균 22%의 성장률을 기록할 것으로 전망된다. 이는 인도의 신흥중산층과 부유층이 높은 소득을 바탕으로 품질과 디자인이 우수한 해외 고급 브랜드를 선호하면서 인도 명품시장이 급성장한 것이다.

〈인도-중국 명품 시장 현황 및 전망 비교〉

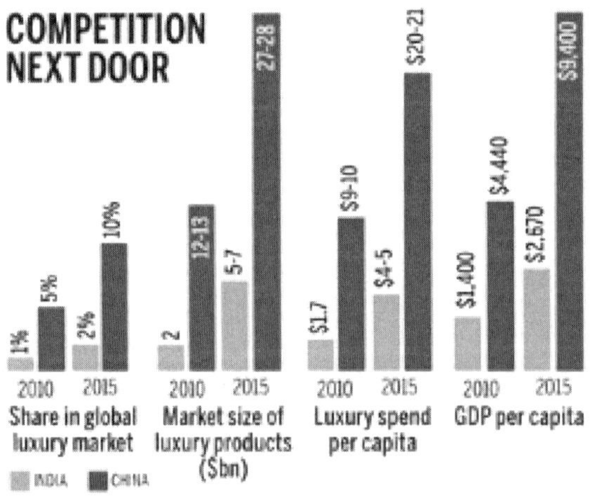

뭄바이, 델리, 방갈로르, 하이데라바드와 같은 인도 대도시를 중심으로 고학력, 고소득의 신흥중산층과 부유층이 새로운 소비계층으로 주목받기 시작하여, 대도시를 중심으로 명품 브랜드가 입점한 대형 쇼핑몰이 생겨나면서 명품 유통채널 또한 다양화 하고 있다. 인도 소비자들은 여행, 휴양지, 호텔 서

비스와 같은 무형의 재화보다 보석, 시계, 예술품 등의 수집 가능한 재화를 구매하려는 경향이 강하다.

2) 2012년 인도 정부는 단일 소매 브랜드에 대한 외국인 직접투자비율을 100%까지 가능하도록 허용하였다.

인도 정부의 소매업시장 개방, 개혁 정책의 결과 세계 주요 명품업체의 인도시장 진출 가속화되었는데, 외국 단일 소매 브랜드업체는 인도시장 진출 시 최소 30% 이상의 제품을 인도 중소상인에게 공급받아야 한다는 점이 인도 명품시장 진출의 제약으로 작용하고 있다.

현재 인도 명품시장 주요 업체로는 6.6%의 가장 높은 점유율을 지닌 LVMH (루이비통 소유 유통업체)가 있으며, 뒤를 이어 스위스 시계업체 Richemont와 구찌를 소유한 PPR이 있다.

자료원: A.T. Kearney India Luxury Review, 2011.

제2절 세계적 유통업체의 전략 특성

NRF[1)]사가 스토어 매거진(STORES.org)에 2012년 상위 100개 소매업체를 발표했다. 이 자료에 따르면 유통산업이 더욱 세분화되는 것으로 나타났고, 1위 월마트

1) National Retail Federation(미국 소매 연맹)으로 백화점, 전문점, 할인점 등 미국 내 160만 개 이상의 소매점과 2,400만 명의 직원이 가입되어있는 세계 최대의 소매업계 단체이다. 또한 소매 기술 표준 협회 (ARTS), 소매 광고 및 마케팅 협회 (RAMA), 체인 레스토랑 위원회 (NCCR)등도 포함된 거대한 그룹이라 할 수 있는데, 미국에서는 이를 "Umbrella Grop"이라고 부르기도 한다. 유통 전문 전시회인 Retail's Big Show를 매년 개최하고, 정기적으로 판매를 예측하여 시장에 대한 가이드라인을 제시해 준다.

(Walmart)에서 100위까지 가장 큰 특징은 매장 크기의 축소였으며, 다음으로 건강, 식품, 영양 부문의 강화, 카테고리킬러의 증가, 오프라인과 온라인 믹스전략 임을 알 수 있었다. 이러한 변화의 흐름을 좀더 구체적으로 살펴보기로 한다.2)

1. 소매매장의 축소

1위 월마트(Walmart)에서 27위 마이어(Meijer)까지 상위 소매업체들은 매장 크기를 더욱 줄이는 경향이 있다. 86위인 풋로커(Food Locker)는 23개 국가에서 스포츠 소매점을 운영하는데, 2011년 상반기 매출은 8.7% 상승했으나, 오프라인 매장 기반의 풋로커 가운데에 레이디 풋로커(Lady Food Locker)와 키즈 풋로커(Kids Food Locker)는 2011년 57개 이상의 매장을 닫았다. 매장 폐쇄는 2012년에도 지속되고 있는데, 1/4분기에 34개 이상의 지역에서 문을 닫았고 25개 지역에서 새롭게 오픈했다. 또 53개 매장을 리모델링하거나 이전했다..

2. 건강, 식품, 영양 부문의 강화

2위인 크로거(Kroger)에서 37위 홀푸드마켓까지 슈퍼마켓들은 건강과 영양을 강조하고 있으며, 4위를 차지한 드럭스토어 체인 월그린(Wallgreen)과 7위 씨브이에스 케어마크(CVS Caremark)는 식품 부문을 확장하고 있다. 60위인 달러트리(Dollar Tree)는 의약처방 코너를 일부 지역에 세우기 시작했다.

3. 전문 카테고리킬러의 증가

목장과 농장 체인 매장을 운영하는 81위 트랙터 서플라이 사(Tractor Supply Co.)는 현재 44개 주에 1100개 매장을 소유하고 있다. 이 회사는 연간 8%까지 매장 기

2) 본 절은 더바이어, 2012.07.16. [세계적 리테일들의 경영이 변하고 있다]기사를 편집하였음.

반을 확장할 계획이다. 회사는 2012년 1분기에 33개 매장을 오픈했고 26개 매장을 지난해 1분기에 오픈했다. 1분기 수익이 지난해 동기간보다 22% 상승했다. 100위까지 소매업체들을 보면 특정한 분야의 전문 업체들이 지배적이다. 토이저러스는 장난감이라는 특정 영역으로 편집된 상품구색으로 큰 박스형 스토어를 오픈했고, 그 외 특색 있는 전문매장들이 분명한 콘셉트로 성공한 업체들로 많이 등장했다. 취미와 수공예품 전문매장 90위 미셸즈 스토어즈(Michaels Stores)는 블랙스톤 그룹(Blackstone Group)과 바인 캐피탈(Bain Capital)이 경영하고 있다. 2006년에 양사가 인수한 이후로 미국과 캐나다에 있는 1100개 지역에 160개 매장을 추가 오픈하면서 미셸즈의 매출과 소득은 증가하고 있다.

4. 오프라인과 온라인 믹스전략

소매업이 성공하려면 어떤 조건이 필요할까. 지보우스키는 "어떤 특정 채널을 제안하는 것이 아니라 가장 좋은 통합 브랜드를 제안해야 한다"고 말한다. 즉 카테고리 킬러보다는 통합적인 상품군을 제안하는 종합 매장이 돼야 한다는 것이다. 또 "오프라인 소매업체들은 아마존 등 특정 유통 채널 트렌드가 아니라 쇼핑객의 트렌드를 인식해야만 성공적인 전략으로 나아갈 수 있다"고 강조한다.

아마존도 나름의 EDLP전략을 쓰는데 소비자들에게 온라인으로 구매할 경우 더욱 저렴하다는 느낌을 갖게 하면서 모바일에서 보여주고 온라인에서 판매한다.

소비자들이 선물 아이템을 스마트폰 가격비교 애플리케이션을 통해 열람하도록 하는 이른바 모바일 '쇼루밍(Showrooming)'을 진행했다. 이렇게 모바일에서 '보여주기(Show)'를 한 후 온라인에서 더 싸게 판매하는 형식을 취했다. 거의 5% 추가 할인을 진행했다. 아마존닷컴의 창시자 제프리 베조스(Jeffrey Bezos)는 "장기적인 관점에서 그 '쇼'를 운영하고 있다"고 말한다. 장기적으로 회사의 가치를 높이는 것이 그의 목표다.

고객들이 가격비교를 위해서 매장을 둘러보는 것을 쇼루밍(Showrooming)이라고 한다. 특히 온라인을 통해서 상품들이 시각적으로 보여(Show)지기 때문에 오프라인 매장의 위협요인이 되고 있다는 견해가 있다. 각 매장은 판매하기 위해 상품을 보여주는 것이 필요하지만, 단지 구경만 하고 구매하지 않는 고객들, 혹은 다른 매장으로 이탈하는 고객들이 발생한다. 특히 오프라인 매장 운영 비용이 발생하는 소매업체들에게는 온라인 매장의 가격비교 분석을 통한 쇼루밍이 매출에 상당한 위협이 되고 있다는 것이다.

사례 12-14

월마트 등 美 유통업체, 페이스북 등 SNS 손 잡아

월마트 · 타깃 · 시어스 등 미국의 오프라인 유통업체들이 페이스북 · 트위터 · 핀터레스트 등 소셜네트워킹서비스(SNS)에 광고를 늘리고 판촉용 계정을 개설하는 등 SNS를 우군(友軍)으로 삼으며 쇼루밍족 끌어안기에 나서고 있다.

오프라인 유통업체와 SNS 간의 동맹은 윈-윈(Win-Win)이라는 평가를 받고 있다. 오프라인 업체들은 매달 수천만명에 달하는 SNS 방문자를 잠재 고객으로 확보할 수 있고, SNS는 광고 수입을 늘리는 동시에 모바일 쇼핑의 상용화 가능성도 타진할 수 있기 때문이다.

의류 · 식품 등 중저가 생활용품 매장인 타깃은 페이스북을 통해 할인 쿠폰을 제공하고, 사진 공유 애플리케이션인 핀터레스트에 자사 제품 소개 코너를 개설해 운영하고 있다. 미국 백화점 체인인 노드스트롬도 작년 연말 쇼핑 대목을 맞아 117개 매장의 주요 제품을 소개하는 카탈로그를 핀터레스트에 공개했다. 그렉 스타인하펠 타깃 CEO(최고경영자)는 “소비자가 있는 곳에 우리도 있어야 한다”며 “심사숙고 끝에 쇼루밍이 고객의 생활 및 쇼핑 방식으로 정착되는 추세라면 우리는 기꺼이 쇼룸(전시장)이 돼야 한다는 결론을 내렸다”고 말했다.

유통업체들의 러브콜이 몰리는 곳은 이용자 수가 가장 많은 페이스북이다. 페이스북은 월간 방문자 숫자가 1억7800만 명으로 트위터(6400만명)나 핀터레스트(4300만명)를 압도한다. 미국 최대 유통업체인 월마트는 페이스북에 ‘우리 동네 월마트’란 계정을 개설해 전국 4000개 매장별 할인 프로그램을 소개하고 있다. 광고 효과도 페이스북이 높은 것으로 나타났다. IBM이 SNS 사용자별 쇼핑 실태를 분석한 결과 페이스북 추천을 받은 고객은 한 번에 평균 54달러를 소비했다. 평균 지출액만 따지면 핀터레스트 추천을 받은 고객이 123달러로 더 높았지만, 페이스북 고객의 구매 빈도가 핀터레스트의 4배나 됐다.

아직까지 SNS는 유통업체를 방문자들에게 소개해주는 광고 채널 역할에 그치고 있다. 뉴욕타임스는 정보기술 연구기관인 가트너 조사를 인용해 "2015년까지 오프라인 유통업체 매출은 전체 쇼핑액의 85%를 차지할 것"이라며 "당장 오프라인 매출이 모바일로 이동하는 큰 변화가 일어나진 않을 것"이라고 전했다. 하지만 인터넷 서점이었던 아마존이 미국 최대의 온라인 쇼핑몰로 성장해 오프라인 유통업체를 위협하는 것처럼 모바일 쇼핑이 급성장할 경우 오프라인은 "호랑이 새끼를 키웠다"는 후회를 할 수도 있다는 관측도 나온다.

자료원: 조선일보, 2014.01.22 기사편집

찾아보기

❙ 바 ❙

❙ 사 ❙

❙ 아 ❙

| 하 |

| 기타 |

저 자 약 력

■ 오 영 애

• 숙명여자대학교(경영학석사/박사)
• 숙명여자대학교 강사
• 명지대학교 유통대학원/국제통상대학원 강사
• 한국유통학회 이사

현재: 백석문화대학교 광고・마케팅학부 학부장
한국유통과학회 고문

저서: • Practical English(공저)
• 마케팅론(공저)
• 소비자행동론
• 유통관리(공저)

■ 김 문 정

• 서울대학교대학원(경영교육)
• 세종대학교 대학원(경영학박사)
• 세종대학교, 상명대학교 강사
• California State University, Visiting Scholar
• 서울메트로 연구자문위원

현재: 백석문화대학교 광고・마케팅학부 교수
한국유통과학회 부회장

저서: • 마케팅원론(공저)
• 전략적 창업론(공저)
• Practical English(공저)
• 2급 유통관리사(공저)
• 창업과 경영정책(공저)
• 유통관리(공저)
• 소매업 상품관리(공저)

■ 김 은 희

• 숭실대학교 대학원(경영학석사/박사)
• 숭실대학교 강사
• 서울과학기술대학교 강사
• 중소기업혁신전략연구원 연구위원

현재: 백석문화대학교 광고・마케팅학부 교수

저서: • 글로벌시대의 기업문화와 해외투자전략(공저)
• 2급 유통관리사
• 유통관리(공지)

유통의 이해 – 사례중심

초 판 1쇄 발행 —— 2014년 3월 8일
초 판 2쇄 발행 —— 2014년 8월 15일
초 판 3쇄 발행 —— 2015년 7월 30일
초 판 4쇄 발행 —— 2016년 2월 5일
지은이 —— 오 영 애 · 김 문 정 · 김 은 희
펴낸이 —— 전 두 표
펴낸곳 —— 도서출판 **두남**
서울시 강동구 성내로6길 34-16 두남빌딩
신 고 : 제25100-1988-9호
TEL : 02) 478-2065, 2066, 2067, 2311
FAX : 02) 478-2068
E-mail : dunam1@unitel.co.kr
http://www.dunam.co.kr

정가 23,000원

ISBN 978-89-6414-516-6 93320